佛满洲家谱精选

吕萍　总主编

辽宁卷

张德玉　何晓芳　吕萍　主编

人民出版社

总序

研究中国历史离不开史料，关于史料对治史的价值，著名历史学家傅斯年先生曾有过名言『史学即史料学』。他认为史学家的责任就是『上穷碧落下黄泉，动手动脚找东西』。『一分材料出一分货，十分材料出十分货。』[1]无论史学或是与史学相关的各学科如若深入发展，资料收集是最照实的基础。满学研究为了拓宽资料来源，早在20世纪80年代初期就已经有学者将挖掘资料的目光转向民间收藏的满族家谱，进行整理出版，并取得一定成果。伴随着满学研究的深入发展，满族家谱作为一种重要史料已被满学学者所认可，《清代满族家谱选辑》作为国家清史编纂项目得以立项出版面世，[2]标志着满族家谱作为文献资料的重要性，已经受到史学界的高度重视。

下面仅就本书所收录的满族家谱谈一谈满族家谱的功能及其价值。

一、记载满族历史源流及世系

家谱分为谱单和谱书两种形制，将世系等内容以笺式记载于纸单是为谱单；将世系等内容书写于书是为谱书；统称之为家谱。详细区分：一户之谱为之家谱，一支之谱为之宗谱，全族之谱为之族谱。

用于记载家族源流世系是家谱最基本的功能价值，家谱是中国封建社会宗法制度家族世系血脉传承、嫡庶亲疏伦理的证明，因而中国封建统治者极其重视并提倡修纂家谱。『隋代以前的许多统治者据谱牒、按姓氏族第选官任吏。唐代以后，重科考，以诗赋文

① 傅斯年：《历史语言研究所工作旨趣》，《傅斯年全集》第四册，台北台清联经出版事业公司1980年版，第262页。

② 何晓芳、张德玉主编：《清代满族家谱选辑》（上下卷），辽宁民族出版社2016年版。全书收录满族家谱近百部，约200万字。

章取仕，虽重视门阀制度有所改变，但统治者仍凭据家谱以定宗族三代是否清白。在宗法制度的社会里，定昭穆，别嫡庶，分长幼，直接关系到人的社会分工、政治地位和财产继承，家谱则是重要的凭证。』①在中国历史上，统治者稽阅家谱，倡导修纂，其例不鲜。宋淳熙十五年左丞相周必太序《陈氏家谱》说：开贞观之治的李世民，曾下旨『奏天下谱牒，退新门，进旧望。左膏粱，右寒微，合一百九十三姓，三千六百一家』。明初，皇帝朱元璋为了『尊祖敬宗，昭穆不乱，使后代子孙知其木有本、水有源』，也曾下旨修纂《朱氏家谱》。皇帝的首倡，各王公贵族大姓自然积极响应，热烈相随。

满族家谱产生缘由既有中国史的共同性，也有满族历史的特殊性。满族家谱源起于『结绳记事』，『结绳记事』是在创制文字之前的人们记事的一种手段和一种方式。满族的先人从何时开始『结绳记事』没有文字记载，不得而知。在清太祖努尔哈赤创制老满文之前，女真人就已有『结绳记事』了，满族家庭中世代祖传的『子孙绳』即是其一。子孙绳俗称『索绳』，据《索绰罗氏宗谱书》载，『索绳长三丈二尺或二丈八尺』，索绳上『拴五色绸条』，一个绸条或布条代表生育一口人，男性是红布条，女性用其他彩色布条。有的生男拴小弓箭，生女拴嘎拉哈，有的一宗支人拴一嘟噜布条，一支支往下拴，一嘟噜是一代人，这就是『结绳记事』，记的是一个氏族人口繁衍、宗支分蘖的历史。

满族有文字的谱书自努尔哈赤时期的《满文老档》开始。老满文创制后，努尔哈赤命令将他的政治、军事、生产、生活、外交等一切事务记载档子里，集成为《满文老档》，这就是满族谱书修纂的开山鼻祖之作。清入关后，即沿袭明制于顺治九年(1652)设置了宗人府，掌皇族属籍，纂修皇族谱系的《玉牒》。有清一代，八旗满洲尤其贵族受汉族传统文化的深刻影响，门第观念日益受到重视。康熙《圣谕》16条，其中第2条就是：『笃宗族以昭雍睦。』雍正则在《圣谕广训》中要求『修族谱以联疏远』。雍正五年(1727)，管理旗务大臣等奏准：『凡系世职官员，令其预先缮造家谱，存贮都统衙门；其后若有应行增入者，令于岁底俱保增入』，经八旗都统核实，上奏皇帝批准，官员才可袭职，谱书成为袭职的凭证，北京、辽宁等地图书馆、档案馆收藏的《八旗佐领承袭缘由谱》，就是为袭职而抄录的家谱世系。

① 张德玉：《满族发源地历史研究》，辽宁民族出版社2001年版，第264页。

清太祖举兵辽左后，将其属下女真人编为牛录军政组织，仍然沿袭爱新觉罗家族统治，所有被征服或归附的女真人皆被编隶于牛录组织之中，其军政首领就是牛录（清入关后改称佐领，正四品武职衔）。清代把佐领分为勋旧佐领、世管佐领、公中佐领，勋旧佐领是勋旧功臣带家奴仆人或因有功赏予的奴仆被编为勋旧佐领，其佐领之职子孙可以世袭；将所属之人带来归附编为佐领的，令其酋任佐领管理，沿任数世，遂为世管佐领，其子孙也可以世袭佐领之职；公中佐领不得世袭。勋旧佐领和世管佐领其子孙世袭，强调了氏族关系的重要性，而世袭佐领时，必呈家谱作为首要凭证，因而也促成八旗满洲人的修谱热。

满族谱书集大成者《八旗满洲氏族通谱》的问世，更推动了八旗满洲各氏族的修谱热情。清代作为中国封建社会的最后一个王朝，可是作为宗法『血脉文献』的家谱编修之风却达到封建社会的顶峰。满洲各氏族的修谱热忱，一是受到了汉族文化强烈影响，吸收了汉族的谱牒文化，二是八旗全国各地驻防人口分散需要收族，三是官职承袭必具家谱核实凭证，四是皇帝与清政府的提倡，五是满洲入关后各氏族对其始祖及先世功名人物的缅怀追念，六是婚姻联谊重内亲的需要，等等因由，促使清代修谱出现过三次热潮。第一次是在康雍乾三朝，出现了『盛世修谱』热，尤其在乾隆朝，国家安定，经济繁荣，人民乐业，出现修谱热潮理所自然。第二次是在嘉庆年间，国内战乱已基本平定，满洲各氏族祈盼大清中兴而掀起修谱热潮。第三次是清代晚期，尤其光绪年间，满族编修家谱进入又一个繁盛时期。此阶段八旗人口大量增长，而八旗制度管理却由于清政府摇摇欲坠而日益松弛，八旗人丁流落各处，旗档记载不全，或旗档完全散轶，满族人已经不能依靠清政府旗档登记造册记载世系，所以，往日依靠八旗官府的满族人只有各家各族自行编修家谱，以免本家族世系源流失传。另有，面对清王朝衰亡，满族怀旧的民族心态和民族意识发挥作用，也增加了修纂家谱的动因。目前，除乾隆时期告竣的官修满族家谱《八旗满洲氏族通谱》存世之外，绝大多数现存的满族民间家谱皆为清光绪年间续修或初修。由于这时期的印刷业在民间逐渐普及，为满族谱书修纂印刷提供条件，使满族谱书修编盛行。一些满洲大姓豪族或参照原有谱单、官府旗档抄录后，按照谱书体例加以完善，编撰成为谱书；或者聚集族众，遍访先人古迹，查询支脉，初立新谱；或者将原修谱书再版刊印，广发族众收藏。这些满族谱书体例完备、内容丰富详实，记载该姓氏历史源流清楚。本书所收录的满族家谱诸如《索绰罗氏宗谱书》（岫岩）、《洪氏宗谱》（岫岩）、《福陵觉尔察氏谱书》（新宾）、《伊尔根觉罗氏谱书》（新宾）、《那氏宗谱》（清原）、《永陵喜塔腊氏谱书》（新宾）、《赫舍里王氏族谱全书》（抚顺）、《京都吉林宁古塔三姓等处厢黄旗陈满洲关姓宗谱书》（长春）、《讷音富察氏增修支谱》及《富察氏增修支谱溯源记》（宁安市）等，有数百部之多，可以说是谱书精品，是清史及满族源流研究的重要民间资料。这几部谱书同其他所有满族谱书一样，都无一例外的追述姓氏起源以及清入关后驻防迁移地址，其中追述清入关后一家一姓的满族驻防迁移地址，对研究清代满族分布的来源以及地方区域性的人口民族结构提供了详实的参考资料。例如《马氏宗谱》记载：『原为盛京满洲镶黄旗人，顺治元年（1644）由盛京迁居蒲辉，继而移至和气堡，最终迁居乌拉街，加入打牲乌拉采珠镶黄旗档案』。嗣因征兵出征，拨入乌拉驻防协领管下镶黄旗。《打鱼楼屯谱书》记载：『自前明时，即与我太祖皇上同居于长白山北分水岭西，旋又迁居于挥发川内呼兰哈达山下。』后金建都盛京后，该伊尔根觉罗氏『始祖安公兄弟三人随征，西迁居于沈阳南依吉福屯。清入关后，顺治二年（1645）设打牲乌拉，安定满洲，本氏长始祖遂北迁至于斯焉。其二弟随龙进京，三弟安于沈阳，此我始祖三位之所由来。居于打鱼楼的长始祖赵安耐，生二世兄弟三人，其长子占据关屯，仲子占据打鱼楼屯，季子占据石家屯，由此分为三大支。此后，三支人所当之差屡有变动，于此迄今二百余年以来，流传十二辈矣』。

除谱书外，还有大量谱单。因为，民国时期八旗制度解体，因谋生需要，许多满族后裔大批从原八旗驻防地徙迁各地，各氏族宗支有条件的续修重修增补谱书，而那些小门小户为了不忘先祖，年节供祭，也只好从原族谱上抄录续接简单的支系谱单或三代宗亲以代之。因此，许多满族人后裔大多都有世系谱，也就是谱单。谱单有大有小、有繁有简、有早有近。例如乌苏氏族谱，目前所能见到保存的共有5份，其中之一乌苏氏（汉姓为穆氏）族谱，修于嘉庆十八年（1813），长7.8米，宽1.3米，这是该族最早修撰的族谱，而清晚期到民国以来所标世系，皆为新宾本地世系；其中之二乌苏氏（汉姓为吴氏）谱单长13.5米，宽1.36米，嘉庆十八年以前所记世系皆抄录同祖异宗的穆氏谱。续接了本支吴氏各支系世系为满汉文合璧谱，其他各支谱皆为从清晚期以后抄录续增本支人口世系，没有任何文字标注。但这种谱单与总族谱合并之后，将各支人口繁衍、迁徙分布等状况勾勒出完整框架，具有一定资料价值。另外，从人口优生优育角度看，谱书的主要内容是世系谱图，记自一世至修谱之时各世的人口繁衍，目的是为避免同姓婚姻，『其种不繁』，因此，可作为人口基因遗传、先天疾病预防等问题研究的现实资料依据。

清代著名学者章学诚在《文史通义》中说：『且有天下之史，有一国之史，有一家之史，有一人之史。传状志述，一人之史也；家乘谱牒，一家之史也；部府县志，一国之史也；综记一朝，天下之史也。』家谱即『一家之史』，是关于某一家庭、家族的历史书籍。国家有史，地方有志，家族有谱，这是中国历史的三大支柱，三大要素。国史难以巨细无遗，而家史则可细致入微，正可补国史、方志之不足。所以谓之『补』，即是将一家一族的源流世系详叙，尤其是对地方有影响力的势家豪族阐述其来源根脉，更为必要。因此，满族家谱是研究满族历史源流及世系的必备民间参考资料。

二、记载满族定姓命名的起源

姓氏在特定的社会历史条件下有特殊的历史价值，保持满族姓氏，不与汉姓同化，是传承这一族群的基因血统。所以，清代将其与『国语骑射』并列视为『满洲旧习』，确保不能丢失。乾隆皇帝就八旗改汉姓问题曾严厉指出：『八旗满洲、蒙古皆各有姓氏，乃历年既久，多有弃置本姓、沿汉习者。即如牛呼鲁氏，或妄称为郎姓。即使指上一字为称，亦当曰「牛」，岂可直称为「郎」，同于汉姓乎？姓氏者，乃满洲之根本所关，甚为紧要。今若不行整饬，因循日久，必致各将本姓遗忘，不复有知者。』[①]在防止满族丢失本民族姓氏的危机感促动下，乾隆皇帝承接其父雍正皇帝未竟事业，完成《八旗满洲氏族通谱》的编修。该书以姓氏为线索，记载了满洲姓氏679个，将每一个满洲姓氏的来源和祖居地一一介绍清楚。乾隆皇帝以此来警示满族人，不能忘记本姓，表达出一种强烈的民族自我保护意识。与乾隆皇帝在位期间完成《八旗满洲氏族通谱》同时，还完成《满洲源流考》的编修，将满族源流追溯至肃慎。

乾隆所完成的《八旗满洲氏族通谱》只是对当时已经形成的满族姓氏起源都一一做了说明，或有因官为姓氏者、或有因居住地为姓氏者等，起到了对满族姓氏辨源流、清本源的作用。但遗憾有三：一是没能遍及满族姓氏，没能涵盖从原有的满族旧姓中分化出来的满族子姓氏；二是乾隆朝以后，尤其是清晚期至民国，满族姓氏发生巨变，越接近近代，满族几乎全部改为汉姓，这些汉姓对应的满族旧姓是什么？姓氏源流起源于何姓？只有民间所修纂的满族家谱起到印证作用。三是还有遗漏。以本书所收录的满族

① [清]长善等纂：《驻粤八旗志》，载马协弟主编：《清代八旗驻防志丛书》，辽宁大学出版社1992年版，第15页。

家谱姓氏变化为例：《沙济富察氏宗谱》与《京都吉林宁古塔三姓等处厢黄旗陈满洲关姓宗谱书》现今的汉字姓为『富』和『关』，《辉发沙克达氏家谱》的现今汉字姓为『沙』《马氏宗谱》原满族姓为马希哈拉，冠汉字『马』为姓。这些姓都是取满族姓的第一个字母音译而成，比较容易清楚。但有许多满族姓氏所取的汉字姓如果没有家谱说明，就不容易说清楚。例如，本书收录的《赫舍里氏康族世谱》，该赫舍里氏的汉字姓依据谱书上记载的世系追溯，就有『张』『康』『赫』三个姓氏，《索绰罗氏谱书》冠汉字『曹』『索』为姓，《依尔根觉罗氏家谱》冠汉字姓为『赵』，《永陵喜塔腊氏谱书》冠汉字姓为『图』。如若没有家谱为印证，这些满族所冠汉字姓就无法识别。

而满族谱书大多的重要内容之一即是皆将本氏族定姓因由记入家谱之中，或写在序中，或专题说明，为我们今日掌握及了解满族姓氏变化提供了可靠的历史文献资料。以上所谈本书收录的满族家谱汉字姓氏的变化，其实代表了满族姓氏变化的普遍现象。例如，众所熟知的爱新觉罗氏，其所冠汉字姓竟达20余个，多以满语汉意、以父祖名首音汉字、以官定姓、谐音定姓、原姓不变等方式命定汉字姓。另如乌苏氏，居住新宾的分别如爱新觉罗氏冠汉字姓方式冠姓为穆、吴、柏、黄、邵、包，居辽阳的除穆姓外，还有代姓等。取消原满洲多音复字老姓，冠以汉字单字姓，这是清晚期的普遍现象，甚至满族谱书中明确记载满语姓与名，傍注汉字姓与名，这就为研究满族定姓命名提供了最好的民间史料。

满洲旗人自金、明以来皆称名不称姓，清代中后期才姓与名联称，这在满族谱书载记的历世历代人名上，皆有清晰记录。其人名无论命名方式、命名规律、命名习俗，自明至清数百年，都有着明显的随意性，但研究起来还是有规律可循。明初有王山赤下、沈时里哈、童尼求里、猛哥帖木儿、孟特穆之类人名，而至明代晚期则出现了努尔哈齐、舒尔哈齐、穆尔哈齐、雅尔哈齐这样有规范的人名，到清代前期，命名就有点汉俗名的味道了。如《福陵觉尔察氏谱书》十二世六格之六子名富昌、富得、永禄、福礼、五福、鲁库，6人中有4人是汉俗名。

满族家谱对满族旧姓的记载，不仅使我们掌握和了解满族姓氏向汉字姓的变化情况，还可以搞清楚姓氏的支系脉络。例如清永陵在东红墙外葬有一坟，查遍史籍，不知为谁。但本书收录的《福陵觉尔察氏谱书》却有准确记载。其七世班布理因谏阻太祖被马尔墩人诱杀救了太祖一命，太祖在修筑赫图阿拉城时，凡臂能擎鹰的人皆分派修城，而免除班布理一家的劳役。班布理因『闲逸』而请求守护太祖祖陵，死后允葬陵内。又《满洲实录》等记载，太祖之祖『六王』时期，女真社会正处于各部蜂起，皆称王争长，互相战杀，强凌弱，众暴寡，甚且骨肉相残。该谱记载，觉尔察氏本爱新觉罗氏，与太祖同祖异宗，其长伯祖德世库之五世孙加虎并其七子与硕色纳并其九子皆强悍，欺凌诸部，终被太祖之祖觉昌安与其长子礼敦所灭，谱记加虎七子『七位祖绝嗣』，觉昌安自『骨肉相残』灭了强悍的加虎父子及硕色纳父子之后，才『尽收五岭东，苏苏河西二百里地方之内诸部，并有其地，由此遂盛』。但为什么改姓觉尔察了呢？根据《福陵觉尔察氏谱书》记载，觉尔察氏某祖因一诸申惹怒，持刀追杀至太祖院内，被太祖隐匿，讨要不予，怒砍廊柱。次日，太祖召开家族会议，讨论处置办法，太祖说，『理应从重惩办，仍姑念同宗之情』，以其居山寨名而降为陈满洲觉尔察氏。

三、记载满族社会生活情事

满族谱书的重要史料价值除记载源流与世系外，通过序言、家规、人物传记、祭祀规矩等内容记载或反映了该家族及地方的社会、经济、文化、风俗、宗教信仰等各个方面的社会生活变迁的历史叙事，生动展现出一个地方、一个满族家族的风土人情画卷，林林总总，曲折婉转。就我们本书所收录的满族家谱而言主要有如下方面：

书写满族艰苦卓绝的开拓经历。建州女真努尔哈赤起兵后由小到大，由弱到强，统一女真各部，打胜萨尔浒之战，进军辽沈，整个一部满族崛起的英雄史，在官方的史籍文献中的记载，往往从宏观着笔，勾勒事件框架，难以细致入微，更遑论士兵士气等彰显精神的叙事描述，但满族家谱却有详实记载，使今人一窥内情。如万历三十一年(1603)清太祖努尔哈赤修筑后金首府赫图阿拉城，在当时建州女真经济贫困、人力财力匮乏、内外矛盾重重、敌对势力夹击形势下，那么短的时间内如此庞大的土木城池工程是怎样完成的？各种《老档》仅只几笔代过，难解详情但满族家谱却有描述。如《福陵觉尔察氏谱书》记载，『救驾有功』者班布理，在修筑赫图阿拉城安排人力、布置分担任务时说：『太祖皇帝家法，驾鹰站立起来者，从虎栏哈达山下，即烟筒山山下赫图阿拉地，即旧老城地方迁移兴京筑城(赫图阿拉城)，把人一概算者修城，班布理户中别算。』一个鹰也只500多克重，十岁小孩即可独臂擎鹰站立，按此标准，凡少年男性必去筑城，可见筑城之艰难，『家法』之严厉，即使是班布理的家族也难免。

辽东地区由于清初八旗大军入关，土地荒芜，人烟稀少，原始林海莽莽，杂草丛生。而今天已经成为青山绿水农林牧全面发展的新农村。这与满族八旗从京师回派辽东驻防，开垦戍边，有直接联系。康熙年间，有鉴于辽宁之地空虚，先后三批从京城派兵回驻，前两批基本安排在盛京（包括今日沈阳、铁岭、抚顺等地区）一带，康熙二十六年（1687）派遣八旗数量较大，皆安排在辽东地方，主要为岫岩、凤城（包括今日本溪）等地，乾隆年间又陆续向辽宁包括辽东地区派遣八旗驻防。因而，现今保存的满族家谱对八旗回驻辽宁后，对辽东土地开发情境有鲜活的记载。本书收录的满族家谱几乎都对此类内容有涉及，比如，《那氏宗谱》、《索绰罗氏谱书》、《白氏源流族谱》、《洪氏谱书》等，都明确记载回辽东驻防的满洲八旗以开垦土地为生，其中最生动者为《洪氏谱书》。该谱书记载洪氏迁来辽东岫岩时，『彼时田尚未辟，山林蓊翳，禽兽犹繁』，经过洪氏开拓『田亦渐次开垦，乃讲农功』，由此发展繁衍。洪氏依靠双手创造了自己家园，经过200多年，到民国时期，洪氏已经繁衍成以岫岩为中心广布于各地的大姓家族。洪氏也由原来『读书者颇少』变成为当地熟读诗书有名望的满族大家族。

记载满洲八旗人当时的社会经济生产情况。满族家谱不仅是记世次、别亲疏，当官承袭世职的凭证，也是继承家族财产的根据。因之，有许多满族人家都将土地田产的数量和管理办法记诸于家谱之中，作为家谱的主要内容，与世系一样一代一代传承。例如，《洪氏谱书》中有《规则十一条》，即将氏族公产、义田、义仓、祭田、学田、义熟等条条列出，规定管理办法，甚至报呈县长存案监督。再如正黄旗满洲《凌云堂白氏事宜录》，即对清代家族房地田林财产的出售购入和租赁典当等有较详细的记载，甚至对丧葬礼仪婚娶嫁女的金钱使用定例都有详细规定。《马氏谱书》其中的家规十条中，对此也有类似的记载。《依尔根觉罗氏家谱》记有祭田、茔墓图（附坟墓位置图）等。家谱中的家规不仅仅局限于对田产的管理，而且还对治理和环境保护提出规则，《洪氏谱书》中，在开荒垦田、维护生态环境上总结了一定的生产经验，将其落实为家规，记载关于山林种植与经管、学堂的创办与管理；《凌云堂白氏事宜录》中有关治理洪灾、沙地的办法措施等等。我们可以注意到，凡有这方面记载的家谱皆为康熙二十六年（1687）派回辽吉驻防，『跑马圈地』的普通满族八旗人家。原本这些土地是用来顶替旗人当兵的俸禄，产权归清朝国家所有。但历经年久，百余年之后，尽管产权未变，但管理与分配已经与民田别无二致了。更由于天下承平，战事不多，辽吉两地满族八旗被抽丁的人员日益减少，比例极低，使得亦兵亦农的八旗兵与依靠种田为生的民户几无区别。因而，家谱中该记载对研究清代满洲旗人的经济状况和生产生活，提供了正史所不载的微观资料。

反映满族社会的道德风尚及民风民俗。一部家族谱书，记录的是一个家族的氏族源流、历史沿革、世系繁衍、人口变迁、居地迁徙、婚丧嫁娶、族规家训、族产管理、文化遗存、人物事迹、科举功名以及宗教信仰等。这些内容一一真实地反映家族历史面貌、时代精神和社会风尚，蕴藏了一个家族丰富的有关宗法思想、家族制度、生产生活、人口问题、人物传记、科学教育、地方史志等鲜活资料，是研究一个地方的社会历史问题的巨大资料宝库，具有史和志不可替代的文献价值。因而俗语说，『我辈今世不修谱，三代之后知尔谁？』满族谱书，吸收和借鉴了汉族谱书颁布家规族法的功能与作用特点，将原来仅仅续世系、述源流的形式增加了家训的内容，清后期所修纂的满族谱书该特点尤为显著。满族谱书将族规家训作为首列的重要内容，尽管形式各异，繁简自由，宽严不同，但大抵都是忠国家、孝父母、敬师长、睦宗族、隆孝养、和乡邻、敦礼义、谋生理、勤职业、笃耕耘、课诵读、端教诲、正婚姻、慎交游、急税、守本分、效忍耐、尚节俭、从宽恕、息争讼、洁盗贼、杜奸淫、戒赌博、防伪诈、重友谊、谨言行等。例如《索绰罗氏谱书》，其中记载的满汉文合璧家训，是至今仅见的内容完整的满文家训，其内容为《十亲》、《十用》、《十勿》、《十戒》，从家庭伦理、个人品德、社会公德，多角度、多侧面，进行全方位的道德规范。

满族谱书除上述道德规范性质的家规家训外，重要内容还包括祭祀及丧葬规矩记载，这也属于家规家训的重要组成部分，需要全族人共同遵守。例如祭祀规矩，《依尔根觉罗氏家谱》专门有『祭祀程序』规定，即是将祭祀从春节大年三十儿开始一直到初五，如何祭祀，详细注明，例如：领牲程序如何，祭俱摆放如何，换索如何，祭星神如何等，一节一举规定无余。还有《索绰罗氏谱书》也有同样祭祖内容，体现于《安祖宗方位章程》、《祭祀应用器具》、《一年四大季上坟祭祀》、《春节礼仪》等。满族家谱记载祭祀程序最全的应当属《富察氏谱书》，该谱书关于此方面的记载有：《祭祀仪注序》、《七月小祭祀即磕饽饽头仪注》、《十月大祭祀用猪仪注》、《晚祭背灯用猪仪注》、《第二日祭天用猪仪注》、《第三日祭星用猪仪注》、《祭祀仪注摘要解释》、《兹详供祖宗之根原》。

满族人一向重视大年祭祀，以上家谱所载主要以大年祭祀为主，祭祀主要是祭祖。满族人不同于有些民族有共同的祭祀祖先，而是每个氏族以及每个宗族都有自己的祭祀祖先。祭祀祖先的象征物一般是谱单。谱单平日放在祖宗板上的匣子里，不能随意拿下让人看，只有在过年祭祖时才取下来祭祀跪拜。还有许多宗族对自己祖先有动人的传说，依照这个动人的传说制成神偶，例如辽东的那氏神偶是两匹木雕青马，据说这是祖先英勇善战的坐骑；另一个那氏神偶是七只鹅，据传该祖先带领本家族躲避敌兵追赶，到了一条大河边上时无法渡过，正在着急之时，飞过来七只天鹅，驼着该家族人安全渡河，从此这个家族每逢过大年祭祖时，同时祭祀七只神鹅。祭祖是大事，因而作为族规写在家谱中，使每一个同宗族人共同遵守。

丧葬规矩也是家规中的重要内容。满族人贵生重死，对于丧葬礼仪极其重视，因之写在家谱之中，以为宗族人遵守不替。《索绰罗氏谱书》中涉及这一方面的记载有《斩衰三年》、《大功九月》、《小功五月》、《缌麻三月》、《袒免》。对于守丧，从嫡子孙一直记到五服之内。重死守丧，这是满族人孝道的最好体现，作为一种家庭伦理属于家规内容，因之也必写入家谱之中。

以上满族谱书中关于家规家训的记载，充分体现清代满族的社会道德风尚以及民风民俗，可以说是满族的习惯法，具有家族的法效能，因为其来源于家族全体的公权力。满族家谱修纂定稿一般多是由宗族会议确定，公布，确定之后，即成为这个氏族的『家法』，由族长监督执行。不但记载于谱书之中，而且有的还甚至呈送知县衙门存档监督。例如，《京都吉林宁古塔三姓等处厢黄旗陈满洲关姓宗谱书》中记有《关姓亲族规约》，制定之后，由族长拟定《关族规约申请备案文》呈宁安县政府主席。

满族的族规家法有一个发展过程。最初只以『口头法』形式在氏族中实行，以爱新觉罗氏为例，至明代晚期，爱新觉罗家族崛起于女真社会，尤其在努尔哈赤任氏族『穆昆达』后，为了管理氏族，他『吐口唾沫就是钉』，对犯有过错的族人及阿哈可以『划地为牢』圈禁几日，可以将人绑在杆上爆晒，可以让其穿女人衣服示众羞辱，可以令人煽其嘴巴惩罚，可以绑于树上三天三夜不许吃喝，可以用骲箭射人背，甚至开除族籍降为诸申，等等项项，都是以『口头法』实行处罚。后金建国实行家族统治后，才逐渐制定『成文法』颁布实行，仅举一例，努尔哈赤甚至禁止其妻妾一人入厕，必须两人以上入厕，沾河姑与夫分居15年，却不允另嫁，因为未经『法律』批准解除婚姻，这种种家法就明确记入《满文老档》之中。

清进关后，满洲各氏族多随军出征，驻防各地，对于家族的约束，相对较为松散。而八旗制度所形成的佐领制仍多为世袭，佐领就是族长，军政一齐管。大多数家族族长任有职司，最低还是领催，没有官职的族长也在家族中有一定权威及经济实力。族长由全族公议推举，有的族长氏族选定后，甚至呈报上级下文任命批准，因此可以说，族长是半官身份。

民间法律的贯彻实行，是在氏族人公议确定为基本条件，其经济基础是氏族公产。若有不屑子孙屡教不改，最严重的可以拘至祖茔『杖毙』，另一处罚就是『除籍』。被开除族籍之人，即不准入录家谱，凡族中公产（坟田、茔木、山林、学田等的收益）一律不准享受，如鳏寡孤独疾患丧葬的困难救济，子孙上学、婚嫁等补助，这在封建社会时代是一项很吸引人的待遇。因此，被开除族籍是一项很重的处罚。

家族法规的监督执行人是族长，而族长的推举任用要根据家法规定执行，担任族长的条件也必须是年长有威望权势，办事公开公平公正，家境殷实，是全族中的『模范家庭』，起表率作用，这样的族长，才令全族人信服。族长有任期，届期重新选任，若处事不公正等，可罢免新选，关于族长的选任、任期、职权及对族长的约束，在《族规家法》中列有明确的条款。

四、记载满洲八旗崇尚建功立业的民族心态

家谱承载着一个氏族的文化与民族精神。著名历史学家、红学大师周汝昌老先生在《丰润曹氏宗谱》《序（一）》中说：『中华文化大领域中，有一项分目，可以称之为「氏族文化」。晋代的王谢风流，北朝的崔卢声望，诗文称道，人所共闻。如果对这一类文化缺乏研究评述，那必然造成全面认识中华大文化的一种空白或阙漏。』氏族文化，是民族文化的具体反映，是民族文化的组成细胞。因此，家谱中往往在谱注中简略记述先人生卒葬地、功名和业绩，甚至专为氏族名人列传，将先人中历史名人、能工巧匠、技术专长加以载录，有的仅只记录先人的一两件事，更有将先人的诗赋文章、著作论述、艺术作品等，一一载录入谱。新编重续的家谱，甚至将族人的各种证书、奖状、协会学会证书等图文入谱。上述种种，记录氏族先祖和族人的功德业绩，记述的是这个氏族的文化，反映的是这个氏族的精神。如《洪氏谱书》中，将洪氏祖母『生成贤德，秉性温良』，相夫教子，茹苦含辛，教育子女『喜读书，知勤俭，尚忠实』

的优秀品质如实含情地记录谱中，读之而生感佩。《洪氏谱书》还记其三世祖佐领山林保退役居家后，如何亲率子孙开荒种地，植树造林，兴办学堂，热心公益等事迹功德，强烈地反映了满洲旗人的爱家爱乡爱国精神。又如讷音富察氏，其家谱记载其氏族历世历代都有多位族人战死疆场，但凡征调出战，族中年轻人仍然义无返顾地跨马执戈，为国为民喋血奋斗，浴血鏖战，虽屡有战死仍前仆后继，奋勇向前。清中期以后，国家战事渐少，富察氏先祖即殷殷教育子孙，苦学文化，考取功名，为家为国争光，氏族『人才蔚起，担圭列爵，代有传人，谟烈昭垂，可谓盛矣！』这种种，正反映了满族的开拓进取、奋勇保国、自强不息、善于学习、文武并进的民族精神，这种民族精神，正是我们今天社会所应传承与弘扬的。《扈什哈理氏家谱》记载，其先祖岳乐顺时任领队官，在攻旅顺城时，久攻不下，伤亡甚多。岳乐顺愤而跃起，迭落士兵尸体，强行登城，终于打开缺口，后金八旗兵随后冒死强攻，终于破城。岳乐顺战亡，『因功赠拜他拉布勒哈番世职，无嗣，弟代之』。其弟雅吗善又因战功升三等阿达哈哈番，立新功又升二等阿达哈哈番。其子赫塞承袭世职后，因功授一等阿达哈哈番。其后，本氏族世袭直至清末，其间又有三代人战场捐躯而献身牺牲，其谱称本氏为『国之干城』，死亦光荣，全氏族都以为国战死而自豪。这就是氏族精神，热爱国家、热爱民族、仇视外寇的民族精神。满洲家谱，都洋溢着对祖先创造的功德业绩的崇尚，例如《沙济富察氏宗谱》说，该姓氏为『固本朝之一大阀阅也。』沙济城，位于今新宾满族自治县西的古楼村，与抚顺县毗邻。『国初率族属来归，编镶黄旗佐领』。

综上所述，满族家谱是重要的民间史料。当前，在史学研究上，史学家们已逐渐重视『三料结合』的研究方法，这『三料』就是文献史料、民间资料和田野调查资料。『三料结合』的史学研究，其论证既有内容丰富、三种资料互相佐证，同时，又使理论文章具有丰富性、可读性、趣味性和亲切性。这『三料』中的民间史料，主要指的就是各氏家族保存珍藏的谱书、墓碑和私家著述等文字资料，而田野调查资料主要指亲访、亲见、亲历的口述资科和历史文化遗存。中国社会科学院刘正爱研究员著作的《孰言吾非满族》一书，就是将调查资料以人类学理论而研究著作的。另有张德玉、张其卓的一些论著，就是充分利用了『三料』资料写就的。

满族谱书在史学研究中既然有着如此的史料性、重要性、珍贵性，社会各界就理当积极挖掘、抢救、整理、研究和保存。各地图书馆、档案馆等皆应积极收藏，使家谱资料面向社会。只有如此，才能真正地充分地发挥谱书应起的『资治、存史、教化』的作用。然而，令人焦虑的是，有些修纂时间早、内容丰富的八旗满洲望姓豪族的家谱，不是被文物贩子收购，就是被国外人士攫取，流失严重，着实可叹！

长春师范大学满族文化研究所立项，编辑影印出版《佛满洲家谱精选》，包括《吉林卷》、《辽宁卷》、《黑龙江卷》，可以说是功德之举，既保存了满族民间资料，更使谱书面向社会，其结果，必然是既满足了史学研究的迫切需求、社会各界的期待，更展现了民族文化的精彩。因此，应予祝贺。

《佛满洲家谱精选》三卷，共影印满族家谱18部，其中有瓜尔佳氏、富察氏、那拉氏、萨克达氏、赫舍里氏、索绰罗氏、觉尔察氏、喜塔腊氏、巴雅喇氏、萨嘛喇氏、洪雅氏等。这些谱书不仅体式完备，内容丰富，史料翔实，修纂时间早，延续时间长，修谱人文化水平高，多有名人序言，原谱保存完好，特别是有些内容佐证历史，可补史书的缺漏和不足，而对版本学、古文字等研究尤具史料价值，可以说是不可多得的弥足珍贵的民间史料。

《佛满洲家谱精选》的出版，能为史学家们重视和应用，将是我们所希冀所盼望的，本书也是一部高质量的民间历史资料。

编　者

2016年11月30日

序

辽宁是满族的发祥地，满族人口占全国满族人口的半数，在满族的形成与发展过程中，有着极为突出的作用和地位。

辽宁满族人口中，清代八旗满洲后裔至少占全省满族人口的三分之一。这些满族人口主要来源有五种情况：

一是清初留守驻防的八旗官兵。二是从康熙到乾隆时期，清朝曾多次从京畿派回辽宁八旗驻防，其中以康熙二十六年（1687）为数量最多。清初，朝廷派内大臣何洛会为总管，统领八旗官兵800余名驻防盛京，另在兴京（新宾）、东京（辽阳）、广宁（北镇）、熊岳、宁远（兴城）、凤凰城（凤城）、牛庄、岫岩、义州（义县）、盖州、海州（海城）、耀州（营口）、锦州等城共设35个佐领，驻防八旗兵约达2000员，每兵按6口家计，仅清初留驻防的满洲人口即约达18000人。康熙时，清廷数次增派八旗官兵回盛京等地驻防，以加强军事防御。同时，清代东北三陵，在清初时就留有守陵的官兵。

二是清代派回驻防的八旗官兵。康熙二十六年（1687），清廷为增强『龙兴重地』的军事防御实力，又派遣大批八旗满洲、汉军、蒙古官兵回防辽宁，尤其盛京、兴京、凤凰城等军事要地，皆派有驻防官兵，从而使辽宁满洲人口急剧猛增。清初在辽宁建有封禁『发祥重地』的柳条边，设有21个边门（后来减为20个），每个边门驻有四五十人的官兵，每个墩台都设有巡逻兵和台丁。同时，清廷又在辽宁各军事要地设置城守尉，各交通要道还设有驿站，自然派有八旗官兵。上述种种官兵连其家属，世代繁衍于辽宁。如康熙二十六年（1687）从京师调拨辽宁岫岩城守尉的赫舍里氏，到光绪己卯年（1879）氏族人口仅阿尔密一支即达3590人。

三是王庄皇庄官庄旗田的满洲庄丁。天启元年（1621），后金政权进占辽沈后，在辽阳建立东京城，统治中心迁至辽沈大地。与此同时，努尔哈赤将辽东、辽北、辽南大片土地山林分封给满洲贵族，作为私有财产，设立王府庄园、官兵旗田，而耕耘这些王庄旗田的包衣阿哈（奴仆），主要由被征服的女真人阿哈和原居汉人组成。清入关后，盛京设内务府三旗，旗下设有许多的皇庄，又设盛京六部，其中户、礼、工三部都设有许许多多的官庄。这些皇庄、官庄、王庄以及八旗官兵的旗田遍布辽东各地，汉人耕种的上好田地几乎全部占为旗田，辽东各地几乎遍布王庄、官庄、旗田、果园、木园、炭林、渔场，耕地与山林都由满洲阿哈耕种与经营管理。如太子河中上游的本溪耕地山林，大部分都被努尔哈赤分配给他的次子礼亲王代善，还有敬谨亲王、安平贝勒等人。镶红旗邓氏三世兄弟五人在敬谨亲王府的王庄任庄丁，至十世的咸丰年间，邓氏人口已达2500余人，成为本溪满族大户。

四是清入关后收编的新满洲八旗兵。这主要是指将东北边疆的少数民族收编入旗，是为伊御满洲即新满洲。如康熙七年（1668）收编赫哲人、库雅喇人等，共编为78个佐领。康熙十六年（1677）吴三桂等叛乱后，其兵及家属一半人迁入内地盛京、锦州、广宁、义州4城31个佐领，共1131户，11180人。三十一年（1692），编海拉尔蒙古巴尔虎旗26个佐领，迁10佐领500户2273人隶入盛京将军。第三年又再迁4佐领203户320人归隶盛京将军。康熙三十一年同时还编伯都纳锡伯人74个佐领，与达斡尔、卦尔察人共14458丁归隶盛京上三旗。康熙三十八年（1699），又从齐齐哈尔调2000多旗兵隶入盛京，分驻24城。三次新编隶盛京的新满洲、巴尔虎、锡伯官兵共6500名，再加上其家属，总人数达40000人。至乾隆时，辽宁驻防八旗官兵共达18625人，计其家属在内约达134000人。

五是关内汉人移民入旗。顺治十年（1653）清廷颁布《辽东招民垦荒则例》，自关内招来大批汉人，分派辽东各地垦荒种地。据诸多满族家谱记载，在顺治八年（1651）时就应诏移民辽东。《则例》中有招民授官的规定，凡此之汉人，大多被编入汉军旗下，分配在王庄或官庄中为庄丁，少数被派往边台驿站做台丁驿丁。康熙七年（1668）诏令封禁，此后，『闯关东』移民而来的汉人多以三种形式投入旗籍：一是投旗占山垦荒，二是投充王庄官庄为庄丁（又称壮丁），三是投充盛京内务府皇庄和盛京官庄为庄丁，这些汉人加入旗人籍。

辽宁满族多为上述五种来源，少数由于特殊原因迁回辽东，如本溪的吴俄尔格氏冤案平反后自京城迁回辽东，落居本溪，赫舍里王氏一支为避诛连迁回抚顺，赫舍里金氏为避罪迁来本溪，伊尔根觉罗氏随清兵抗击沙俄，与部伍走失，为避惩罚而南逃，潜居本溪等。

这些满洲人多是大姓望族，因而，几乎每氏都修有氏族谱书，不仅谱书体例完备，尤其内容丰富而翔实，其史料价值尤为史学界所关注。如本溪《吴俄尔格氏家乘》在《哀矜录》中详叙了进士吴宗阿被诬冤狱的实情和审理过程，真实地反映了康熙初年统治阶级内部的矛盾与斗争，是官方文献所未予记载的。再如，清史记载海西女真乌拉建部极为简约，而《那拉氏宗谱》则详细地记述了老祖纳齐布禄发迹、定姓、建乌拉部及哈达部的历史，这为研究海西女真史提供了极为珍贵的史料。

满族家谱作为记录家族世系的表册，是以血缘关系写成的家族历史，是家族渊源与发展的记录『档案』。国史、方志难以巨细无遗，而家谱则能细致入微，三者并用，相得益彰。满族家谱同汉族家谱同样具有明世系、别支派、定尊卑、正人伦功能。同时，在清代它还是表明旗人身份地位、官职承袭的不可或缺的凭证。满族家谱记载的源流迁徙、定姓命名、先人事迹、风俗习惯、经济生活、社会关系，特别是族规家法、氏族文化和氏族精神等内容，具有珍贵的研究价值，发挥着重要的『资治、存史、教化』作用。

多年来，我们搜集了辽宁各地的满族谱书 600 多部，这次为了编辑《佛满洲家谱精选·辽宁卷》，从中选出 10 部品相较好的谱书影印出版，面向社会，让读者一睹满族谱书的风彩，满足各界的需求，是为编者长久以来的心愿。

是为序。

编　者

2016 年 12 月 19 日

编辑说明

一、收录标准

1. 佛满洲家谱

2. 品相完好，页面整洁，字迹清晰

3. 修纂于清代及民国年间

4. 体式完备、内容丰富、有史料价值

二、编纂体例

1. 原谱全部影印，以保存原貌

2. 影印谱前加简介，以备说明

三、排序与分卷

1. 按收录家谱的修谱时间先后

2. 各卷归类按家谱现今收藏人所在地为准

目录

《那氏宗谱》内容简介

《那氏宗谱》现收藏在辽宁省清原县那氏族人家中。

谱书未注明修纂时间，但根据谱系推测，纂修时间约为清代晚期（咸丰至宣统年间）。

谱主是乌拉那拉氏，冠以汉字『那』为姓。『原据于满洲国长白山，居纳喇河滨，遂因以纳喇为满洲著姓。』谱书序族源于老祖纳齐布（禄）因善射而『贤声不泯』，后移居混同江西扈尔奇山以东启尔萨河源处独自居处，有来投者，视为契友，却不甘独居而逃去，遂播贤名。蒙古差百人寻访，令其归附蒙古而拒往。为避再生事端，纳齐布（禄）迁于乌喇河上哨，构舍以居。西乡人知后，聘为婿，遂传衍后代，是为乌拉部主。至第五世倭谟果岱、克什纳，分居哈达立国，是为哈达部主。至此，乌拉纳拉氏同祖异宗，分掌两部。

清太祖努尔哈赤起兵创业辽左以后，在统一女真各部的征伐战争中，乌拉那拉氏与哈达那拉氏先后归附，被编为正红旗陈满洲佐领。那拉氏为八旗满洲著姓豪族，有清一代，内而阁臣，外而疆吏，备载史乘。

谱书保存较好，稍有残破，但字迹尚可辨识，手稿本一册，另有手稿本人物传一册。

内容主要有《氏族源流》、《郭礼诰命碑文》、《祖茔墓志碑文》、那拉氏世系、《辉发部那拉氏与叶赫部那拉氏族源》。

那氏宗谱

粤稽我族先世起業原據於滿洲國長白山居納喇河濱遂因以納喇爲滿洲著姓賦國十二世老祖　諱納齊布移混同江西亳爾奇山以東啟爾薩河源處獨自居焉而納齊布善獵賢聲大振虎察雅拉庫河居人前往探訪恰遇賢士納齊布問曰予知賢士納齊布五老祖納齊布問曰汝訪賢士納齊布何務去使答曰欲食賢士所

捕之禽肉欲衣賢士所獵之獸之皮甘為契
友老祖答曰即老也我無妻子房舍處
於曠野與修隱無異汝則焉能禁受其人
答曰是知無房舍而來者老祖納齋布曰
汝既至此可為兄長其人表謝老祖納齋
布居為兄長以來訪者名曰得耶庫歡欣
得一手足食以甘美禽獸肉服以貉狸猻
虎皮常為生業得耶庫日儘會賢士老祖

納齊布兩三次耳心中驚恐並苦於獨居
遂逃去將此賢名開於蒙古蒙古差派札
拉固奇率領百人以捕牲資裝而訪訪遇
則曰賢士居於此我等蒙古汗差令探訪
會見時許以賜汝子嗣並令掌管奴僕民
等及牲畜各項因而奉差探訪賢士老祖
納齊布詳曰如此我自然欣去須往領吾
父母言訖登高峰而坐磨矢以待何以遅

伊祖老祖处于高峰扎喇河周大河

久不至[illegible][illegible][illegible][illegible][illegible]於高[illegible]光照[illegible]我
呼曰賢士速將汝父母領下老祖答曰我
父母已故託言欲逃出汝等之手耶我不
與汝等同往蒙古令披甲超上老祖納齊
布凡所指處矢無虛發射退[illegible][illegible]撤兵而
回老祖下高峰自思我名傳於遐邇難以
在此久居即之烏喇河上哨於岸傍搆金
二所十所積聚禽羽一所積聚獸毛付之

中流入西鄉其居人訴上流有羽毛逐流而下因此亦知有一善獵者差人二十名沿河兩岸每岸以十名探訪尋訪之士見此員禽獸皮肉者問其詳細老祖納布贈以所獵獲禽獸皮肉羽毛尋訪二十人歸告其衆衆與閭鄉人等相議欲聘請賢士我等食賢士所捕之禽肉請賢士食我等所獲之穀議畢前往聘請聘至鄉人聞

於賢[illegible]妻美婦則[illegible]

士納齊布曰汝等娶妻美好則娶之美好[illegible]

伊夫另娶妻故娶處女則娶處女者

祖納齊布答曰如娶婦吾與其夫同居乎

遂娶女焉

始祖納齊布 滿洲國賢士 生子二名 商鑑多爾濟 [illegible] 長

綽託次嘉穆喃 碩珠古章京綽託 生子二名 德文阿哈 滿補驍名

嘉穆喃 生子四名 長都尔喜 哈達派 烏喇 次扎爾喜 哈達派 三

蘇和德 哈達派 四綏屯 哈達派 都尔喜 生子三名 長額赫商烏

次庫森桑古魯 三古對朱彥 扎尔喜 生子一名

倭謨果岱 扈倫貝勒 哈達 蘇和德 生子一名 巴尔托都督

哈達部主 綏屯 生子一名 克習納都督 哈達部主 額赫商烏

生子一名 額赫布尔錦 庫森桑古魯 生子二名 長

托克托活 次朗珠 三拉古達 古對朱彥

生子二名 長泰斐喀 次泰蘭 巴尔托都督 生子一名

班底達拉哈 克習納都督 生子五名 長徹徹穆

次徹科 三禹烏祿 四汪濟外蘭 哈達部主 五

以达部主明旺封镇

汪𨀁斐揚武 [illegible] 穆事 一名 萬 哈 [illegible] 滿洲國汗生 [illegible]

汪濟外蘭 一名 [illegible] 色進 [illegible] 汪𨀁斐揚武 哈達 [illegible] 貝勒

生子一名 特尔布臣 班底 拉達 哈 生子一名 德喜 貝勒

萬 滿洲國汗 建都在哈達山 生子六名 長 詁 [illegible] 神 無后 貝勒 次 扈尔 [illegible]

三 薩穆哈圖 四 旺錫 五 康古魯 [illegible]

孟格布祿 貝勒 生子四名 長 吳尔瑚達 [illegible]

次 莫力渾 內務府大臣 三 珠巴庫 無后

四 [illegible]克色 一等輕車都尉兼雲騎尉

哈達部之先世以扈倫為國號姓納喇其
建業貝勒倭謨果岱係烏喇部貝勒之老
祖納齊布曾孫扎尔喜之子也素有剛謀
雄略覩記恢宏而又至誠御物騎射超倫
統撫諸部鎮守遠方諸部貝勒塞主未有
不親順徠服者矣倭謨果岱貝勒薨其親
叔之子巴尔託都督克習納都督俱繼伯
兄事業為部主克習納都督為人英武強

悍被族人巴代达尔汗所害其長子徹々

[illegible]害[illegible]

穆自幼屬[illegible]孫萬因祖被害[illegible]

遭陷逐逃於扈[illegible]部相近綏哈城[illegible]

之叔汪濟外蘭逐哈達主其部[illegible]

年飢人叛汪濟外蘭被叛者所[illegible]其子博

爾渾色進聚族衆誅叛者以雪父恨與堂

兄德喜往至綏哈城迎請兄萬旋國及萬

歸德喜仍奉萬為哈達部主萬於是收服

附近諸部遠方又招徠之由此強盛建城於扈倫國北鄙哈達山地方因改部號曰哈達明國遣使封萬為鎮撫滿洲國汗王封德喜授為哈達督部貝勒其時滿洲國蘇克素護河部渾河等五部并葉赫輝發烏喇俱屬之萬為人殘暴黷貨無厭羣下效尤擾害屬部民不堪命先世留遺基業俱自敗毀其民叛歸葉赫建業來歸諸部

俱自逆散萬[illegible][illegible]命萬汲子尾[illegible][illegible]在位八月甍萬第五子康古曾繼立席尤世霸業餘威欲起横逆暴斂之背萬曆十二年以賭送明寧遠伯李成梁誘害累赫貝勒是年冬德喜貝勒甍康古曾親弟岳格布禄繼之萬曆十五年貝勒孟格布禄因親兄康古曾汗王甍勢孤被侵遣使納賄求睦於

太祖
太祖遂賫馬五千匹銀帑四十六萬兩孟
格布禄許之復遣使以饋
太祖萬曆二十一年因明國構葉赫所逼
與九國之師二次攻侵
太祖後貝勒孟格布禄遣使導其衷情奉
書求和於
太祖葉赫乘隙構兵哈達部弱力不能敵

貝勒孟格布祿以其三子送
太祖部下為質乞援
太祖許之差大臣費英東噶蓋帶兵二千
衛助駐房其地時明國鎮守開原城通事
代書誘孟格布祿曰爾貝勒若能擒獲
太祖汗帳下來援二將盡殺其兵二千我
明國許以沿邊城池土地居民每歲令與
汝輸貢仍遣使封汝為汗王修結盟前好

貝勒感其言欲往約於開原城定議是時
被
太祖聞知急率師親臨哈達相阻遇天陰
烟風塵起昏昧咫尺莫辨貝勒孟格布祿
疑似葉赫又興兵相逼喝號鎧冑銳兵出
城奮勇衝擊[illegible]
太祖軍士多被傷者翌日天清霧散貝勒
孟格布祿偕臣民族衆出城以禮尊迎並

訴陰晦誤殺
太祖軍士之過
太祖悦以所御貂帽及豹裘給孟格布禄
服之孟格布禄以牲餔親饋
太祖
太祖帳下貝勒大臣定議欲鬭孟格布禄
覺誤殺之罪
太祖以正言止之孟格布禄乘黄夜隱於

僻處自縊
太祖聞之大慟令部下貝勒舒尔哈齊大
臣揚古利携茶酒致奠貤封孟格布祿頭
等武襄公索囉巴圖謚號諭示其子與族
人等服喪祭葬
太祖傳集部下軍士勿得違令擅入哈達
城内妄擄財物毫無所取城内居住室家
完聚如故不令離散悉編入户籍從遷之

以歸

太祖以公主給孟格布祿之長子吳爾瑚

達明國復遣使赴

太祖部下謂曰爾國何故興師而取其哈

達部耶其速復回[illegible]

太祖從其言命吳爾瑚達同公主率部民

以回其城仍命為哈達部主後連歲數被

葉赫侵掠又屢遭年饑人民乏食乞羅於

開原開原弗許各鬻其妻子牛馬易粟而
食
太祖聞之則言曰此皆吾往所撫之赤子
也何忍聽彼流離遂仍收哈達人民贍養
之
太祖又以郡主給吳尔瑚達之子額森得
哩將族衆分隷八旗所餘屬下人民編牛
录令額森得哩之子科思訥約蘭之子懋

長子莽果雅

巴哩戛瑚之子雅琥蘇巴海長[illegible]
穆布祿長子都琥禪統之懋巴里授甲喇
章京科思訥授三等阿思哈哈番世爵替
侍衛其餘雅琥莽果都琥禪三人俱授[illegible]
職並理參軍務共議出獵行師殺世族衆
挨支授襲替官職者甚衆焉
烏喇部貝勒布顏姓納喇其先世曾祖都
爾喜由長白山遷移松花江濱居焉布顏

率族衆親踈長幼收服附近諸路屯寨俱移於松阿里烏喇河岸洪泥地方築修堡廳室部號烏喇衆議推為部主以百里内之女妻之奉為貝勒生子六長布罕次布尔喜三布三泰四布准五吴三太六博克多俱承父業稱為貝勒分理其部事務與諸臣偕坐共議出獵演師布罕貝勒逝世其長子滿泰繼焉萬歷庚寅年正月遣使

求睦於
太祖帳下
太祖遂納其姊繼立為大妃撫恃宮壁內
務自此締姻每歲修睦迨癸巳年九月因
明國構葉赫所逼遣弟布占泰隨諸師於
哈達部柴河寨南被難
太祖問曰尔何人也對曰烏喇貝勒滿泰
之弟布占泰也恐見戮未敢明言生存惟

命

太祖曰汝等諸部會兵侵害無辜天厭汝

等昨日擒斬葉赫貝勒布寨彼時遇尔亦

必戮矣今既見汝亦何忍戮語云生人之

名勝於取人與人之名勝於戮人

太祖遂親解其縛諭帳下諸貝勒大臣與

布占泰朝見列坐錫宴並賜布占泰猞猁

裘蟒緞衣冠銀器用茶布等物恩賚有

封布占泰為協理軍務牛彔額真丙申
年四月
太祖聞我部貝勒滿泰長逝遣使衛送布
占泰旋歸賜給敕書十道甲胄及十令主
其部封為貝勒諭令鎮撫邊疆並江諸路
以宗女妻焉壬子年七月
太祖因我部年歉背盟興師親臨毀我部
臨河六城焚城內廬舍糗糧翌日貝勒布

占泰偕臣民跪至河邊而乞曰烏喇部即
皇父之部也幸勿盡焚糗糧何德憑凌至
此
太祖擐甲乘馬行至河中水及馬腹以書
責布占泰曰我受新覺羅上天降生事事
順天命循天理從不被辱於人數世以來
遠近欽服尔我先世係十國之人載籍甚
明尔放縱不知百世以前事豈十世之遠

族不知耶此世數亦遠未可考[illegible]

泰懼以地產貂魚[illegible]

太祖

太祖遂起鑾旋師癸未年正月十[illegible]

太祖復興師來侵相戰於伏爾哈城我部

軍士奔潰者甚衆貝勒布占泰遁葉赫部

赫爾蘇河源築室修隱我部貝勒楚民族

衆任赴

太祖帐下收抚乙卯年
太祖复编旗籍将我族支长幼臣民俱分编八旗牛录隶属授文武世袭职员甚众焉

奉
天承运
皇帝制曰贻厥孙谋忠荩识世传之泽绳其祖武恩荣昭上逮之休忠厚之道攸存

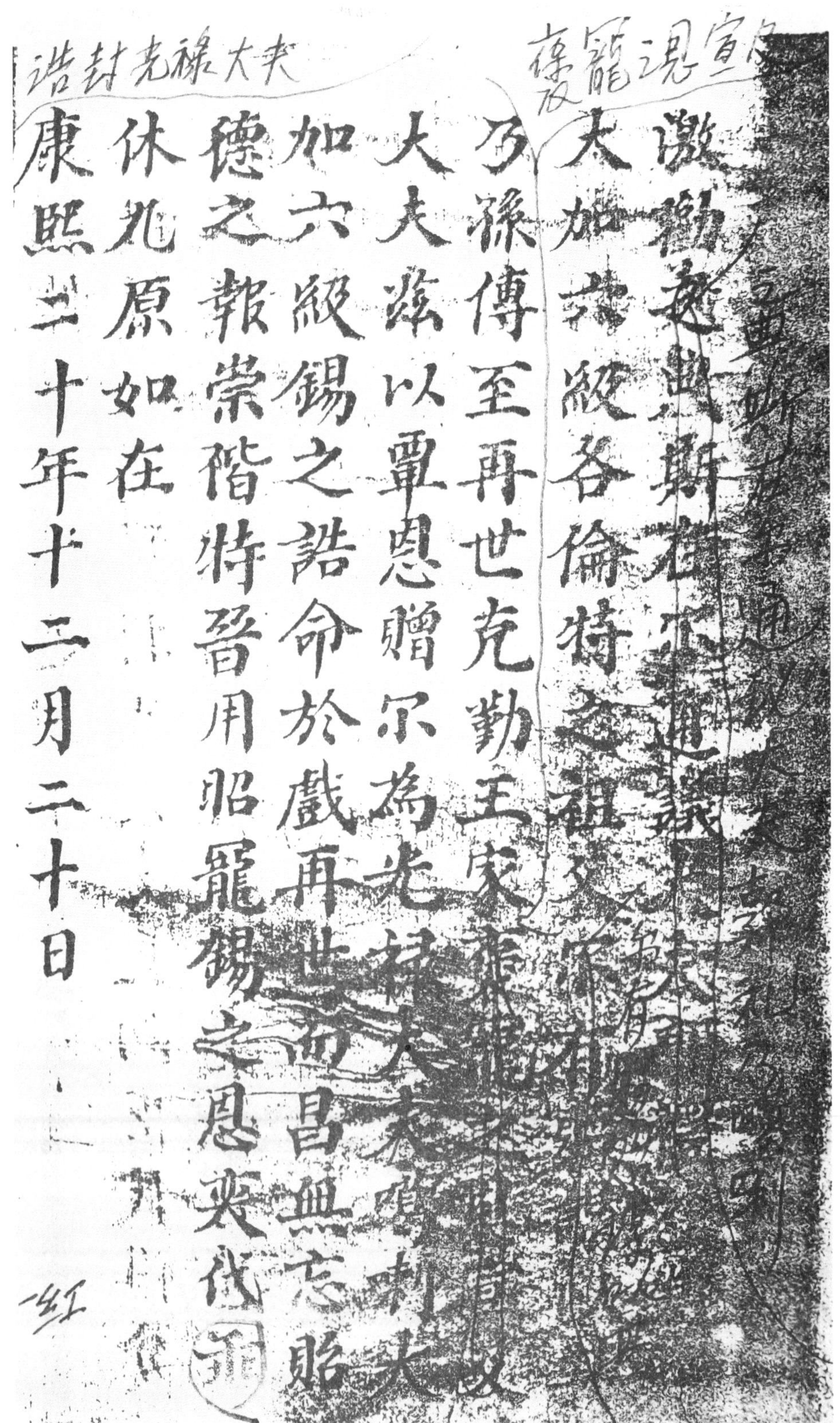
激劝尔其祗承无斁丕廸彝倫特授...
太加六级各倫特之祖父...
乃孙传至再世克勤王家...
大夫兹以覃恩赠尔为光禄大夫...
加六级锡之诰命於戏再世而昌...
德之报崇阶特晋用昭宠锡之恩...
休光原如在
康熙二十年十二月二十日
诰封光禄大夫

[illegible]太郭禮之後裔隸盛京正紅
旗陳滿洲佐領下
昭陵有世襲防禦之缺後裔成襲郭禮之
墓在盛京城西北十五里小韓陽屯西路
南碑記在東南刻字即是所前誥封
遼陽城東北距省八十七里機道屯祖塋
墓誌碑　我下姓
始祖郭公諱禮於幼時驍勇善射投[illegible]录

[illegible]

[illegible]依[illegible]有[illegible]

薩尔滸之役遇敵[illegible]奮勇力奮[illegible]往葉赫

時任擒夜探輙奪所俘及從征明從三貝勒

恭古尔犬在遼瀋等處血戰破敵後[illegible]探

海邊旅順口石山站斬殺多人並有俘獲

首和平回遣辞遇明吳襄敵兵於太陵河

黄夜來攖屢戰被創及創愈任工部艾惜

喇庫勒哈番之責兼辦刑錢書啟後任看

[illegible]梅勒章京[illegible]
迨室順治二年奉諭遣監修
陵寢壇廟城垣規模宏整工程完固擢授
承襲防禦之職嗚呼率行式穀一世酧庸
之典申錫命於生章闔族報本之榮極推
恩於奕世今勒石銘勳以埀後世不朽之
意云爾
康熙十九年仲秋月　穀旦　闔族議立

忠義公圖[illegible]

國家肇造鴻圖撫[illegible]

臣是賴故生勳寵錫[illegible]

渥以典禮所以傳其豐功績至於[illegible]

不衰耶故忠義公圖宗義勇無敵忠著

不渝爰太祖屢著戰功翼祐

太宗戰山左把關門遂解奮身被重創洒

血想趨惟爾庸特從下青齊克名城殲渠

[illegible]先登陷殿力保御幄帷
[illegible]期爾共享太平股肱是寄而爾因疾
遽逝侍
皇考於九天矣朕維追憶前勞悼惜無已
雖恩卹屢加朕心猶覺歉虧將俞禮臣請
勒石銘勳昭垂百世嗚呼忠貞世篤賞延
於後其所謂文武爲憲者耶爾英爽昭著
服茲寵休垂示遠近族支後人庶幾識朕

恩報功臣之大典[illegible]

奉

天承運

皇帝制曰國家思創業興隆當賞報功

典今臣建輔運鴻績宜加錫爵寵恩此激

勸之宏規誠古今之通義尔少傅兼太子

太保內大臣提督總理鑾儀衛亓歷事務

加十六級十六等公圖尔格克殫勁猷著元

勵精誠而成佐命裨益國政既久積其勛勤護衛龍鑾又丕彰其敬慎建功最衆錫爵攸崇配享太廟之明禋永作功臣之冠冕茲因克襄公事覃恩贈爾為光祿大夫頭品頂戴忠義公錫之誥命嗚呼推恩申命爰弘獎于忠貞樹德懋勳用介休於宅安幽靈不昧服此 欽承勒諸貞珉以表千古不泯之至意云爾盛京駐防將軍

諡襄壯。阿穆宗圖碑文稽古建業臨馭羣
力不吝爵賞以勸有功昭示後世用傳不
朽所以勵忠藎甚備也宗哲穆爾圖性行
純良才猷稱職征勦廣東於新會縣碑處
擊敗李定國賊兵三千後續征雲貴於蒜木
井盧嶺磨盤山俱能奮勇破敵効力行間
勤勞素著授二等輕車都尉後累陞為鎮
獄京將軍方冀遐齡忽聞長逝朕甚悼焉

特賜謚曰襄壯勒諸貞珉永光泉壤國典

巨誼庶其昭垂無斁哉

康熙十四年閏五月二十四日

孝男世襲二等輕車都尉兼佐領阿林泰恭立

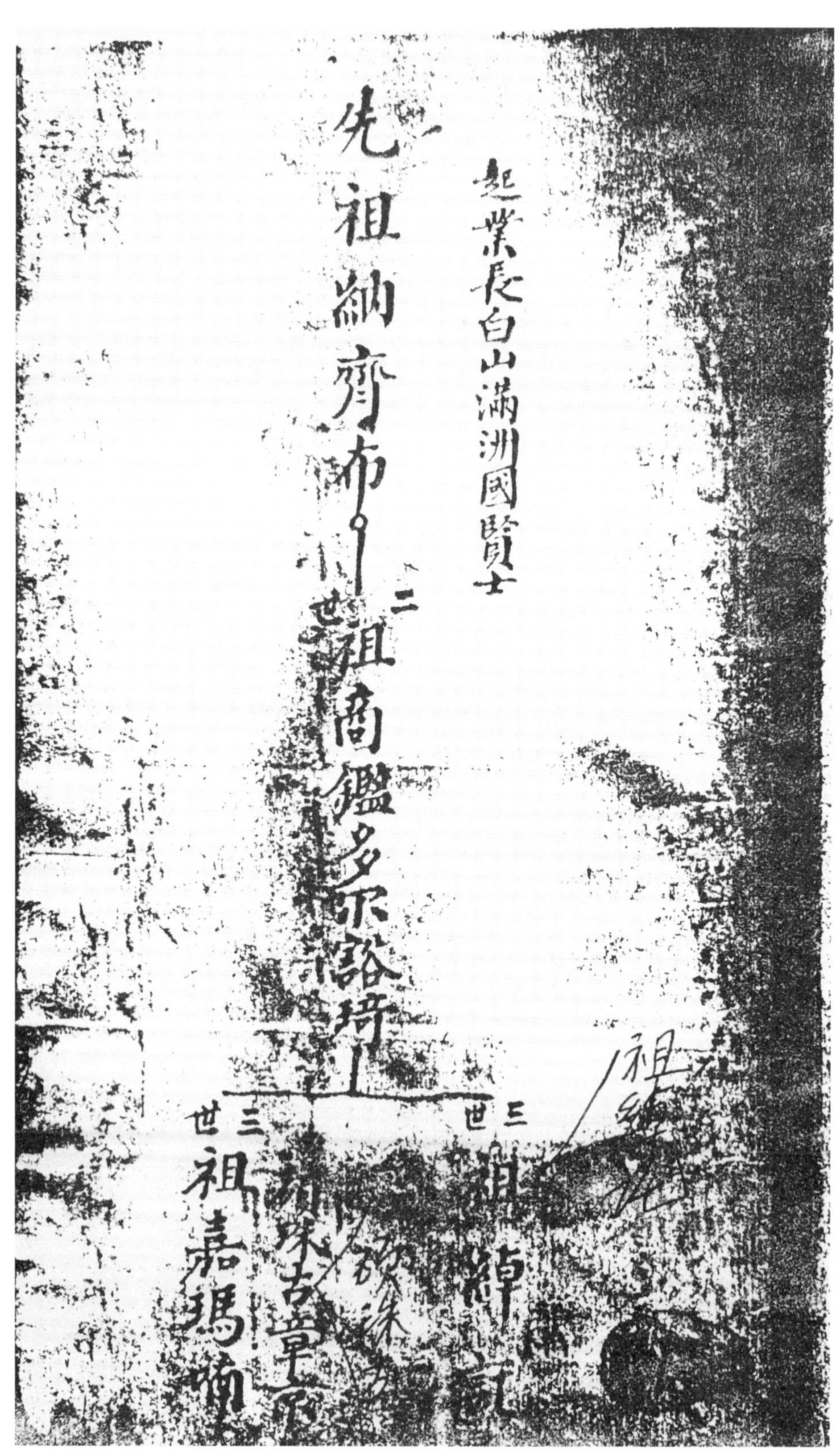

起業長白山滿洲國賢士

先祖納齊布

二世祖商鑑多赤喀埼

三世祖緯亂

三世祖嘉瑪喃

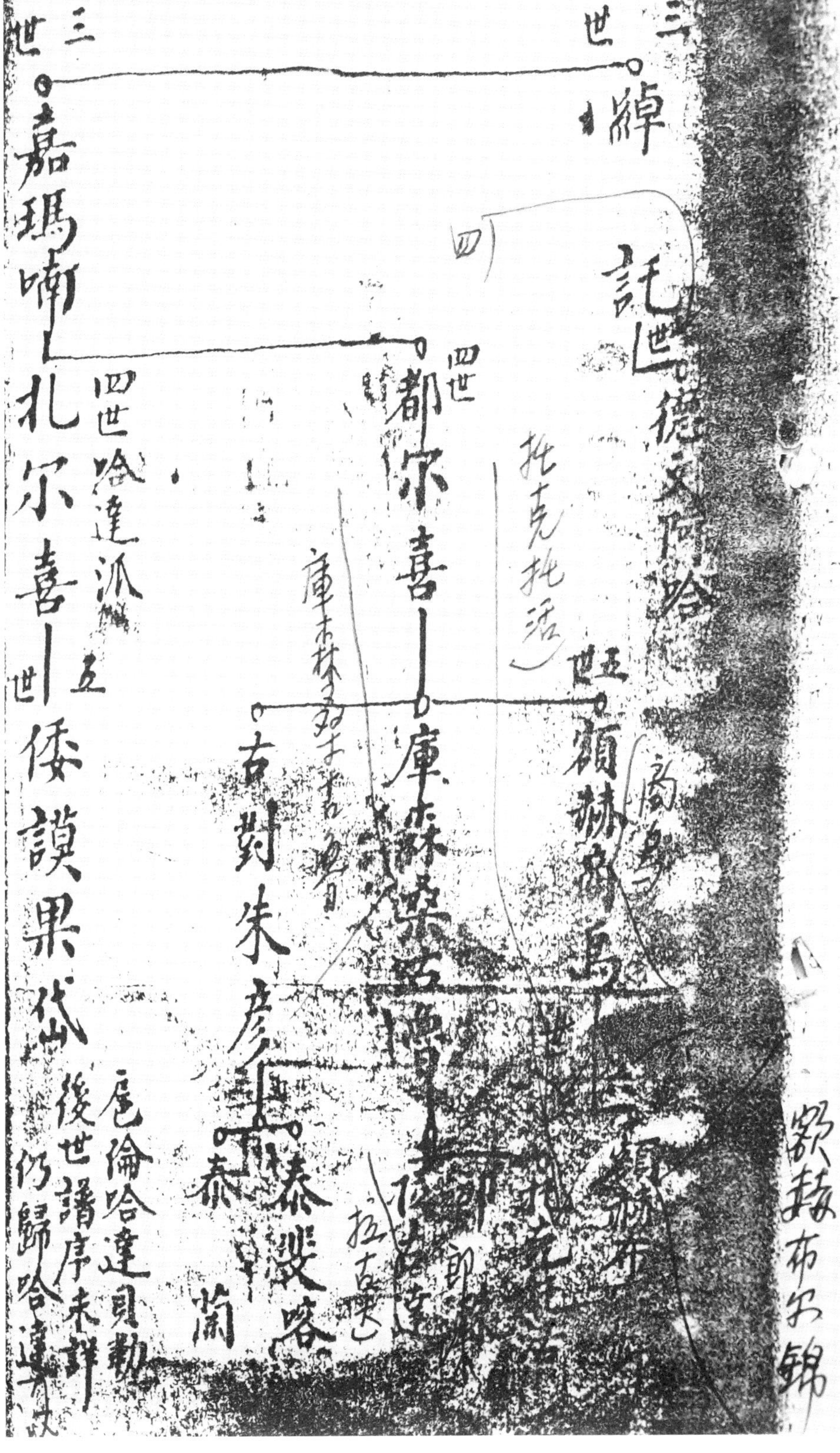

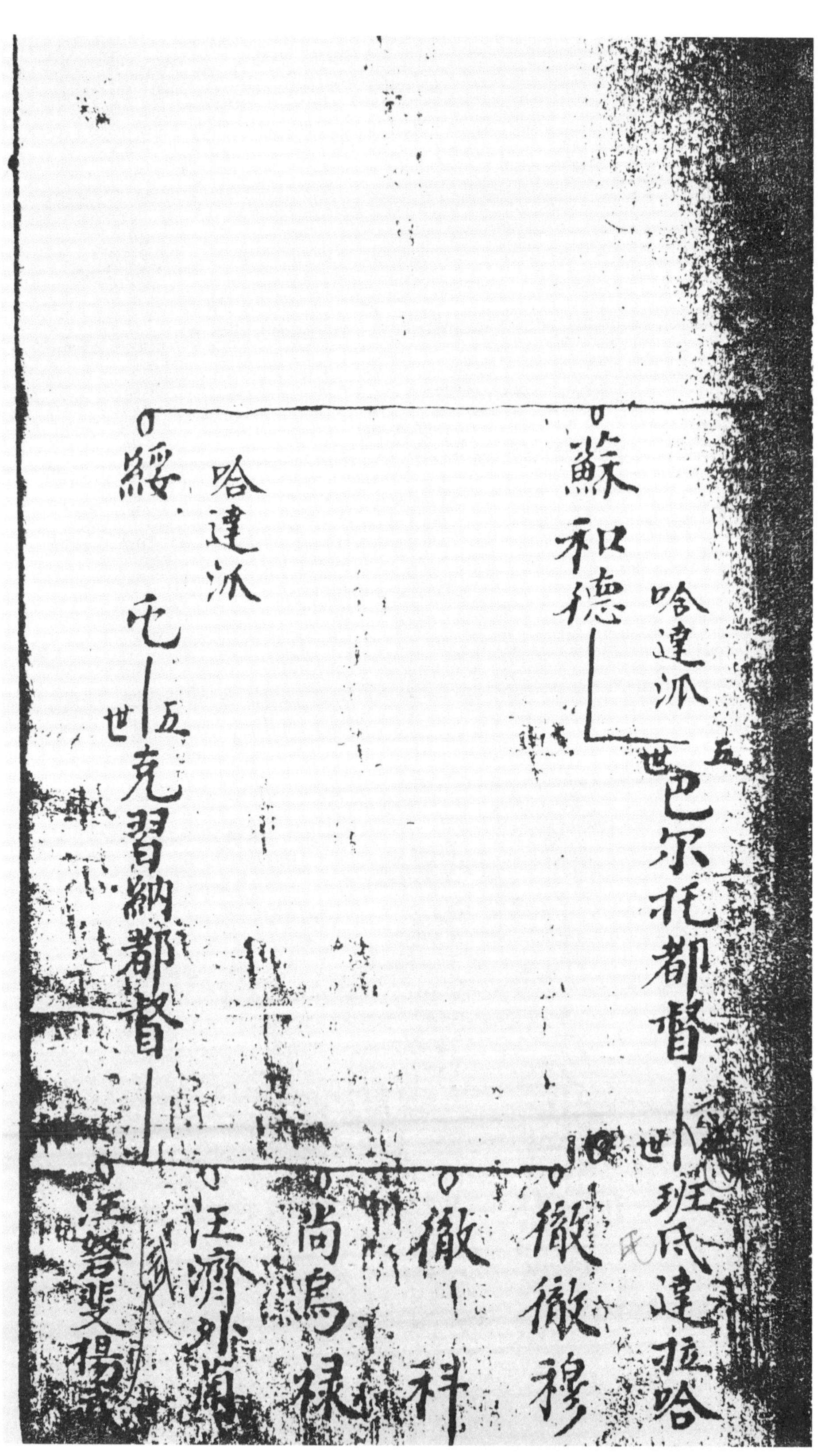
蘇和德
哈達沠
五世
巴尔托都督
班氏
達拉哈
徹徹穆
徹科
尚烏祿
汪濟外蘭
汪吉弩楊
綏屯
哈達沠
五世
克習納都督

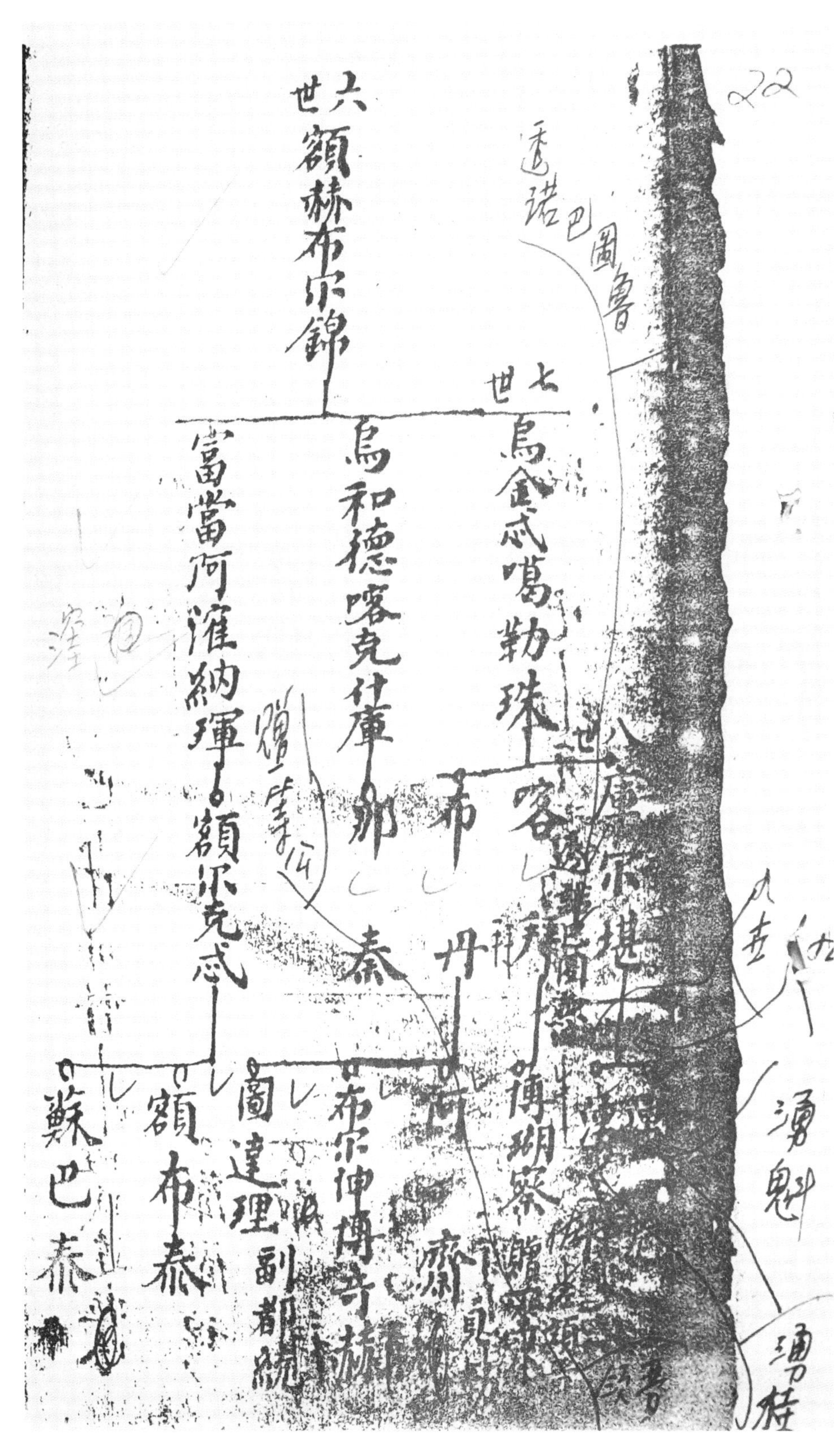

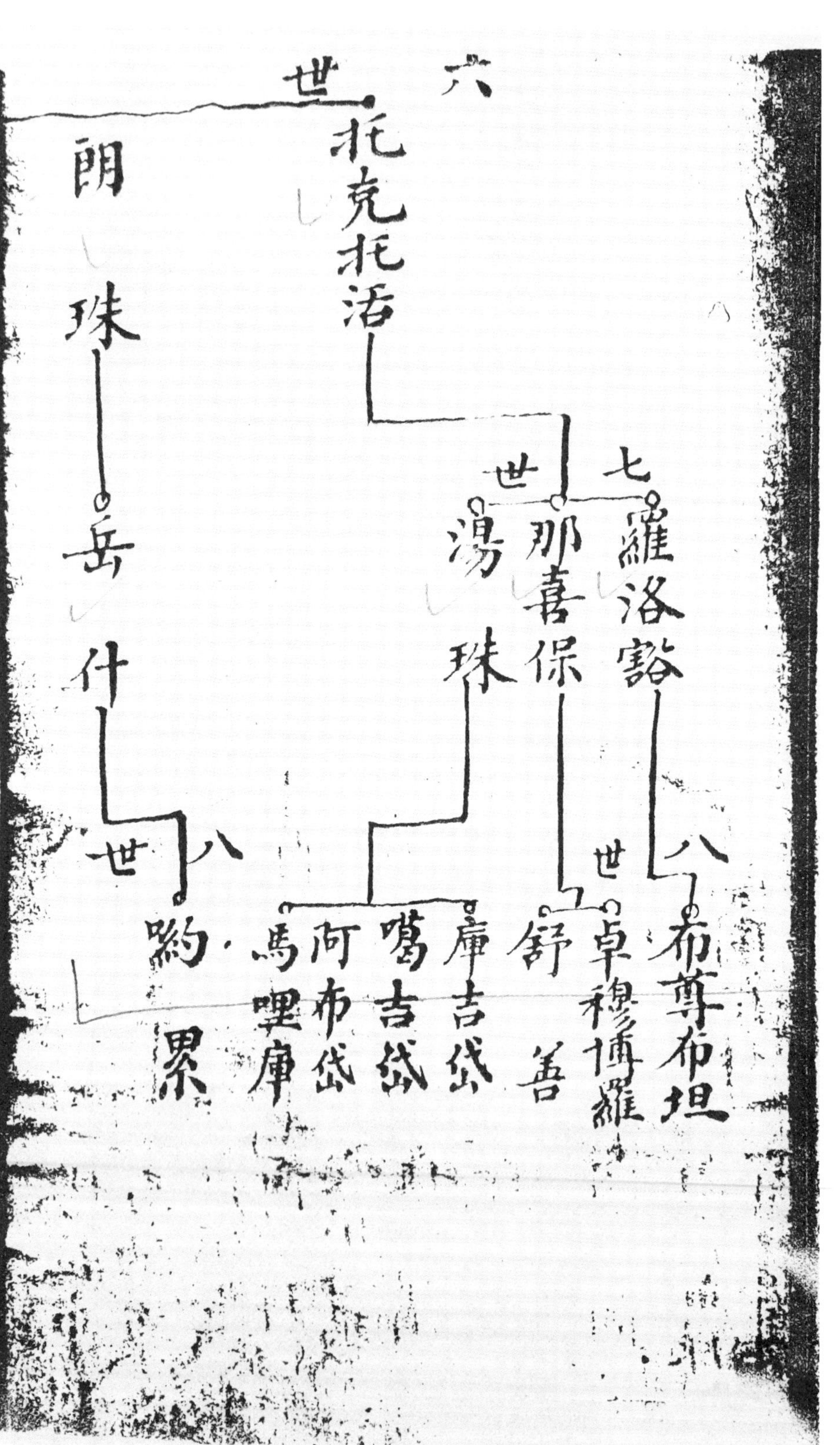
六世
托克托活
朗珠
七世
羅洛豁
那喜保
湯珠
岳什
八世
布尊布坦
卓穆博羅
舒善
扁吉岱
噶吉岱
阿布岱
馬哩庫
哟累

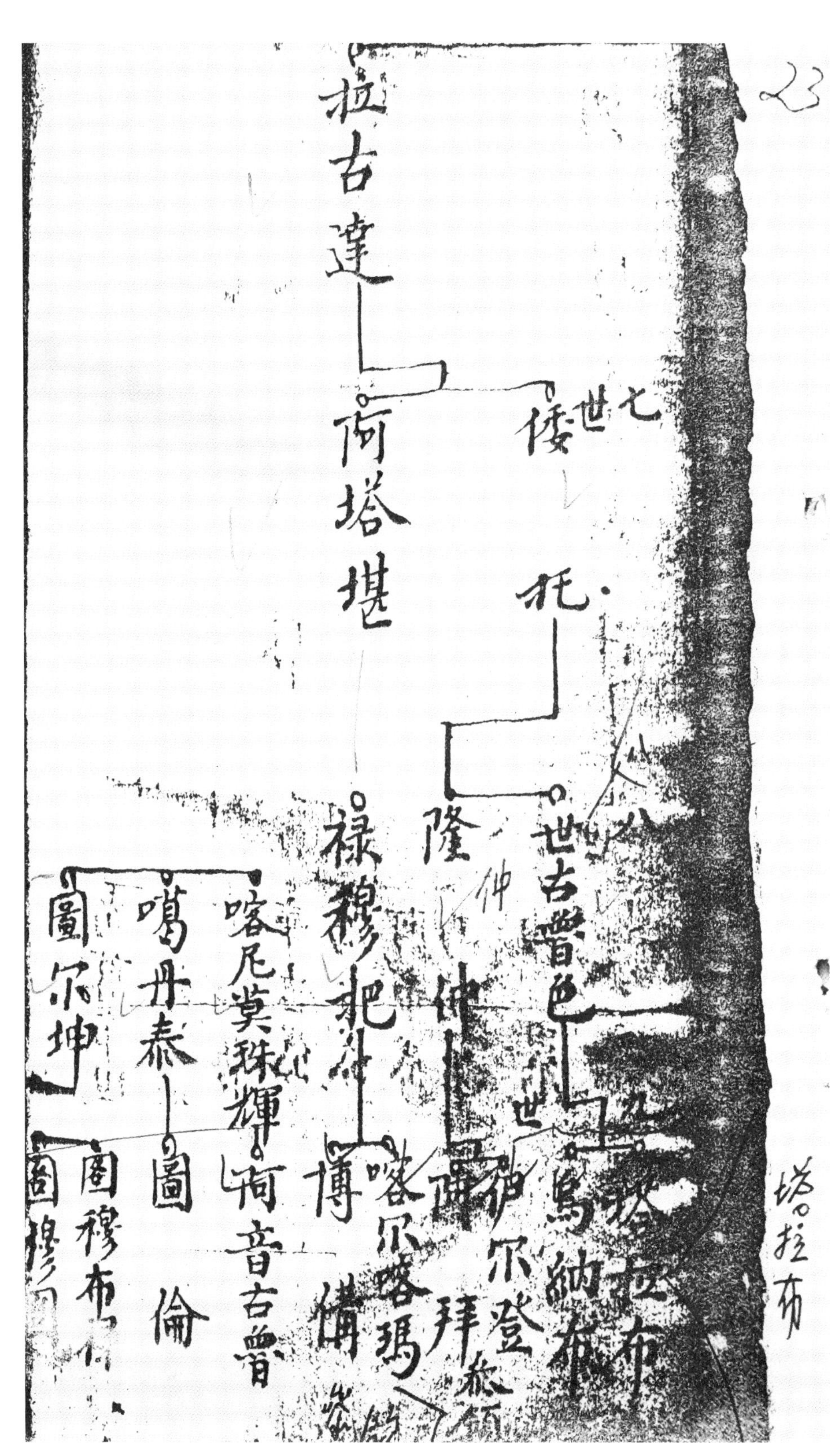

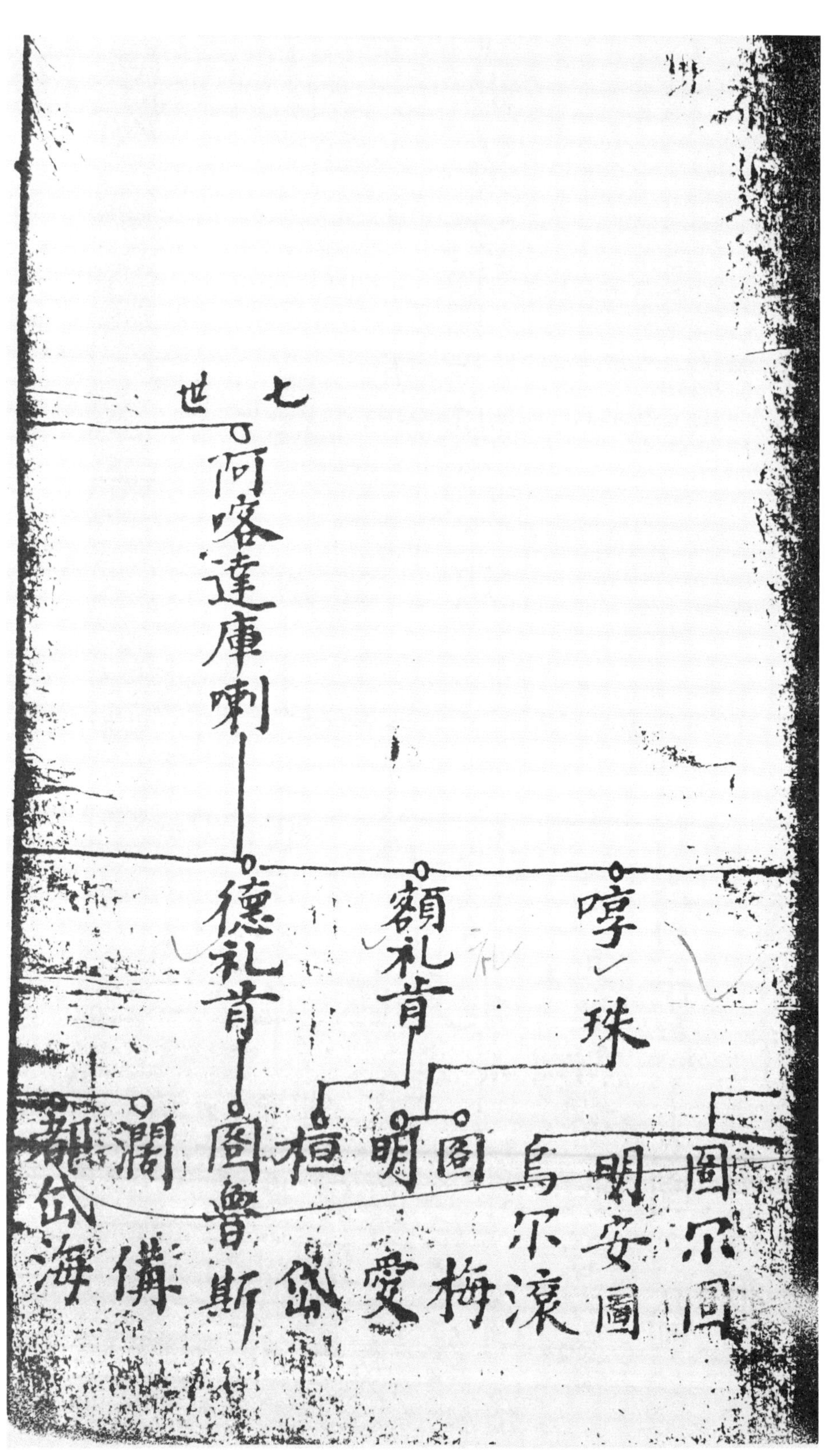
七世
阿喀達庫喇
德礼肯
額礼肯
哼珠
圖魯斯
潤備
都岱海
楦岱
明受
圖梅
烏尔滚
明安圖
圖尔圖

24

六世

泰斐喀

額色進滿

法尼

庫力喀

喀克錫

載欽

奇雅穆

烏山固布蘇

與六尼雅

甯耐布里善

布哈納

薩哈連

托托布

錫式庫赫

佛索

阿海

阿布蘇湖

侍卫

诺

都督

珠穆魯綽托
彰寶
額和猛﨑
瑚思布禄
淫善
歸哈達
葛初琿
博尔科
塔奇布
恭依曾
碧雅圖無嗣
碧雅穆
巴松古
圖穆拜無嗣

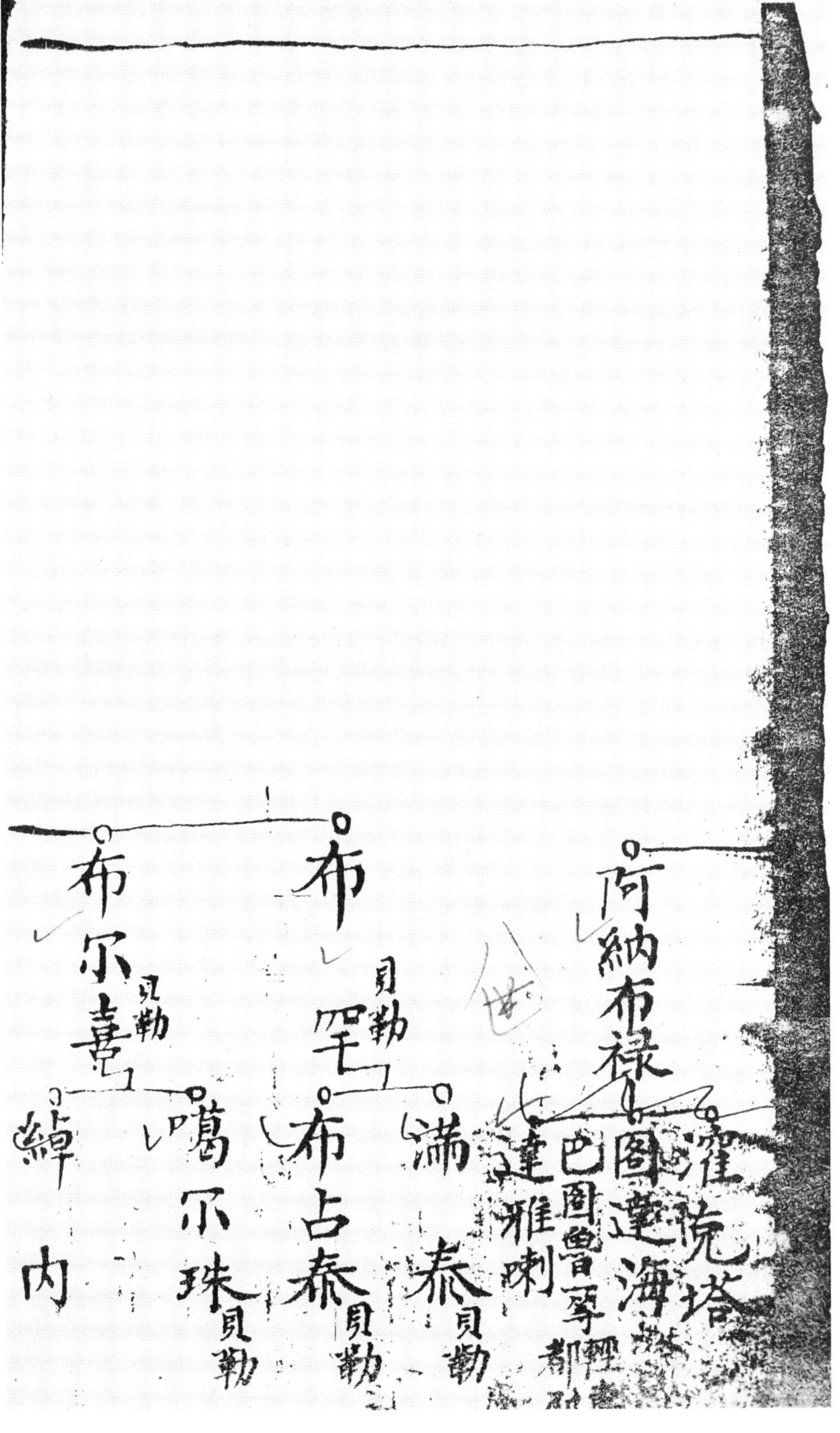
阿納布祿
灌VIOLET塔
圖蘭海
巴圖魯
達雅喇
滿泰 貝勒
布占泰 貝勒
布罕 貝勒
噶爾珠 貝勒
布爾喜 貝勒
綽內

泰蘭（六世）

布顏（七世）

（八世）

布三泰 貝勒
- 常任 貝勒
- 瑚哩布 貝勒
- 庫漥 台吉

布淮 貝勒
- 喀尔瑪 貝勒
- 哲臣 貝勒
- 恭鑑 台吉

武山太 貝勒
- 巴彥 台吉
- 延泰
- 拜達理

博克多 貝勒
- 碩色 台吉 無后

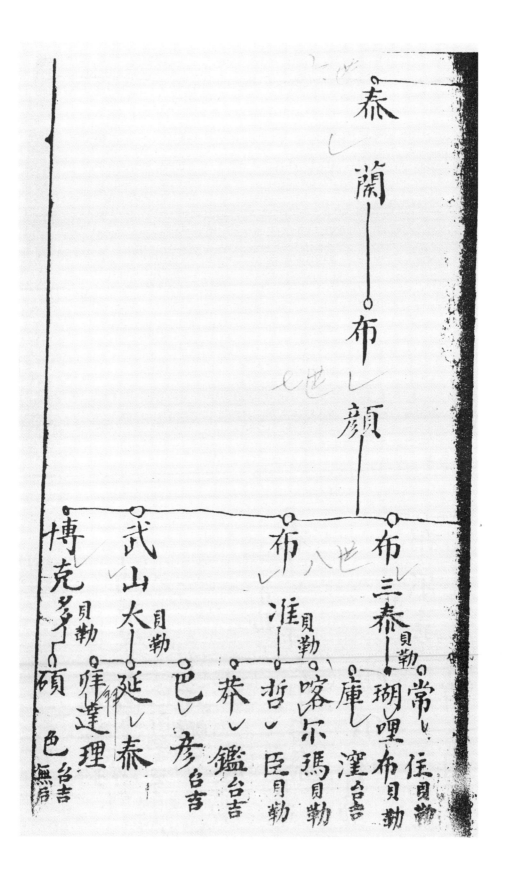

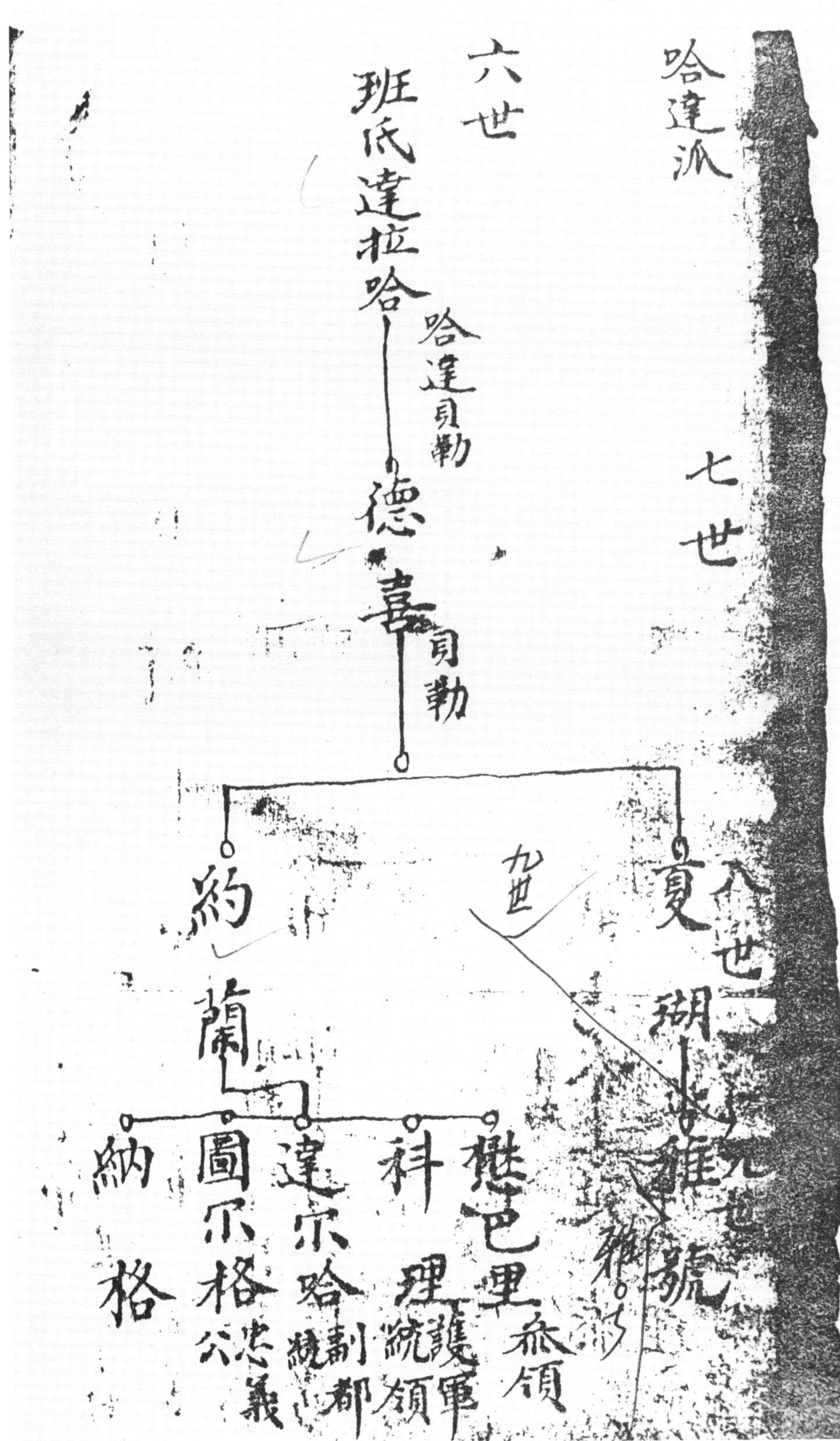
哈達派
六世
班氏達拉哈
哈達貝勒
德喜 貝勒
七世
覓
八世
湖
約
蘭
九世
雅
號
雅
納
格
圖
尔
格
忠義公
達
尔
哈
都統 副
科
理
統領 護軍
懋
巴
里
參領

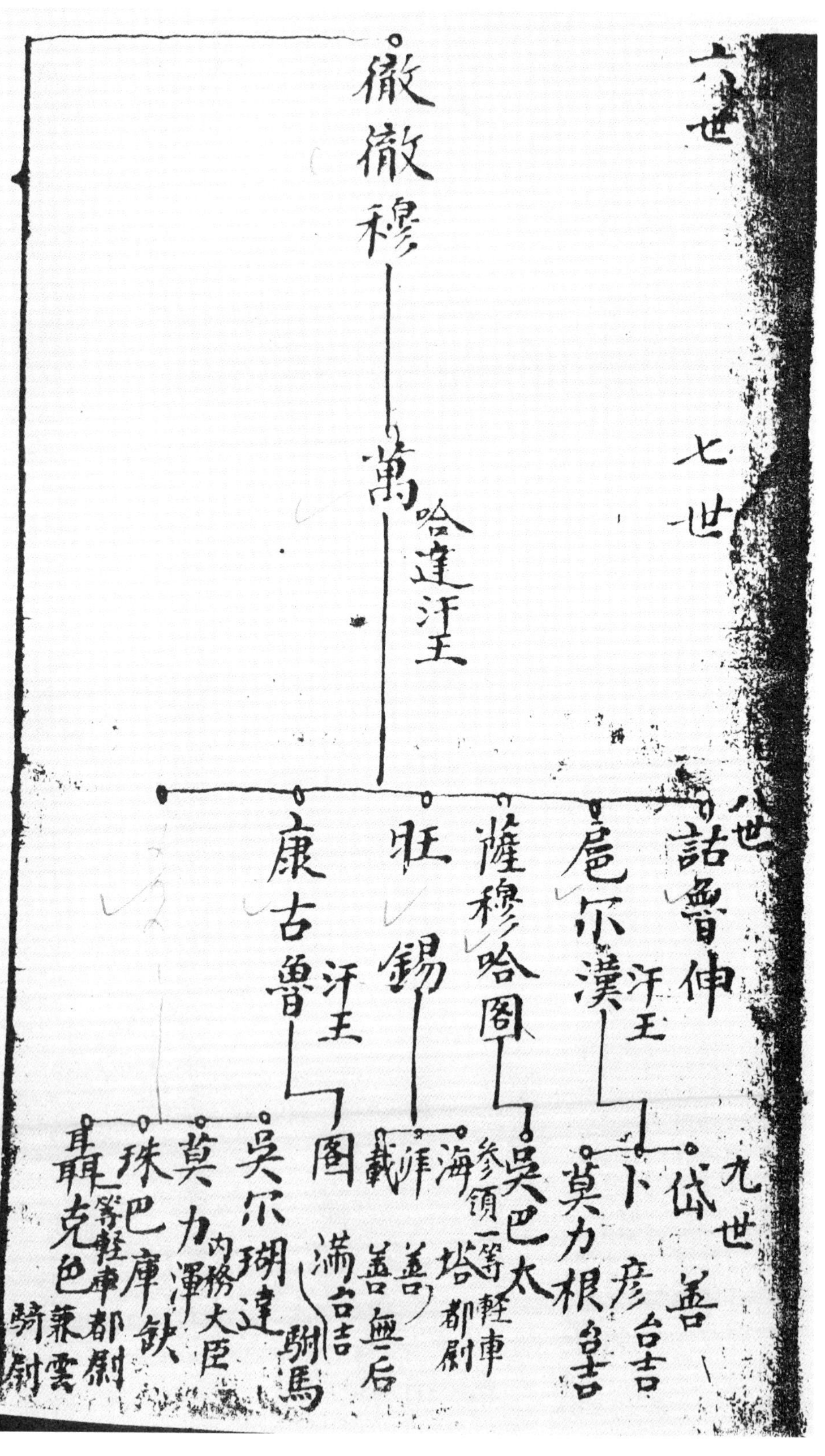
六世
徹徹穆
七世
萬 哈達汗王
八世
詁魯伸
扈尔漢 汗王
薩穆哈圖
旺錫
康古魯 汗王
九世
岱善
彦台吉
卞
莫力根阜善
吴巴太 參領一等輕車都尉
海塔
洋善
善無后
載善
圖滿台吉
吴尔瑚達 駙馬
莫力渾 内務大臣
珠巴庫 一等輕車都尉
欽
聶克色 兼雲騎尉

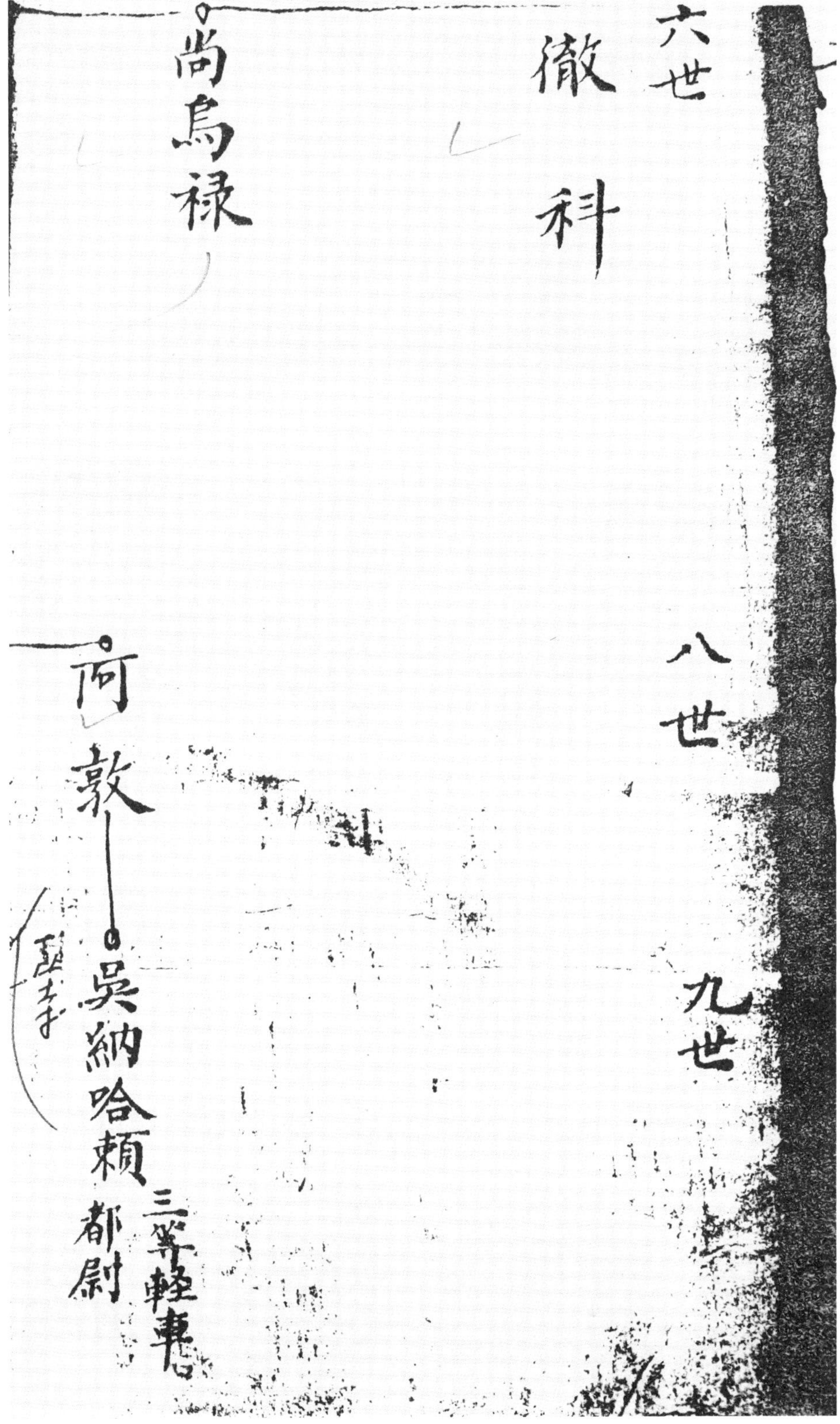

六世 八世 九世

徹科

尚烏禄

阿敦

吴納哈賴 都尉 三等輕車

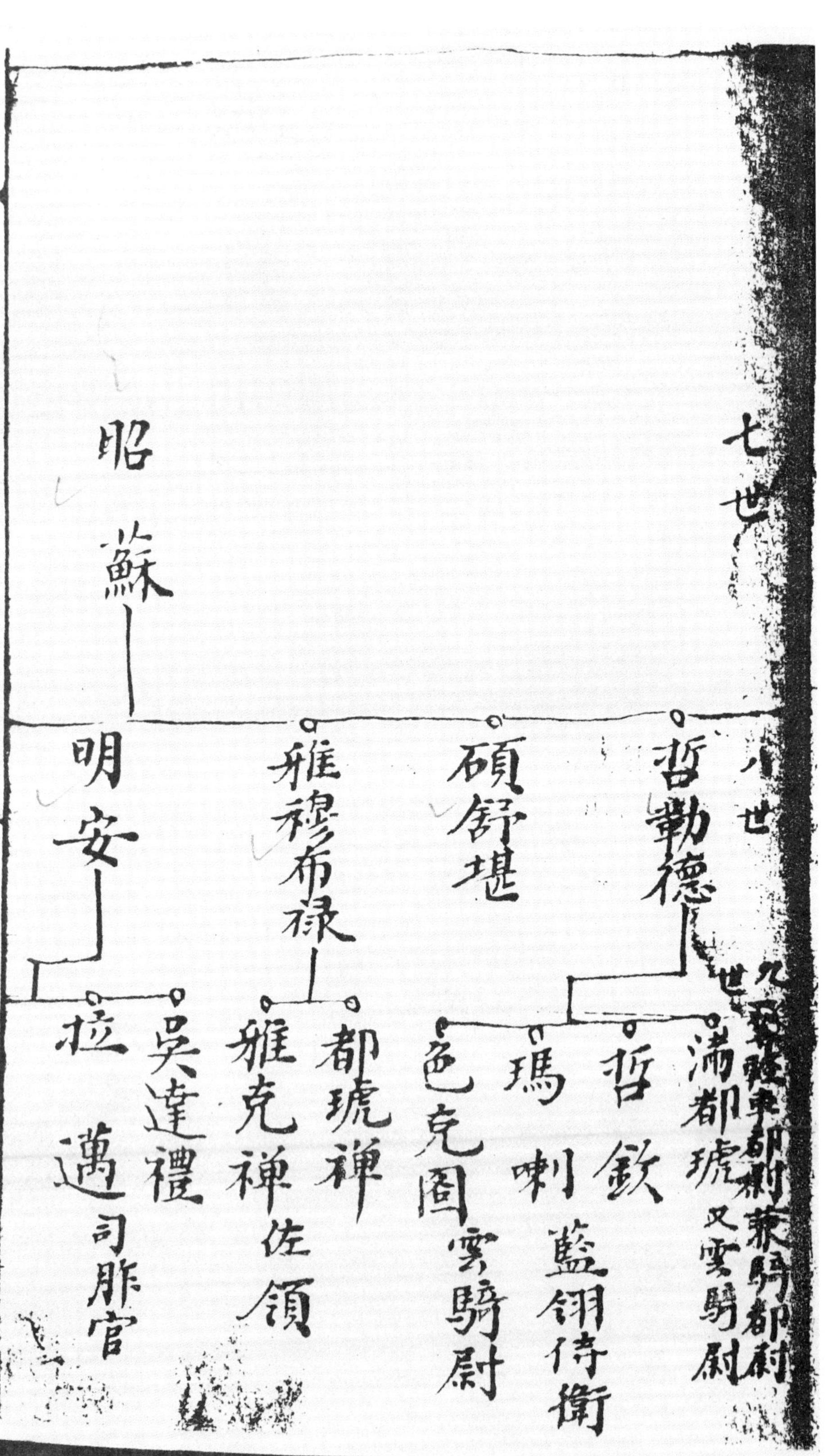
七世
昭蘇
八世
哲勒德
碩舒堪
雅穆布禄
明安
九世
滿都琥 又雲騎尉
哲欽
瑪喇 藍翎侍衛
色克圖 雲騎尉
都琥禅
雅克禅 佐領
吴達禮
拉邁 司胙官

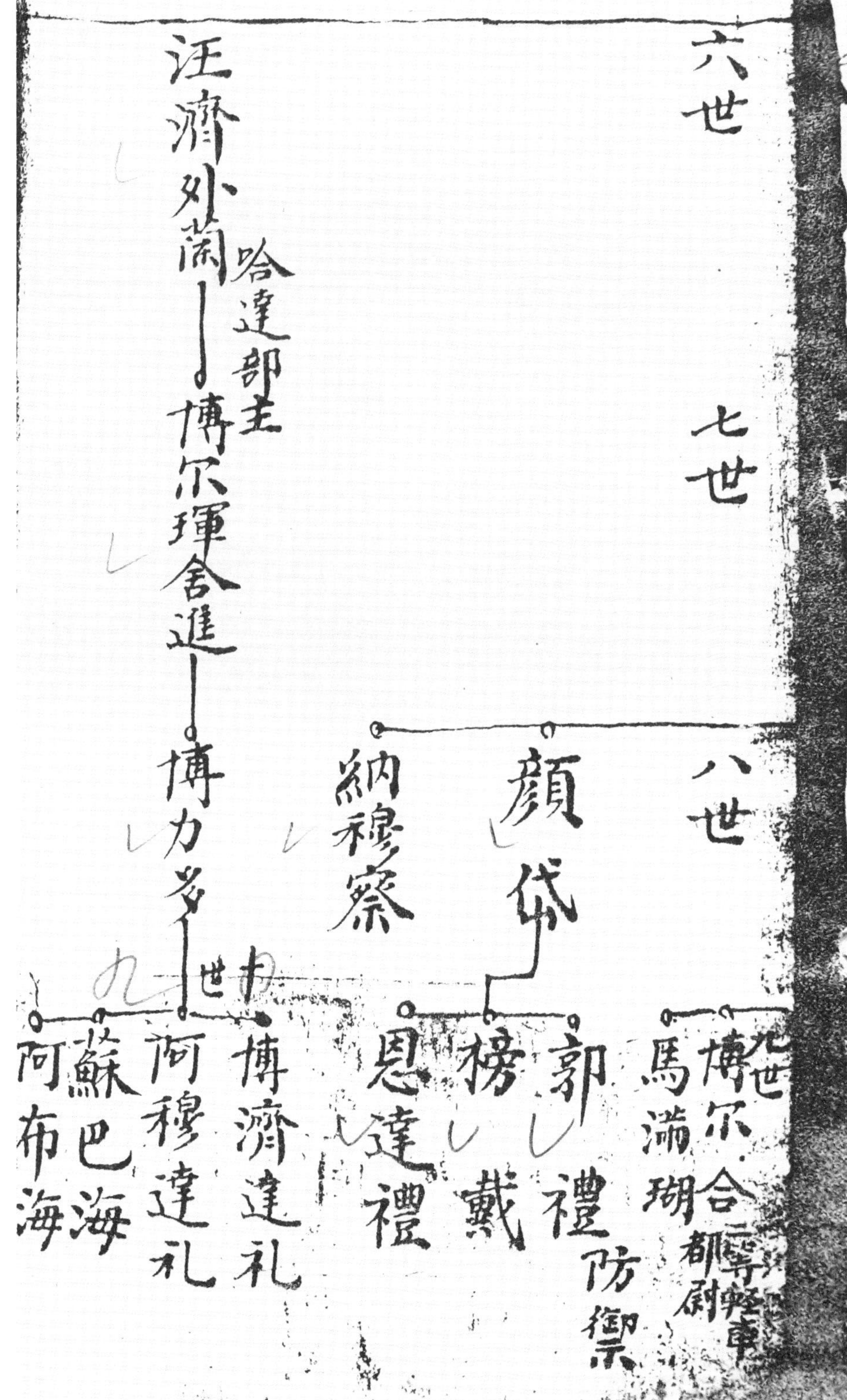
六世
七世
八世
九世
十世
汪濟外蘭
哈達部主
博尔琿舍進
博力多
納穆察
顏代
博尔合
二等輕車都尉
馬滿瑚
郭禮
防禦
榜戴
恩達禮
博濟達礼
阿穆達礼
蘇巴海
阿布海

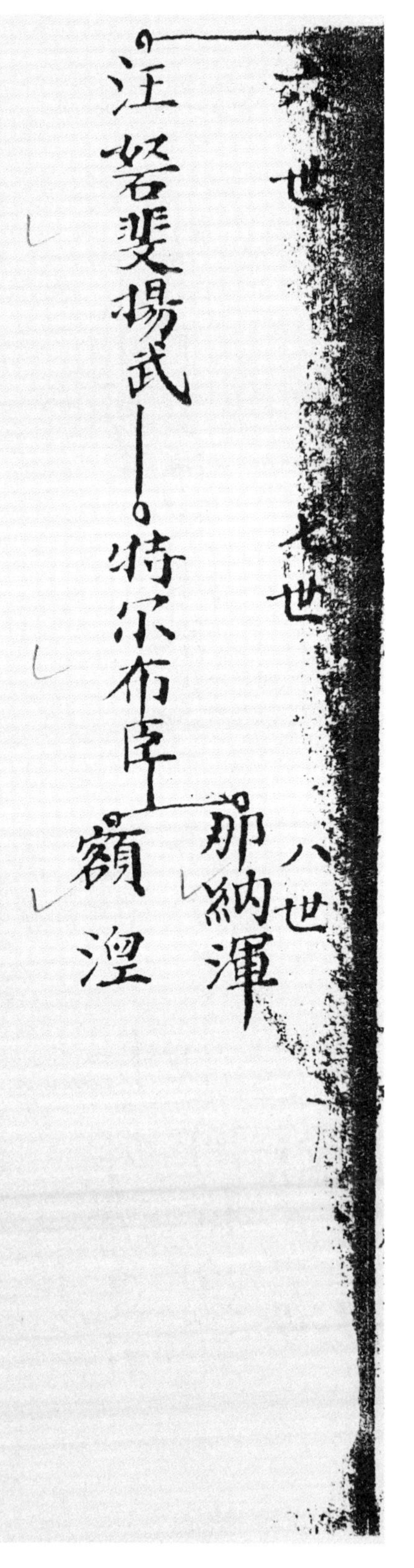

六世
七世
八世
汪努斐揚武
特尔布臣
那納渾
額涅

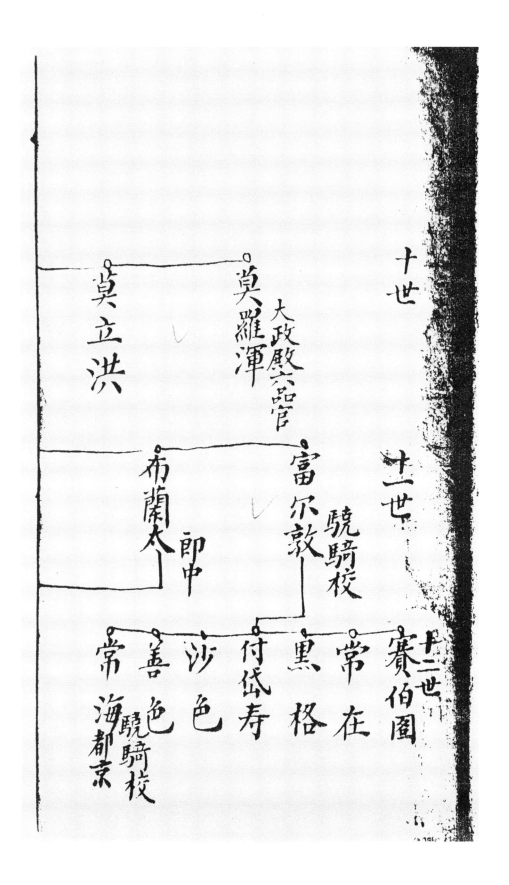

十世

莫羅渾 大政殿六品官

莫立洪

十一世

富尔敦 驍騎校

布蘭太 郎中

十二世

賽伯图

常在

黑格

付仾寿

沙色

善色 驍騎校

常海 都京

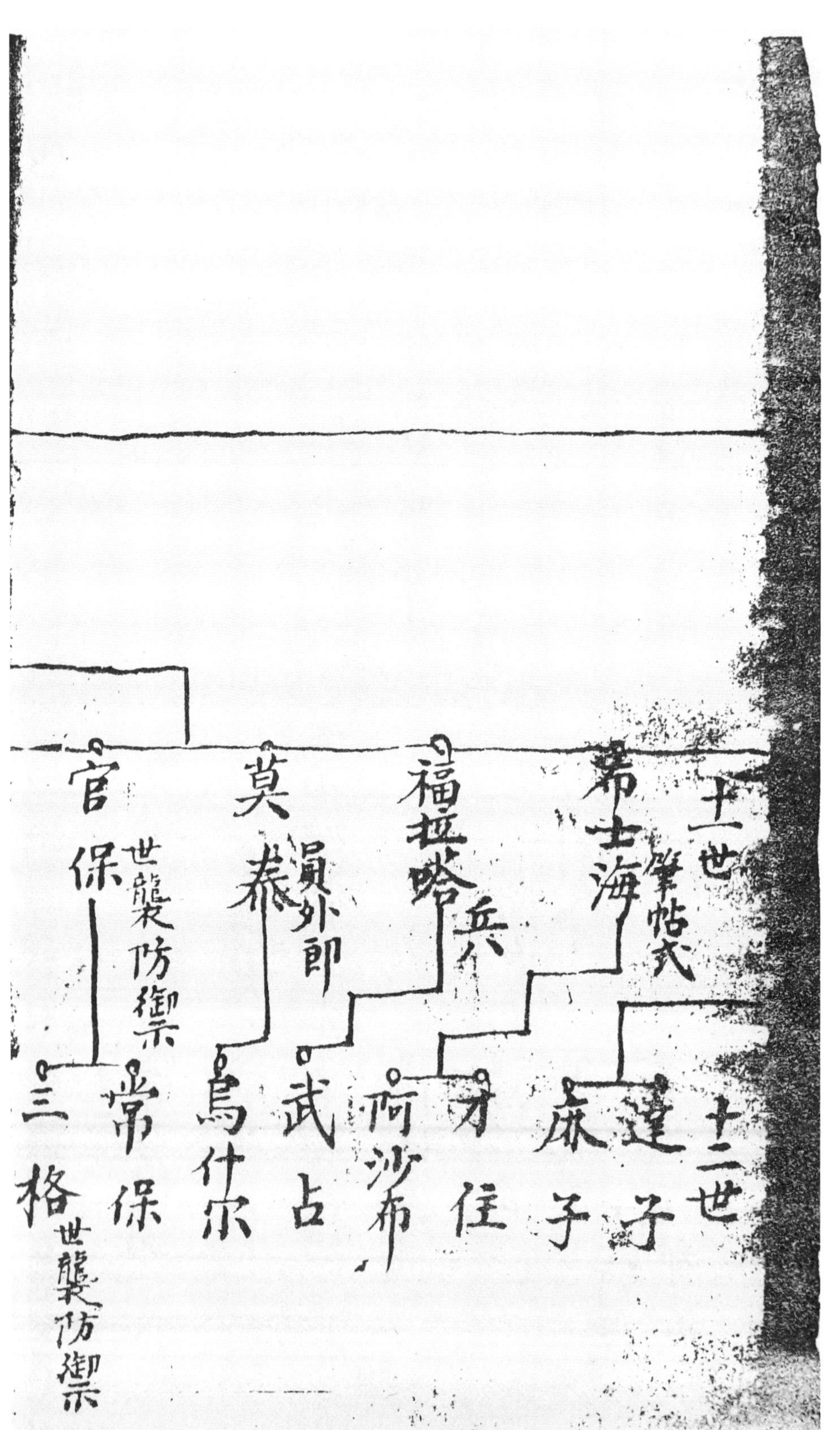
十一世
帝士海 肇帖式
福拉喀 兵
莫泰 員外郎
官保 世襲防禦
十二世
達子
庥子
才住
阿沙布
武占
烏什尕
常保
三格 世襲防禦

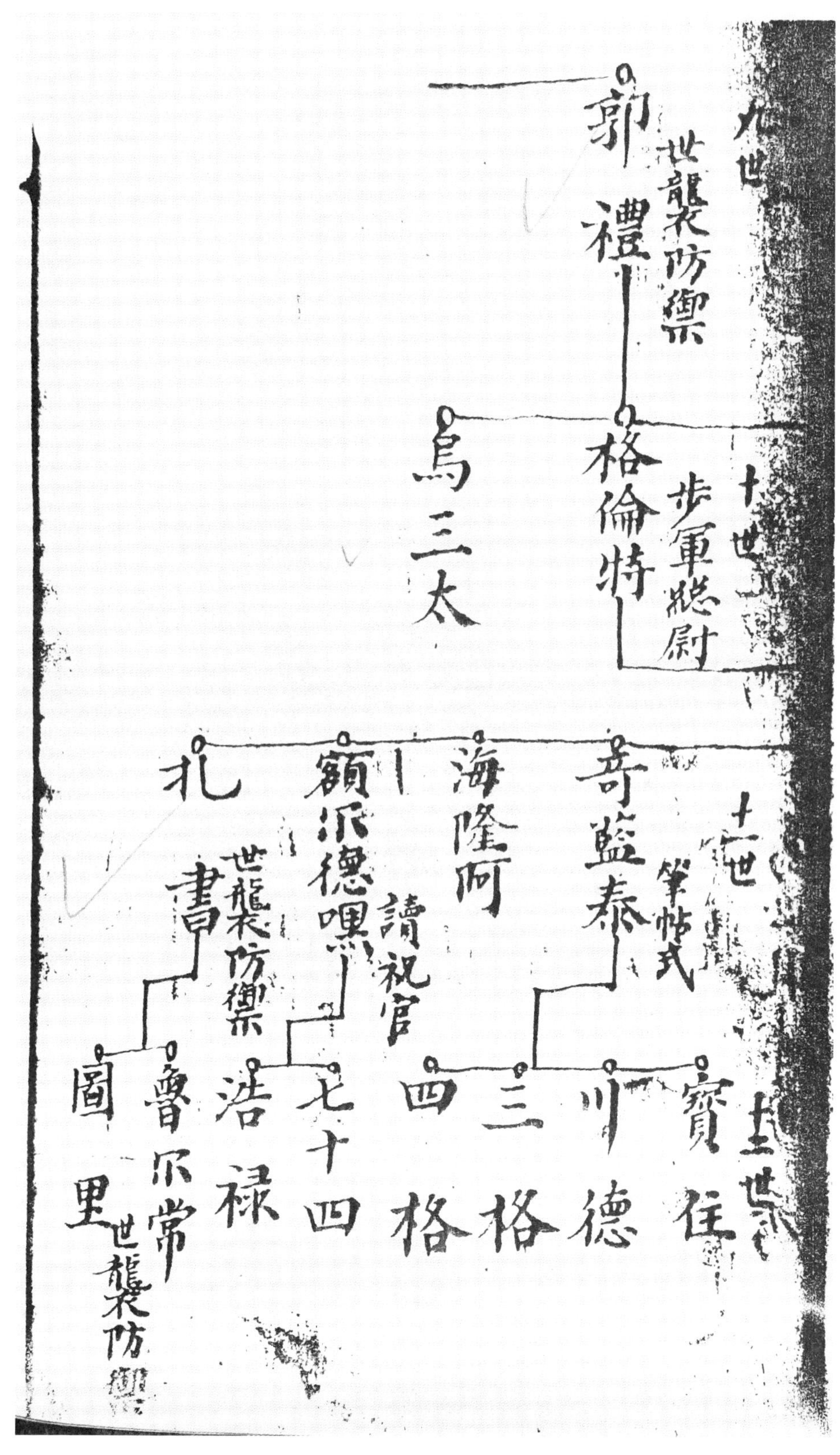
九世
郭禮
世襲防禦
十世
格倫特
步軍總尉
烏三太
十一世
奇藍泰
筆帖式
海隆阿
額爾德嘿
讀祝官
札書
世襲防禦
十二世
寶住
川德
三格
四格
七十四
浩禄
世襲防禦
魯爾常
世襲防禦
圖里

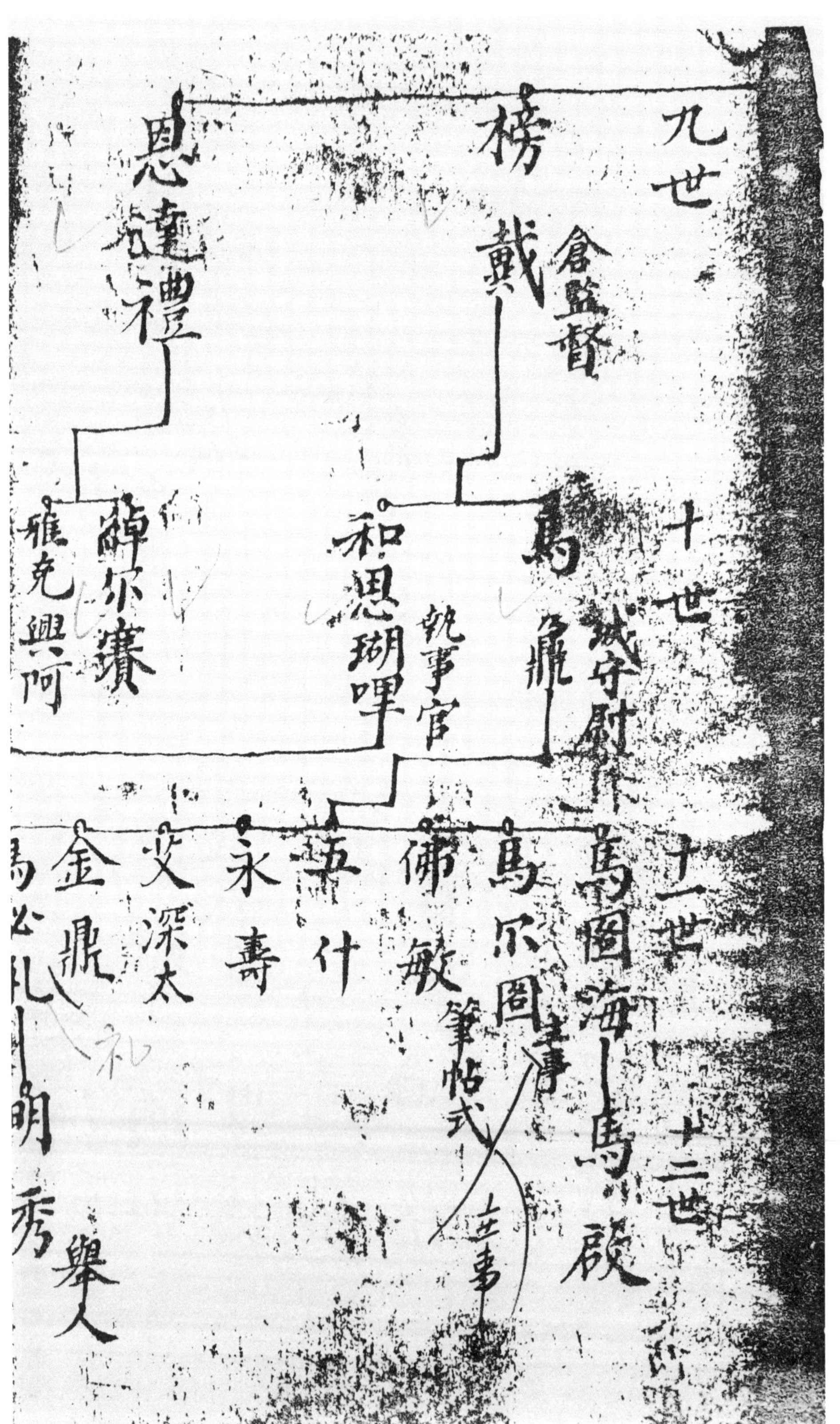
九世
榜
戴
倉監督
恩
遠
禮
十世
馬
鼎
城守尉
和
恩
瑚
哩
執事官
薩
爾
賽
雅
充
興
阿
十一世
馬
圖
海
馬
爾
圖
佛
敏
筆帖式
五
什
永
壽
文
深
太
金
鼎
十二世
馬
殿
舉人

法禮
筆帖式
錫明
三等侍衛
德秀

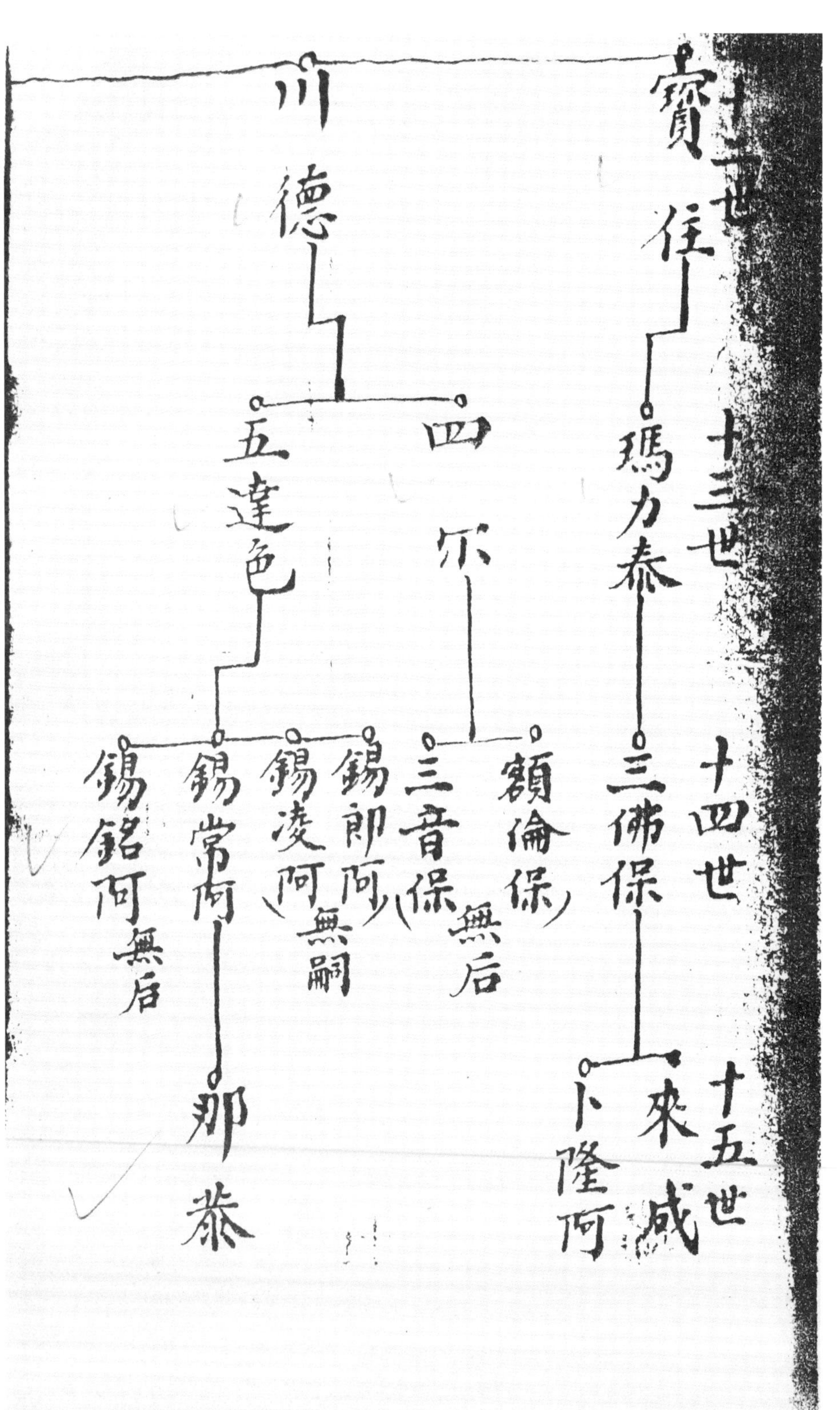
十二世
寳住
川德
十三世
瑪力泰
四尔
五達色
十四世
三佛保
額倫保
三音保 無后
錫郎阿 無嗣
錫凌阿
錫常阿
錫銘阿 無后
十五世
來咸
卜隆阿
那恭

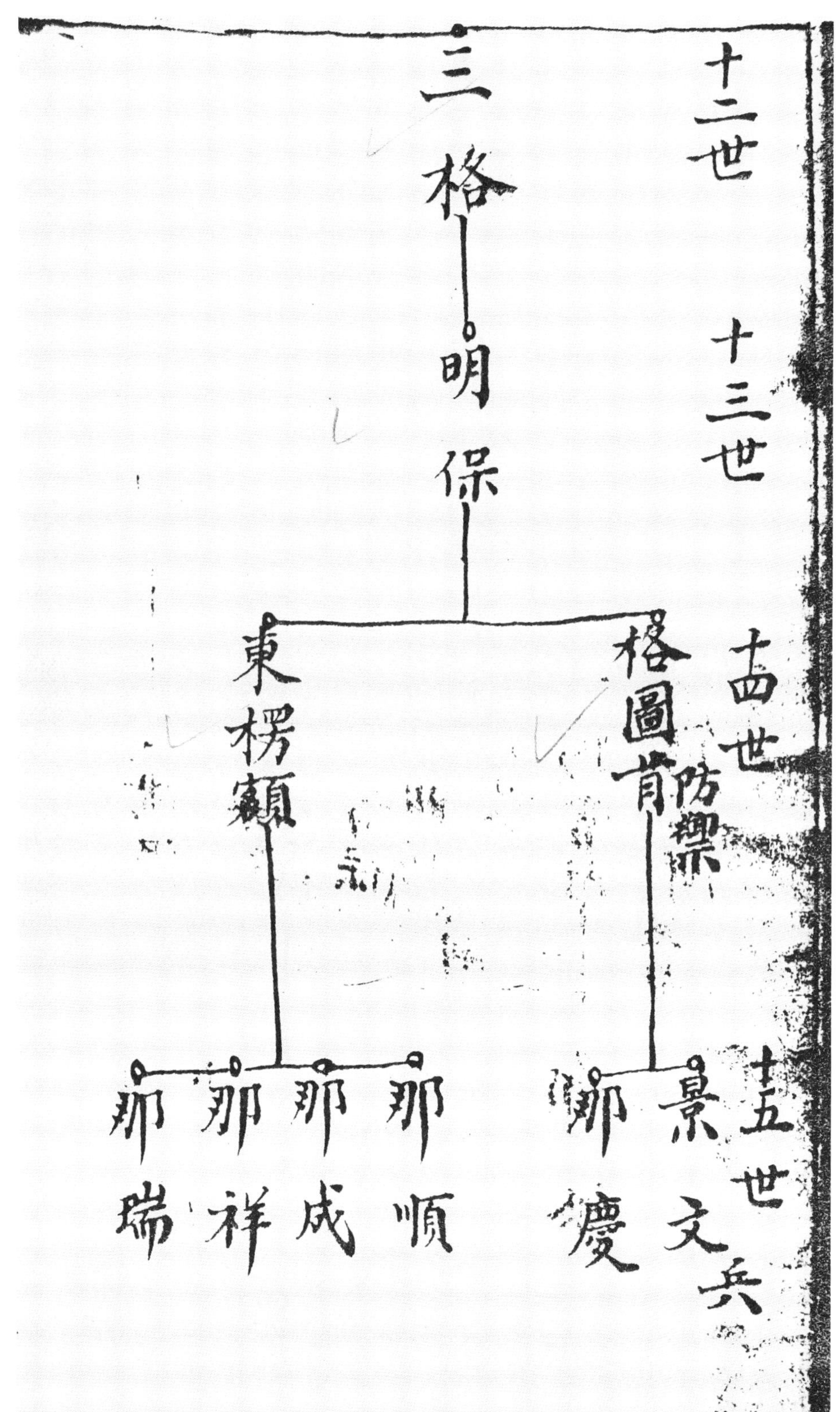
十二世
三格
十三世
明保
十四世
格圖肯
防禦
東楞額
十五世
景文
兵
那慶
那順
那成
那祥
那瑞

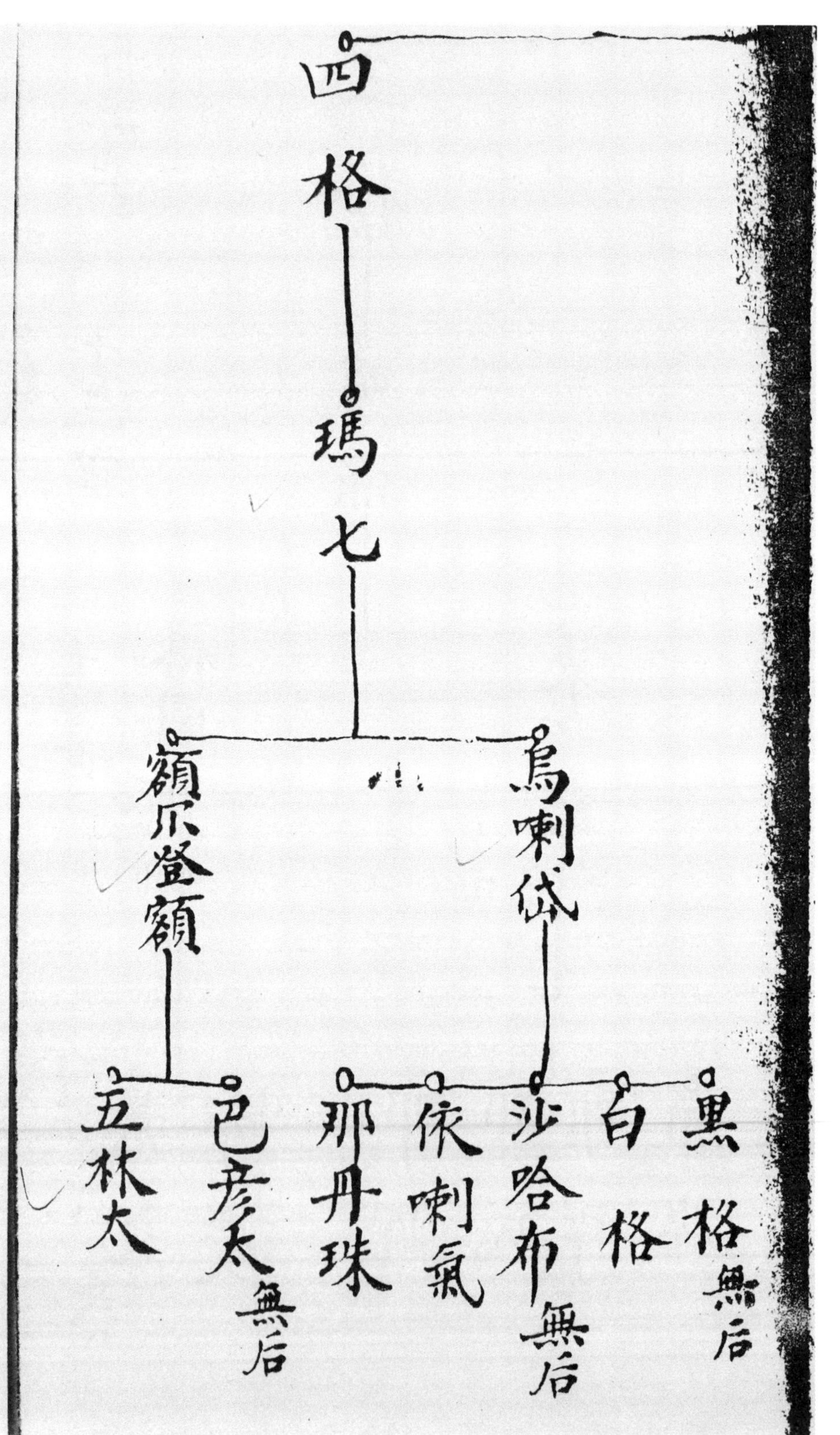
四格
瑪七
烏喇岱
額爾登額
黑格無后
白格
沙哈布無后
依喇氣
那丹珠
巴彥太無后
五林太

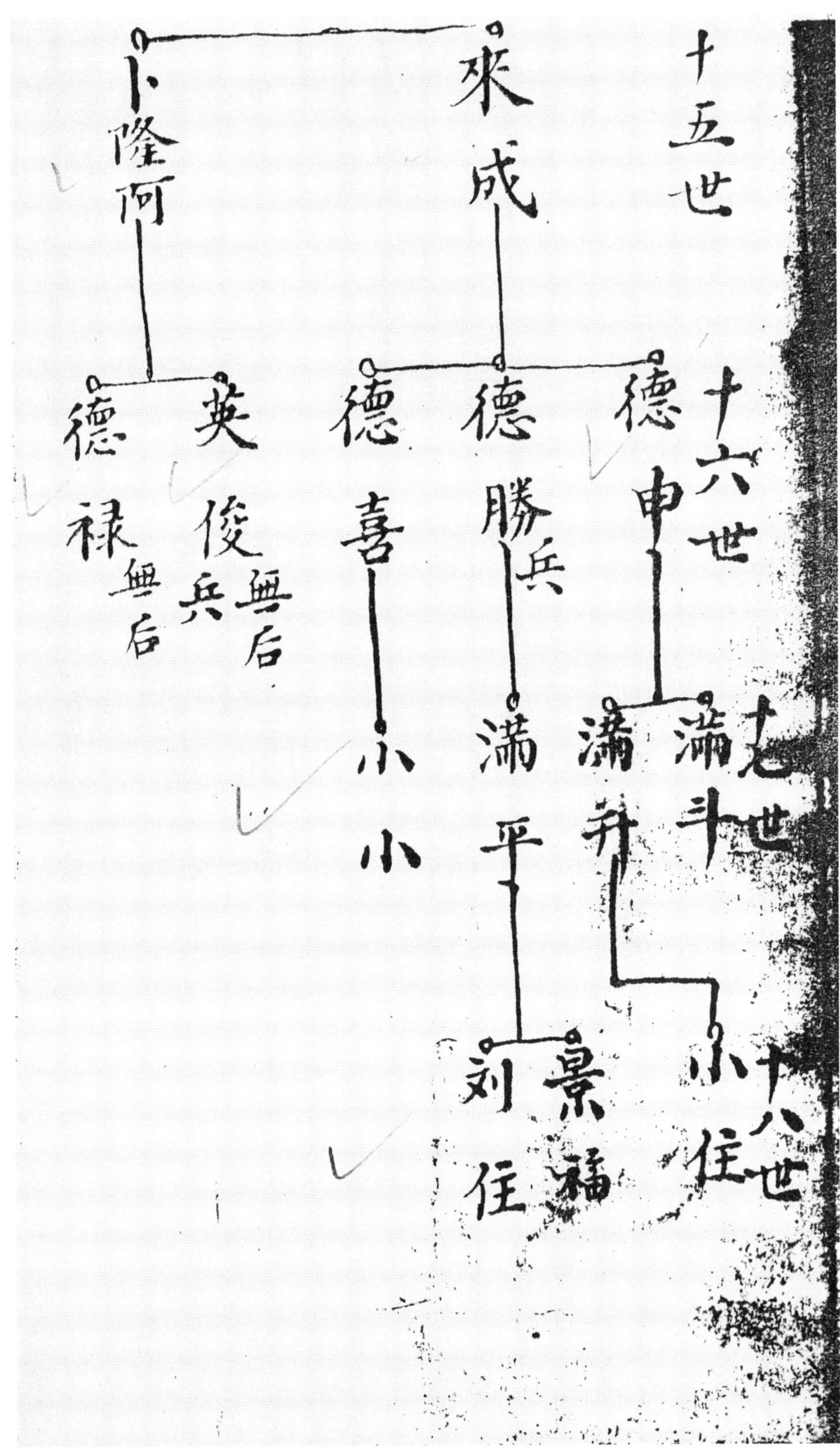
十五世
來成
卜隆阿
十六世
德申
德勝 兵
德喜
英俊 兵 無后
德禄 無后
十七世
滿斗
滿升
滿平
小小
十八世
小住
景福
刘住

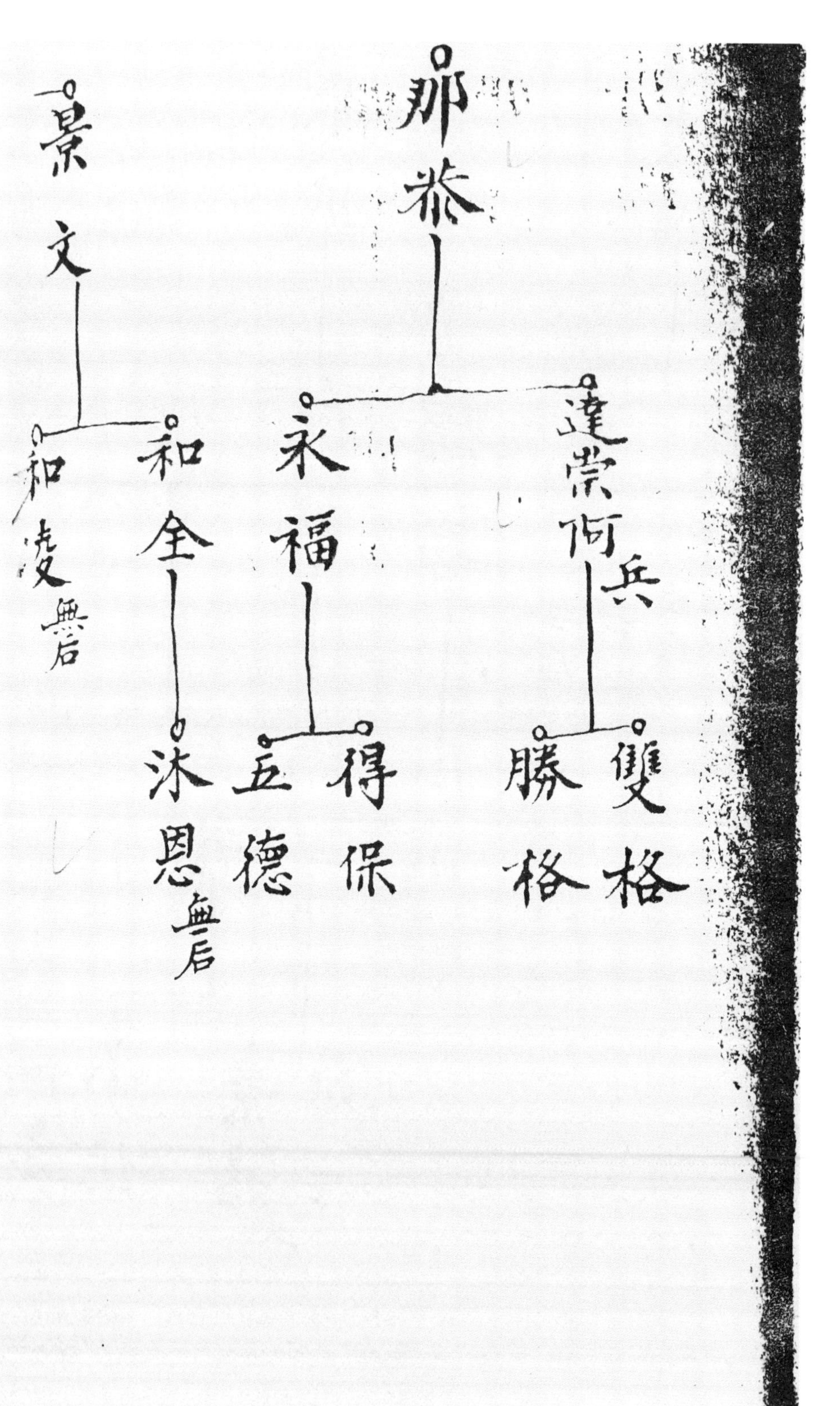
那恭
達崇阿 兵
雙格
勝格
永福
得保
五德
景文
和全
沐恩 無后
和凌 無后

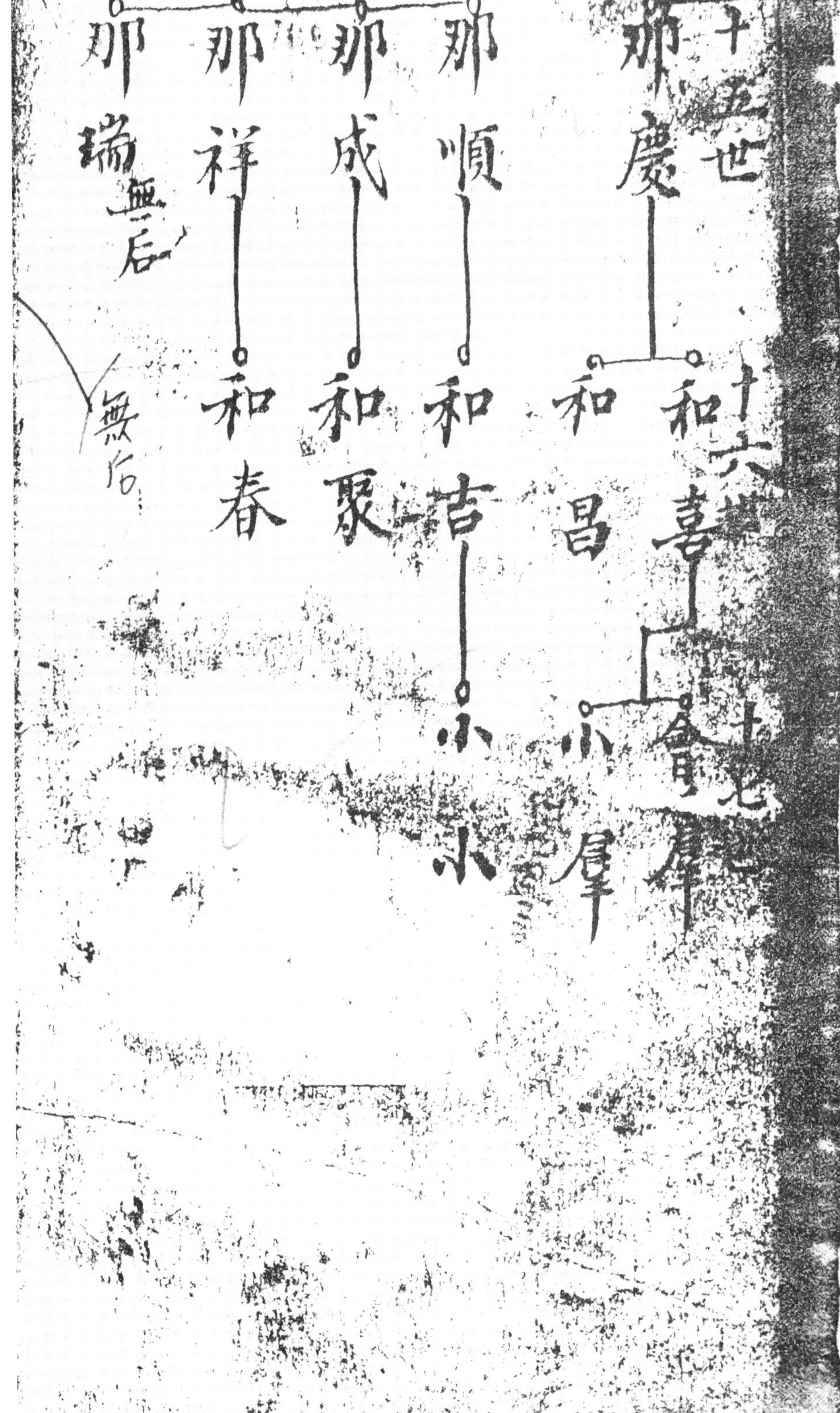
十五世
那慶
那順
那成
那祥
那瑞 無后
十六世
和喜
和昌
和吉
和聚
和春
十七世
會肁
小肁
小小

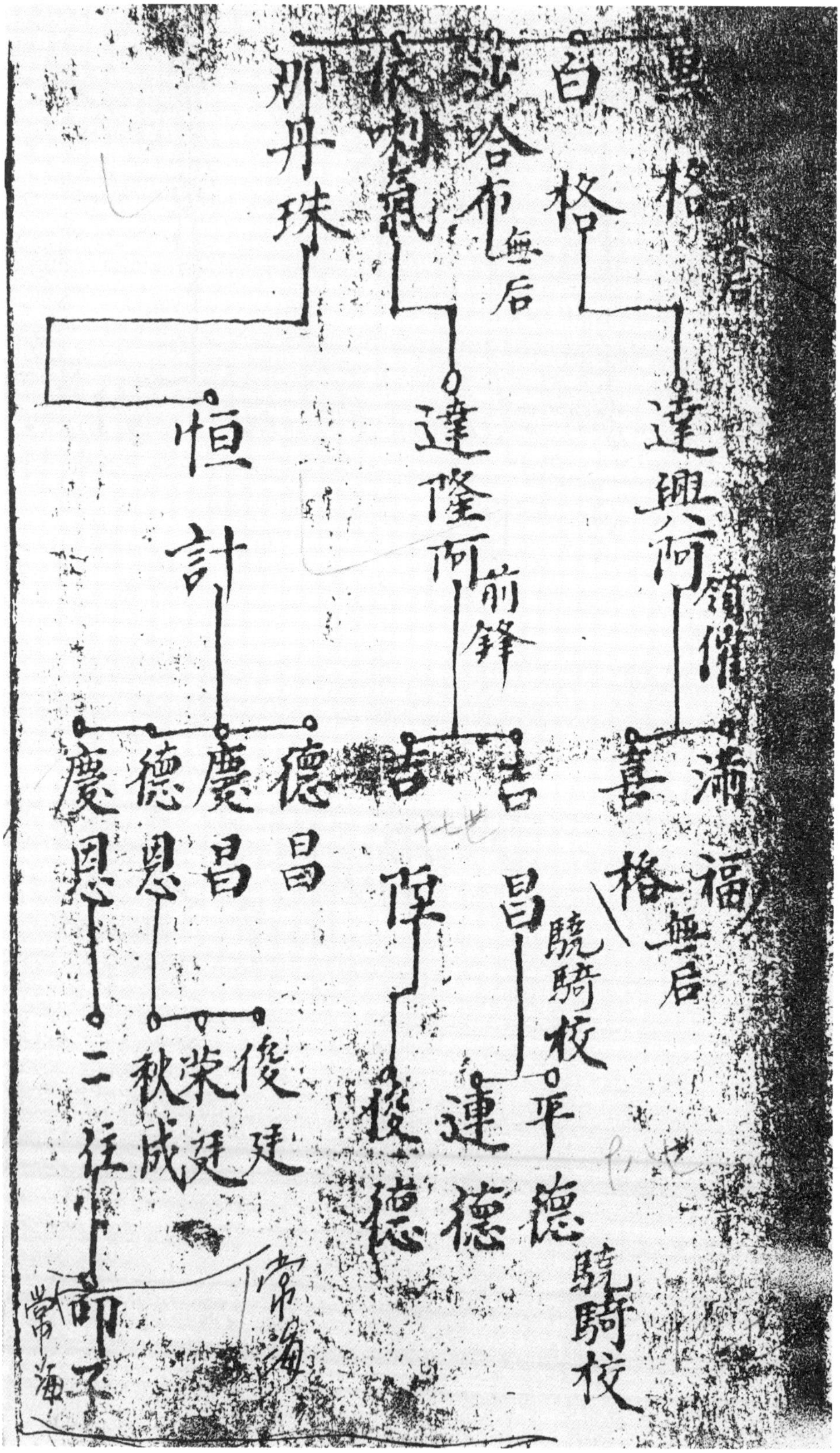

奥格 無后

百格

沙哈布 無后

莽喇氣

那丹珠

達興阿 領催

達隆阿 前鋒

恒計

滿福

喜格 無后

吉昌 驍騎校

吉陞

德昌

慶昌

德恩

慶恩

平德 驍騎校

連德

俊德

俊建

栄廷

秋成

二住

印下

常海

常海

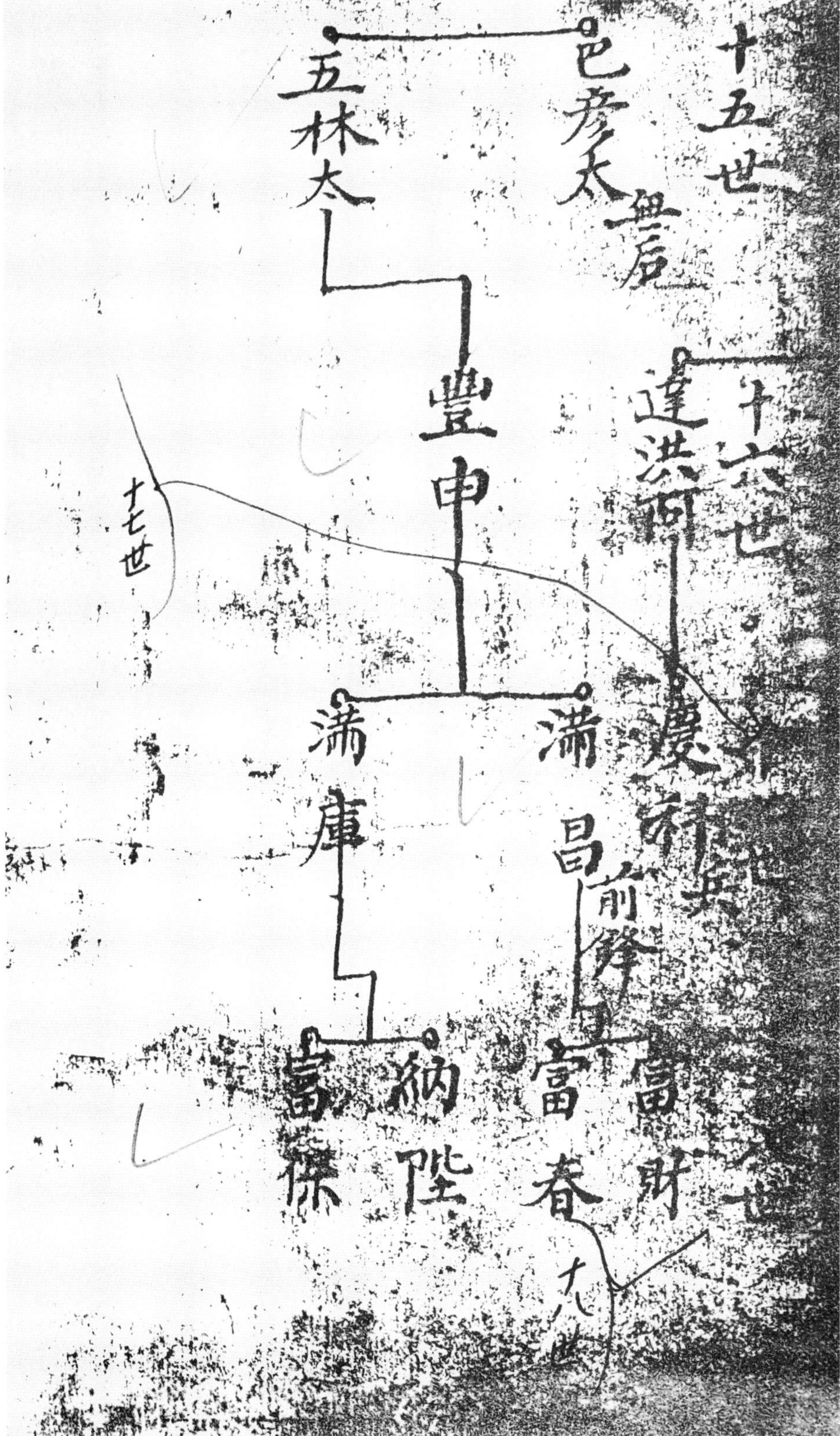
十五世
巴彦太
五林太
丰申
达洪阿
十六世
庆祥
满昌
满库
十七世
前锋
富财
富春
纳陛
富保
十八世

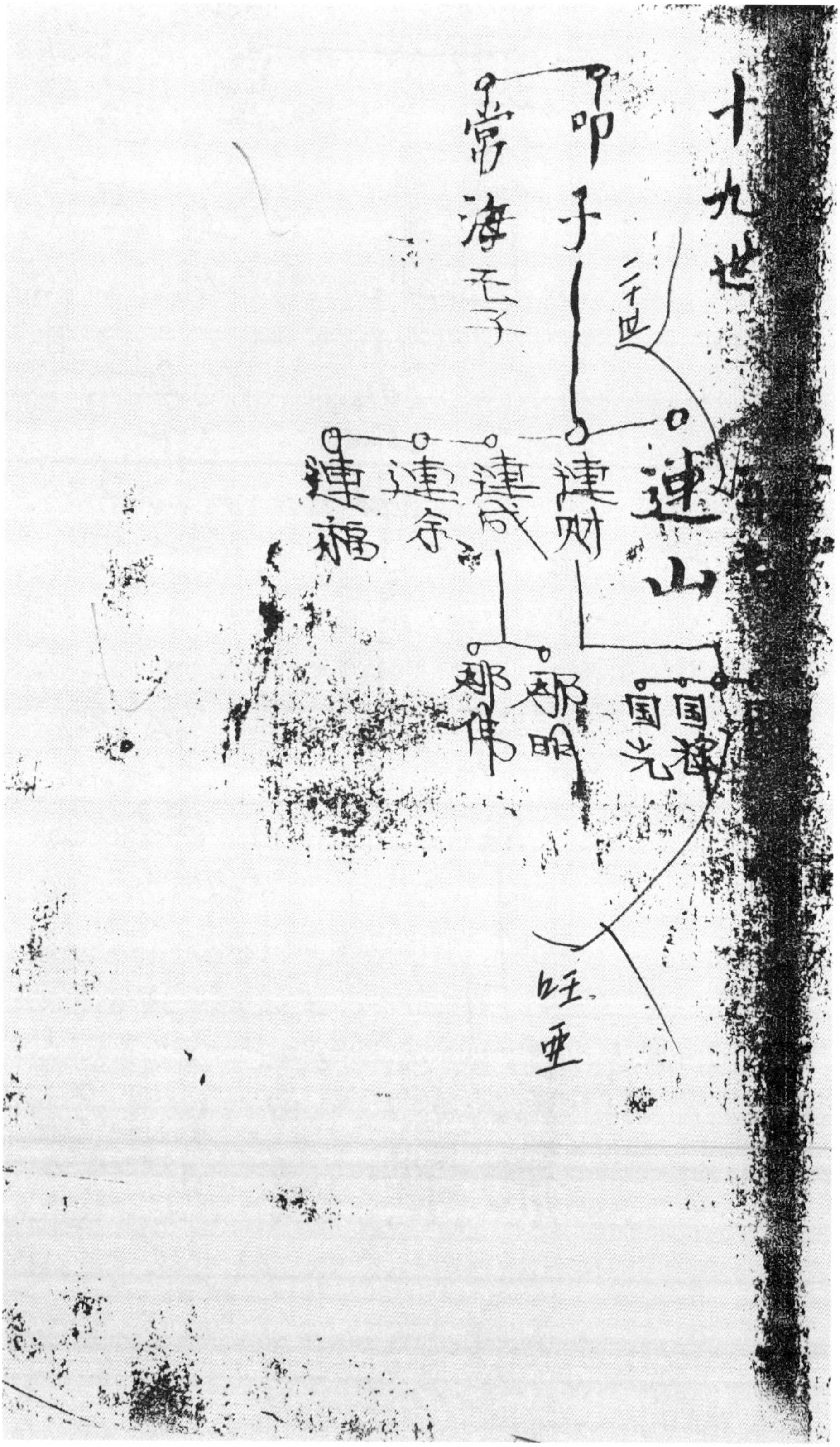

十九世

叩子

常海 无子

二十世

連山

連财

連成

連余

連福

国禄

国光

那明

那伟

姪亚

十二世

馬啟

明秀 舉人

錫明 三等侍衛

德秀

十三世

吉昌

百歲

天福

田詔

那倫

那常

十四世

常貴

依凌阿

依清阿

依豐阿

依興阿

依明阿

穆克登額

豐陞額

十五世

果勒清阿

果勒明阿 協領

海昇

海容

海瀛

海祿 防禦

十五世

果勒清阿

果勒明阿 協領

海昇

海容

海瀛

海祿 防禦

十六世

喜順

恩順 防禦

祥順 筆帖式

連順

緒順

恩善 現任協領

謙德 生員

誠善 現任防禦

廣善

十七世

廣仁 筆帖式

舒泰 知縣

文泰

十八世

源溥

佐吉林
佐领晋
赠一等承
骑都尉兼一云骑尉
系孝敬宪皇后之父

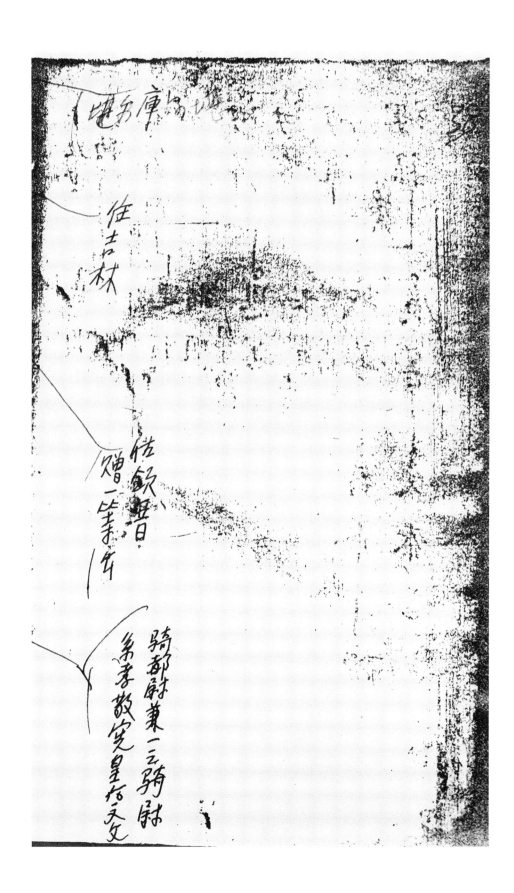

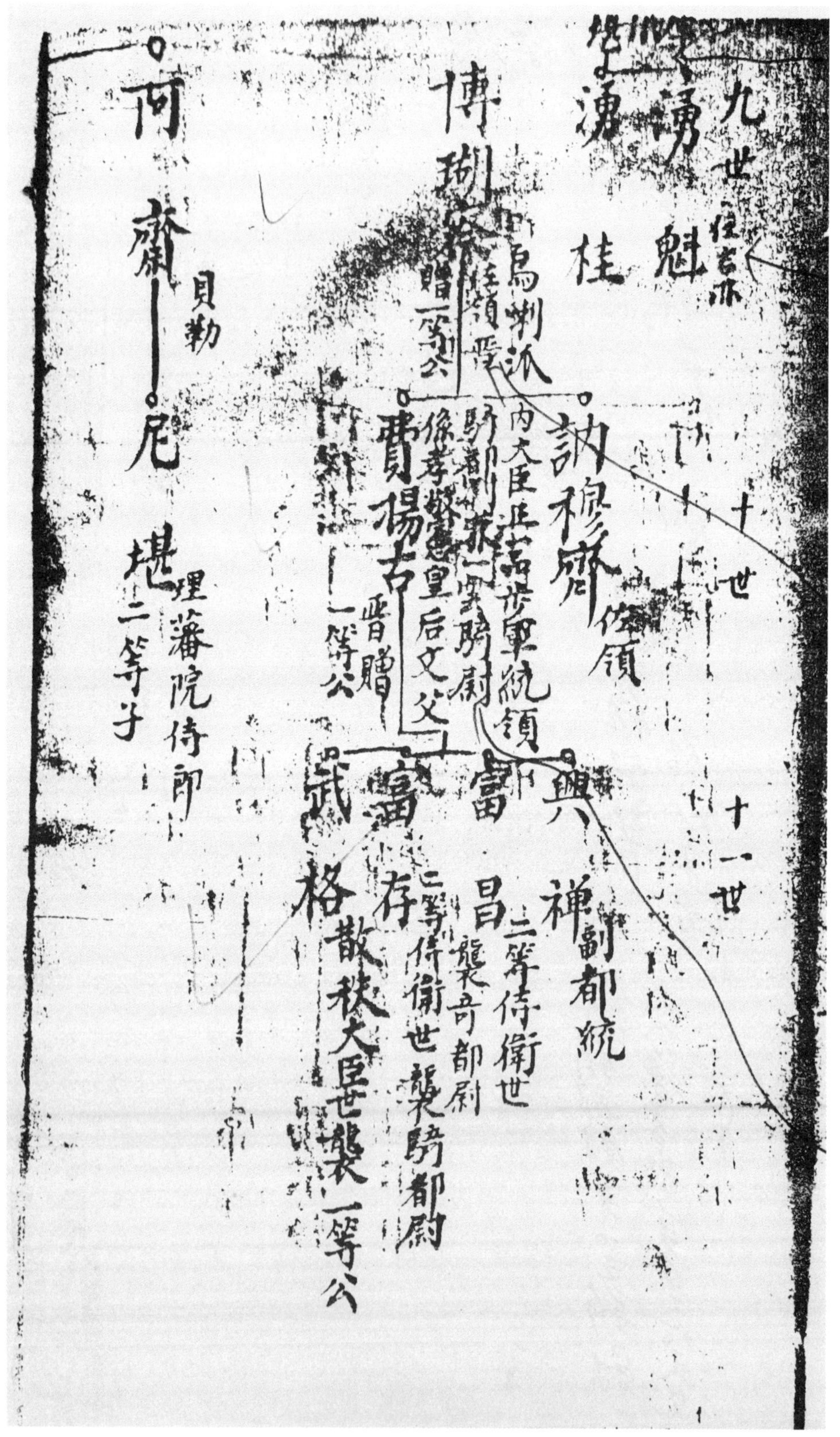
九世
十世
十一世
湧魁
湧桂
博爾濟
烏喇派
佐領
贈一等公
阿爾
貝勒
尼堪
理藩院侍郎
二等子
訥穆爾
佐領
內大臣兵部步軍統領
騎都尉
費揚古
係孝獻皇后文父
晉贈一等公
興禅
副都統
當昌
二等侍衛世襲騎都尉
富存
二等侍衛世襲騎都尉
武格
散秩大臣世襲一等公

九世
布尔伸博奇赫
图达理 副都统

十世
格勒布 郎中
阿穆□ 二等侍卫
阿穆尔图 盛京将军二等轻车都尉 谥襄壮
阿什图 鸿胪寺正卿分袭云骑尉

十一世
阿拉敏
阿林保 护军统领
图纳海 郎中
马兰 西安将军工部尚书 分袭三等轻车都尉
昭芝 分袭三等轻车都尉
阿林太 世袭三等轻车都尉 兼佐领
存保 世袭云骑尉 无后

十二世
玛岱
常庚
锡尔格
雅尔布 世袭云骑尉
玛哈达 副都统世袭三等轻车都尉
吴勒里 世袭二等轻车都尉 无后
阿尔京阿 降袭骑都尉兼一云骑尉

九世

額布泰

蘇巴泰

塔喇布

烏納布

伊尔登

阿拜 叅領

喀尔喀瑪

博備

十世

烏納哈岱 謚襄壯

十一世

班泰 雲騎尉

阿尔納 護軍統領 雲騎尉

法喀 副都統

法克錦 頭等侍衛 雲騎尉

拉克錦 員外郎

索住 筆帖式

撫海

學斯

吉有

阿克善 雲麾使

七十八

綽尔岱 世襲雲騎尉

八十四 筆帖式

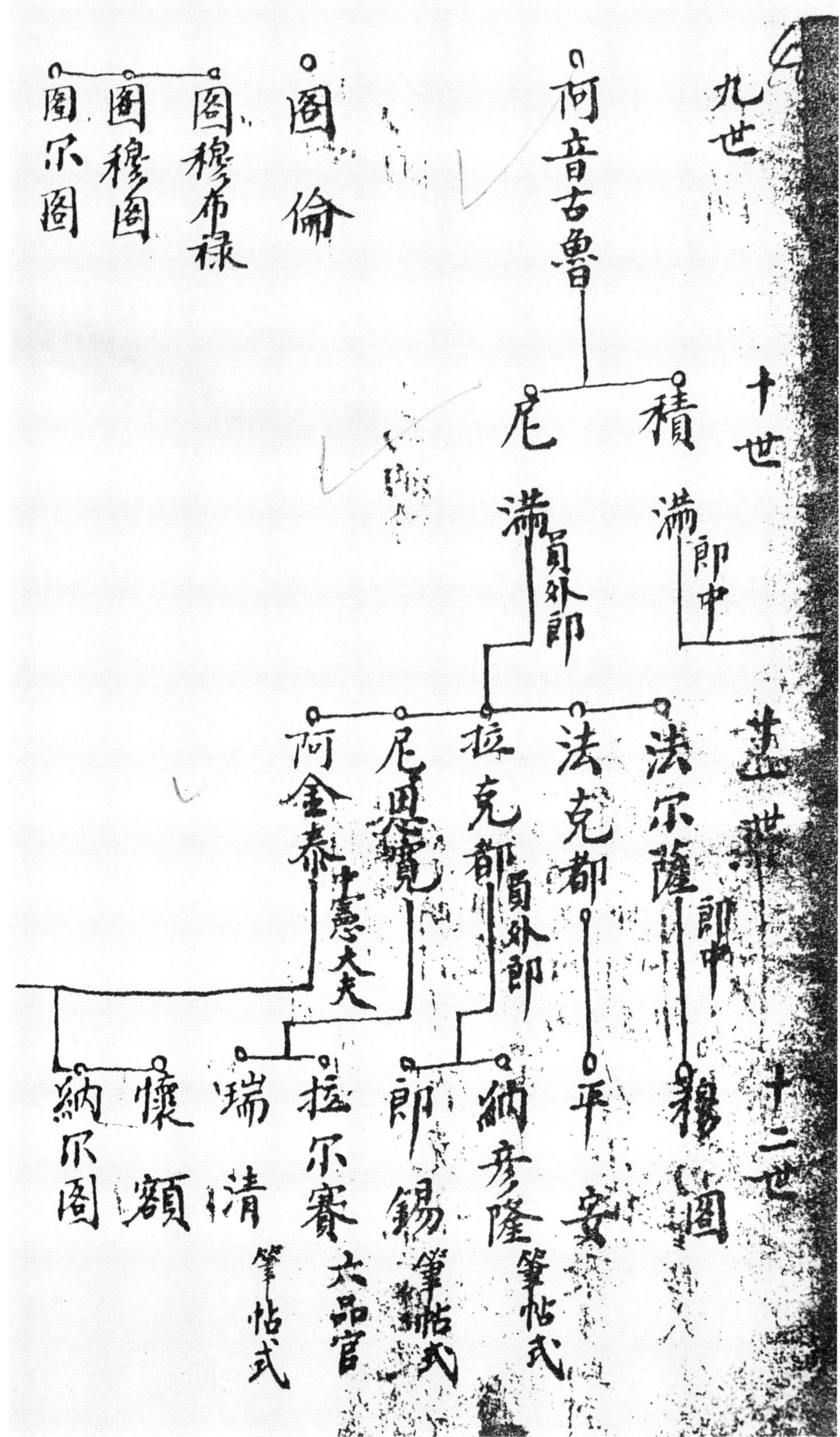
九世
阿音古鲁
图伦
图穆布禄
图穆图
图尔图
十世
积满 郎中
尼满 员外郎
十一世
法尔萨 郎中
法克都
拉克都 员外郎
尼贝宽
阿金泰 中宪大夫
十二世
穆图
平安
纳彦隆 笔帖式
郎锡 笔帖式
拉尔赛 六品官
瑞清 笔帖式
怀额
纳尔图

九世

明安图

烏尔滚

圖梅

明愛

桓岱

圖魯斯

潤備

都岱海

十二世

色力奇

烏額

達桑阿

41

九世

都督

阿海 城守尉

阿尔蘇瑚 頭等侍衛

錫忒庫綽輝

薩哈達

烏山固古㯋

甯耐布里善

九世

喀克锡

库力喀

恭依鲁

塔奇布

博尔科

噶初珲

碧雅尔图 無后

碧雅穆

十世

卓満

松武圖

倭托布

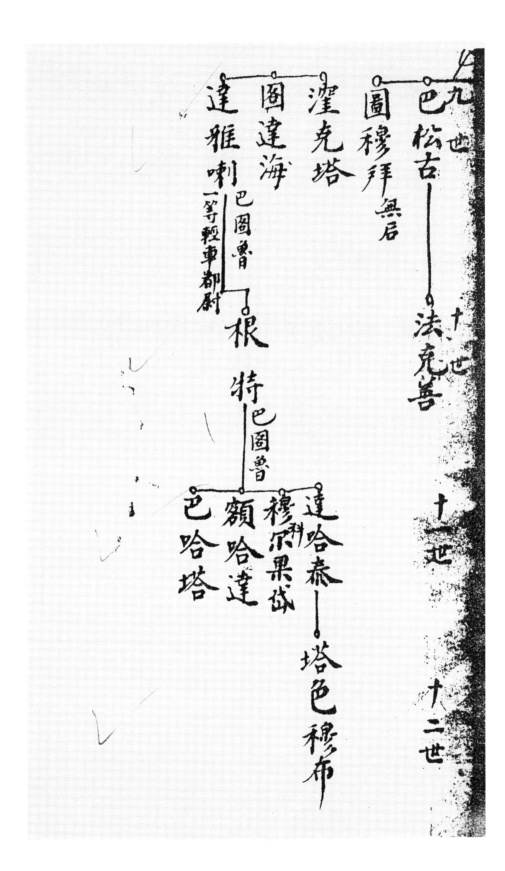

九世 巴松古

圖穆拜 無后

渥克塔

圖達海

達雅喇 一等輕車都尉

十世 法克善

巴圖魯 根

十一世 特 巴圖魯

達哈泰

穆爾果岱 科

額哈達

巴哈塔

十二世 塔色穆布

九世

滿泰 貝勒

布占泰 貝勒

十世

綽豁理

博金達理 佐領

納穆達理

阿布泰 副都統

達尔漢 佐領 三等輕車都尉

達拉穆

阿拉穆 佐領

巴彥 巴圖魯

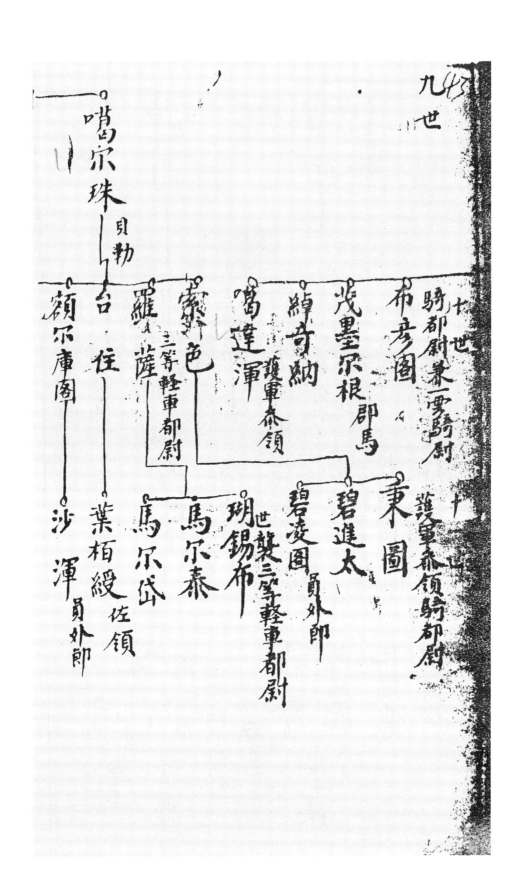

九世

噶尔珠 貝勒

十世

布彥圖 騎都尉兼一雲騎尉

戊墨尔根 郡馬

綽奇納 護軍叅領

噶達渾

蒙色

羅薩 三等輕車都尉

台住

額尔庫圖

十一世

東圖 護軍叅領騎都尉

碧進太

碧凌圖 員外郎

瑚錫布 世襲三等輕車都尉

馬尔泰

馬尔岱

葉栢綬 佐領

沙渾 員外郎

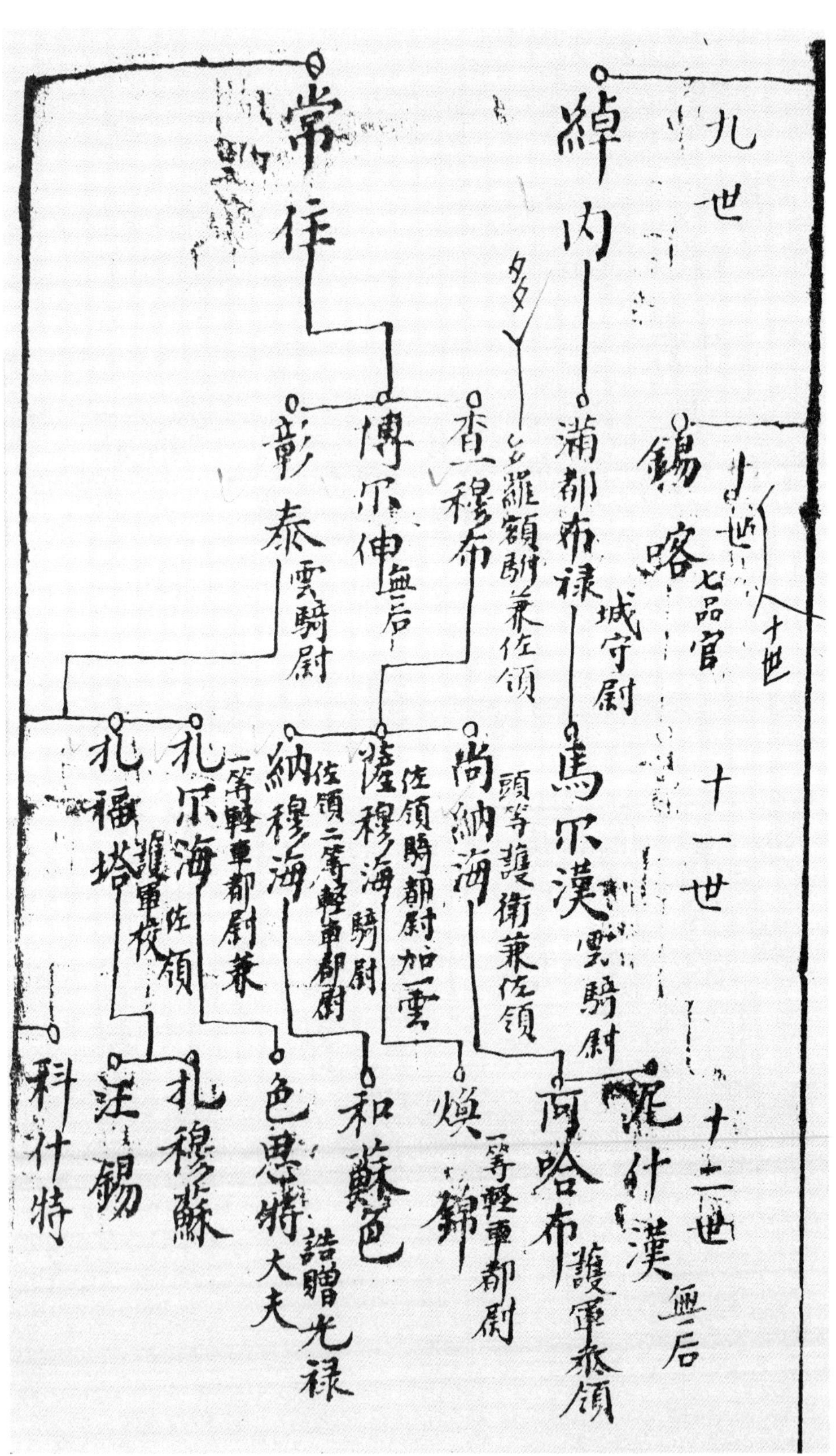
九世
十世
十一世
十二世
綽内
常住
錫喀 七品官
蒲都布禄 城守尉
多羅額駙兼佐領
查穆布
傅尔伸 無后
彰泰 雲騎尉
馬尔漢 雲騎尉
尚納海 頭等護衛兼佐領
薩穆海 佐領騎都尉加一雲騎尉
納穆海 佐領二等輕車都尉
扎尔海 一等輕車都尉兼佐領
扎福塔 護軍校
泥什漢 無后
阿哈布 護軍參領
煥錦 一等輕車都尉
和蘇巴
色思特 誥贈光禄大夫
扎穆蘇
汪錫
科什特

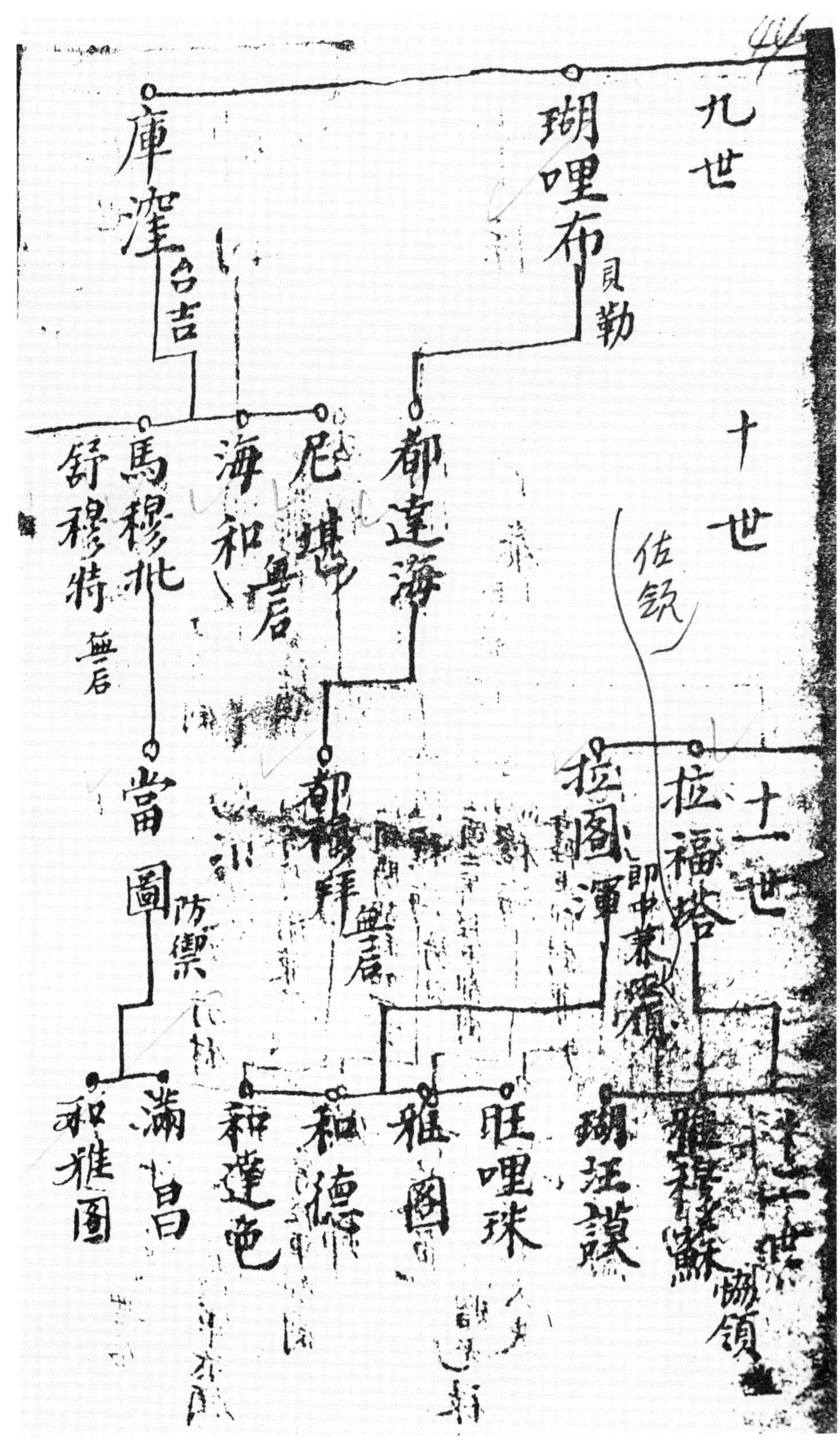
九世
瑚哩布 貝勒
庫洭 台吉
十世
佐領
都達海
尼堪 無后
海和
馬穆非
舒穆特 無后
十一世
拉福塔
拉圖渾 郎中兼佐領
都穆拜 無后
當圖 防禦
十二世
雅穆蘇 協領
瑚珏謨
旺哩珠
雅圖
和德
和達色
滿昌
和雅圖

九世

喀尔瑪 貝勒

十世

順珠 無后

恭安 無后

鍾鼐 御前侍衛一等輕車都尉 掌關防

十一世

烏仲 聊東色圖魯

佛保 七品官

圖思

哈穆恩嘉普 七品官

十二世

赫剛

色特里

扎斯

索尔烏 無后

馬色

伊麟欽 頭等侍衛

常齡 護軍校 無后

常興

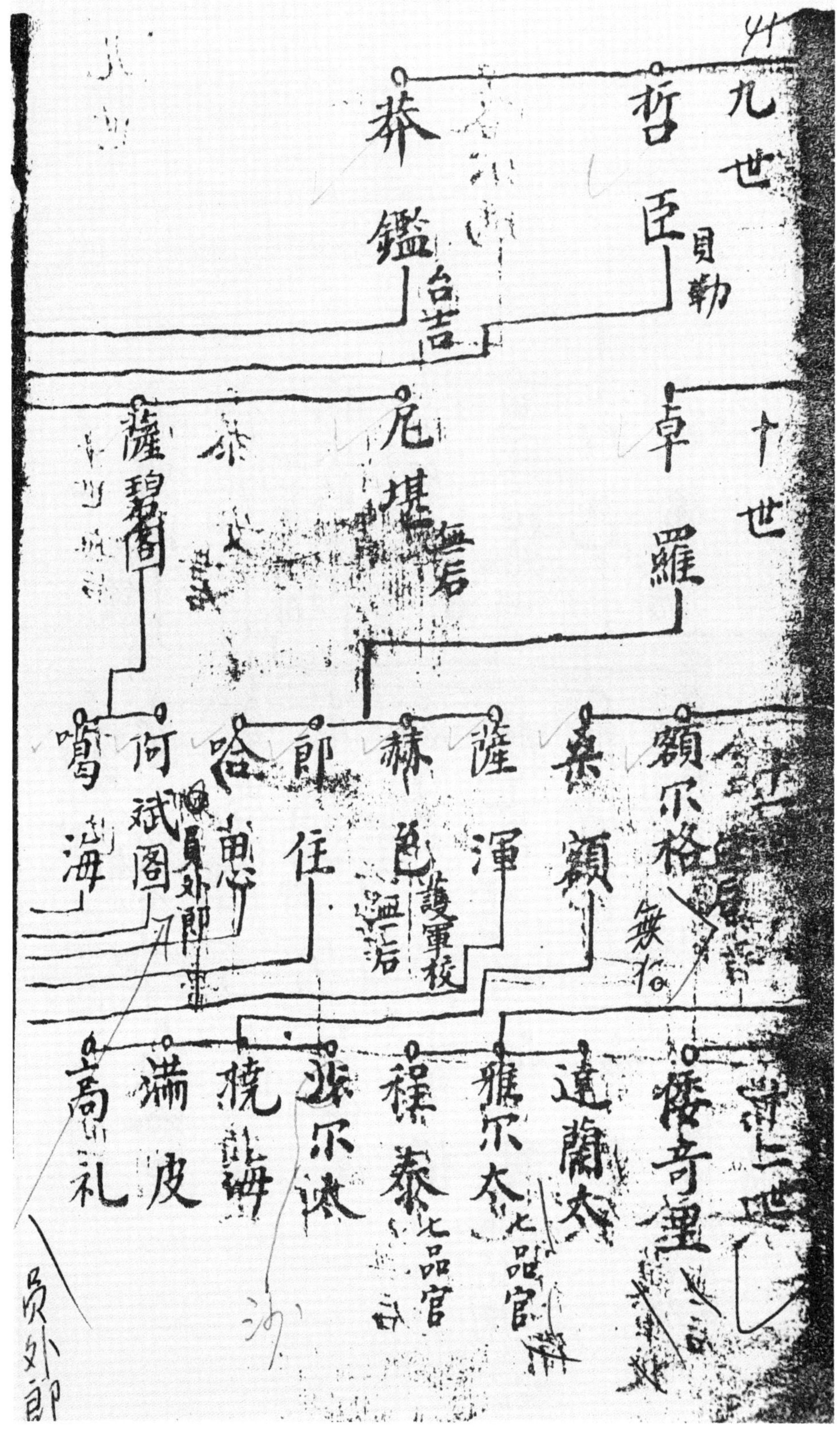

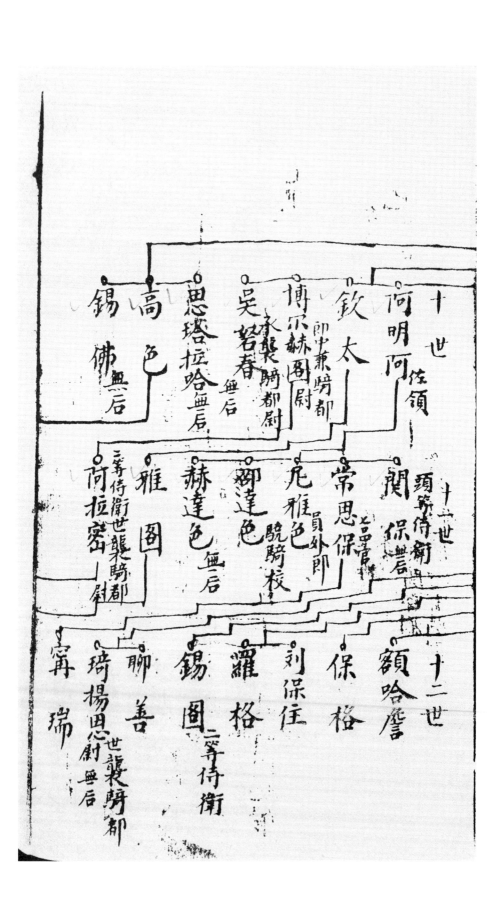

十世

阿明阿 佐領

欽太

博尔赫圖 郎中兼騎都尉 永襲騎都尉

吴韶春 無后

恩塔拉哈 無后

高色

錫佛 無后

十一世

閔保 頭等侍衛 無后

常恩保 七品官

危雅色 員外郎 驍騎校

鄂達色

赫達色 無后

雅圖

阿拉密 二等侍衛 世襲騎都尉

十二世

額哈麐

保格

刘保住

羅格

錫圖 二等侍衛

聯善

琦楊思 世襲騎都尉 無后

甯瑞

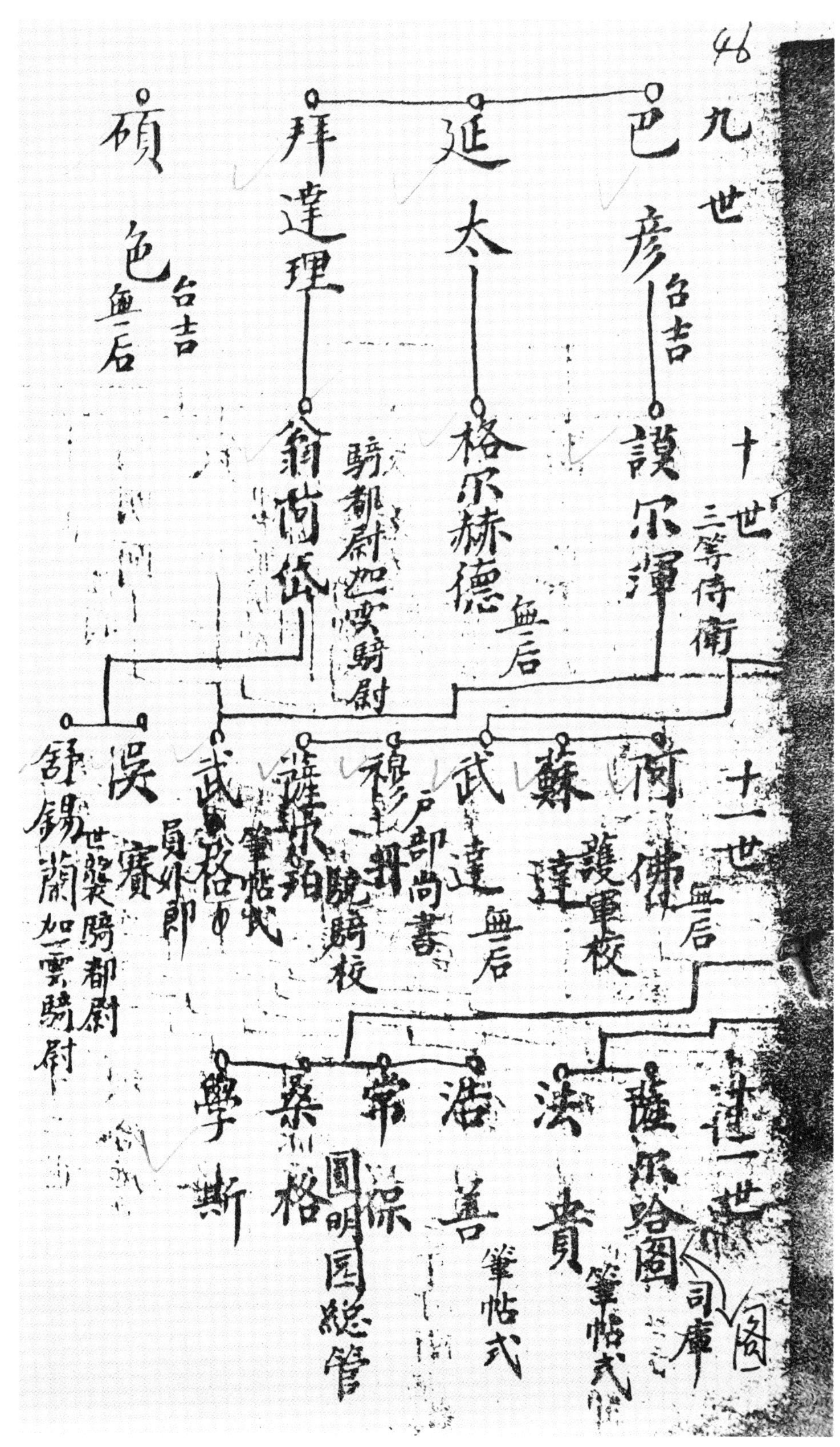
46
九世
巴彦 台吉
延太
拜達理
碩色 台吉 無后
十世
護尔渾 三等侍衛
格尔赫德 無后
翁尚低 騎都尉加雲騎尉
十一世
尚佛 無后
蘇達 護軍校
武達 無后
穆彰 戶部尚書
薩尔珀 驍騎校
武格布 筆帖式
員外郎
吳賽 世襲騎都尉
舒錫蘭 加雲騎尉
十二世
薩尔哈圖 司庫
洪貴 筆帖式
海善 筆帖式
常保 圓明園總管
桑格
學斯

九世

雅琥

十世

滿達爾漢

扎爾欽

依喇德

推音珠

猕扎色 佐領

十一世

諾穆奇 都察院左都御史

鄂推 騎都尉

塔金太 上駟院大臣

鄂謨克托 内大臣二等男

多謨克托 都統兼議政大臣

多内 二等侍衛

穆喀納 内務府總管大臣

鄂内 内大臣都統

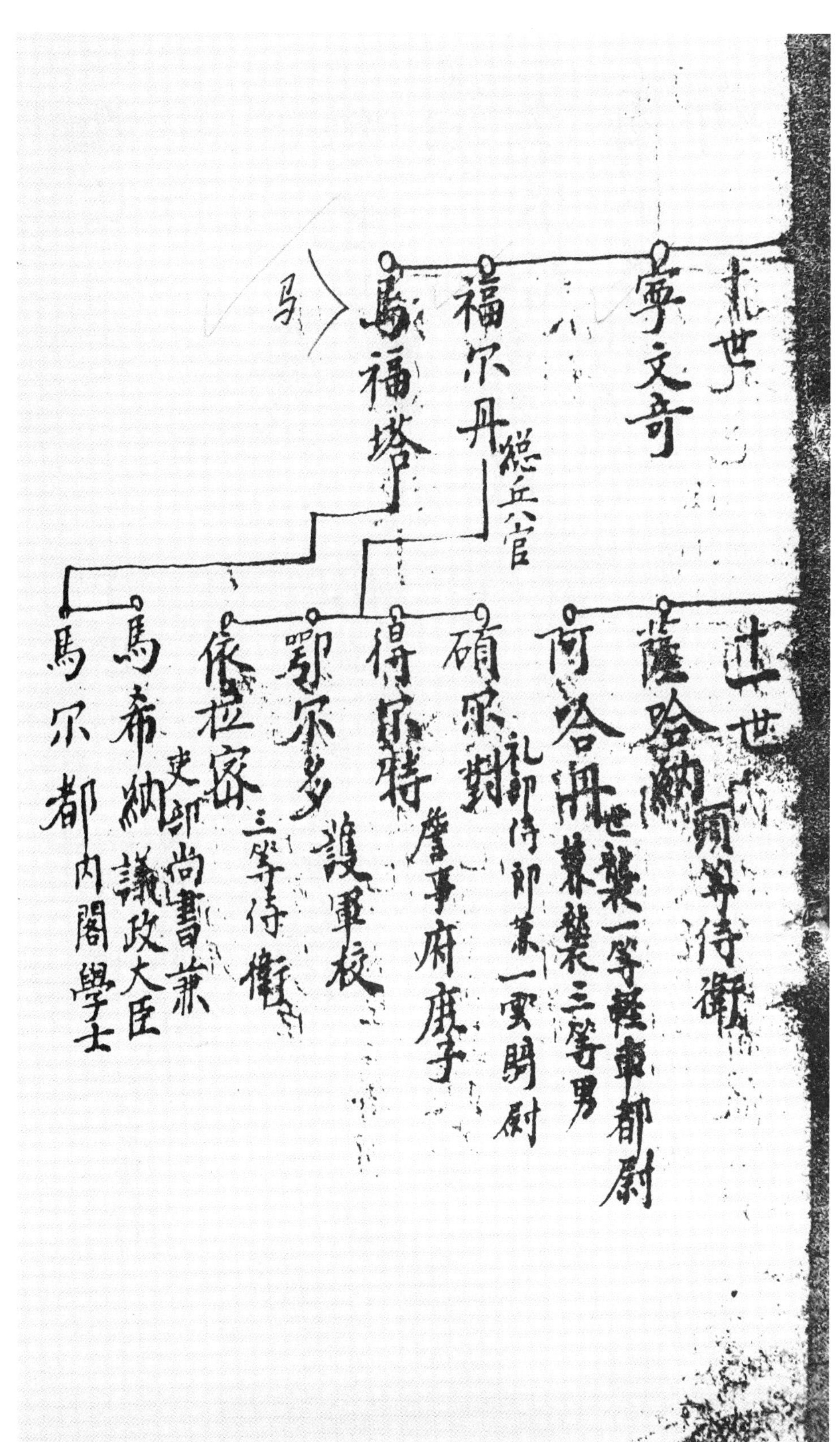
寧文奇
福爾丹 總兵官
馬福塔
薩哈納 頭等侍衛
阿哈丹 世襲一等輕車都尉 兼襲三等男
碩爾對 礼部侍郎兼一雲騎尉
得爾特 詹事府庶子
鄂爾多 護軍校
依拉密 三等侍衛
馬希納 吏部尚書兼議政大臣
馬爾都 內閣學士

九世

懋巴里 叅領

科理 護軍統領

達尔哈 副都統

圖尔格 忠義公

納格

十世

格德渾 護軍叅領

十一世

法尔都 二等侍衛

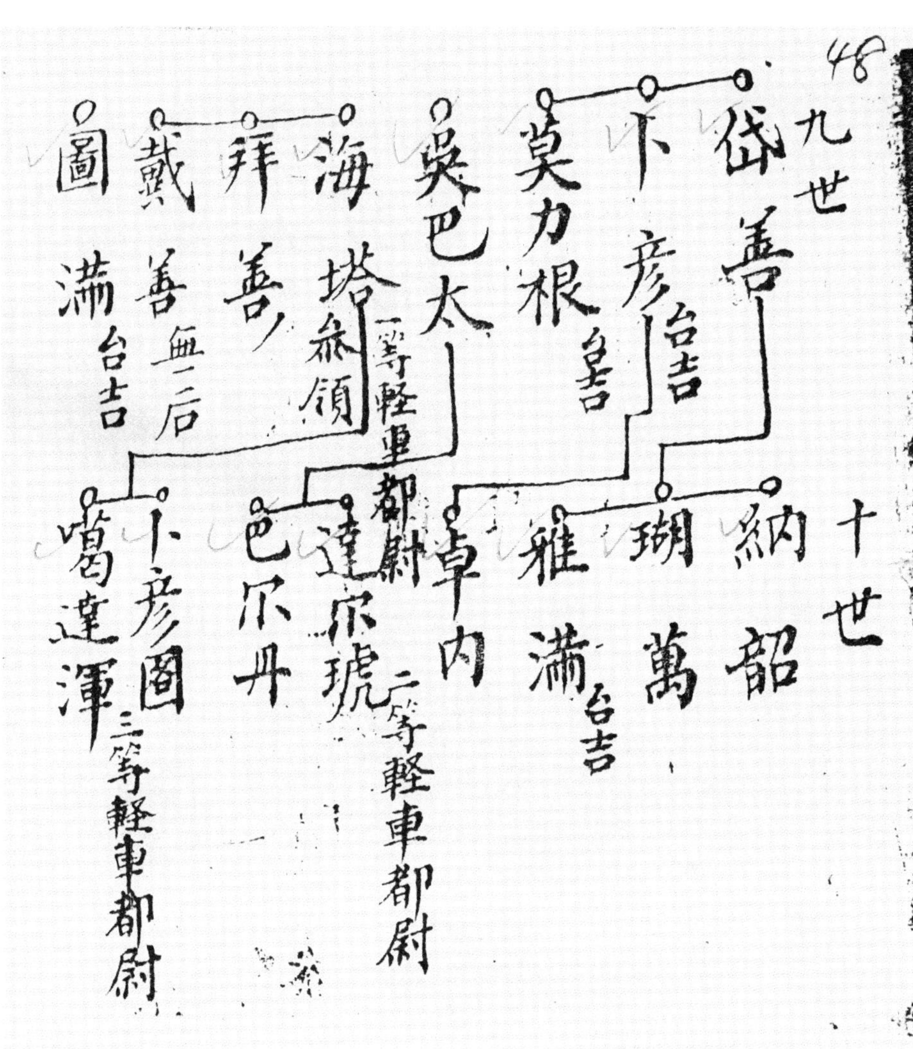
48
九世
岱善
卜彦台吉
莫力根台吉
吴巴太
海塔糸領
一等輕車都尉
拜善
戴善 無后
圖滿台吉
十世
納韶
瑚萬
雅滿台吉
卓内
達尔琥 二等輕車都尉
巴尔丹
卜彦圖
噶達渾 三等輕車都尉

九世 吴尔瑚達 駙馬

十世 額森得哩 郡馬

十一世 科思訥 頭等侍衛三等男

莫力渾 内務大臣

常寿

珠色庫 無后 一等輕車都尉

托克托哩 太僕寺少卿一等輕車都尉

鼐克色

煥保 兼一雲騎尉

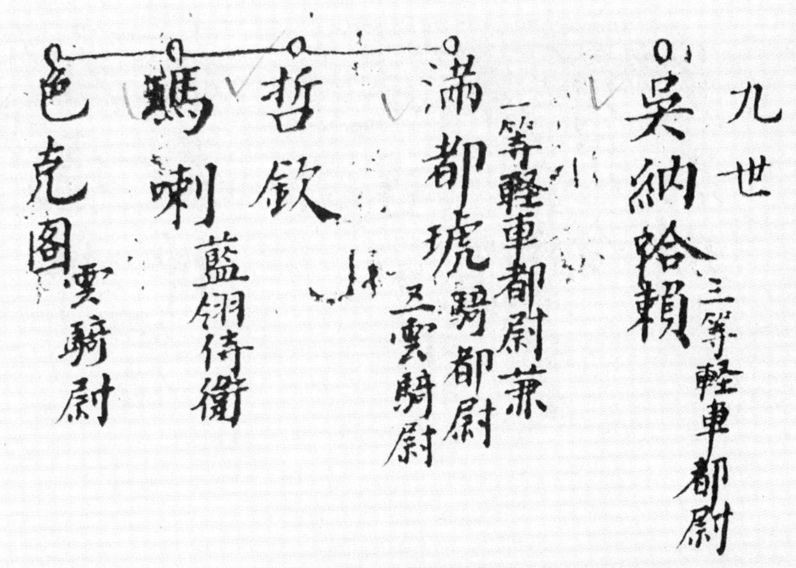
九世
吴纳哈赖 三等轻车都尉
满都琥 一等轻车都尉兼骑都尉又云骑尉
哲钦
鸥喇 蓝翎侍卫
色克图 云骑尉

九世

都琥禅 佐領

雅克禅

吳達礼

拉迈

邁 司胙官

玉錦 輕車都尉

博尔合

馬滿瑚

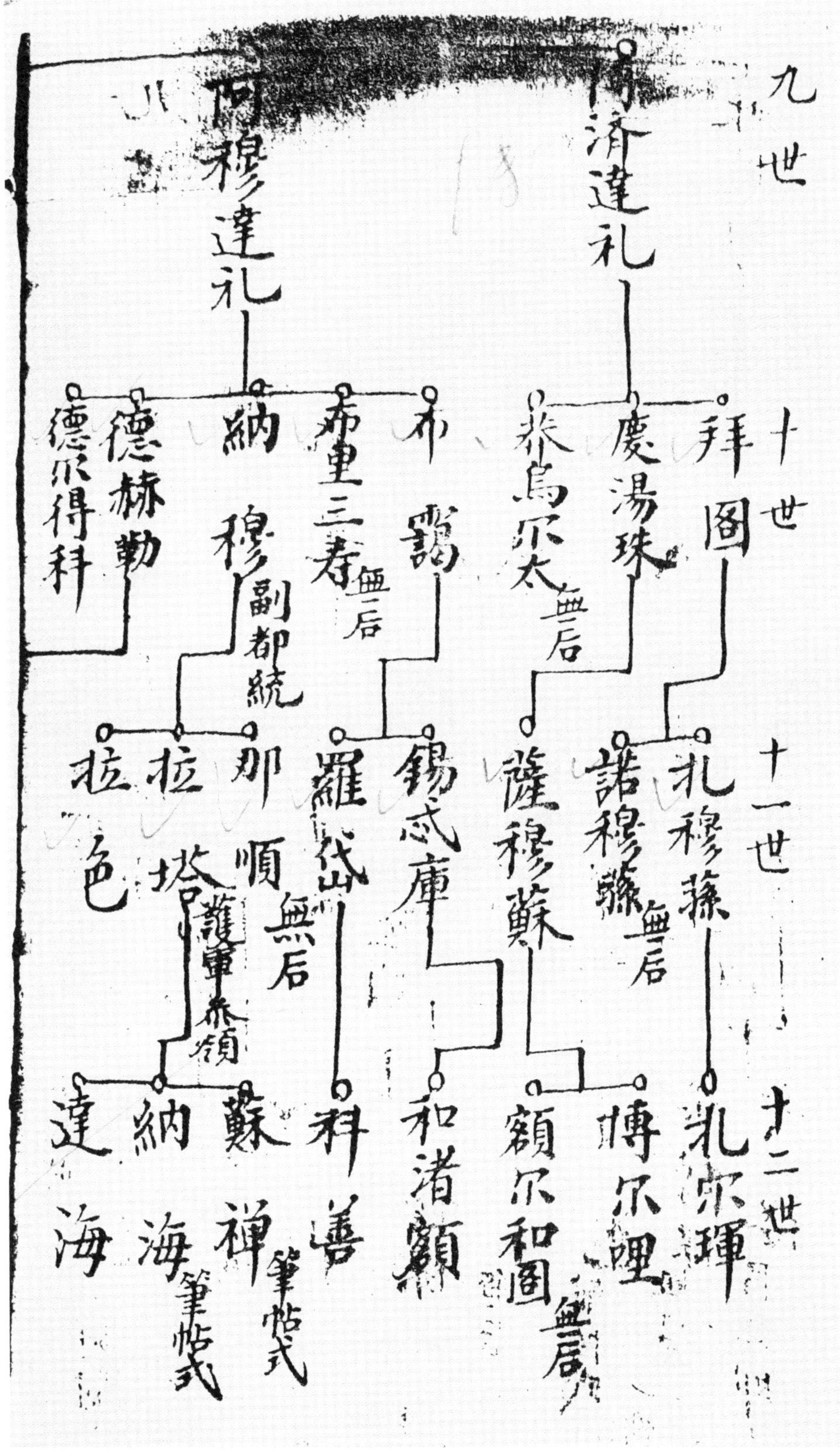
九世
十世
十一世
十二世
阿穆達礼
濟達礼
拜圖
慶湯珠
恭烏尔太 無后
布靄
布里三寿 無后
納穆 副都統
德赫勒
德尔得科
扎穆蓀
諾穆蓀 無后
薩穆蘇
錫忒庫
羅岱山
那順 無后
拉塔 護軍參領
拉色
扎尔琿
博尔哩
額尔和圖 無后
和渚額
科善
蘇禪 筆帖式
納海 筆帖式
達海

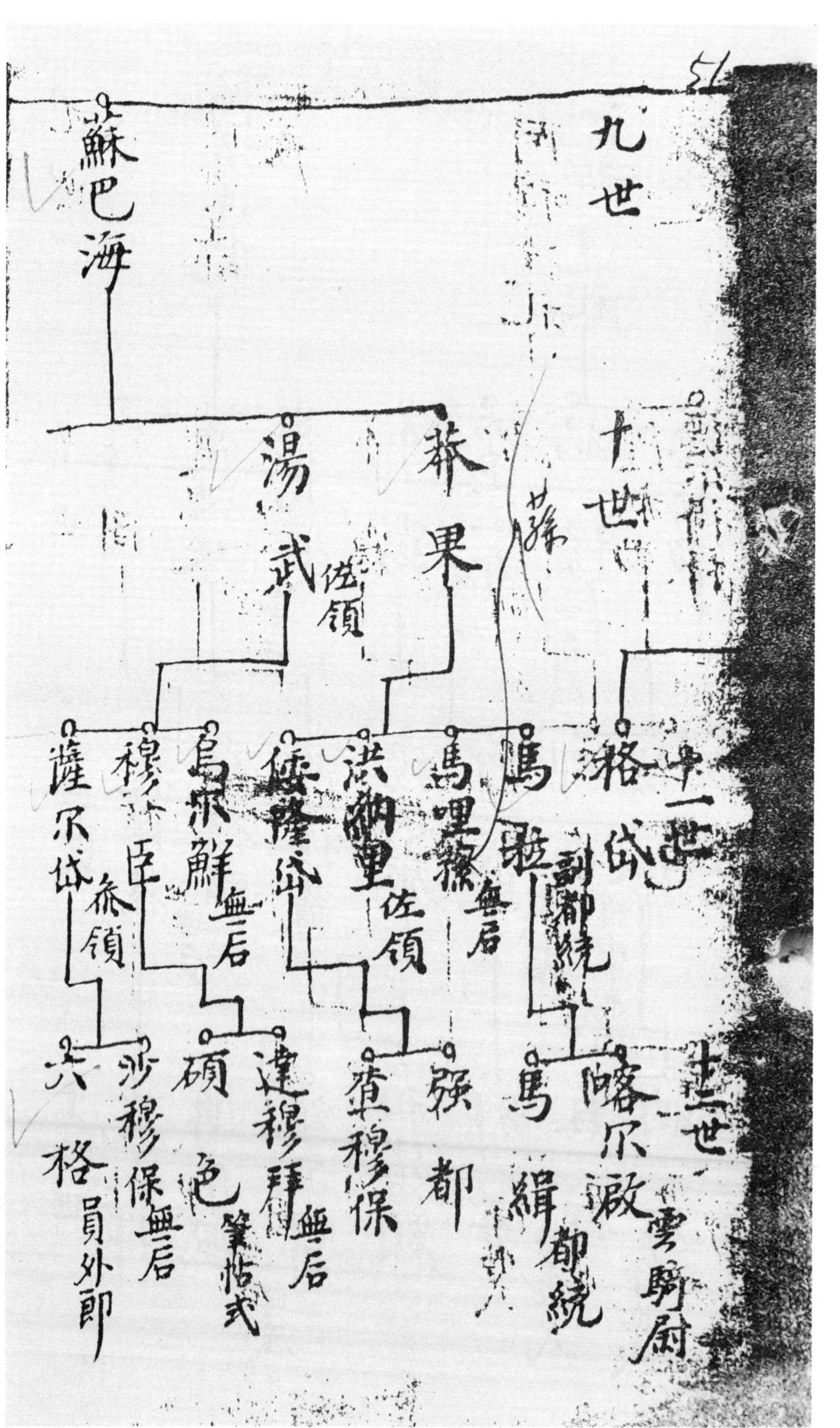
51
九世
蘇巴海
十世
湯武 佐領
恭果
十一世
薩尔岱 參領
穆赫臣
烏尔鮮 無后
倭隆岱
洪納里 佐領
馬哩森 無后
馬璁
洛岱 副都統
十二世
六格 員外郎
沙穆保 無后
碩色 筆帖式
達穆拜 無后
查穆保
强都
馬緯 都統
喀尔啟 雲騎尉

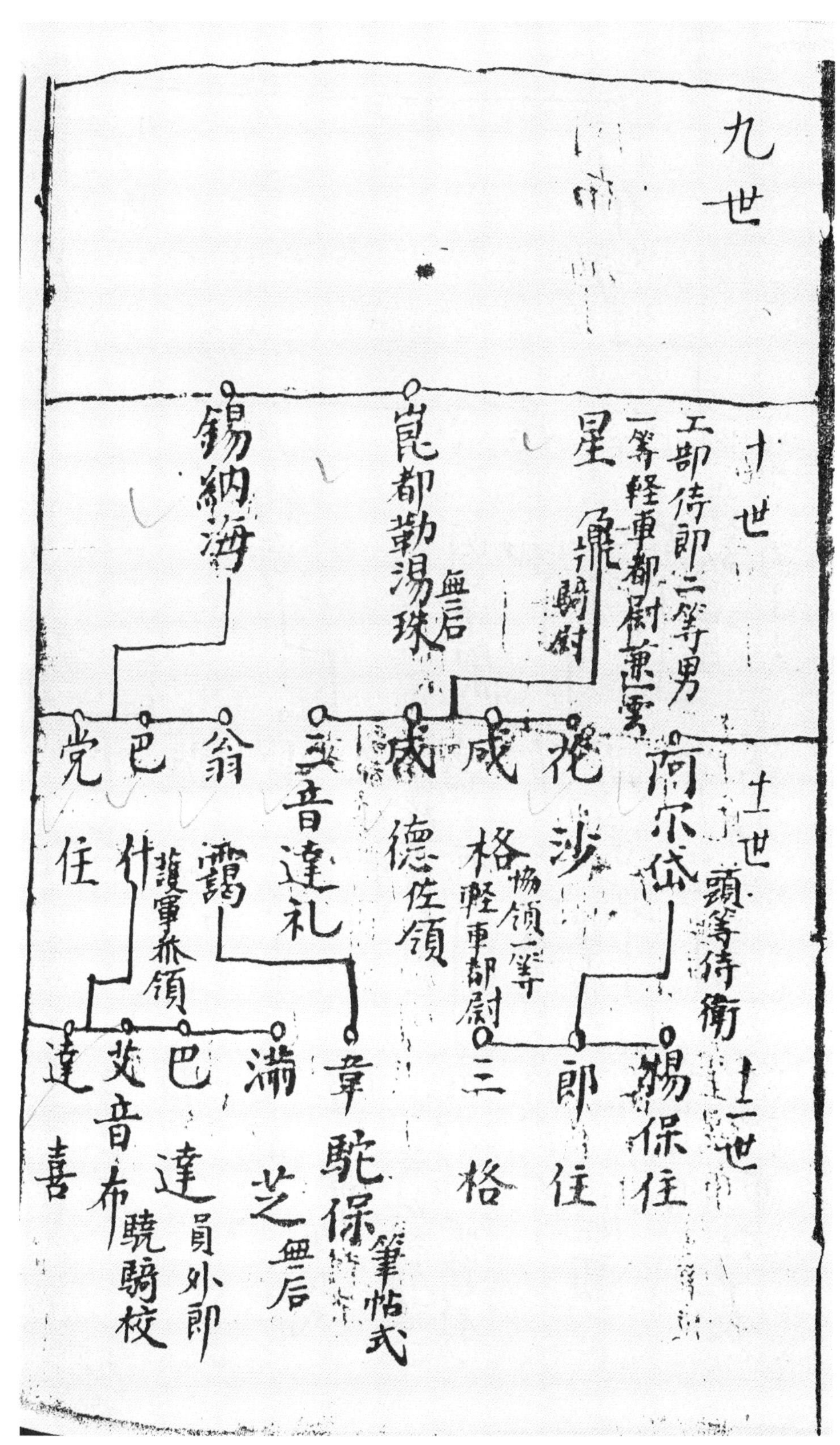
九世
十世
十一世
十二世
工部侍郎二等男一等轻车都尉兼云骑尉星鼐
崑都勒汤珠 无后
锡纳海
尚尔岱 头等侍卫
花沙
成格 协领一等轻车都尉
成德 佐领
英音达礼
翁霭
巴什 护军参领
党任
锡保住
郎住
三格
章驼保 笔帖式
满芝 无后
巴达 员外郎
艾音布 骁骑校
达喜

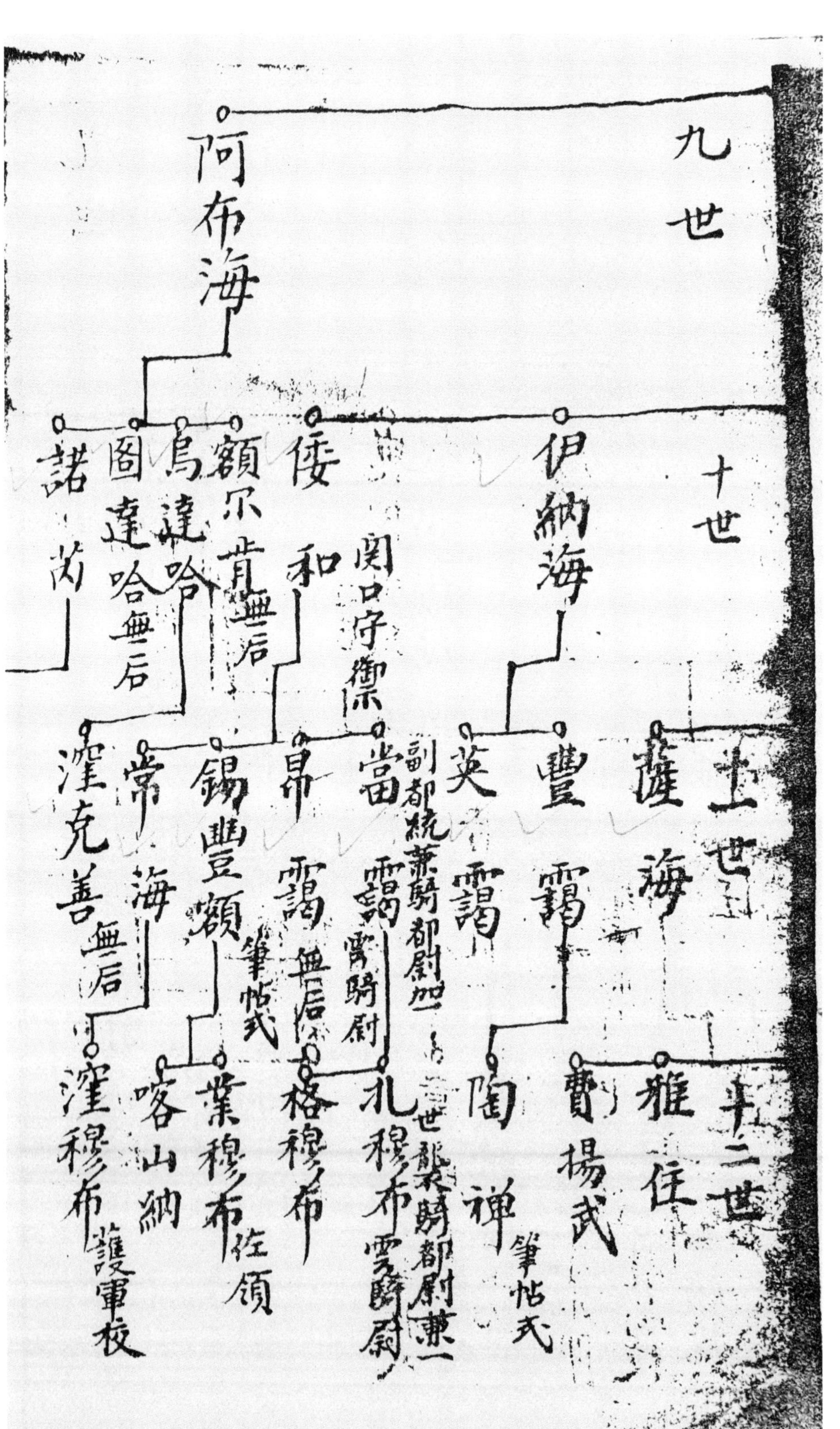
九世
阿布海
十世
伊納海
倭和
額尔肯 無后
烏達哈
圖達哈 無后
諾岗
十一世
薩海
豐霸
英霸
當霸 副都統兼騎都尉加一
昂霸 無后
錫豐額 筆帖式
常海
渾克善 無后
十二世
雅住
賈楊武
陶禅 筆帖式
孔穆布 雲騎尉
格穆布
葉穆布 佐領
喀山納
渾穆布 護軍校

十一世

諾累

塔力拜

塔順

塔岱 驍騎校

十二世

勒德

阿蘭太

阿岱

台什 筆帖式

台評

十二世

扎尔琿

博尔哩

额尔和图 無后

和清额

祥善 筆帖式

蘇禅 筆帖式

納海

達海

十三世

那欽 筆帖式

羅察 驍騎校

索住

十二世

喀尔啟 云骑尉

哈里岱 世袭云骑尉

马 䋲都统

广图

强都

巴金太 二等侍卫

查穆保

巴克塔

达穆拜

奇格 参领

硕色

常 赍骑都尉 内大臣兼

沙穆保 无后

六格 员外郎

十二世

楊保住

郎住

三格 筆帖式

韋駝保

滿芝 無居

巴達 員外郎 驍騎校

艾音布

達喜

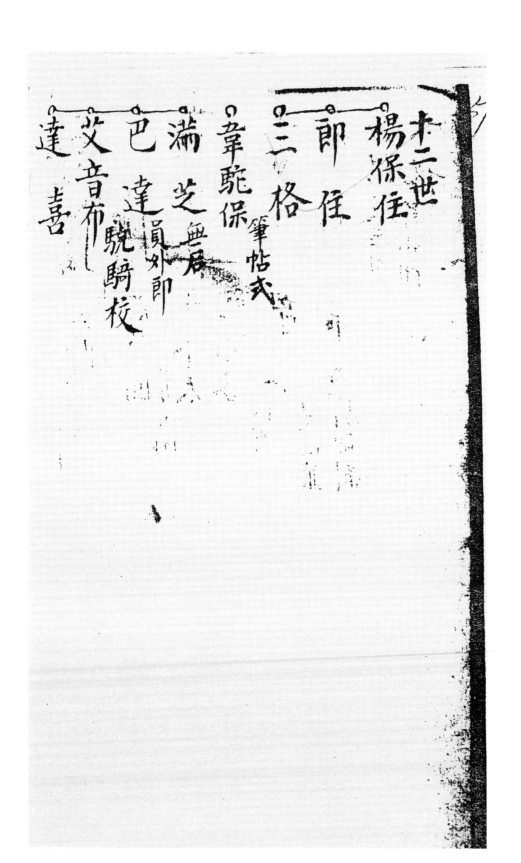

十二世

雅住

賁揚武

陶禪　筆帖式

扎穆布　世襲騎都尉　兼一雲騎尉

格穆布

業穆布　佐領

喀山納

十三世

拉穆布

華善

達色

刘五花色

保福　世襲騎都尉　兼一雲騎尉

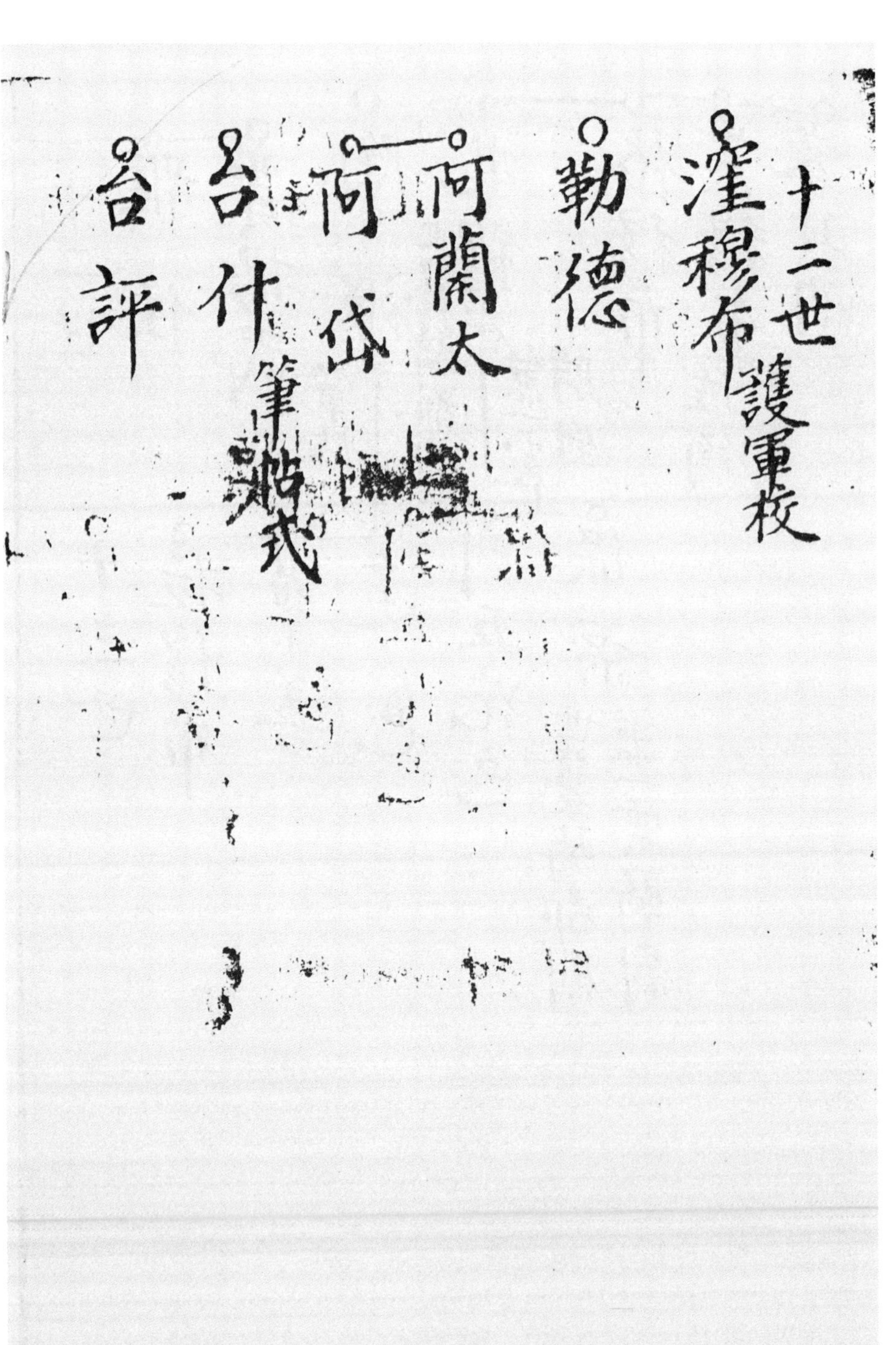

十二世
渥穆布護軍校
勒德
阿蘭太
阿岱
台什筆帖式
台評

十二世 十三世 十四世 十五世

尼什漢 無后

阿哈布 護軍叅領

保住 防守御 世襲一等輕車都尉加一雲騎尉

魯尔錦 尉

鄂尔登 降襲三等輕車都尉

煥錦 一等輕車都尉

寬蘭禅

邁拉遜 員外郎

兆克彈 世襲一等輕車都尉

依 賛礼郎

宛敏

和蘇色 佐領

福錫 校 護軍

特

色錫特 誥贈光禄大夫

張保住

依成額

舒彰阿

甯古齊 太子太保文華殿大學士兼議政大臣世襲一等輕車都尉

孔穆蘇

汪錫

查郎阿

湧赫 貢生

銘煜

湧陞 無后

銘根 無后

十二世

- 科什特
- 雅穆蘇 協領
- 瑚汪韻
- 旺哩蘇
- 雅圖
- 和德
- 和達色
- 滿昌
- 和雅圖
- 恭剛
- 色特里

十三世

- 奇克敦 無后
- 周保 舉人
- 托達色 員外郎
- 納爾圖 護軍校
- 納俊 筆帖式
- 庫
- 色楞 庫使
- 色爾特

十四世

- 得陞
- 得恒
- 得小椿
- 得彰
- 得通

十五世

- 穆克得科
- 那順
- 巴彥向
- 那斌
- 文啟
- 文源
- 文廣
- 文珮
- 文端

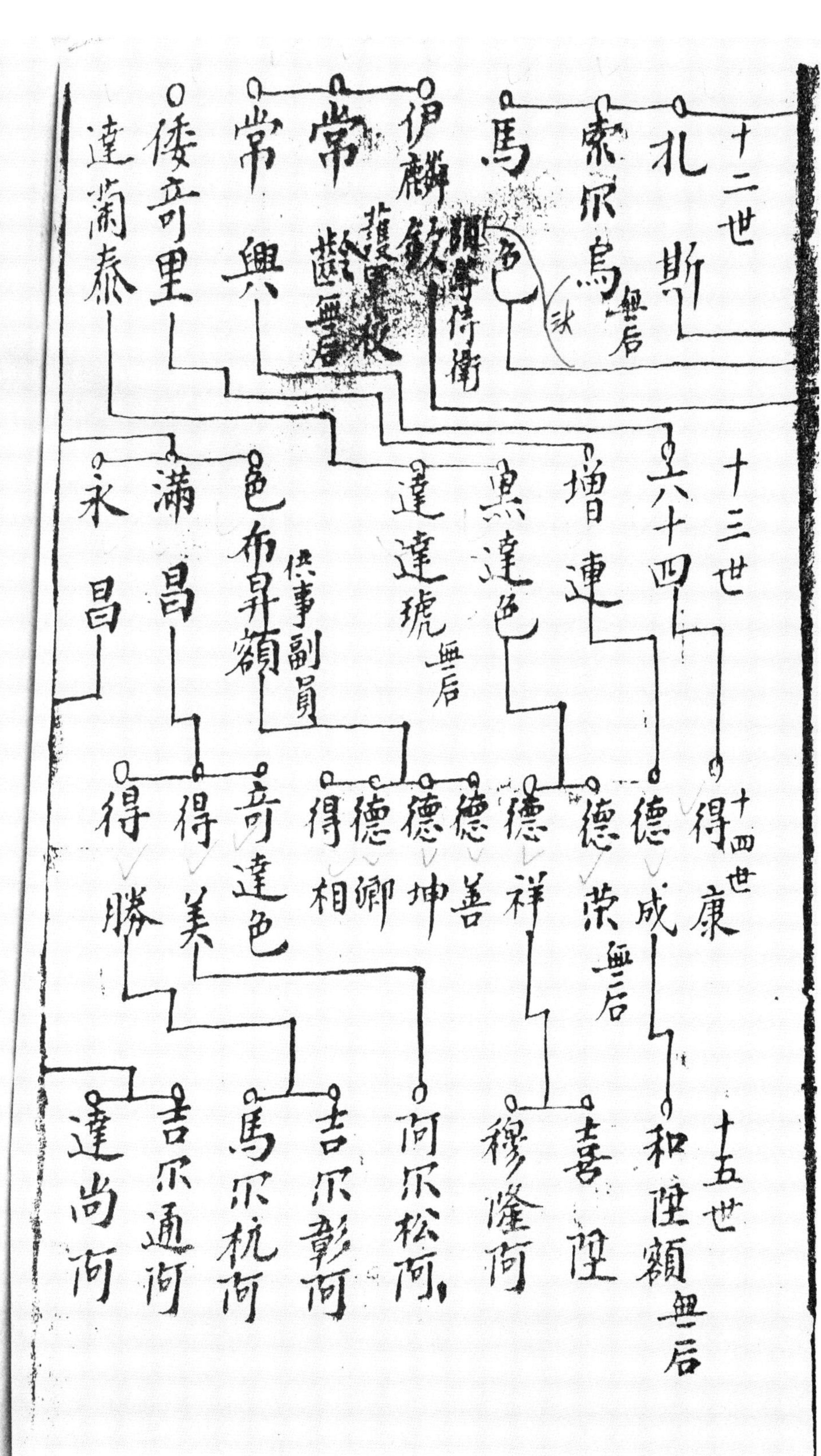
十二世
扎斯
索尔烏 無后
馬色
伊麟欽 頭等侍衛
常齡 護軍校 無后
常興
倭奇里
達蘭泰
十三世
六十四
增連
熙達色
達達琥 無后
色布昇額 供事副員
滿昌
永昌
十四世
得康
德成
德榮 無后
德祥
德善
德坤
德卿
得相
奇達色
得美
得勝
十五世
和陞額 無后
喜陞
穆隆阿
阿爾松阿
吉爾彰阿
馬爾杭阿
吉爾通阿
達尚阿

十二世

雅尔泰 七品官

程泰 七品官

沙尔泰

十三世

烏龄阿 副閑防

來文 無后

永臣

十四世

得亮

得禄

得書

得俊

得保

得貴

得紹

得昌

十五世

福成 無后

達通阿

達寅阿

達永阿

沙瑪哈

文連

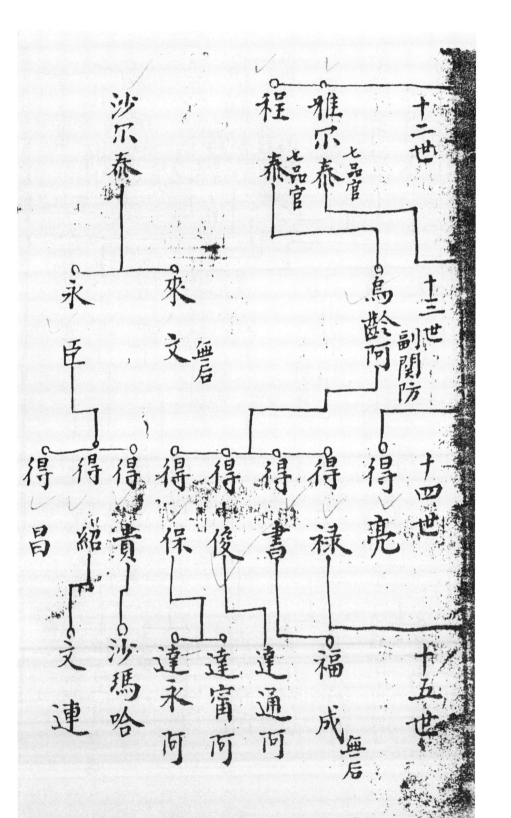

十二世

撓海　滿皮　高礼　額哈麐　保格　剁保任　羅格

十三世

納欽　六尔（無后）　興太　永祥　巴格（防禦）　常壽　訥穆渾（無后）

十四世

那成功　得崑　得崙　得山　得福（筆帖式）　特們（無后）　六十七　奇帑渾（副叅領）

十五世

良玉　良珠　良保　文部　禮玉　雙保（員外郎）　常海　常卿

十二世
錫圖 二等侍衛
聯善 世襲騎都尉無后
琦揚思
甯瑞
薩爾哈圖 司庫
法貴 筆帖式
浩善 筆帖式
常保
桑格 圓明園總管
學斯

十三世
文保
賽保 無后
六格 員外兼佐領
阿克什
保成 主事

十四世
福來
和勤 協領
和爾錦

十五世
湯蘇
湯武

十五世 宛敏 舒彰阿 銘 銘煜 銘裉 無后

十六世 文德 錫拉布 �德 紈富

十七世 景祥 桂齡 松齡 景訥琿 景明 景文 景武

十五世

穆克得科
那顺
巴彦阿
那试
文启
文源
文广
文珮

十六世

广成
广增
明绅 防御

十七世

景峯
景琦
景澐
春芳 笔帖式

十五世

文瑞

和隆額 無后

喜理

穆隆阿

阿尔松阿

吉尔彰阿

馬尔杭阿

吉尔通阿 庫使

達尚阿

十六世

常春

常連

常德

常清 無后

常喜

常恒

常興

十七世

多隆額

奇隆額

得隆額

福隆額

依隆額

文隆額

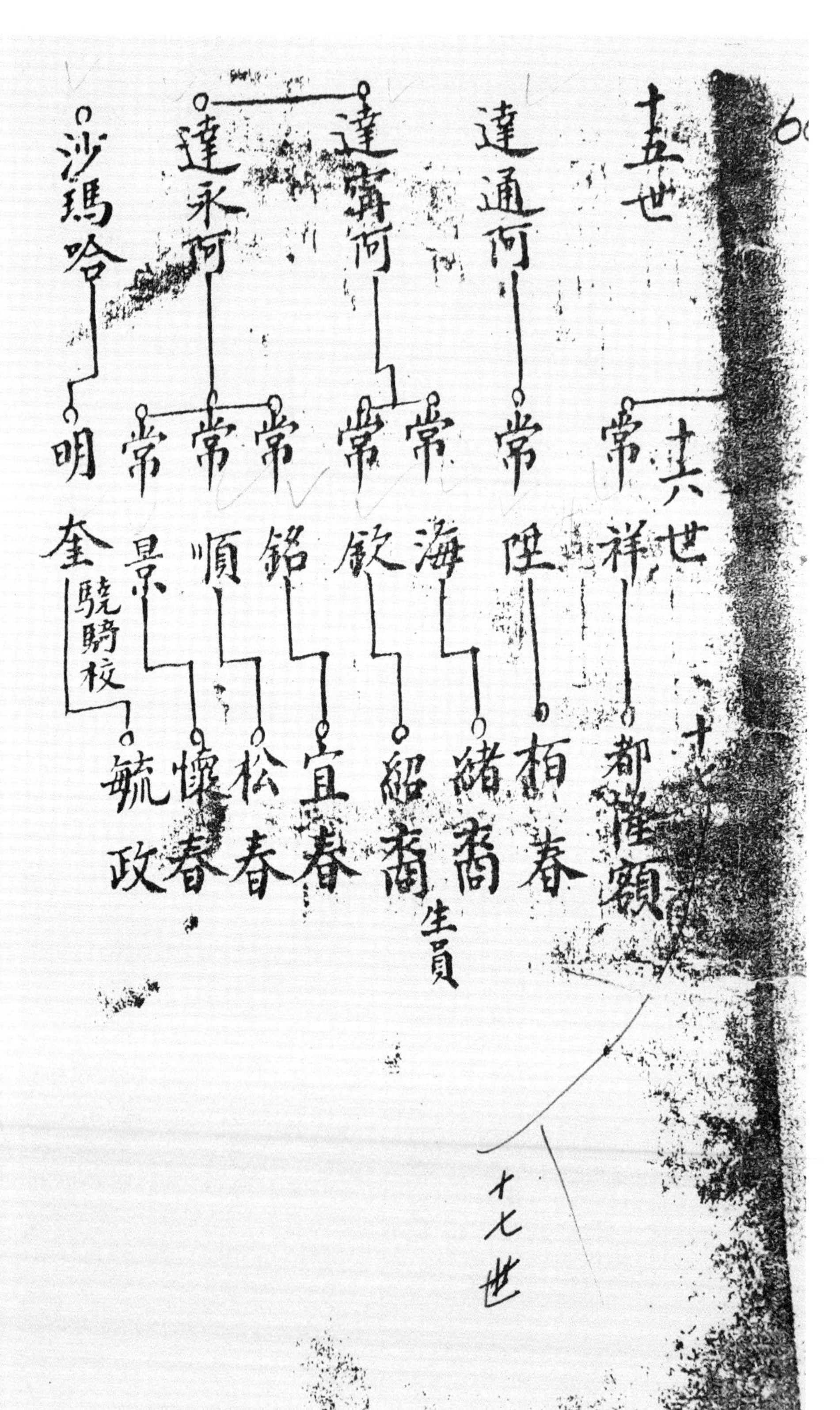
60
十五世
達通阿
達甯阿
達永阿
沙瑪哈
十六世
常祥
常陞
常海
常欽
常銘
常順
常景
明奎
驍騎校
十七世
都隆額
栢春
緒喬
紹喬
生員
宜春
松春
懷春
毓政

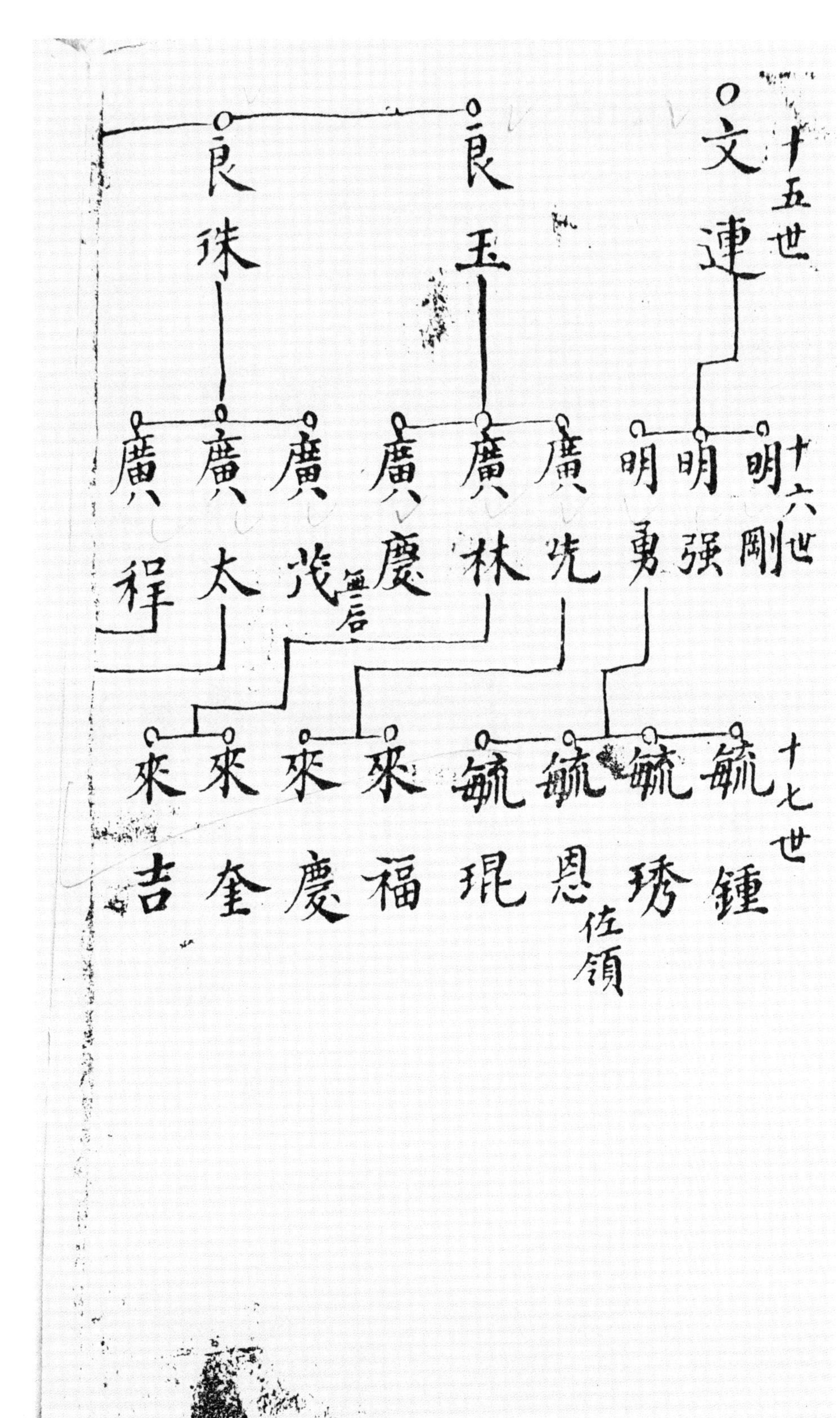
十五世
文連
良玉
良珠
十六世
明剛
明强
明勇
廣先
廣林
廣慶
廣茂
廣太
廣程
十七世
毓鍾
毓琇
毓恩
佐領
毓琨
來福
來慶
來奎
來吉

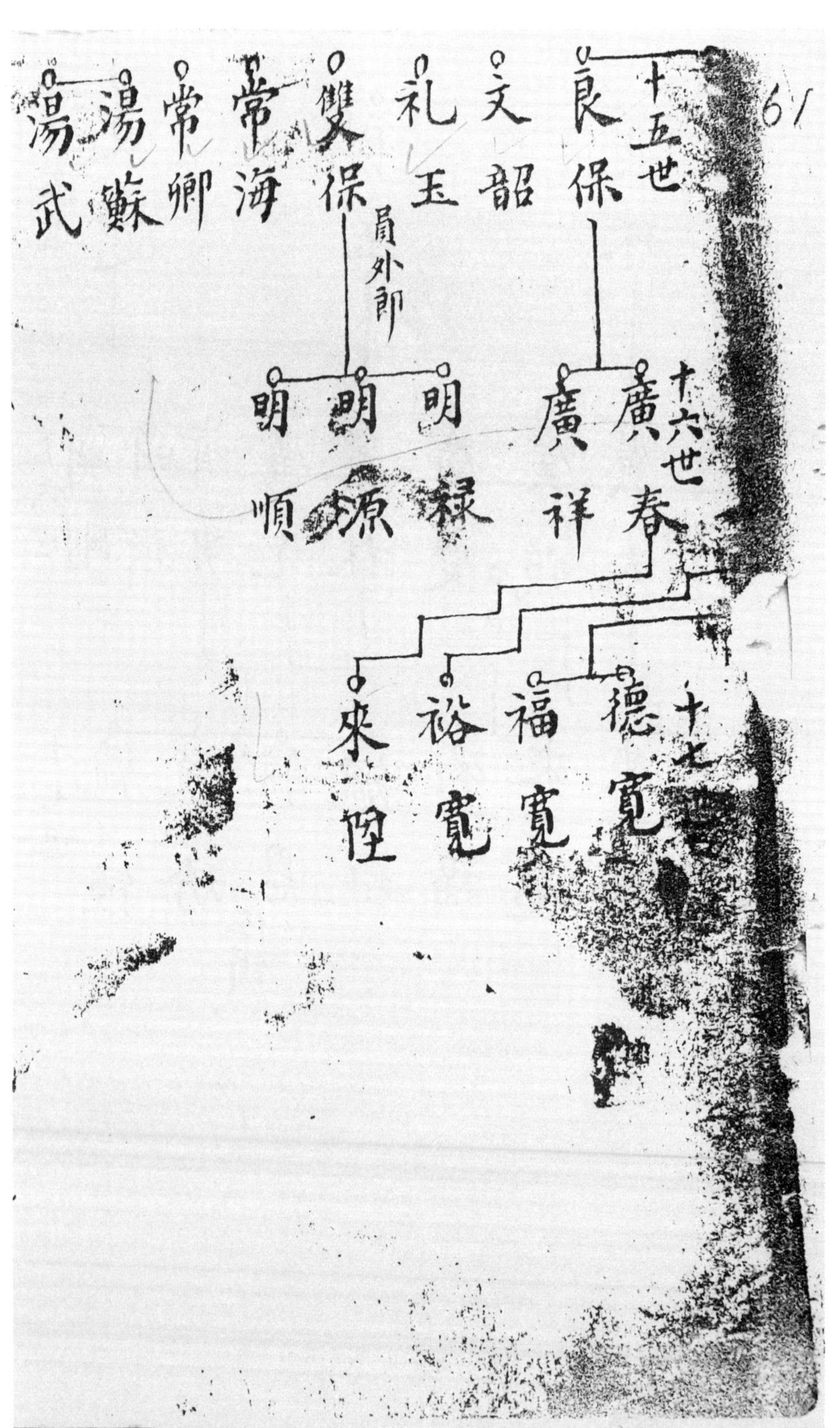

61
十五世
良保
文韶
礼玉
雙保
員外郎
常海
常卿
湯穌
湯武
十六世
廣春
廣祥
明禄
明源
明順
十七世
德寬
福寬
裕寬
來[illegible]

輝發部先世原係黑龍江東海岸窩集部
尼瑪察地人本姓依克得哩其始祖昂古
理興濟理二人自黑龍江載木植主護利
移遷於察魯居馬察魯地有扈倫國納喇
姓噶揚阿圖謨圖二人平素結好深厚俱
由察魯移於張地四人聚約修睦昂古理
興濟理因附其姓宰七牛祭天改姓納喇

葉赫部先世係蒙古人姓出默特始祖
懇達爾漢奉明國成祖皇帝之命率其部
民兵等衛守東省開原界北鄙圍場遂滅
扈倫國張地所居納喇姓部寨屯村因據
其姓冐姓納喇

《索绰罗氏谱书》内容简介

《索绰罗氏谱书》现收藏在辽宁省新宾、岫岩等曹氏族人家中。

该谱书由庆春纂修于光绪十五年（1889），翌年修竣，光绪十八年（1892）刊刻。另有续修本《索绰罗氏谱书统宗》及满汉文合璧对照本《索绰罗氏家训》。

索绰罗氏，八旗满洲大姓之一，镶红旗满洲，冠汉字「曹」「索」为姓。

谱书载，索绰罗氏始祖松果托（又写作松吾突），祖居辉发部索绰罗地方，以地名命姓。清太祖努尔哈赤于明万历三十五年（1607）率师攻灭辉发部，「屠其兵」，「收其民」，索绰罗氏举族归附，被编旗隶籍。康熙三年（1664），索绰罗氏「京始祖松吾突」之三子高祖舒尔图（又写作舒力突）由京师拨来盛京岫岩任防御，隶于镶红旗满洲丰厦佐领，遂世居岫岩至今。

保存较好，没有破损，毛笔书写，字迹清晰，稿本。

主要内容有延亭庆春自撰序《原序》、麟阁祥顺撰《序》、乃瞻云林撰《序》、《京始祖索绰罗氏》、《高祖》、《安祖宗方位章程》、《祭祀应用器具》、《一年四大季上坟祭祀》、《春节礼仪》、《清国满洲根原》、《斩衰三年》、《大功九月》、《小功五月》、《缌麻三月》、《祖免》、由京排列二十八个字（范字）和世系。

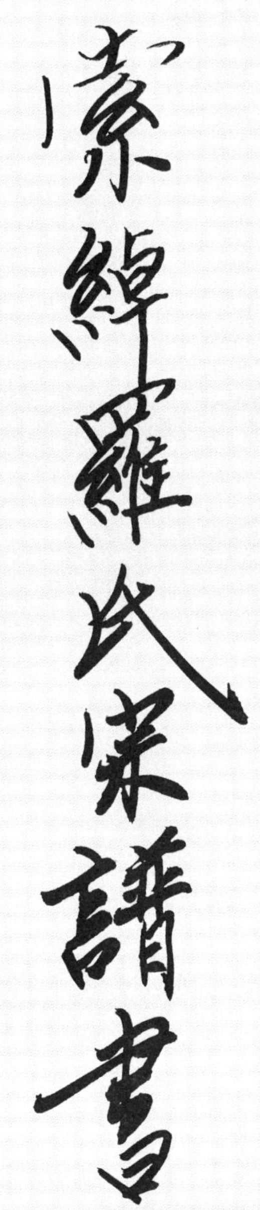
索綽羅氏宗譜書

光緒十八年續
索綽羅氏家譜

原序

客有問余何為而集譜書也。余應之曰：此編一成，上之可以追述先人，下之可以流傳後世。凡人皆宜重本原，況我滿人，尤宜鄭重，而不容遺忘也。回溯我

先祖自長白山，遂我朝

太祖高皇帝創業東方，乾坤一統。

聖祖仁皇帝將我

先祖自京撥往盛京岫巖，以來迄今三伯餘年，族大戶繁。

考諸世系。而不得其詳。即詢諸父老。不過畧述梗概。究未深悉其由來。詳說其支派。余每留此事。問之不禁悵然。於是稽查冊檔。一一詳集此編。庶幾世雖遠。而根柢可考。户即繁。而支派備清。非好勞也。但欲集成譜書。延及後裔。皆知重本原也。云爾。

光緒十五年歲在己丑桂月上旬延亭慶春自序

序

溯自　我皇開國以來。歸馬放牛。而萬民悅服。雖

屬

先皇之仁德所致。實賴滿蒙之英勇輔弼而成就之也。至

高宗純皇帝。詩云。二府儲賢士。八旗育將才。蓋所以待滿

蒙者。恩至優渥。然滿蒙既有如斯根基。如斯名爵。何

竟忘本圖和。考諸世系由來。罔不茫然無所推尊也。

茲有余族叔。慶延公名春者。幼讀詩書。長理家務。並

派

且四外遊歷世務。洞悉矣至。惟余之本族户外。自白山遂龍到京。又自京撥往盛京以來。相傳有九世矣。有聚於斯土者。有謀食他方者。實係族大户繁。若不編成譜書。以流傳後世。誠恐相沿已久。尊卑不識其等級。長幼莫辨其次序。我族叔慶延公費盡苦心。讀書雖未成名。由監報損州同職銜。偏能稽册。編集一譜。分清支派。每與世世恪守而不失。如有留心後裔一拭目瞭然。知我先祖在京。如何前程。如何撥往此處。庶克一一指陳。而不失之爽然也。茲今書已編成。余願舉筆一序。以表作者之苦心耳。是為序。

光緒十六年歲在庚寅荷月上旬麟閣祥順序

清國滿洲根原（源）

我朝先世。發祥於長白山。山高二百餘里、緜亘千餘里。山上有潭曰闥門、周八十里。鴨綠、混同、愛滹三江出焉。望氣者言其地。將生聖人。統一諸國。山之東有布庫里山。山下有池。曰布爾瑚里。相傳有天女三位。長恩固倫。次正固倫。季佛庫倫。浴於池。浴畢有神鵲銜朱果。置季女衣袂。季女吞之。遂有身孕。尋產一男。生而能言。體貌奇異。及長。母告之故。因命之曰。天生汝以定亂國。其以愛新覺羅為姓，布庫里雍順為名。母凌空去。子乘小舠順流至河步登岸，折柳枝及野蒿為坐，具端趺其上。其地有三姓爭雄長，搆兵仇殺。有取水者，奇其狀貌，歸告衆，走問語以姓名。且曰：我天女佛庫倫所生，天命定汝等之亂。衆驚曰：天生聖人也。舁歸奉為主，居長白山之東，俄漠惠之野，鄂多里城，國號滿洲。數傳遭國人叛，族被戕，幼子范察僅以身免，遁於野。國人追之，有鵲止其首，追者以為枯

木因得脱。又數傳至

肇祖。姓愛新覺羅氏。居虎欄哈達山下。赫圖阿喇地。有智畧計。執先世仇人之後。四十餘人。半誅半釋之。盡復故地。

肇祖原皇帝諱都督孟特穆生子二：

長充善生子三，長妥羅，次妥義謨，三錫寶齊篇古都督生子一即滿福

次褚宴。

興祖直皇帝諱都督滿福生子六：長德世庫，居覺爾察地；次劉闡，居阿哈河洛地；三索長阿，居河洛噶善地；四覺昌安，居赫圖阿喇地。

五包即阿居尼麻喇地、六寶實居彰甲地，六人各
築城分居，程為寧古塔貝勒，是為六祖。
景祖翼皇帝，諱覺昌安，生子五，居祖基赫圖阿喇地，與五城相距近者五里，遠者二十里。
長禮敦巴圖魯、次額爾袞、三界堪、四塔克世、五塔察篇古。
顯祖宣皇帝，諱塔克世，嫡妃喜塔喇氏，乃阿古都督女，是為皇后。生子三，長即
太祖高皇帝，諱努爾哈赤，稱為聰睿貝勒，生明嘉靖三十八
年己未，孕十三月而生，龍顏鳳目，偉軀大耳，聲若洪
鐘。十歲時，宣皇后崩，繼妃納喇氏。

一尺八寸

安祖宗方位章程

佛滿洲安祖宗在上屋西墙上並立兩分（份）每分（份）木頭香碟子兩個西墙北邊安索繩口袋小香碟一個麼（綢）

鎮箭一根帶繡麻編索繩長三丈二尺拴五色細条

祖宗架長〢尺（木匠尺）中寬〥寸（五寸）茶寬〣分（六分）厚〡分（八分）板長〢尺寬〤寸（一尺二寸）厚〣分（六寸）（八分）

香碟長〤寸（四寸）寬〡尺（一寸六）高〢寸（二寸二分）小香碟長〢寸寬〢寸（一寸二分）高〡寸（一寸六分）大蒙子

一塊黄的長〥寸寬〡寸（三尺六寸）小蒙子一塊黄的長〥尺寬〢尺（三尺八寸）（三尺二寸）

院内中宫立影壁長〡丈高〡丈後面安天地神位上香

之所安天地杆子一根。高圳(尺)(七尺三寸)。加錫斗子。出頭漏尖。

祭祀應用的器具。

單高棹(桌)一張。長炕棹一張。方盤一個。圓盤四塊。大鍋一口。酒壺兩把。大酒鍾(盅)六個。小酒鍾(盅)六個。快子六双。大碗八個。五寸碟子十個。小碟子四個。元米一斗。元米酒一罐。燒酒一缾(瓶)。祭猪三口。鵞一隻(只)。猪羊也可。

○祭祀前二日。不準宰殺。不準煎炒。用元米一斗。在先祖堂前。用淨水過(过)清。第二日壓面。所有上用的家器洗。

淨。至祭日，起早，西炕放棹一張，棹後放淨枕頭兩個，將小蒙子蒙上。棹上放六双快子，六個大酒鍾斟元米酒。香碟子全放棹上。上達子香。春夏用豆面餑餑，秋冬用粘糕餑餑，蒸好裝八碟。皂神一碟，索柱媽媽一碟。祭棹上六碟。家主率衆行禮三次，換酒三次。如用羊一支，進屋內。請南邊頭香碟，家主舉徃羊頭按三按。腰按三按，尾按三按，香燻羊打鼻涕為按。次後宰羊下鍋，煮熟時，每分三刀，切為香肉六碗。其餘按件擺在飯棹上全供。左蹄含口。貫血腸膳肚油蒙頭。左肋叉刀。家主宰象。換酒行禮三次。全撤。第四碗汝。大家吃肉。不放棹。放圈盤。哈元米酒。不哈燒酒。使豬亦然。若使鵝。往上祭三鵝。摘翅爲接。宰鵝下鍋熟時。第一碗鳥叉。第二碗翅膀。第三碗腰節骨。第四碗胸膛。第五碗頭。第六碗爪。每碗血腸一節。第四碗汝禮同。

。午後西炕放棹一張。棹後懸大蒙子。棹上放六双快子。六個小酒鍾。斟燒酒。上香。來子等。請。汝沁。禁。神一

碟。索柱媽ミ一碟。留背燈一碟。棹上六碟。用淨水一

碗。放棹下。換酒行禮三次。用猪一口。進屋內請牲。每

鍾酒往猪耳內灌。耳動為接。牽猪下鍋。貫血腸煮熟。

時放高棹。按件擺上。左蹄含口。膌肚油蒙頭。左肋乂

刀。換酒行禮三次。用北頭香碟一個。餑ミ一碟。大蒙

子包上。酒鍾一個。全放高棹上。抬在房門後背燈。用

人在棹傍。換酒三次。拿蹄骨扔地下。家主行禮一次。

明燈。將棹抬回。全撤。大家吃肉。哈燒酒。

○第二日，天地上還願高棹一張○、鍋一口○、碗、快子、刀、板勺、水、火、柴、户○，應用的家器跟兔一並齊出○、在天地前放高棹○，棹上小米子一碟○，水一碟○，水包苦胆一碟○，上線香○，在院西安鍋○，用包皮猪一口○，不貫血，按件各要小分○，左邊長脇二根○，右邊短脇三根○，連頭披正（派）按骨三刀○，將小分下鍋煮熟時○，切爲肉綵兩碗○、小米飯兩碗○、快子四双○，拿索子骨○，套天地杆子上○，小肉綵長短腸兩碗○第一碗者兔○是給者兔的○，第二碗胸岔骨○是給力包的○，供于

天地棹上行禮一次，撒小米子，禮畢，大家吃小肉飯，
不哈(喝)酒，飯後燎猪皮，犬肉進屋煮熟，不供，同吃，將骨
拿了，送在影壁前，用毛紙疊三夾(角)三塊，火燎竿子一
根，將紙挾上，每人全擦(搽)竿子洗碗水一並送出。
○第三日換索，在西炕北角放棹(桌)，小香碟一個，上達(子)香，淨
水碟一個，裝瓜尖苦胆碟一個，箭一支，小酒鐘(盅)一個，
斟燒酒，房門外東边立柳枝一個，毛紙一張，裁条掛
在柳枝上，拉索繩拴在柳枝上，屋裏行禮一次，將棹(桌)

抬出。放在椰枝下。用猪一口。在棹（桌）前請牲一鐘（盅）。耳動
為接牽。猪下鍋。貫（灌）血（腸）肉熟。接件每分三刀。共合一處。
分為兩碗。小米飯兩碗。快（筷）子四双。供在祭棹（桌）上。（件）肉
接件擺上。行禮一次。將箭轉三轉。四碗。每碗撥出一
點。歸一碗。用外人在門傍等。全搭進屋內。叫他在外
吃。吃完。將碗放在門外。三日後拿碗。禮畢。全撤棹（桌）立。
西炕上。本家吃肉。不給外人吃。吃完收索繩。將洗碗
水、幕地土、椰枝。一並送出。完事。

喪服總圖

斬衰 三年

用至粗麻布為之不縫下邊

齊衰

五月　杖期　不杖期　三月

用稍粗麻布為之縫下邊

大功 九月

用粗熟布為之

小功 五月

用稍粗熟布為之

緦麻 三月

用稍細熟布為之

本宗九族五

凡嫡孫父卒為祖父母承重服斬衰三年若為曾高祖父母承重服亦同。

凡男為人後者為本生親屬孝服皆降一等本生父母亦降服不杖期父母報服同。

高祖 齊衰
曾祖 齊衰
祖父 齊衰
父 斬衰
己
長子 期年
長子婦 期
嫡孫 期年
嫡孫婦 小
曾孫 緦麻
元孫 緦麻

曾祖父母 伯叔 緦麻
祖父母 伯叔 小功
父母 伯叔 期年
兄弟 期年
兄弟妻 小功
姪 期年
姪婦 大功
姪孫 小功
姪孫婦 緦麻
曾姪孫 緦麻
曾姪孫婦 無服

族祖父母 伯叔 緦麻
堂父母 伯叔 小功
堂兄弟 大功
堂兄弟妻 緦麻
堂姪 小功
堂姪婦 緦麻
堂姪孫 緦麻
堂姪孫婦 無服

族父母 伯叔 緦麻
再從兄弟 小功
再從兄弟妻 無服
再從姪 緦麻
再從姪婦 無服

族兄弟 緦麻
族兄弟妻 無服

服正服之圖

父母 三月

父母 五月

祖母 不杖期

母 三年

身

衆子 期年　衆子婦 大功

衆孫 大功　衆孫婦 緦麻

曾孫　曾孫婦 無服

元孫　元孫婦 無服

在室緦麻 曾祖姑 出嫁無服

在室小功 祖姑 出嫁緦麻

在室期年 姑 出嫁大功

在室期年 姊妹 出嫁大功

在室期年 姪女 出嫁大功

在室小功 姪孫女 出嫁緦麻

在室緦麻 曾姪孫女

在室緦麻 族祖姑 出嫁無服

在室小功 堂姑 出嫁緦麻

在室大功 堂姊妹 出嫁小功

在室小功 堂姪女 出嫁緦麻

在室緦麻 堂姪孫女 出嫁無服

在室緦麻 族姑 出嫁無服

在室小功 再從姊妹 出嫁緦麻

在室緦麻 再從姪女 出嫁無服

在室緦麻 族姊妹 出嫁無服

凡姑姊妹女及孫女在室或已嫁被出而歸，服並與男子同。出嫁而無夫與子者，為兄弟姊妹及姪皆不杖期。

凡同五世祖族屬，在緦麻絕服之外，皆為袒免親。遇喪葬，則服素服，尺布纏頭。

自本身而上，曰父、祖、曾、高。自本身而下，曰子、孫、曾、元。此本宗九族之服制也。律稱祖者，高曾同。稱孫者，曾元同。曾高祖、曾元孫，照祖孫同科，不依服制。各律有不開載祖父母而統稱期親尊長者，高曾亦同也。

輯註：嫡孫承重，無嫡長則以嫡次，不以庶長也。若長房絕嗣，則為立繼承重。次房無承重之禮，須細參官員、襲廕立嫡子違法二條。

為人後之子，出嫁之女，為本宗之親，皆降服一等。惟出嫁

女為祖父母曾高祖父母及兄弟之為父後者不降然為
後出嫁與本生本宗相犯有依降服論者有不依降服論
者自照各本律以上俱解註
小記曰再期之喪三年也期之喪二年也九月之喪三時
也五月之喪二時也三月之喪一時也禮由心生所不能
自已者爾喪有正服義服加服降服四等正服者於情
於分皆當為之服者如子為父母服斬之類是也義服者
親雖異於所生而其分同則以義為之服如婦為舅姑服

斬之類是也。加服者，本非其所服，而禮主於進，故自輕以從重，嫡孫為祖父母服，斬之類是也。降服者，情不可殺，而分有所制，故自重以從輕，如女子已嫁為父母服，降期之類是也。

斬衰三年

凡喪服，上曰衰，下曰裳。衰之為言摧也，斬不緝也，用極粗生麻布為之，其衣旁及下際皆不緝，上際縫向外，背有負版，以表其負荷悲哀也。用布方七寸，綴於領下，垂於前。當以有哀明孝子有哀摧之心也用布長六寸廣四寸○綴於衣衿之前○左右有辟領○兩腋之下○有衽(衽)垂之向下○狀如燕尾○以掩裳旁際○裳前三幅後四幅○縫內向前後不連前作三㡇㡇謂屈其兩邊相着而空其中也○今人竟加斬衰於麻○直(置)身上而裳制廢矣○冠紙糊為材○長足跨頂為三細㡇○俱向右是為三襞(襞)積用麻繩一條○從額上約之○至項後交過(过)前○各至耳結之為武(武)之餘繩垂(垂)下為纓○結於頤下○今世俗用三綿毬(毬)○不知何據○或曰取其閉耳目聲色也○

〇腰絰用繩為之，兩股相交，兩頭結之，各存麻本，散垂(垂)其交結處，兩旁各綴細繩繫之。所穿之履，以菅草為之。

其哭杖，父用竹，取其節外著也，父為子之天，竹圓象天，竹貫四時不變，子為父哀痛亦經寒暑不改也。母用桐木，桐之言同，心同乎父，其外無節，取其節內存，上半截圓以象天，下半截方以象地，然其根皆在下，竹桐一也。其長與心齊者，孝子哭泣無數，身體羸病從心起，故杖高以心為斷。

齊衰杖期　齊衰不杖期　齊衰五月　齊衰三月

齊，緝也。用次等粗生麻布為之，而緝其旁及下際，餘同斬衰。冠以布為武（忼）及纓。杖用桐木為之，不杖者不用。屨以疏草或麻為之。古禮為母服三年，而衰則齊者，不敢揜於父也。今制為父母俱斬，而齊衰為期年之喪之服矣。然不獨期年之喪服齊，又有齊衰五月、齊衰三月者，高曾祖父母與繼父之尊，異於常親，故服之數為之降，而服制不為之降，不敢以卑者之服為尊者服也。

大功九月

大功者，以布用功粗大，名之服，以九月為物之終也。

小功五月

小功者，其布用功細小，自大功而降服，以五月為陽之終也。

緦麻三月

緦麻，緞（鍛）治其縷，細如絲也。古緦麻二字通用，以極細熟布如絲者為衣，乃五服内之極輕者，服以三月為季之終也。

袒免

此五服之閏也。免音紊。服輕於緦，其制以布廣一寸，從項

巾而前，交於額，又卻向後而繞於髻也。凡同五世祖族屬，
在緦麻即為絕服，此外皆為袒免親。遇喪葬，則服素服，尺
布纏頭。尺布纏頭，不成服也。
會典云，袒免親，遇會喪，則男摘冠纓，女去耳環。

松舒坦哈滿額春 文麟昌瑞玉珠珍

祥光景太承華寶 德成材奎鳳閣斌

松字　舒字　坦字　哈　蒲字　額字　春字

始祖
一等輕車都尉
本 松吾栾

長子 二次 舒胡得 子 三次 蒙故
長子 宜𢷬阿 長子 六次 永恰保 無子
次子 五次 寓什滻保 無子
次子 四次 豐生阿 長子 七次 壽順保 長子 騎都尉 佛西保 長子 吾力滚汰
次子 厄尔金太

次子 舒力黑 子 舒得
長子 得克京𭊹 長子 馬敦布 長子 岳王保
次子 阿克敦布
次子 得令阿 長子 木克敦布 子 雙保
三子 得克吉 長子 木藍布 子 西郎阿
次子 莫力根布 子 付明

三子 由京撥往盛京當差 舒栾 子亡

三世祖

防禦舒力突

待三由京撥往武京當若東南哈子河西曹家堡子住老營也在此處

舒字

坦字

長子哈什坦

次子那蘭太

三子榮保

四子宾保

五子明保

六子伸保

七子祥保

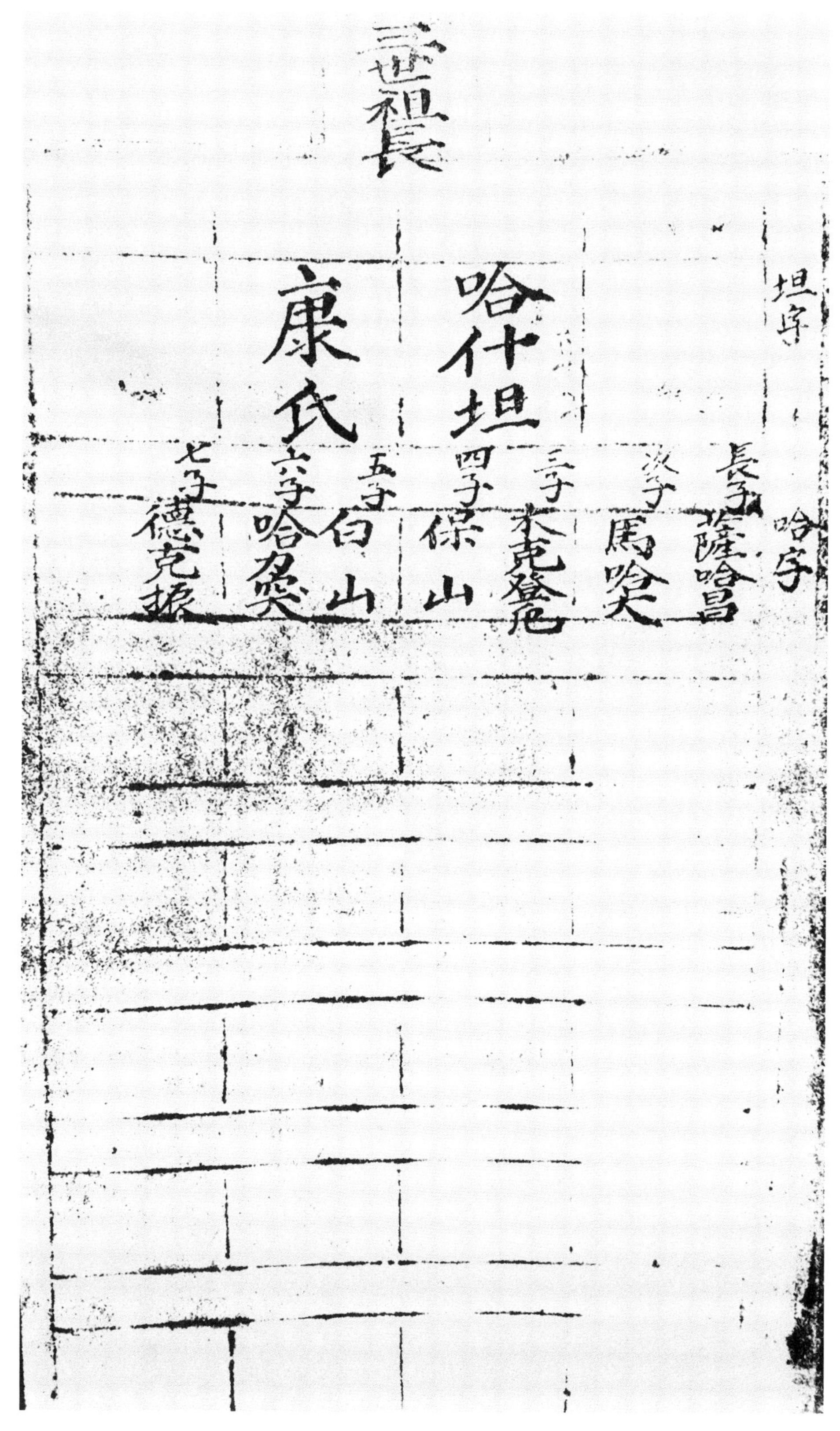

三世祖長

坦字

哈什坦

康氏

哈字

長子 薩哈昌

次子 馬哈矣

三子 木克奄

四子 保山

五子 白山

六子 哈奚

七子 德克振

三世祖二

坦字 哈字 滿字 額字 春字 文字 麟字

領催 那蘭太

何氏

長子 兵丁 善德 長子 衣唐阿 長子 金銀保 長子 各容音 長子 得春

妻 何氏

次子 二各 長子 達不當阿 長子 得福 長子 曹恒

次子 海亮 次子 得祿 次子 曹亮

三子 薩令阿 長子 付會 得 三子 曹利

四子 薩明阿 長子 景升

次子 平祿 長子 突拉 長子 吾令阿 長子 滿倉

三子 忠保

次子 朱令阿 長子 吉令阿

三子 付令阿 長子 滿貴

四子 卓令阿 長子 得奎

三子 訥欽 長子 青山 長子 領催 德升額 長子 吉隆阿 長子 永吉

次子 萬吉

妻 常氏

次子 吉星阿 長子 付永

妻 王氏 妻 楊氏

三子 吉升阿 長子 付慶

妻 沈氏 妻 馬氏

哈字

满字

額字

春字

文字

麟字

次子永德

長子依令阿

長子吾力根

次子索令阿迷

長子索住

長子洪亮

次子佑住

長子付亮

次子克興額

長子吉星保

三子伏力洪額

長子永興

四子吉仁阿

妻張氏

次子付升

妻崔氏

長子克令

妻馬氏

李

次子崇麟 額僅

妻王氏

三子克豐

妻孟氏

四子克殿

妻楊氏

五子克昌

妻吴氏

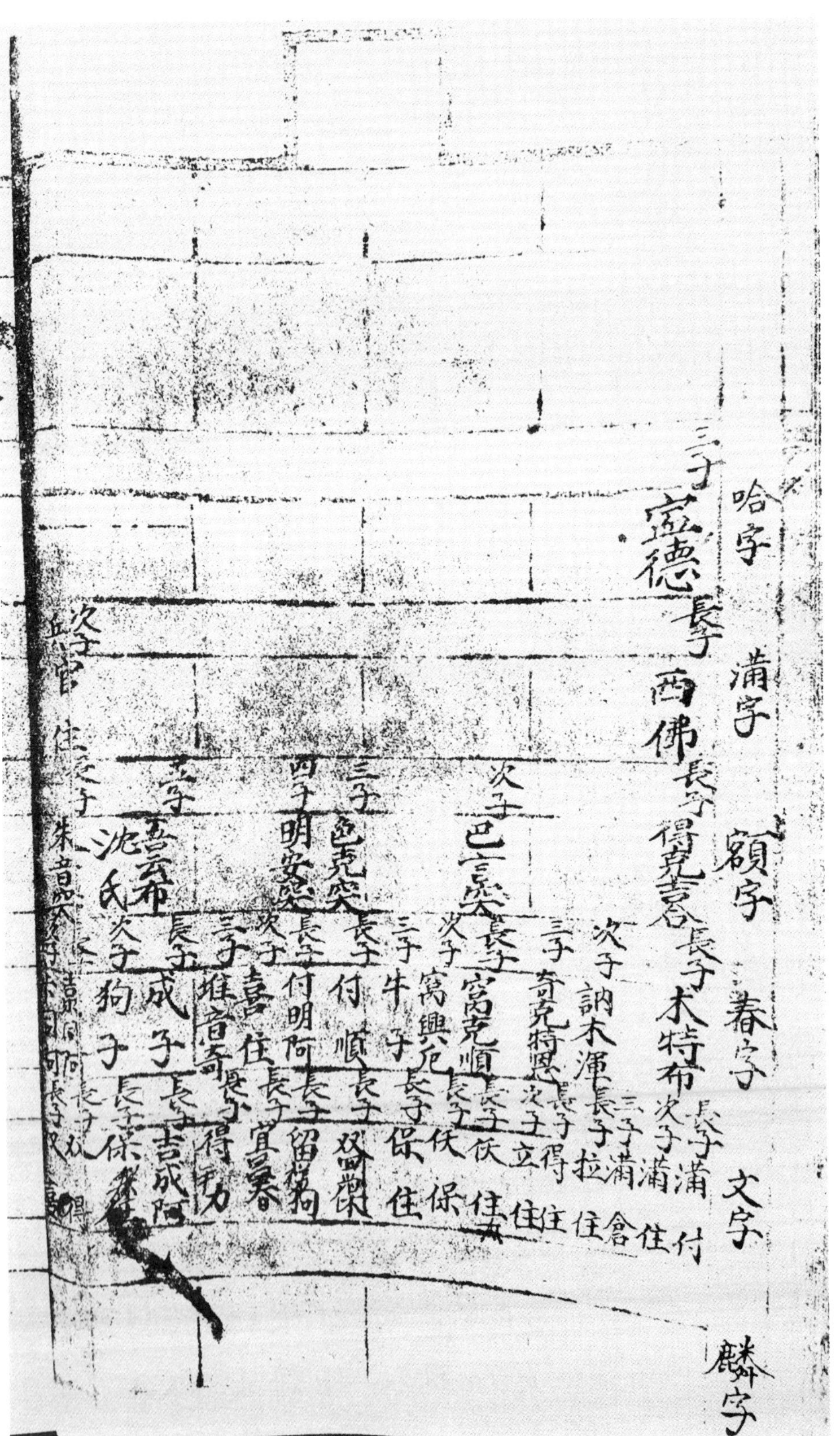
哈字 蒲字 額字 春字 文字 麟字
三子 寧德 長子 西佛 長子 得克喜 長子 木特布 長子 蒲付
次子 蒲住
三子 蒲倉
次子 訥木渾 長子 拉住
三子 奇克特恩 長子 得住
次子 立住
次子 巴言泰 長子 富克順 長子 伏住
次子 伏保
次子 窩興危 長子 保住
三子 牛子
三子 色克泰 長子 付順 長子 双喜保
四子 明安泰 長子 付明阿 長子 留狗
次子 喜住 長子 宜春
三子 堆音奇 長子 得力
三子 喜云布 長子 成子 長子 吉成阿
沈氏 次子 狗子 長子 保
次子 兵官

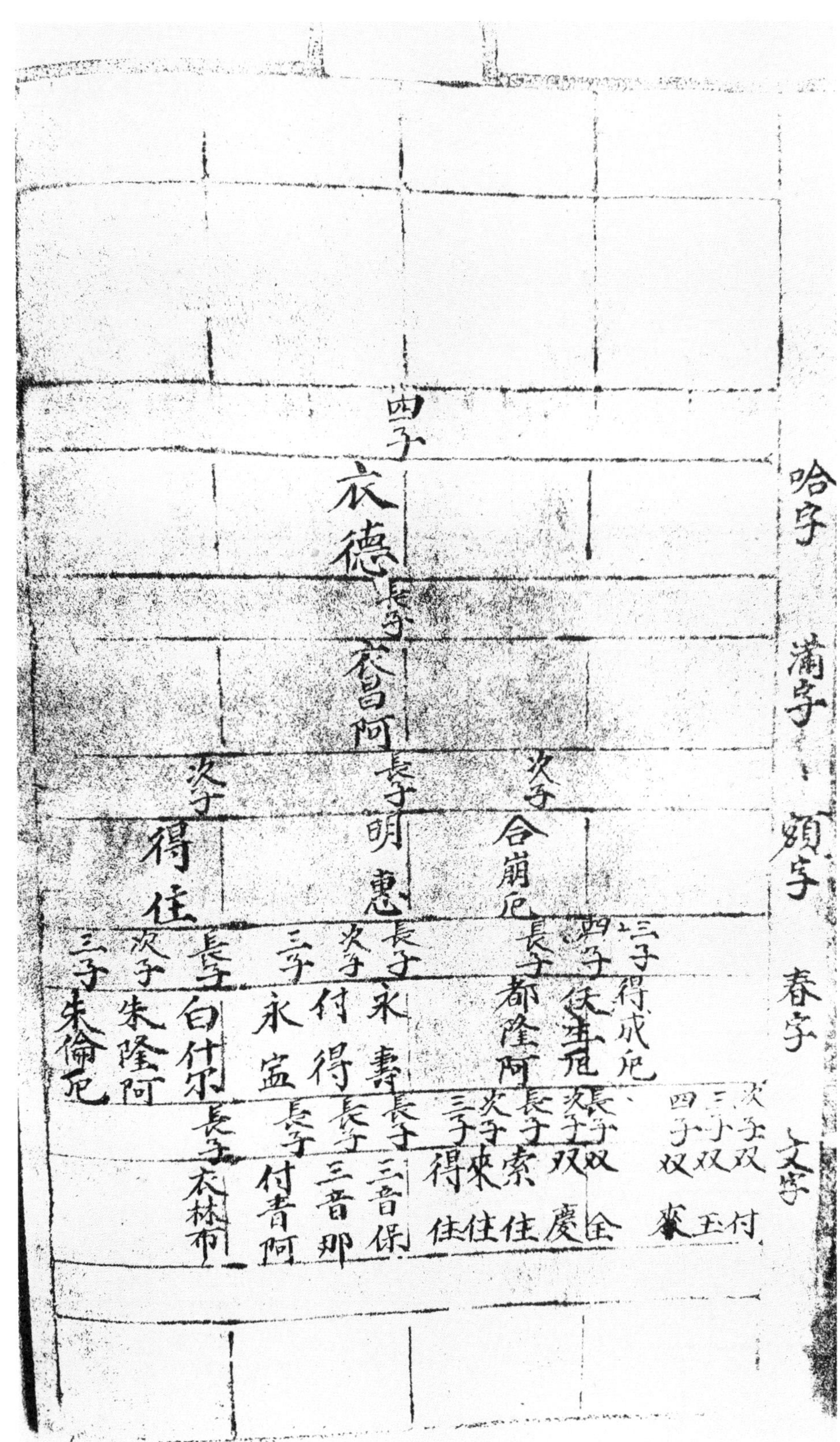

哈字 滿字 頒字 春字 文字

四子 衣德

衣德 長子 蒼昌阿

蒼昌阿 長子 明惠 次子 合崩厄 次子 得住

明惠 長子 永壽 次子 付得 三子 永寍

合崩厄 長子 都隆阿 四子 保生厄 三子 得成厄

得住 長子 白什尔 次子 朱隆阿 三子 朱倫厄

永壽 長子 三音保

付得 長子 三音那

永寍 長子 付青阿

白什尔 長子 衣林布

都隆阿 長子 索住 次子 束住 三子 得住

保生厄 長子 双慶 次子 双全

得成厄 次子 双付 三子 双玉 四子 双奎

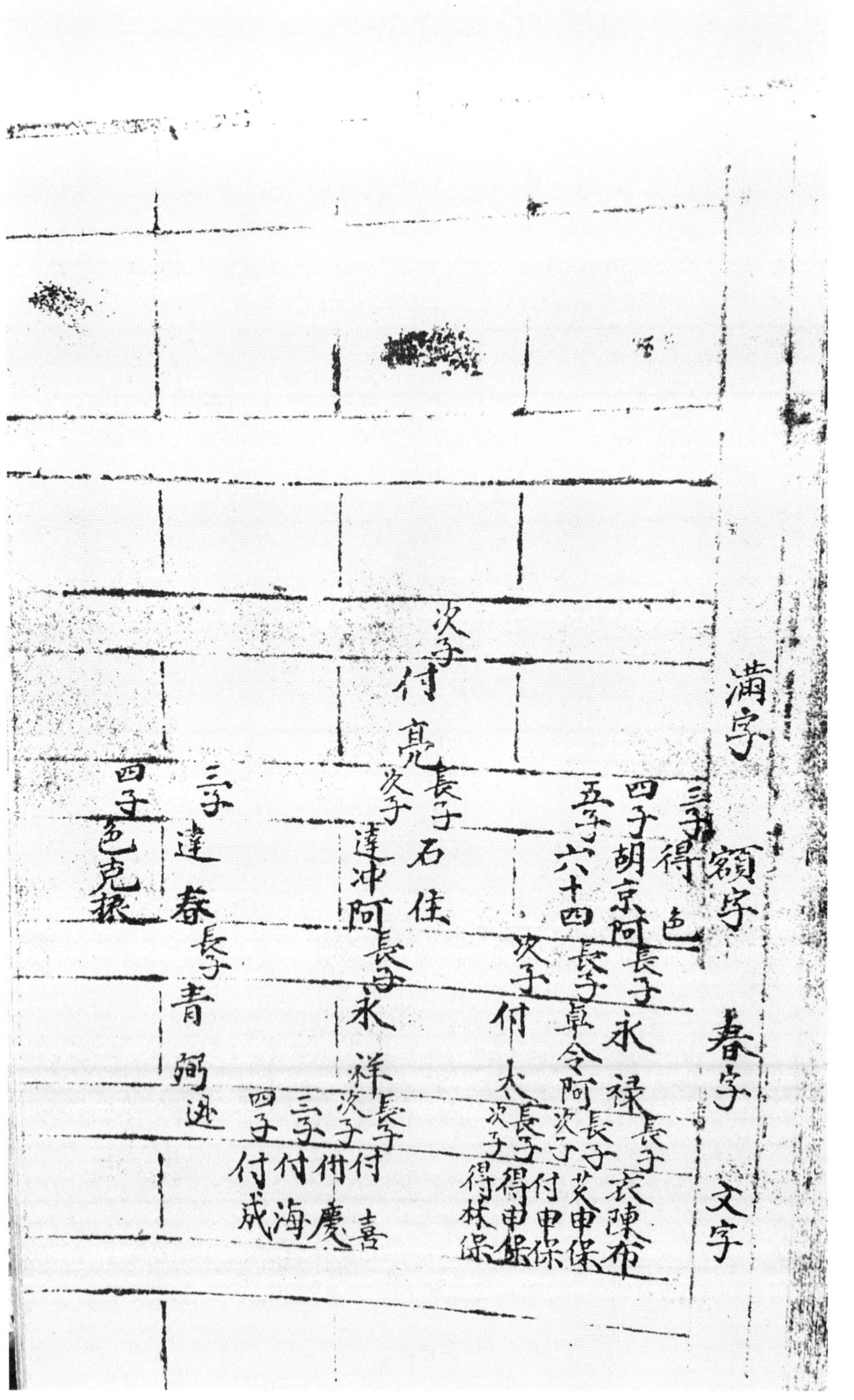

满字 额字 春字 文字

三子 得色

四子 胡京阿 长子 永禄 长子 衣陈布

五子 六十四 长子 卓令阿 长子 艾申保

次子 付申保

次子 付太 长子 得申保

次子 得林保

次子 付亮 长子 石住

次子 達冲阿 长子 永祥 长子 付喜

次子 付庆

三子 付海

四子 付成

三子 達春 长子 青䋤逊

四子 色克掭

世
档
三

领催
榮保

白氏

坦字

哈字

浦字

額字

春字，

文字

麟

次子
馬占
李氏妻

長子
阿吉蘭

王氏

長子
尼尔登尼
次子
尼尔京尼
張氏妻

三子
得于尼
李氏妻

四子
宙
住

長子
付得
張氏妻

長子
五十七
次子
喜
住
成

長子
喜
住
成

長子
喜
成
明

長子
保

次子
占
色
住

長子
舉
成

三子
喜

四子
喜
住

次子
連
喜
成
連

長子
全
次子
餘
林

次子
得楞尼
理

三子
得
長子
拉
住

四子
堆音布
張子
狗
付
住

三子
狗
色

四子
六十六

五子
那尔朱

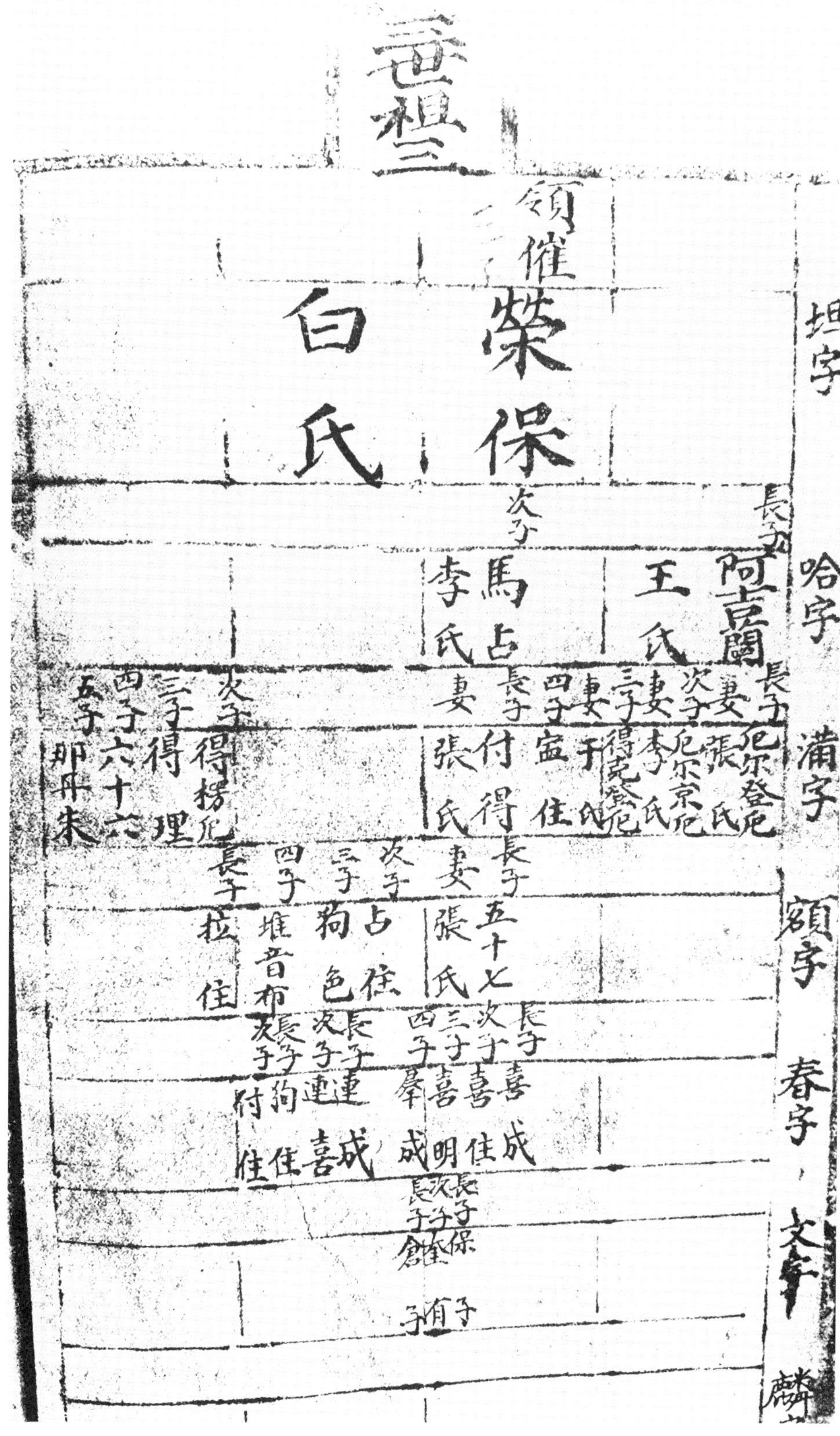

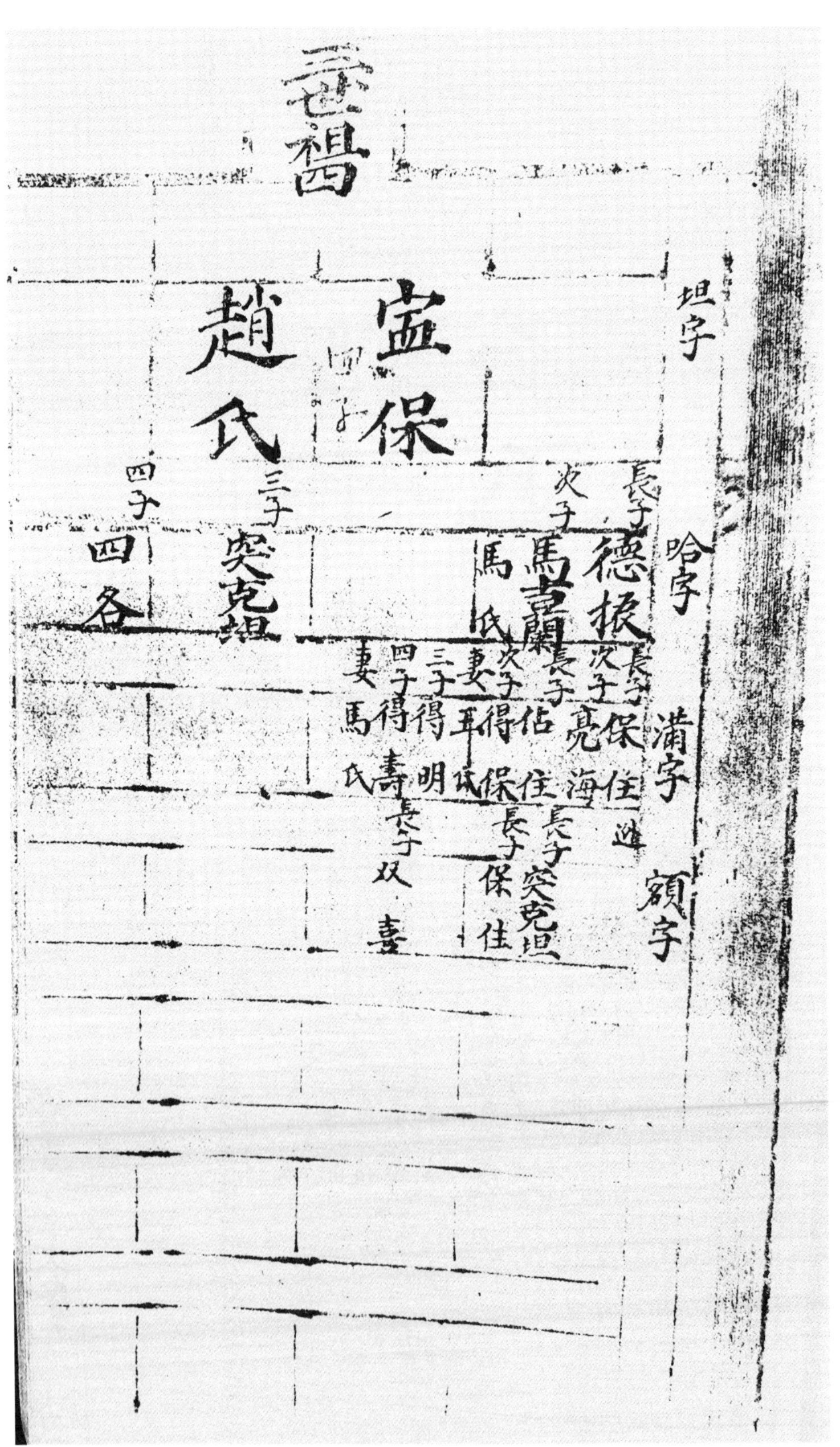
三世祖
坦字
哈字
滿字
額字
盛保
四子
趙氏
三子
突克垣
四子
四各
長子德様
次子馬喜蘭
馬氏
長子保住
次子亮海
長子佑住
次子得保
妻耳氏
三子得明
四子得壽
妻馬氏
長子突克垣
長子保住
長子双喜

坦字 哈字 满字 額字 春字 文字

三世祖五

領催 明保 五子

長子 巴七十一 無子

次子 兵 達存
- 長子 米倫
- 次子 衣陳保
- 三子 必特合 妻傅氏
  - 長子 色克圖
    - 長子 索住
    - 次子 慶住
    - 三子 慶奎
    - 四子 慶生
  - 次子 舒圖阿
    - 長子 付住
    - 次子 立住

三子 旋風
- 長子 富吉奇 妻孫氏
  - 長子 哲青阿
    - 長子 皐有

四子 卓令阿

五子 保令阿

六世祖

坦字 哈字 满字 额字 春字

長子 連得 長子 太安

伸保 長子 扎克丹 次子 夜拉奇 三子 堆音奇 四子 孫扎奇 五子 盆古奇

坦字　哈字　满字　额字　春字　文字

三世祖七　七房

兵　祥保

長子　兵　付不雇　　次子　兵　付貴

長子　付令厄　　次子　付成厄　　長子　什楞厄　　次子　吾當阿　　三子　得布素

長子　尊皮　　次子　音得布　　長子　他奇布　　次子　𣲴得　　三子　花什布

長子　佔住　　長子　双住　　次子　双付　　三子　双慶　　四子　双永

長子　金付　　長子　金成　　次子　金祿

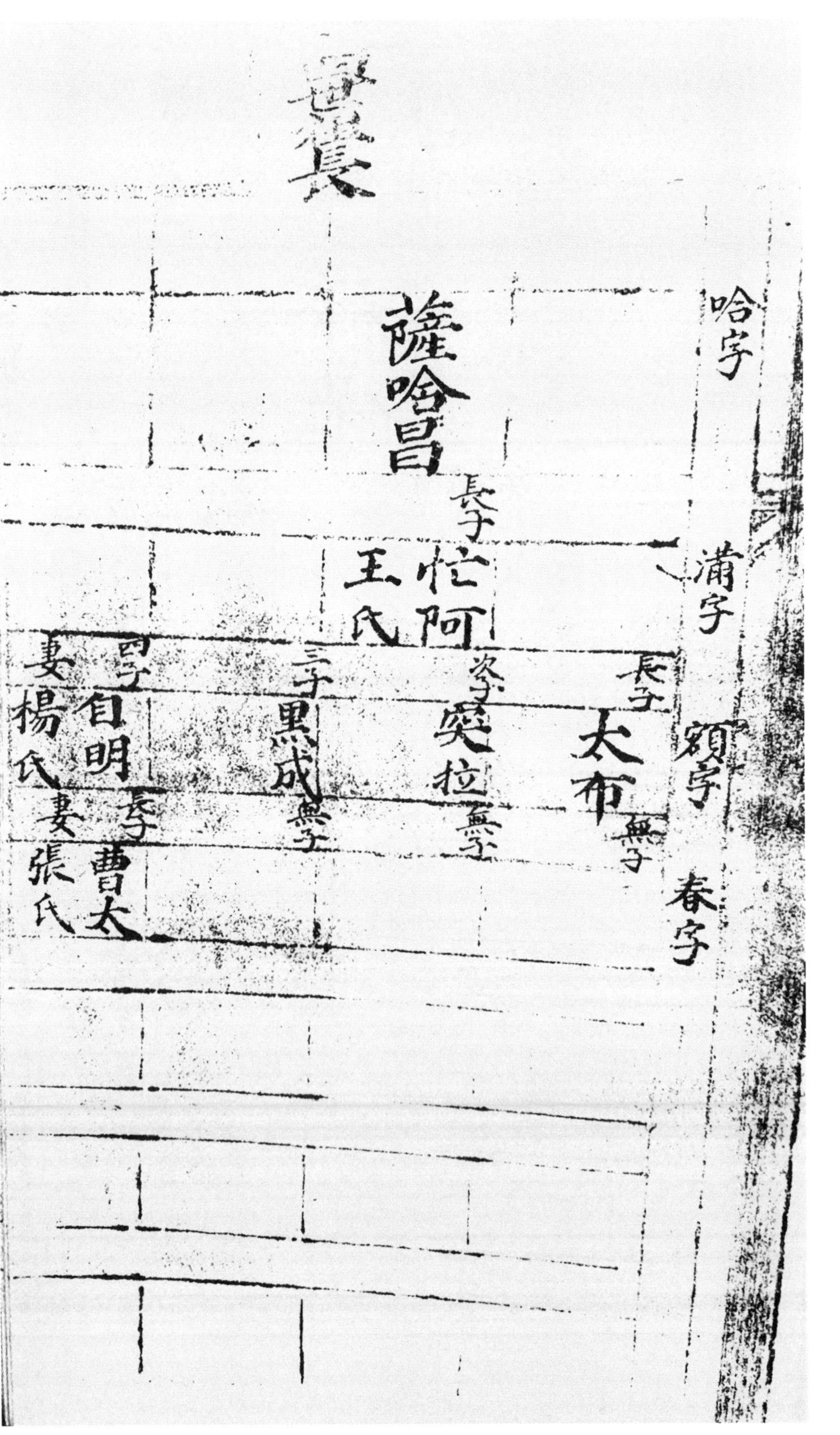

世長

哈字

薩哈昌

長子忙阿 王氏

次子癸拉 無子

三子黑成 無子

四子自明 妻楊氏

長子曹太 妻張氏

湳字

長子太布 無子

碩字

春字

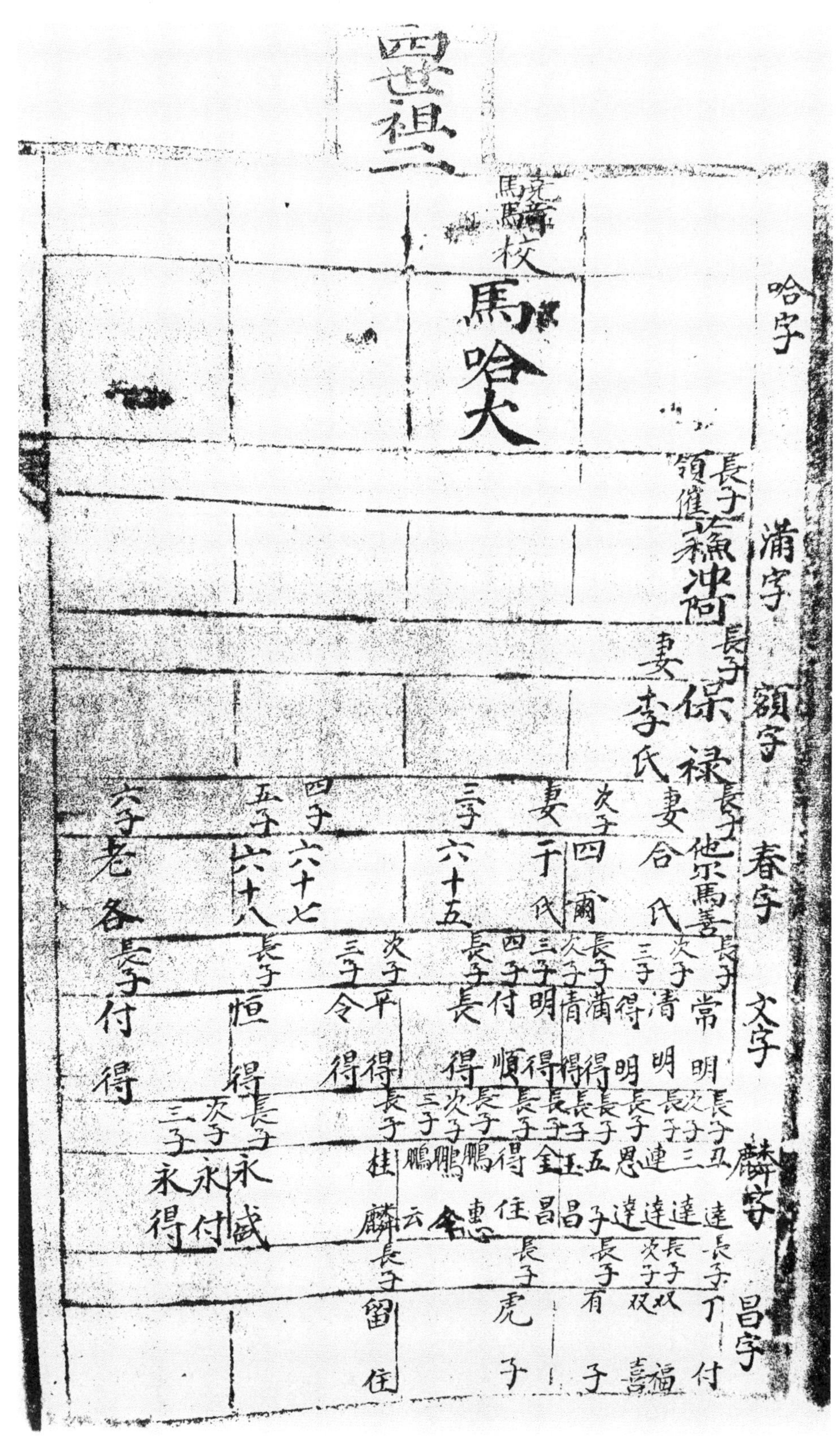

四世祖

哈字　驍騎校 馬哈大

蒲字　長子 領催 蘇冲阿

額字　長子 保禄　妻 李氏

春字　長子 他尔馬善　妻 合氏
次子 四爾　妻 于氏
三子 六十五
四子 六十七
五子 六十八
六子 老各

文字　長子 常明
次子 清明
三子 得明
長子 滿得
次子 青得
三子 明得
四子 付順
長子 長得
次子 平得
三子 令得
長子 恒得
長子 付得

麟字　長子 五達
次子 三達
長子 連達
長子 思達
長子 五子
長子 玉昌
長子 全昌
長子 得住
次子 鵰惠
三子 鵰令
鵰云
長子 桂麟
長子 永武
次子 永付
三子 永得

昌字　長子 丁付
長子 双福
次子 双喜
長子 有子
長子 虎子
長子 留住

𣶒字　額字　春字　文字　麟字　昌字

次子 拉青阿
妻 王氏
- 長子 巴羊阿
  - 長子 付金
    - 長子 索住
      - 長子 万全
      - 次子 万得
      - 三子 万福
      - 四子 万禄
      - 五子 万壽
  - 次子 付銀
  - 三子 付慶
- 次子 突明阿
  - 長子 巴音倉
    - 長子 銀住
      - 長子 丁舉
- 三子 巴明阿
  - 長子 明星
  - 次子 明月
  - 三子 明利
- 四子 海明阿

三子 達青阿
妻 鄭氏
- 長子 他青阿
  妻 鄭氏
  - 長子 卓明
    - 長子 全喜
      - 長子 双吉
  - 次子 卓令
    - 長子 得福
      - 長子 索成
  - 三子 吉星
    - 長子 丁住
- 次子 他令阿
  - 長子 才發
  - 次子 才來

四子 蒼青阿
妻 劉氏
- 長子 悦錦
  - 長子 吾珍
    - 長子 七十五
      - 長子 廣惠
      - 次子 連惠
- 次子 領催 承順
  妻 丁氏
  - 長子 崇吉
    - 長子 景惠

滿字　額字　春字　文字　麟字　昌字

五子兵芡達阿　長子代青阿　長子付俊　長子留住　次子寇住　三子春麟　長子榮保　四子銀住

次子海青阿　長子金太　長子成住　長子小有　次子索住

三子吾令阿　長子兵玉順　長子慶付　次子慶恩　三子慶祥

次子兵衣昌阿　長子明祿　長子阿林　長子買住　長子付麟　長子常住

次子滿成　長子付平　次子付安

次子布占

三子穆倫太

四子爾各　長子鍋青阿　長子保麟

次子鍋隆阿　長子保真

額字 春字 文字 麟字 昌字

次子永禄
長子四爾
長子付明阿
長子元升
長子銀亮
次子慶升
三子寶升
次子扎布勒
三子連林
長子款得
次子莫力根
三子朱林太
四子五爾
五子朱林厄
六子朱林阿
三子富吾太
四子達爾當阿
長子哲青厄
長子兵付隆阿
長子景文
長子柏昌
次子松昌
次子兵付吉
長子連貴
長子拿住
次子双住

蒲字 額字 春字 文字 麟字 昌字

次子 雅住 長子 領催 常順 長子 榮麟 長子 保令

次子 得麟 長子 惠子 次子 全子

三子 祥麟

次子 常付 長子 得海

三子 常慶 長子 得保

五子 色楞厄 長子 蕪力發 長子 卓令阿

次子 卓青阿

三子 卓京阿

次子 淌阿

三子 兵 付章阿 長子 付成阿 長子 兵 太山

次子 青山 長子 保安 長子 有超

次子 明安

三子 福安

四子 慶安

瀟字　額字　春字　文字　麟字　昌字

次子豐産厄

長子全得
- 長子保付
- 次子存付
- 三子慶付
  - 長子大喜
  - 次子吉星
- 四子奎付

次子双得
- 長子保云
- 次子保興
- 三子保太
- 四子保成
- 五子保喜
- 六子保慶

四子領催付盛阿

長子青保
- 長子四十六
- 次子五十七
- 三子五十八
- 四子五十九

哈字 滿字 碩字 春字 文字 麟字

四世祖三

領催 木克登厄
唐氏

長子 兵 胡松厄
　長子 代青
　次子 海青
　　長子 得布征厄
　　　長子 壓山
　　次子 慶成

次子 兵 哈達
　長子 米力崧阿
　　長子 特布征厄
　　　長子 保令
　　　次子 九令

三子 領催 窩佳潢阿
　長子 阿力崧阿
　　長子 色布征厄
　　次子 一馬善
　　　子 十令
　　三子 衣監保
　　四子 犀住

世譜四

佐領 保山

孫氏

哈字　潚字　頒字　春字　文字　麟字　昌字

長子 恩忒合
　長子 銀得
　　長子 各通阿
　　　長子 慶海
　　　　長子 英舉
　　　　次子 英奎
　　　　三子 英祿
　　　　四子 順子
　　　　五子 五得
　　　次子 春子
　　　　長子 四子
　　　　次子 福星
　　　三子 春壽
　　　　長子 成玉
　　　　次子 二小
　次子 令得
　　長子 各突肯
　　次子 付勒渾
　　　長子 福喜
　　　　長子 巴五子
　　　　次子 玉升
　　　次子 慶喜
　　　　長子 常全
　　　三子 石保
　　　　長子 振麟
　　　　兵八
　　　四子 石犀

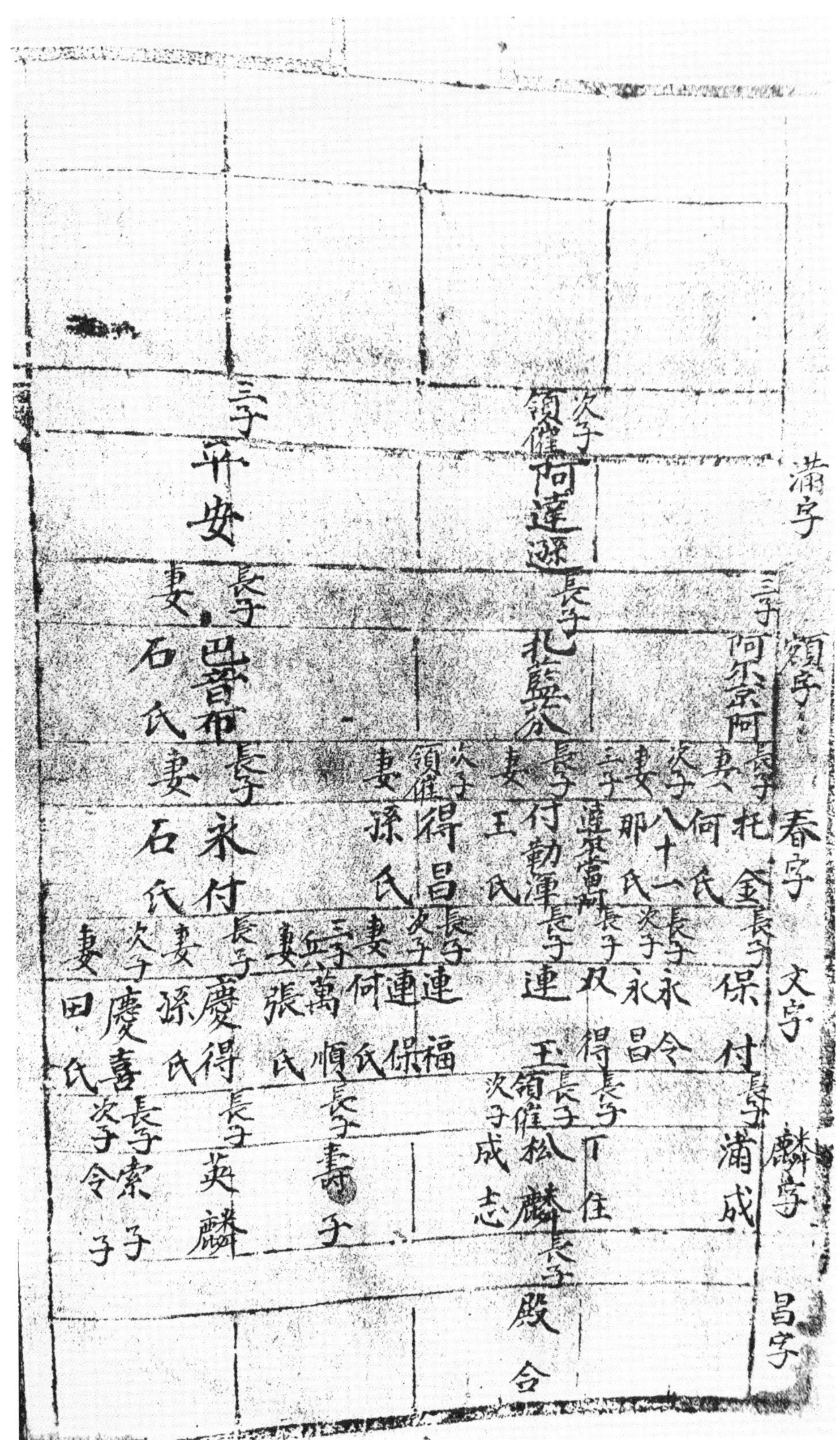

满字 春字 文字 麟字 昌字

三子 領催 阿尔京阿 長子 托金 長子 保付 長子 浦成
妻何氏
次子 八十一 長子 永令
次子 永昌
妻那氏
三子 達克當阿 長子 双得 長子 丁住

次子 領催 阿達逊 長子 扎蘭太 長子 付勒渾 長子 連王 長子 領催 松麟 長子 殿合
次子 成志
妻王氏
次子 領催 得昌 長子 連福
次子 連保
妻逊氏 妻何氏
三子 萬順 長子 壽子
妻張氏

三子 平安 長子 巴普布 長子 永付 長子 慶得 長子 英麟
妻石氏 妻石氏 妻逊氏
次子 慶喜 長子 索子
次子 令子
妻田氏

滿字

額字

春字

文字

麟字

昌字

四子 兵 布英厄

長子 扎藍太

次子 扎藍保

長子 永順

妻唐氏

長子 兵 克興厄

妻劉氏

三子 慶住

妻何氏

長子 黑子

四子 慶吉

妻汪氏

長子 克恭

次子 六子

五子 慶祥

妻汪氏

長子 七子

長子 兵 惠麟

妻趙楊氏

長子 全有

次子 黑子

次子 連生

妻汪趙氏

長子 克復

妻趙氏

三子 連奎

妻唐氏

長子 克馨

妻楊氏

四子 連慶

妻羅氏

長子 克寬

妻唐氏

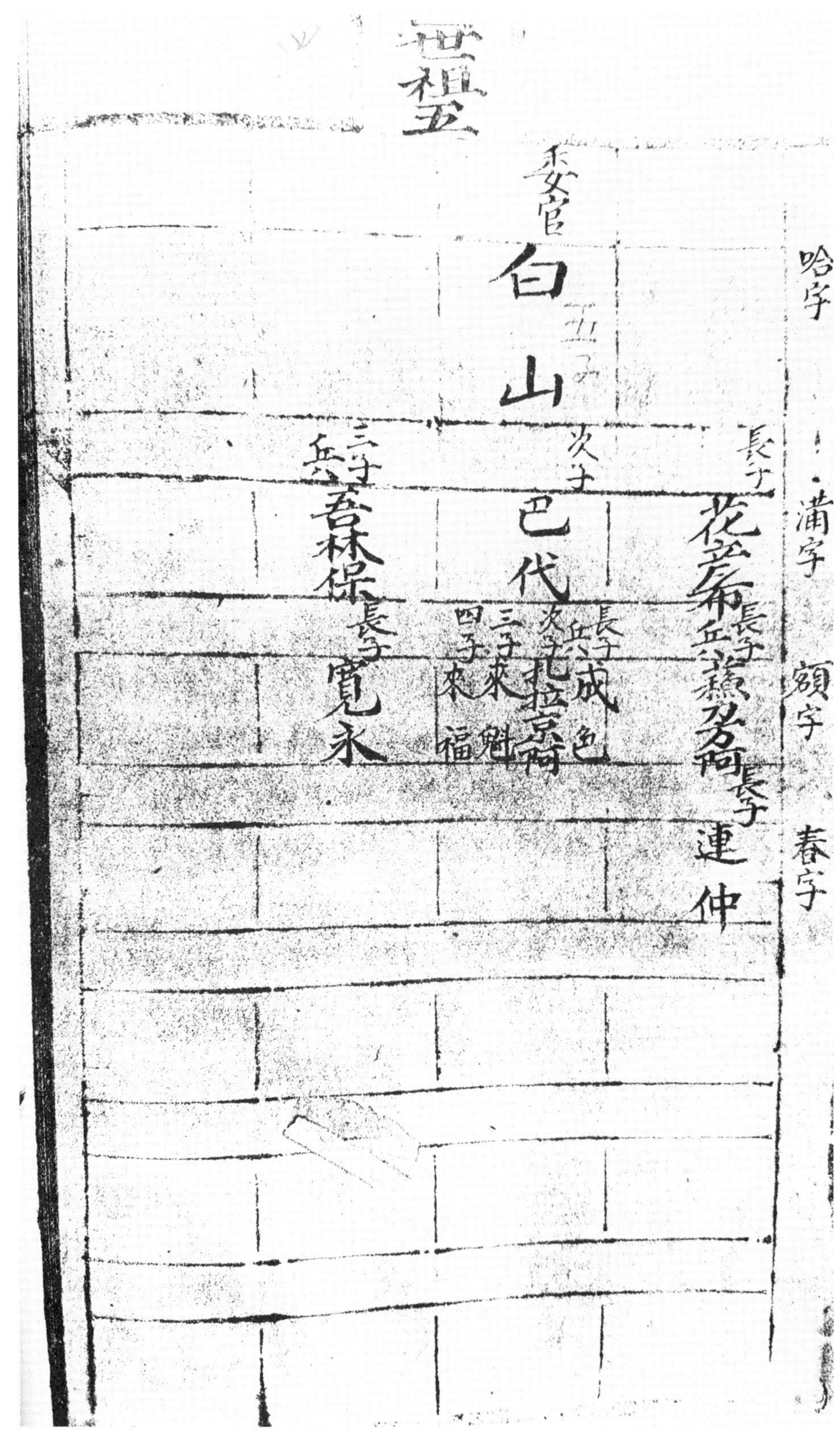

世祖五

委官 白山 五子

哈字 蒲字 頒字 春字

長子 花奔希 長子 兵 燕多阿 長子 連仲

次子 巴代 長子 兵 成色 次子 兵 扎拉京阿 三子 來魁 四子 來福

三子 兵 吞林保 長子 寬永

四頁六

哈字 滿字 額字 春字 文字 麟字 昌字

兵 哈力突 謝氏

長子 領催 滿平 妻 蔡氏 閔氏

長子 衣同阿 妻 張氏

長子 文生 榮春 妻 景氏

長子 文生 文鐸 妻 蔡氏

次子 文奎 妻 劉氏

次子 額林青

長子 常春

長子 保珠

次子 吉春 妻 閔氏

三子 領催 額爾德恩布 妻 孫 祖氏

長子 王春 妻 孫氏

長子 鵬令 妻 趙氏

次子 双令 妻 張氏

次子 州同 慶春 妻 于氏

長子 文山 妻 赫 趙氏

長子 祥麟 妻 白氏

次子 瑞麟

次子 文海 妻 唐氏

長子 瑞麟

四子 額爾錦 長子 兵 富春

長子 連珠

長子 恒麟

满字　次子伏力布　妻閔氏　妻傅氏

額字　長子付青　妻李氏
次子兵衣林太　妻趙氏
三子窑繁布　妻孫氏

春字　長子達洪阿　妻馬氏
長子承慶　妻李氏
次子付云　妻劉氏
三子付喜　妻劉氏
四子付貴　妻楊氏
長子海成　妻白氏
次子海令　妻傅氏
三子兵多令　妻孫氏
四子立春　妻趙氏

文字　長子劉各
長子恒立　妻張氏
次子恒奎　妻李氏
長子劉暈
次子運佳
長子福全　妻張氏
次子得順
長子慶生
長子兵景順　妻閔氏
長子成珠　妻張氏
長子玉珠
次子廣珠

麟字　長子當生
次子奎生
三子三子
長子七十子
長子奎麟
次子成麟

昌字

滿字　長子　額字　春字　文字　麟字　昌字

妻李氏

三子太陽保領催德貴太興恩　令兵

妻謝氏　妻謝氏　妻何氏

妻何氏　妻劉氏

次子西力敦
妻道八妻則八

長子恩
妻劉氏

次子恩
妻洪氏

長子明
妻趙氏

長子祥
妻趙氏

妻石氏　妻劉氏

次子永慶
妻傅氏

長子十
子

長子祥順
三子克禄

次子二成住

四子冦子

錫長子國慶長子年子

妻趙氏
次子二小子

慶順長子悖子

三子沈氏子

次子職關氏

長子榮氏子

妻劉氏

長子慶麟

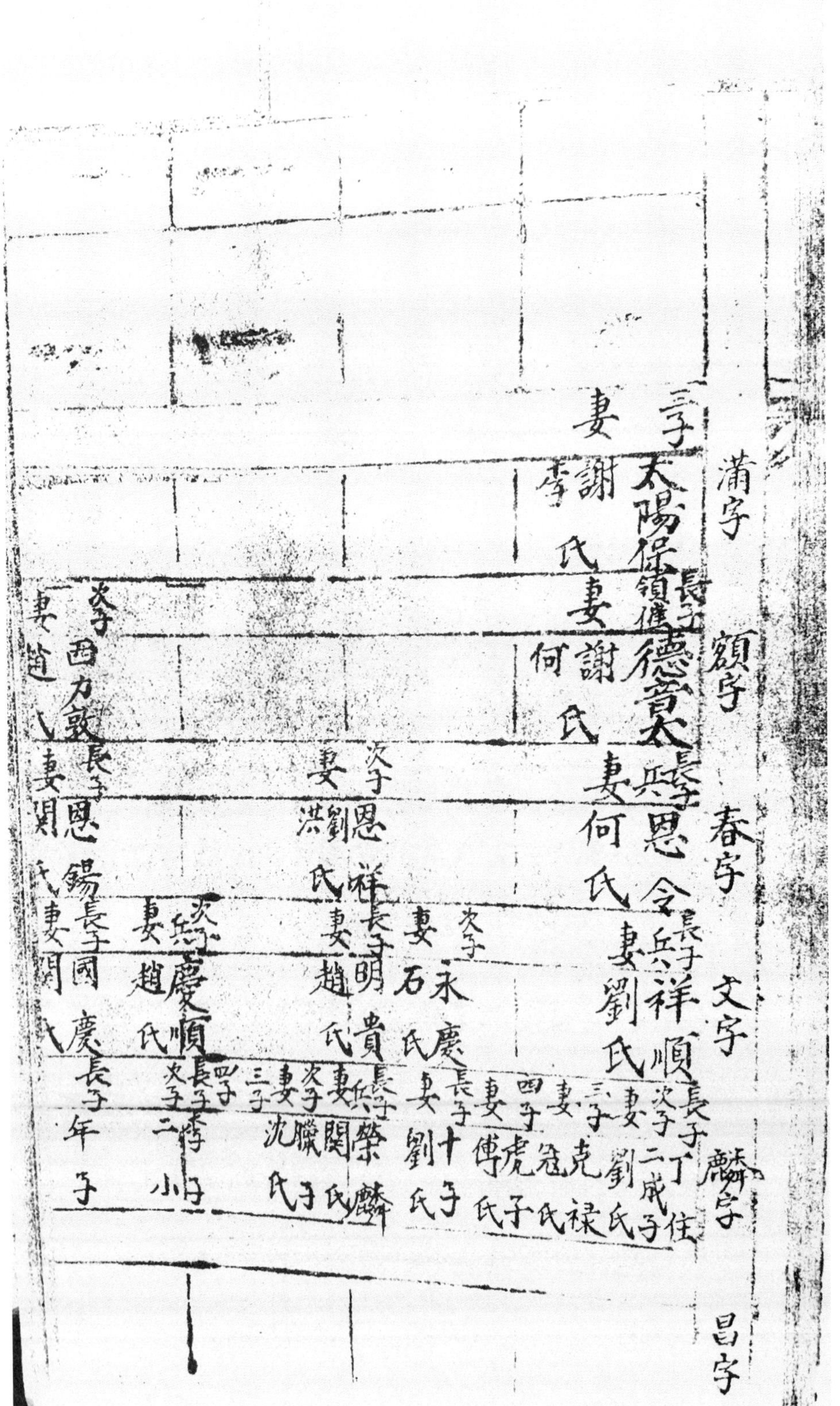

滿字　額字　春字　文字　麟字　昌字

四子兵何青阿　妻孟氏

長子巴克欽布　妻何氏

長子常安　妻董氏

次子德安　妻羅氏

三子福安　妻滿氏

四子兵恒令

長子保玉　妻張氏

長子兵德謙　妻趙氏

次子連奎　妻田馬氏

三子連春　妻閆楊氏

四子連元　妻刘汗氏

長子德全　妻沈氏

長子保立　妻寇氏

長子俊成子

次子冬令子

三子得麟

長子留住子　妻張氏

次子羣住　妻閆氏

四世祖七
哈字
德克振
長子
危忍
滿字
次子
白壽
妻劉氏
長子
吾奔太
頑字

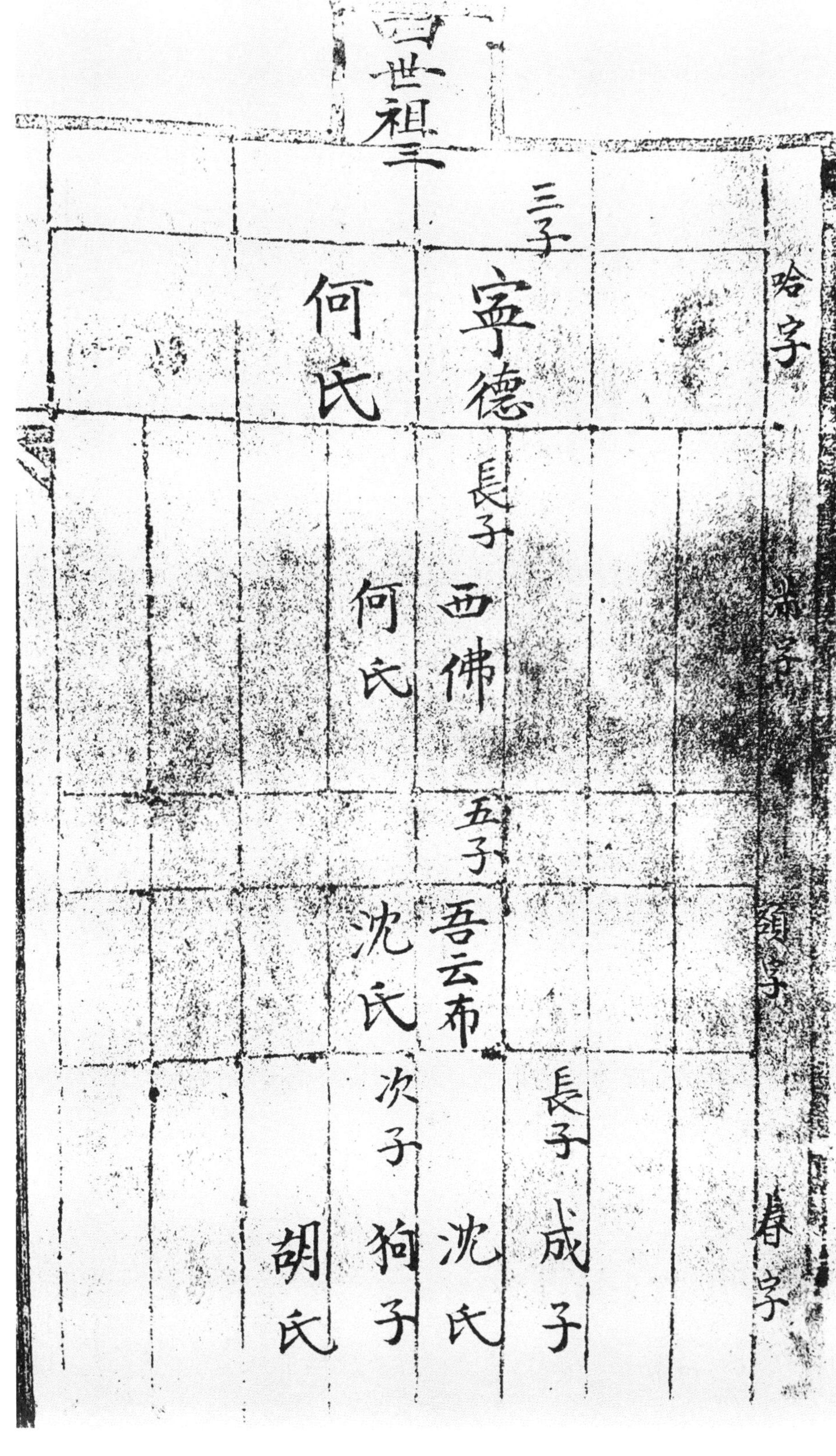
四世祖三
三子
寧德
何氏
長子
西佛
何氏
五子
吾云布
沈氏
長子
成子
沈氏
次子
狗子
胡氏
哈字
字
頌字
春字

五世祖
長子
西佛
何氏
五子
吾云布
尤氏
崇字
額字

六世祖

五子
吾云布
沈氏

長子
成子
沈氏

次子
狗子
胡氏

頟字

春字

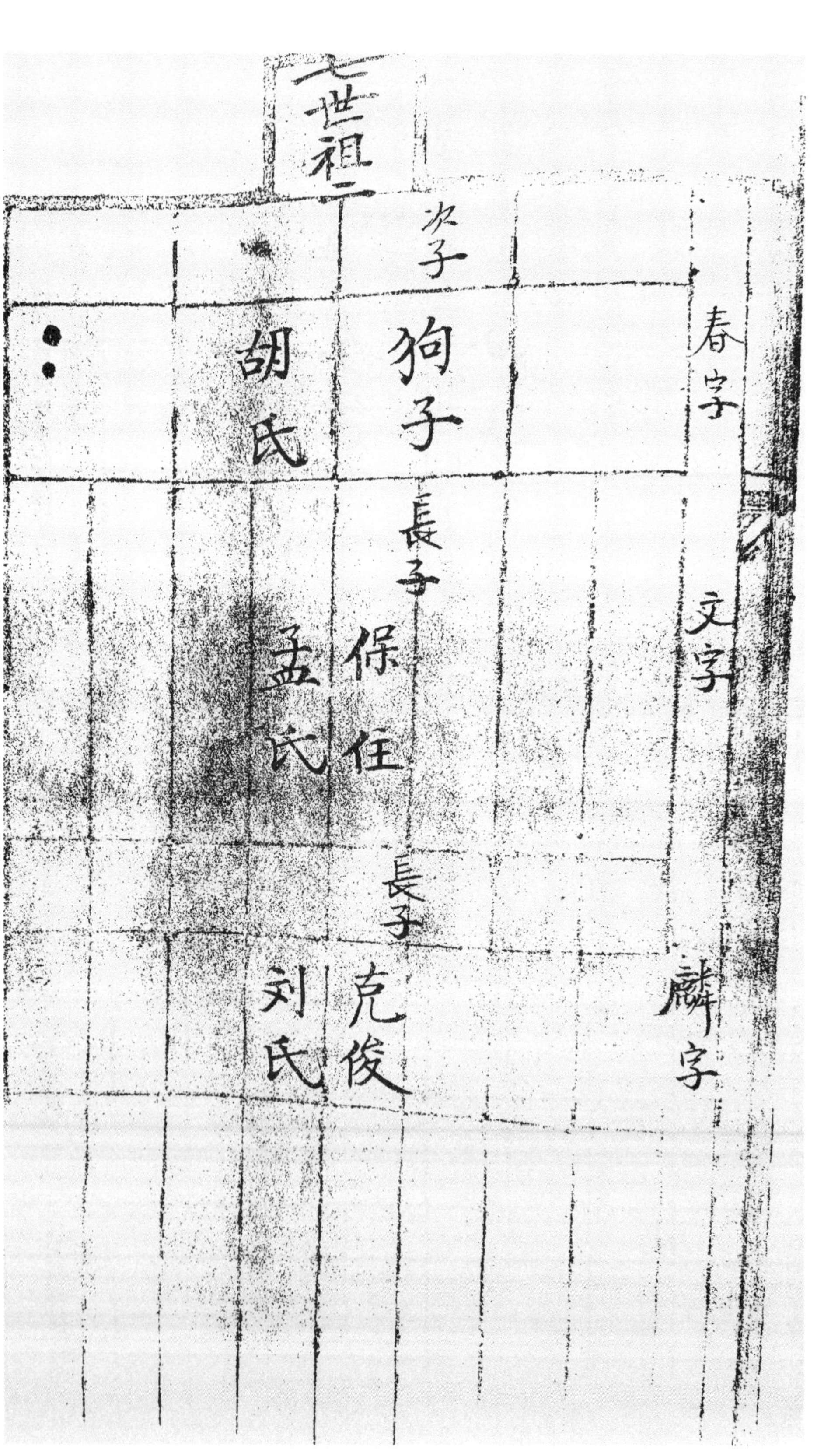
七世祖
次子
狗子
胡氏
春字
長子
保任
孟氏
文字
長子
克俊
刘氏
麟字

世祖一
文字
麟字
昌字
長子
保住
孟氏
長子
克俊
刘氏
長子
殿玉
馬氏
次子
殿璽
孫氏

九世祖

麟字

昌字

端字

長子 克俊 劉氏

長子 殿玉 馬氏

次子 殿璽 孫氏

長子 亚山

次子 亚川

三子 亚三

四子 亚津

十世祖

長子 殿玉 馬氏

次子 殿璽 孫氏

長子 丕山

次子 丕川

長子
曹殿裕
馬氏
妻馬氏

長子 曹丕裕
次子 曹丕川
三子 曹丕三

《永陵喜塔腊氏谱书》内容简介

《永陵喜塔腊氏谱书》现收藏在辽宁省新宾满族自治县图氏族人家中。

该谱书是喜塔腊氏十七世孙、清光绪十五年（1889）举人恒孚与十八世孙举人宝春于光绪二十三年（1897）共同纂修。

谱书为毛笔楷书，稿本。

谱书保存十分完好，无任何破损，字迹十分清晰。

喜塔腊氏，八旗满洲正白旗人，冠汉字『图』字为姓。谱书记载说，喜塔腊氏始祖昂武都理巴彦德，『于明世中叶，迁于长白山喜塔腊地方，践土而居，因以为氏。』喜塔腊地方，即今新宾满族自治县永陵镇西苏子河南岸之地。

谱书记载，其三世『都力绩都督，兴祖直皇后之父』，五世『阿古都督图合卓太妈法，显祖宣皇后之父』，阿古『生三子，长大舅达格都督，次二舅多甘扎钦都督，三三舅抓古都督』。兴祖直皇帝，即清太祖努尔哈赤的曾祖福满，显祖宣皇帝即太祖的父亲塔克世。《星源集庆》及《武皇帝实录》、《太祖高皇帝实录》《清实录》等记太祖生母即喜塔腊氏。另据《洼胡木伊尔根觉罗氏宗谱》与《萨克达氏谱书》记载，此二氏皆娶喜塔腊氏阿古都督图合卓太之女，与显祖塔克世为『连襟』，皆于苏子河流域『相邻而居』，结为血亲集团。阿古都督图合卓太，就是明实录中称呼的建州女真枭雄王杲，其三子王太、阿海、阿台，即清太祖努尔哈赤的三个舅舅。

谱书记载的主要内容有依惠撰写的《序》、《泰平沟老坟说》、《大东沟老坟说》，恒孚编定之五言二十字辈次（范字）、喜塔腊氏世系。

伏以人本乎祖慶自先貽如源遠而流長根深而枝茂誠古今不易之理亦人世不磨之論也如我喜他拉氏有可述焉溯自達祖昂武都理巴彥德于明世中葉遷于長白山喜他拉地方踐土而居因以為氏生子七人長都理金次那奇布次武特嘉次喜特庫次薩壁嵒次恩都理次業成額稱為七大支均奉祀于聖水泉之宗祠迨順治元年除二世祖都理金子孫仍命護守 福陵外其餘從龍

③入關因差而分駐防馬祇以族繁支茂旗官世職難以枚
舉第十輩來保武英殿大學士晉太保謚文端入祀賢良
祠善相馬純皇帝賜詩有伯樂之稱詩曰伯樂善相馬車下老驥出今豈無其人來保稱第一曩時有黃海親受相馬術謂不相其皮亦莫稱其力心端德自優萬中無一失天閑雲錦章一顧靡不悉為余辨驪黃六飛協安吉此術固云美相人亦可則況茲居八柱亮采汝所職勉此空驥心佐予敷九德
事載滿名臣傳道光初年十三輩慶林卅授奉天府府
尹修宗祠置祭田族中力學者多方引進厚其栽培親睦宗族洵稱第一光緒十年十四輩

慶裕連任盛京將軍厚待宗族地方亦多善政升任時族人建去思碑與奉天府府尹裕長同誌其盛焉現在第十五輩之甘肅布政使曾錄河南巡撫裕寬天津鹽法道恒慶都察院左都御史裕德禮部左侍郎竑岫四川布政使裕長前任奉天府府尹時與盛京將軍慶裕屢出廉俸修祠祭掃文武大吏一時同族亦千秋之佳話也禮部員外郎曾銜直隸總督裕祿前任盛京將軍時提拔族中多人厚出廉俸修祠立碑猶望後起克紹前賢均係二世祖薩璧圖之後裔焉竊考二世祖都理金之子都理吉四世祖參察督

督兄弟二人次阿爾哥五世祖阿古督督顯祖宣皇后之父兄弟二人次費揚武督督六世祖達格兄弟三人次多甘次怕古七世祖富翰兄弟三人次達爾翰次音達渾八世祖芬太九世祖倭合兄弟五人長哈達次穆成額次華山次瑪拉倭合有子七人長蘇黑次哥黑次阿爾滿次碩色次訥勒次那拉次岳色現任鑲紅旗協領二品頂戴常慶即瑪拉之後第十五輩者也粤稽康熙二十六年倭合之次

子啚黑廾授　永陵防禦四子一姪隨任住防此
永陵有一穆昆所由來也猗歟盛哉迄于今日二百餘年
世官世祿永受　皇恩一飲一酌咸仰家慶　祖宗
之功德完在子孫之報荅何憑顯揚宜講蒸嘗宜誠各早
篤其追遠之孝思用丕振喜他拉氏之家聲
大清光緒歲次丁酉暮春之初第十六輩孫熊岳藍翎防
守尉依惠謹序于永慕堂之南軒

泰平溝老墳説

泰平溝在家南三里許卯山來龍中抽小崗落脈結穴台上墳五座中座啚祖左昭一麻色左昭二五格左昭南邉沙哈之墳右穆一啚力根右穆北邉巴哈之墳台下則族中之墓也護山環抱內堂左水到右山深林茂一望蔚然公中僱人看守樹株立向酉字案山石峯雙起高大圓滿除各小支四時分祭外每年七月二十二日族中公祭一

次以昭追遠之遺意焉耳

大東溝老墳說

大東溝在家東二里許午山來龍分崗橫結如左單提形

台上墳三座戌山辰向中座祖常山左昭查朗阿右穆祖

塔清阿之墳也台下各墳辛山乙向靠崗平列三座中座

瑪保前稍左穆吉倫之墳也餘係族墓前崗上二座亦族

墓也案外迎面高山作紗帽形本支僱人看守樹株秋明

雖草冬季掃雪以繩祖武之舊章焉耳

粤稽往古列甲乙以编年降及人世立行字以知序法至良也意亦深矣今我子姓族繁支茂散處两京不有成規輩次宜淆擬由寶春之輩起排定五言二十字後世之人永遠遵守不愆不忘庶幾于骨肉行輩之間不無小補云爾時在

大清光緒二十三年桂月初吉第十七輩孫已丑　恩科舉人恒孚暨十八輩孫壬戌　恩科舉人花翎候選知府

8

⑧

寶春同拜撰

五言二十字輩次

寶德毓英魁永成盛世書隆文多富貴福壽慶雙餘

德伯訥 福陵駐防

官保 福陵駐防

扬尚 福陵駐防

誥授武德騎尉 尚黑 王李太宜人

由昂祖至尚祖十輩

誥授武信騎尉 麻色 王太孺人

武信騎尉 瑪保 郭太孺人

穆吉倫 氏

雷

常

住

查隆阿

章京 付森布

敦音布

景

昌

吉興阿

吉順阿

吉生阿

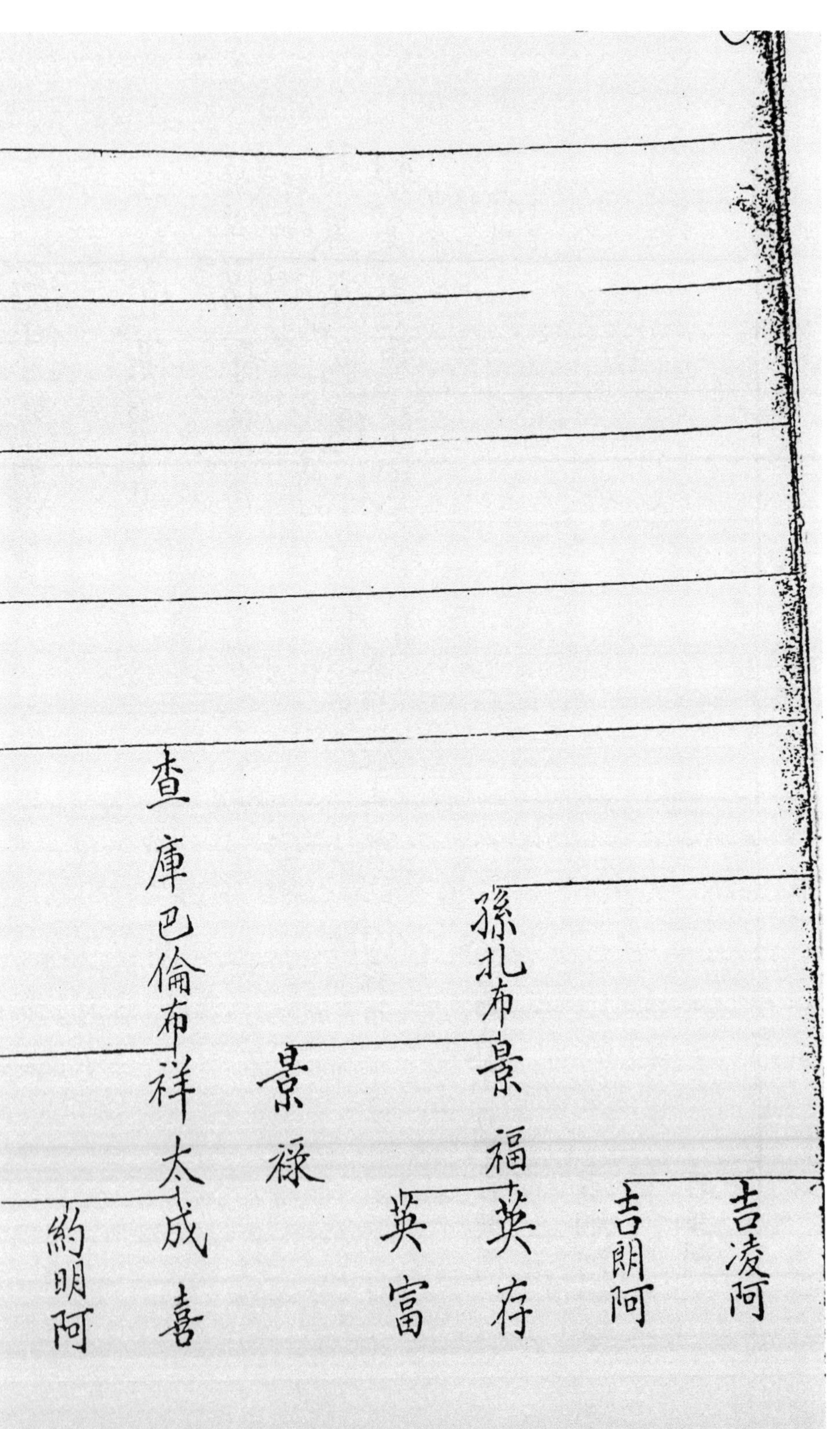
吉凌阿
吉朗阿
孫扎布
景福
英存
英富
景祿
查庫巴倫布
祥太
成喜
約明阿

德明阿

祥德成吉

章京
依隆阿

扎倫布

章京
景祥成恩

玉恩

阿克敦希海

祥貴恩

阿順布保

祥常恩

德恩

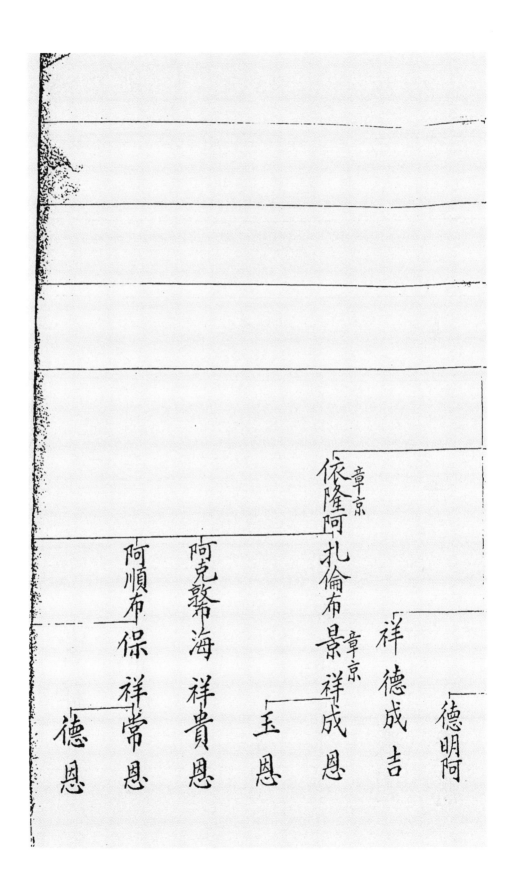

富祥奎恩
景和喜恩
吉恩
富恩
阿三布景春荣恩
双恩
庆恩

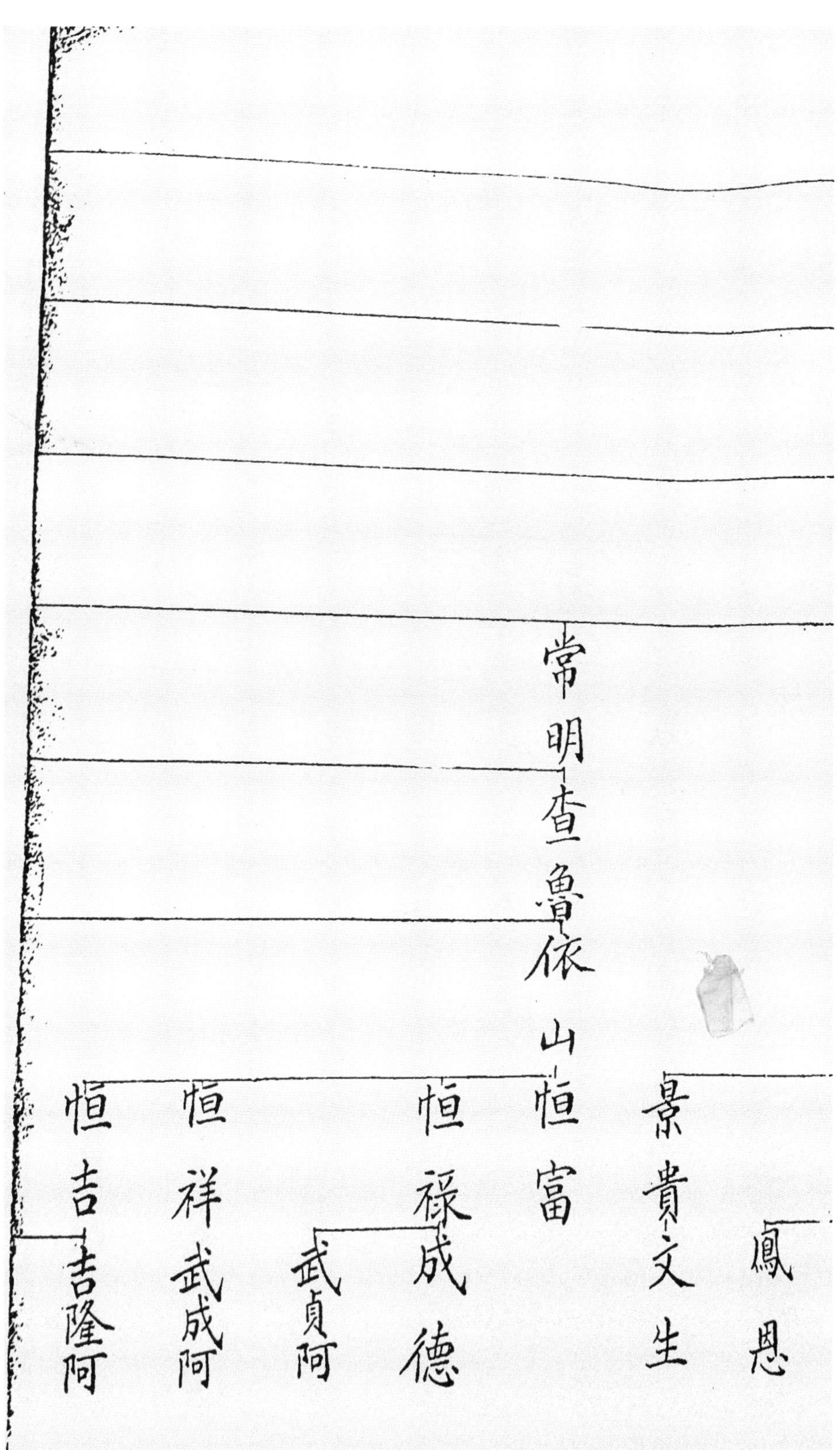
常明
查鲁
依山
恒富
景貴
文生
鳳恩
恒祿
成德
武貞阿
恒祥
武成阿
恒吉
吉隆阿

吉德阿
吉崇阿
吉庆阿
依伦布
阿力布
查穆布
哥克垣布
恒
奎
喜亮
喜明

喜順

喜成

廣興

恒山

喜榮

喜陞

廣順

德春

依杭阿

恒俊

烏成德

恒林

成貴

托克托布　恒全　成富
成順
成凱
成祿
成連
成珍

誥授武信騎尉　常山
白太孺人

誥封資政大夫　查朗阿
關太夫人

誥封資政大夫　依合
吳太夫人

恒慶　喜寬

寶賢

恒凌（章京）—寶仁（[illegible]）

恒光（副將戶部六品官）—寶善（兵部筆政）

恒泰（捐貢鹽運使銜四川候補道）—寶春（工部屯田司郎中）

寶崑（防禦）

巴彥布那氏 恒榮—寶存

恒貴—寶昌

寶恩

寶義

恒德 章京

寶安

寶奎

塔清阿 誥封資政大夫設立義渡至今未替 闞太夫人 張

依惠 附生刑部筆政候補員外郎 劉太恭人

恒孚 己丑科舉人

穆力泰

常 章京

官查

汗呼凌阿

恒玉

順玉

呼林德

查力布（章京）
呼力納
成
玉恩（章京）
凱

呼力善
福興（章京）

查力訥

穆欽

穆爾特
乾保
山青阿
福保

福海　奎　榮成　連
奎林
富雲　奎　升
富喜
章京 穆屯　常富他
納來倫布　亮玉　烏德阿
章京 科興額
倭興額

他法科什布恒 喜兴 奎

哲库讷占 伯

占 柱德成额他思哈

吉力哈

牙力哈

湯武哈

占 禄德清額東克丹德 興景生

景榮
景安

訥力錦
碩洛

德音額
德生額 額爾錦
倭力錦 春德

倭力訥春富景德

景恩

德隆額

占德艾仲六十二

艾清阿

艾隆阿阿力錦

艾清額雙凌

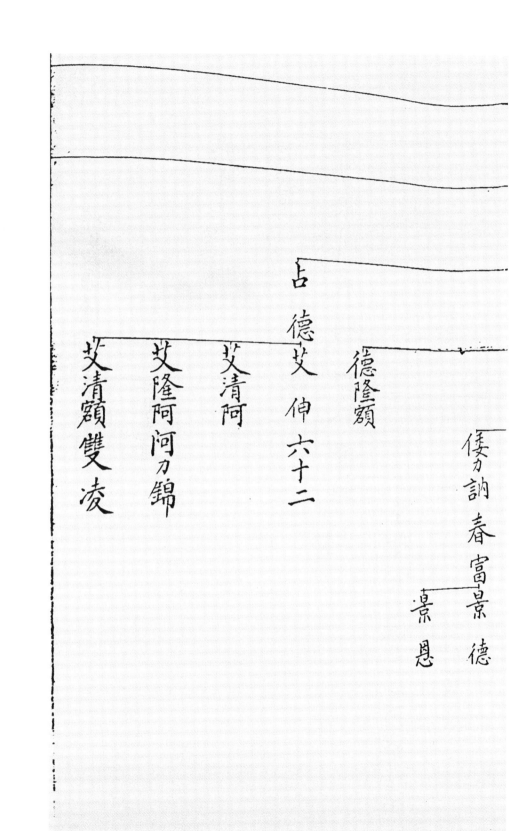

章京
哲英額

德特合

布明阿

布亮阿

歸古里 福陵駐防

富武里 福陵駐防

章京
富力根

同成

明

山太

平雅

德

吉力丹

富

俊巴洋阿

成

喜

巴洋保

富泰

雅力呼富青

泰祿海洪阿

泰祥

德柱

希昌阿德雲

同章京柱

希成額音德布

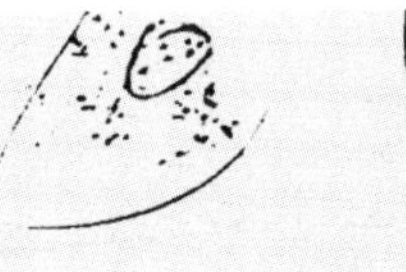

希發訥

巴哈 章京

永常 章京

佛寗阿 章京

伯書

那什泰

阿唐阿 章京

廣禄 章京

廣祥 防禦

廣喜

寶元

慶德

慶餘

慶林

慶貴

慶琛

那富海保
那章京保海凌光珍慶有
海泉
奎珍
慶珍
伯清阿特呆布
伯吉善那丹珠德保桂連慶

富隆阿

依倫保

恩喜

富隆布

連喜

恒順

恒齡

恒慶

連德

依力保

富明

恒通

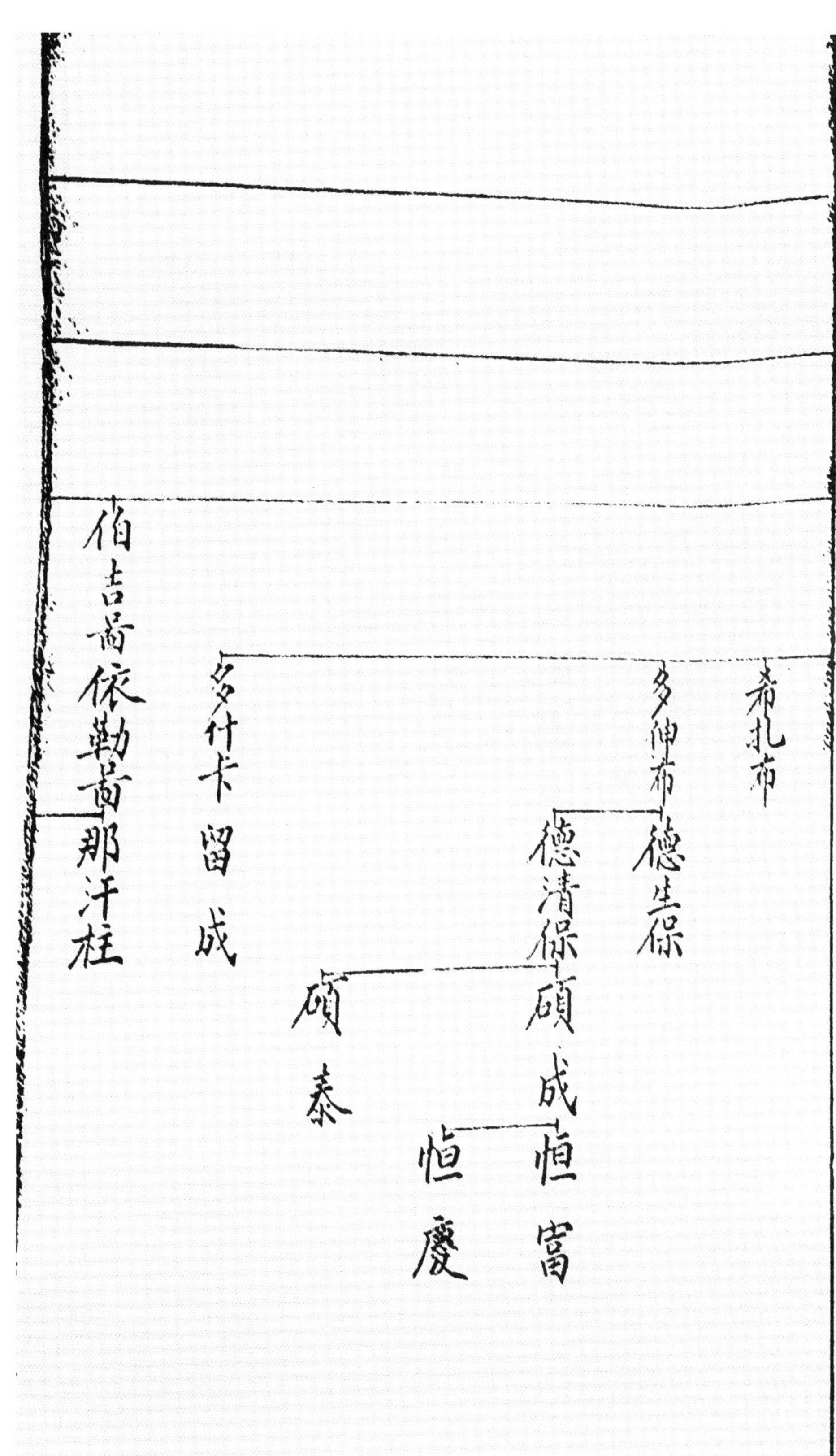
希扎布
多伸布
德生保
德清保
碩成
恒富
恒慶
多什卡
留成
碩泰
伯吉番
依勒番
那汗柱

沙哈

木特布

永平

伯吉德

伯啟祿

夏翰

莽吉布

額出合

常保

啟努琿

常在

純慶

訥力保

章京
五格 曾祖猶子額爾滿第四子也
旺碩柱 六十一 法都善
法爾沙 那力布
法爾那 拜杭阿 永當 光生
法庫
六十五 法善
江 啟 啟明 奇隆阿 達勒党阿 章京 六十七 慶凱 德生阿
慶喜 德成阿

德興阿

達杭阿 六十八

慶法
慶明
慶春
慶德
慶有

六十九

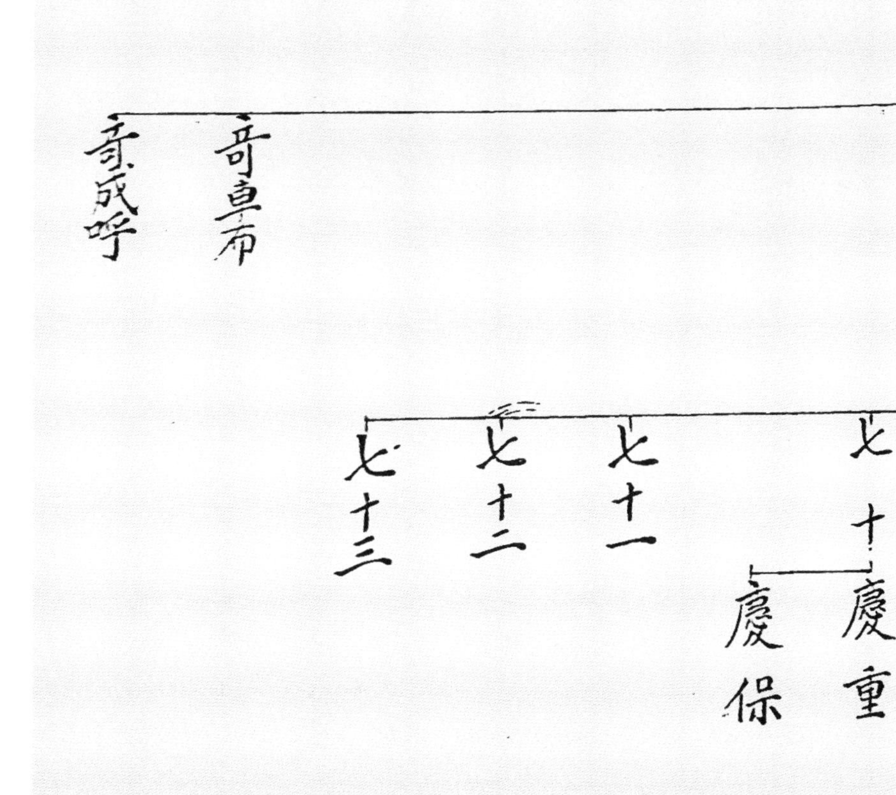
奇成呼
奇阜布
七十三
七十二
七十一
七十
慶保
慶重

《洪氏谱书》内容简介

《洪氏谱书》现收藏在辽宁省岫岩县洪氏族人家中。

该谱书由九世洪文绍初修于民国二年(1913),舒通阿等次修于民国二十五年(1936)。

洪氏,正蓝旗满洲人,据撰《谱序》人洪氏表弟记载:『原姓氏不传,因外高祖名洪雅,乃姓洪氏』。洪氏始祖原居北京顺天府,隶满洲正蓝旗吉昌佐领下。康熙二十六年(1687),洪雅与夫人包氏同二子『拨于关左,驻防岫岩,卜居岔沟』。雍正四年(1726)报地开垦,至三世山林保随军征剿川黔十二年,因『剿匪有功,官至五品』,回籍后『灰于仕进』,乃于乾隆二十一年(1756)投入民籍,垦荒殖田,『洪氏之堡因以成立矣』。

谱书保存十分完好,无破残,无缺漏,字迹清晰,排印本。

主要内容有岫岩县县长题词、济昌附识、县总务科长题词、县警务局长题词、县教育局长题词、县视学题词、祝词、席福星撰《序》、洪氏先人像八幅,舒通安、洪汝濬、汝为、汝琏、文静、文翰、洪文绍、庆阳、庆毓撰《洪氏谱书序》,先人典型、范字、注意事项、洪氏谱书目录、洪氏世系册、洪氏宗和堂坟山祭田规条、规则十一条、祭文底稿。

洪氏谱书
丙子季
敬题

孝友家風清白门

弟子繼孫承萬世

弗替

岫巖為長子繼昌題

乙亥孟夏余撰家乘越明年地方安靖百廢俱興因念為政之道先因時因地制宜雖期治臻上理而平素材作斯邑事物人情習俗網羅博訪間啓期收集思廣益之效適僚屬洪君以其族中譜書見示並請題詞以實篇幅余讀其洪氏一族門第清白世代誠厚爰題以上數語俾開嘉洪門之懿行藉風悅世之澆俗豈敢以個人之私誼妄為褒揚也哉

丙子孟冬前一日濟蒼附識

濟蒼

題謨承烈
爲宗旗光

岫巖縣總務科長
丁靖濤敬題

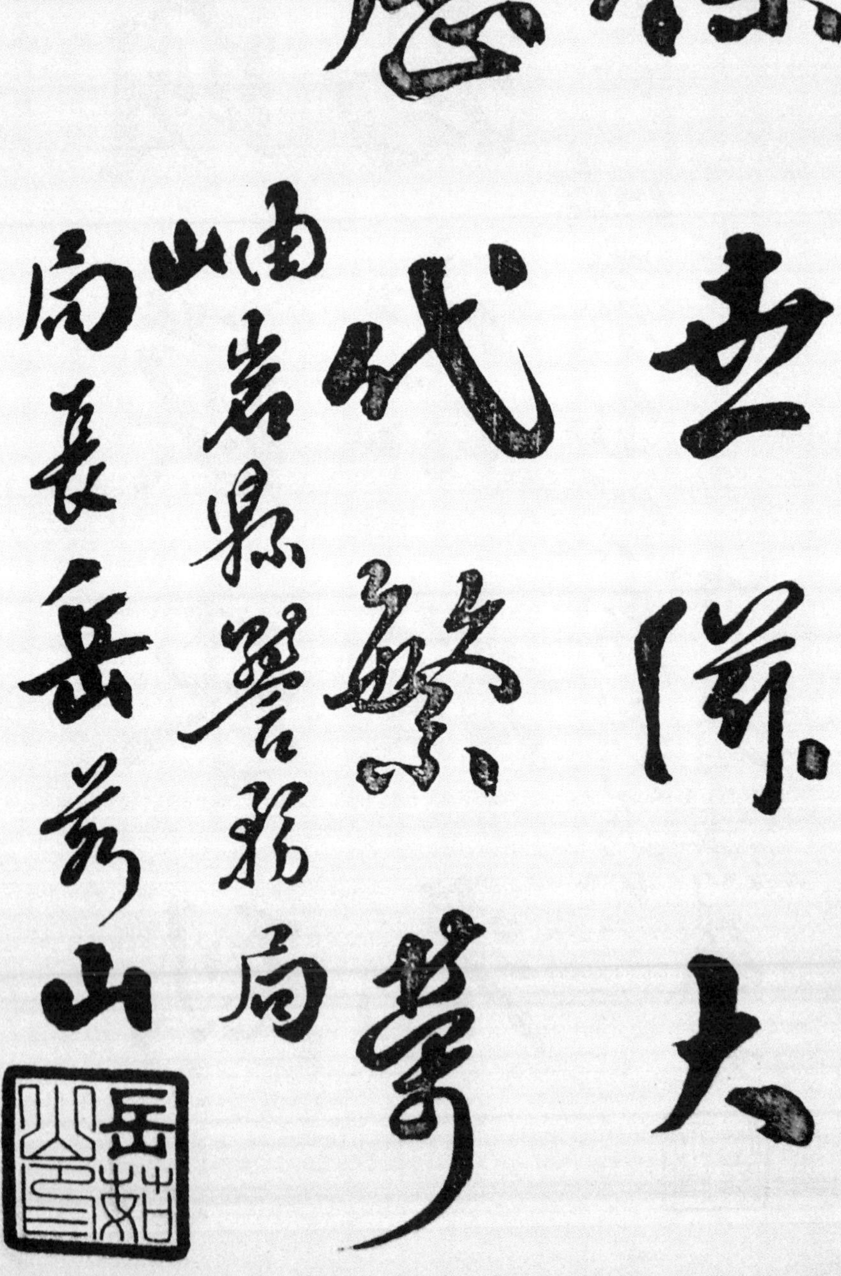
歷代繁榮
岫岩縣警務局
局長岳蔭山

岫巖縣公署內務局長夏祥淇敬書

夏祥淇印

先王闡化繫民以宗譜牒修纂古誼是崇
繄維洪氏務本明農岫邑望族里有仁風
稼穡為寶歷代豐隆食德飲和教孝教忠
繩其祖武勿忝所生麻綿瓜瓞慶衍華封

岫巖縣教育局長江敦友

洪氏重修譜書紀念

光前裕後

源遠流長

岫巖縣視學薛兆賓

薛兆賓印

饒、譜牒　創制頭肩　詩書門第　孝友家風

子承孫繼　傳世遼東　惟予小子　戚屬外家

少荷培植　恩誼有加　思源飲水　銜感靡涯

茲際其盛　與有榮施　相觀而善　莫贊一辭

保世滋大　敬祝來時

姻晚

席福星頓首拜祝

席現堂印

洪氏譜書

序

余

母洪氏

天相公之女也生成賢德秉性温良當于歸時洪家富厚而余家式微入門即屏豔

妝操井臼孝事翁姑善待子姪典賣奩妝以活全家佐余父治家井井有條每當歸

寧不言家中苦況恐貽

外祖母憂茹苦含辛四十餘載生余等子女三人每歸寧必攜之時表兄汝恒居家

講學余從讀二載賴　母蔭未索一值復以義方教子閫範訓女皆稍有成就

晚年家境小康孫曾繞膝皆喜讀書知勤儉尚忠實大有余　母之遺風正在

感佩之際適值表姪文翰等重修譜書余敬題數言以表　母氏之賢而彰

洪府之德願洪氏闔族書香弗替德業縣長俾余忻懞永荷休戚與共是洪氏之幸福

即余家之幸福也

丙子立冬日　姻晚　席福星　序於岫巖縣教育局

七世洪公慎餘諱錫英遺像

八世洪公峻山諱汝鈞遺像

八世洪公雨亭諱汝漢遺像

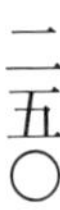

八世洪汝靄字子宜像

八世洪汝璉字鐵民像

九世洪文錚字咸章像

九世洪文翰字墨林像

△投入民籍

洪氏譜書

序

余

母洪氏係　繼富公之次女其先世居燕京隸滿洲正藍旗人原姓氏不傳因外

高祖名洪雅乃姓洪氏外

高祖母包氏生子二長名偏思哈次名歪思哈於康熙二十六年撥關左岫巖駐防居城

南十里岔溝外

伯祖山林保曾爲佐領南方不靖隨天兵征勦十有餘年彼時田尚未闢山林翁翳禽獸

猶繁肄武之暇多事射獵後於乾隆二十一年投入民籍田亦漸次開墾乃講農功雖

子孫繁衍而性俱樸實讀書者頗少先人名諱僅能記憶表兄等恐日遠年湮無可考

核詳細縷述錄之於楮庶可以垂久遠也余不敢以不文辭謹爲記其顚末如此云

道光十七年春王正月望日　　表弟正白旗保福佐領下舒通安敬叙

洪氏譜書

序

譜也者乃明宗辨支敦倫睦族之最要者也宗支蔓衍生齒日繁不有譜以載之則世系無所辨支派無分待至年深日遠將有覿面而不識矣遂致卑忤尊少凌長傷敗倫理觸犯名諱以同姓之親視若路人貽譏鄉黨致辱族宗況他人問之究其原委而不知推其本根而無由然則譜之宜修也豈可緩哉夫木之有枝發於本水之有流出於源是以本固而枝榮源遠而流長者此千古不易之定理也而洪氏之始祖原居燕京順天府隸滿洲正藍旗吉昌佐領下自

洪雅公與　夫人包氏同子偏思哈歪思哈於康熙二十六年撥於關左駐防岫巖卜居岔溝雍正四年報地開墾至三世祖山林保以佐領職隨軍征勦川黔十二年間剿匪有功官至五品回籍後灰於仕進乃於乾隆二十一年投入民籍墾荒殖田洪氏之發因以成立矣吾洪氏自昔迄今二百餘年曆經十餘世徙居塞外者不少繁衍於隣縣者亦多

使不究其本源，分其支派，恐尊卑莫辨，長幼無分，其不致視於路人者幾希。此族譜之不可無也。蓋譜之修也，先世之宗支既已明辨，而後嗣之奕裔亦宜謹續。余雖不能周知詳細，亦可與弟侄等繼之，而序其大略焉。庶乎披覽之餘，皆曉然於敬宗睦族，繼往開來之云爾。後世子孫若有能再續編者，不但克昭先人之令德，而亦足慰吾之厚望也。夫是以為序。

康德二年歲次乙亥秋八月　日

八世　洪汝濬謹序

洪氏譜書

序

予本不能文且亦不暇弄文羈身公務案牘勞形數年不回梓里忽接故鄉來函展讀之下始知爲族姪文錚文翰等續修洪氏譜書請予作序以爲記念云夫天地之大品類之盛雖各不同而要之各有本源能溯本追源繼長增高本支百世而不替者其惟人乎然人有血統之相傳是即族屬之攸分能將始祖一本萬殊之相傳而統系於一本萬殊之宗支者又惟恃有族譜乎今錚也翰也能繼前哲而光大之誠爲洪氏一大功舉也予欣然而遙祝曰南望白雲綿綿以出岫北瞻松江滾滾而長流洪氏宗族如山之壽洪氏子孫如江之流是爲序

康德三年九月二十三日

八世 汝爲序於哈埠特別市公署

餘慶東記印刷所印

洪氏譜書

序

譜書者所以誌先人名諱於久遠也人之口述先人名諱者不過數世其先遠世則糢糊不清矣故人於父祖而曾高祖記之較確其上則若存若忘矣身於子孫而曾玄孫關係爲切其下則或存或沒矣蓋聲音笑貌之不親者其情感想像自屬淡然孟子所謂君子（指有位言）小人（指無位言）之澤均五世而斬是也不有譜以存之其有不至數典忘祖舍本逐末者蓋亦鮮矣考國有史人立傳其冀垂久遠作後世之觀感景仰與譜書之爲子孫遺而啓其追遠者同一意也吾族之有譜書始於四世賴三世祖繼富公之令甥舒通安先生爲之撰序指導方始成立溯

始祖洪雅公係爲京旗撥岫駐訪歿後遺一孤子幼族屬淵源生前未經口述歿後因無秉承只得按昧道長史刺眉州卒於官遺一子留眉稱蘇氏自立祖廟之例乃以來岫之祖爲始祖矣其在七世時曾增修一次於錫字輩以上備載無遺錫字以下尚付闕如今

岫巖東能印刷所印

者八世汝字輩已見頭尾九世文字輩又過大多半矣堂侄文錚字成章文翰字墨林者素具精心於族屬之支脈又極留意爰集各本之有搜求遺漏添置新編參酌考察某人某名某支詳爲訂正使無錯訛其有遠徙他方者附註載明之復求半年攷校數月釐訂成册有譜以來當以此次爲完備也又將以前先人典型及整理公族祭山祭田序文條規附載之以公諸族人使知創業難守成亦不易也且恐遠徙者之失傳也爰資付梓印訂成帙分給各家保存以代宗譜之供俸其有功於洪氏也不淺矣光大吾族者上推三世祖山林保公次則七世錫萊錫爽諸伯燕貽孫謀皆後世之可法者也爲子孫者上承先人之貽謀下啟後來之良規責任非輕於供俸思憶當知有所興起矣豈僅記名諱支派而已哉夫慎終追遠先型所重水源木本理無二致彼長江浩蕩黄河奔放雖由支流之盛而要之以有源頭活水也後之視今亦猶今之視昔繼往開來緝熙光明責實無旁貸也後來者其勉之因將付印略抒所見以爲之序

康德二年九月二十九日 八世 汝璉字鐵民謹誌

[illegible]序

[illegible]所以載地方之事，家乘
[illegible]也。如各氏族既能備此家
[illegible]有據，藉為我錢氏族譜創
[illegible]修，而先代支派及支分派別
[illegible]附後。於康熙二十
[illegible]乾隆二十一年
[illegible]調出徵集南十
[illegible]其後始徵備古
[illegible]可考，稽為今次續修之譜。於各
[illegible]至十一世之名諱均繼出之。至先世
[illegible]以年代久遠，無由詢訪，僅將德行素
[illegible]日出此譜外，或另訂格式，將近代之
[illegible]一紀事之譜，並將其人事蹟及生歿年月悉載無遺，此余多年所蓄之志願

也前於民國九年庚申秋余曾續譜一次於異省異鄉之來鄉里者攷問其支派咸爲記載惜此譜於癸酉歲遭匪之刼焚燬無存乃於去春立志再修而族弟文翰亦極力助成此舉良以代愈遠而戶愈繁人愈多而支愈廣欲後世之能睦族敬宗於春露秋霜之餘而伸追遠孝思之忱者實莫大於修譜牒而叙倫次也設譜至數世而不修則世系不可知矣設先人名字而不傳則事蹟弗克彰矣是非余輩之恥辱乎況先人已倡修於前而後人不能增修於後豈惟無以光祖德且又何以示奕裔也今雖續修告成遺漏仍恐不免闔散居各地之本族仍甚繁頤他日族人能將遺漏蒐括維持收入譜冊者是尤余之所厚望也余於修譜感想之餘更有與族人相約共守者數事所擬洪氏宗和堂條規望族人永遠遵守之其於各墳墓碑碣不能樹立高大者亦宜樹短碑深刻名字以標誌之其於塋園樹木望族人共同保護之其於塋山界址望族衆共同整理之其於墳墓務求整肅宜常添土以修理之其於族譜望族人歷五年或十年一增修之其於忠孝者宜特書之以示表揚其有節行者宜列入之以昭激勸又關於洪氏祭田所入凡族之貧困者須周濟之孤獨者宜贍養之是不獨此譜之幸亦宗族之光也是爲序

九世文郁序於岫巖大營書院學校

康德三年十月十二日

洪氏譜書

序

夫家之有乘猶縣之有誌國之有史足以資考鑑知則效而興企慕也然家乘之制體例紛繁非常人之所易爲昔淸代彭剛直創彭氏家乘積十年精力始克告成曾文正公爲之作序名闡傑撰相得益彰遺編具在可覆按也其次修譜書者對於其先世之有官階宦迹與夫功勳德業足爲子孫景仰者類皆詳悉紀載以爲宗功祖德之表示又其次則僅記其考妣及祖曾考妣名諱姓氏而已若是者只可謂之譜不得謂之書矣茲者我洪氏譜書向有序册之可稽傳聞之可攷如駐師 始祖洪雅公之來師原因及 三世祖山林保公之遠征十二年轉戰數千里卒獲平安返里卸甲歸農以耕讀爲本以忠厚傳家現在洪氏闔族人惜樸厚勤儉持家時至今日致我大洪家堡得享有全縣模範村之榮譽者類皆禀承我 山林保公之流風遺澤也按洪氏譜書創修於四世繼修於七世今又經文翰 與族兄文錚立志續修博訪周咨歷加詳訂宗支之系統記載詳明公共之

祭田塋地完備雖不及彭氏家乘之純全。而比較其他之有譜無書者。實有霄壤之別。正本溯源承先啟後足以勸後世子孫之景仰而興起其企慕者實賴此次譜書之續修。惟然舉行與否其關係不誠重歟。譜成遂刊印數百部分發本族家各一部冀收睦族敬宗之實效。文翰反覆尋繹喜懼之心不禁因之以生。何則凡一族之興不興於興之日必有所自始我族中人等率能恪遵祖訓以農業傳家衣食足斯知禮義。闔族男女咸能睦族敬宗親仁善鄰務農守法潔身自愛對於不良好習慣毫無沾染。繼此以往我族中人倘能人人保持此祖傳之懿德或擴充而光大之則前途之發展何可限量。凡此皆可喜之端也。一族之敗不敗於敗之日必有所自來當今風俗澆薄經濟支絀我族中人倘或為習俗所轉移遺棄其祖傳樸厚之遺風而陷於輕薄險詐之惡習抑或厭棄農業務本之要圖而趨重乘時射利之小技以致恒產破散人格喪失而為滿洲落伍之民族凡此皆可懼之端也。願我族中人披覽此譜書者於可喜可懼諸端時加儆惕有厚望焉

九世 文翰 敬序於岫巖縣公署教育局

康德三年九月四日

洪氏譜書

序

譜書之宜有所以聯宗族辨支派篤親誼厚感情誠爲親九族盡人道之不可缺者也洪氏譜書創於　繼富公之外孫舒通安公（公本姓孫莊河白旗人洪氏係岫巖正藍旗吉昌佐領雍正四年首報册地舒公書內尚未序出）後於同治初年經我　祖慎餘公諱錫英重修續及七世此後五十年來瓜瓞繇衍生齒愈繁而繩繩之雅尙未登諸譜册者猶居多數民國元年夏陽曆八月初我欲紹續此書因與我叔汝爲親貲各戶而細訪之端緒初具而暑假已滿開學期至事遂中止迨民國二年二月始竟其事竊思人由父母而上溯祖父母及高曾祖父母尙可記憶茲由高曾復上溯之遠至始祖或多茫然正派如此旁支可想然則欲使追遠有據報本無遺一本之親枝葉相扶各支之誼連繫弗缺永切水源木本之思用篤敬祖敦宗之念者非譜書無以考核本支百世之脈絡也此本宗譜書之所由成而更宜常續也云爾

民國二年二月二十四日　九世洪文紹敘

岫巖東記印刷所印

洪氏譜書

序

人類相繼以生各有所自始然繼續相承愈傳愈久倫序不明則忘祖蔑先勢所難免加之宗族日繁支爲謬訛故必有譜書之修以序倫鑒紀庶他時宗族雖繁不致有同族不識之感溯吾洪氏發軔長白山隸屬正藍旗吉昌牛彔實滿中之望族其後滿淸入主中土我先祖彼時亦隨龍入關籍居燕京之順天府焉康熙二十六年開拓東北駐防關外我先祖遂復返遼東來居岫邑爾時草萊荒穢田原未闢榛荊蓊翳山嵐滿目經我祖幾許心血一再經營始有今日之土平地曠屋舍儼然披荊斬棘亦云勞矣爲後嗣者懷宗追遠永言孝思宜乎早有譜書之修矣然非心有餘才不足而中止焉即才有餘而力不足而復中止焉故迄今十餘世而敢任修輯之責者舉族無一焉雖各家皆有私抄非錯落無序即簡陋不詳求其能稍有可觀者殆不可得焉茲幸成章叔墨林叔見宗族之日繁念祖德之宜彰悚然於心奮然以起遂集各家私藏詳加修輯以爲原稿遂投信於四

岫巖東記印刷所印

方採遷居以爲補遺履寢忘膳敬愼攷訂一年有餘始集大成上逾百年遠居千里舉凡同族莫不詳序其中後世披閱追思往哲益覺創業維艱守成不易且某忠某賢某直某孝當年行能凜然猶存庶乎已故著無遺憾而尊宗者馨香百世敬祖者俎豆千秋傳愈遠而宗功益顯族愈繁而祖德益彰江海浩渺同歸一源泰岱縱橫來由一脈溯本追宗原係一祖雖戶族千枝尊卑如一家父子遠居萬里長幼若手足弟兄連枝任邮永繼無窮夫孝不必豐豐祭厚要其心之發於誠然則此次我洪氏譜書之修輯人之倫也禮之端也孝之始也二公之力偉哉余年尚少才弱力薄既未能執筆濡墨抄其原稿又未能遠近追尋補其未詳對於譜書之修繕抱愧良多當茲百端俱備余叔命余序余尚何言哉謹遵命不違執筆敬書以綴其末云謹序

十世慶陽敬敘於吉林國立高等師範學校

康德三年九月

洪氏譜書

序

洪氏之譜譜洪氏之族也洪氏出自長白而蔓延於滿洲各地余之始祖於清初駐防燕京後率二子出關來至嗣由嗣之有洪氏自是始而譜未立修者以支少而易記也。至代遠年湮宗族繁茂則凡先祖何名娶何氏每求之而不知知之而不詳此無譜之所致也倘彼詳知其父祖曾祖以及遠代之世系是誠無譜不可已。夫木有本而水有源祖宗雖遠而後世子孫之所自出也若數典忘祖又何異拔本而塞源耶余父及族叔等有見及此乃繼先祖之志於康德二年春續修族譜懷往年藏之光陰納乃調查錫字輩以下某人某支及某人幾子一一書之於册於是洪氏之新譜乃成而洪氏之本支百世可以世篤其孝思矣彼世之無譜者每因親盡則情疏情疏則喜不慶憂不弔喜不慶憂不弔則途人也抑思吾之相視如途人者其初皆兄弟也兄弟其初即一人之身也夫以一人之身而至於途人視之不亦大可哀乎吾洪氏支派雖繁然九族甚睦。幸未至於途人也。謹

岫巖東記印刷所印

防其爲途人是以新修此譜後世子孫見之其孝弟之心或可油然而生歟

康德三年十月四日

十世慶毓敘於奉天鐵路學院

先人典型

余族係滿洲京旗正藍，世居燕京、始祖洪雅公於清康熙二十六年來岫駐防，佔地於邑南三十里岔溝裡蕎麥溝處，又報領邑南十里洪家堡子處，遂永居焉、至三世山林保以佐領被調從征川黔苗蠻之亂，歷十三年之久，當出征五六年後，鄉人有由軍中回者，就詢之對未之見，言恐歿於軍，家中聞說哀悼逾恆，爰為招魂營喪，三週已過、多年忽而返里，並帶有獲敵軍刀一把，寶劍一口，（軍刀帶鞘刃長五尺，全身約七尺餘，兩件保存不知何時丟失、）以軍功紀銜五品，當時備嘗蠻烟瘴雨，九死一生之苦、回籍後又脫旗差、逸居無事，花天酒地之遂，灰心上進，遂於乾隆二十一年，合族差而投民籍，闢荒殖田，課兒耕讀，怡樂林泉，嘯傲烟霞，里中有事，排解持平，毫無瞻徇，以是人多敬仰，遐邇數十里內，凡有事者，無不欲藉片言以為定評，嘗謂人之爭鬪，多由狡猾，苟能平心正氣，反己自思，良心判斷，當能勝於質官，多多嘉言懿行，垂裕後裔，凡歷七世，二百年中，族內無有為事而一質於官者，村俗樸厚，人務實業，不事爭訟，屏除浮華，人皆目為仁里、

岫巖東興印刷所印

洪天魁爲琳公之季子，錫安、錫聚之嚴父也。幼時家貧，未能多讀。道光十七年兄弟析居。房攤間半，地僅半日，夙興夜寐，備受辛勤。後充差岫巖州屬吏，赤馬紅纓，辦差於孤莊各地（彼時尚未勞縣）二十餘年，從無苛索之求。以身體魁梧，人均以胖老爺呼之。晚年家居喜靜好善，見路有高低則墊平之，遇有石塊則移置之，春秋水窪泥濘則鳩人修理之，以是人又以善人稱之。臨終之際，諄囑子孫耕讀相傳，忍和相守，事無是非，切無爭訟，産無多寡，切勿設商，子孫遵守，永久弗替云。公生於嘉慶十六年辛未正月二十八日，卒於光緒二十一年七月二十一日，享壽八十有五。

洪錫順，字福臻，爲山林保長支玄孫（按山林保有二子，長子係未出征所生，二子則從軍回所生也。長幼懸殊，積年既遠，今則白髮之長支猶得稱末支之孩提爲曾祖輩者，職以此故）。爲人豪爽慷慨，重然諾，廣交遊，喜賓客，孤山、莊河多有知交。初爲岔溝總會首十餘年，辦事認眞，出納欵項，絲毫不苟，上下會數十排無有訾議者。後充聖廟及大寧書院監修員，孤莊各鎭勸募捐款，多爲手辦。

洪錫紳爲清咸豐年人、捐監生銜博讀群書精於書法開館授生藉爲自修、以謀再進、因
疾遂誘未得與於鄉試

錫安幼年家貧稍長即助父經理家政、樂善好施熱心公益、勤儉持家耕讀課子清甲午
之役闔閭逃避一空、因父年邁動作維艱奉侍在側、不肯遠離孝慕之則可垂後裔公曾
家　恩賞給鄉飲耆賓職、從九品銜生於道光十二年壬辰十月二十七日、卒於民國三
年甲寅二月初四日戌時享壽八十有三。

錫綠爲錫安胞弟、曾充地方鄉正多年、排難解紛公直素著理家持算、多集廣益每值要
事則招侄孫於一室令各抒所見以爲取擇以是家口雖至七十餘、均能雍雍穆穆、各司
其事有條不紊、誠可謂治家之領袖洪氏之模範也公生於道光二十一年辛丑四月初
二日戌時卒於民國三年三月二十日辰刻享壽七十有三

錫英字慎修號竹安性純孝善事親幼時家寒、母曹氏甚賢、仿孟母之機杼以針黹措學
費寒窗十年苦不得步、祇以饗之資斧致使拾紫無緣爰設館授生課餘之暇間作書事、

精於魚猴理家改俗力戒賭博族中子弟有賭癖者望之急避有若官家來臨者然闢墾
植稻蕪樹童山皆為首倡甲午以後新學輸入凡有出版輒為收覽於中外大勢益為明
了為開啓民智著有白話宣講同胞須知均經教育廳審定惟未出版竹安堂集稿兩冊
已出版清宣統二年被選為城鄉議事會議員選舉則每日講論道德表率同儕邑中
創立男女兩校多有贊助享年七十五歲公生於道光二十七年丁未八月初十日卒於
民國九年十月初二日族中後起者承觀公遺開吾族一新紀元也
峻山公諱汝鈞兄弟三人公其季也公篤於友于長兄早世與仲兄同居終身無間語性
豪爽而自處謙和尤喜排難解紛鄉黨之有爭端者不避嫌怨恆以一言判曲直是之非
之當事者莫不心服須盛德於公聽而過入落者為喜涉獵幼時值家道中落未能終儒
業改而習商頗以能耕役與族叔桂庭及山左張姓合資營洪興源商號甲午之後改號
興盛公人既相得商業因以興隆邑城各界要人多與知交久任農會董事及商會幹事
喜勞動所養鳥魚花草為邑城之冠晚年奉大士終身持觀音齋不衰考終時集家中子侄

前清咸丰

於榻前[illegible]靜然。以忍和字相訓誡。沐浴後自穿衣襪。目視懷錶。準時而臥。若先知者然。其佛緣該[illegible]然去有自歟。於前淸咸豐。五年。十二月二十一日生於民國十二年陰曆九月十六日[illegible]享壽六十九歲

吾族繁衍命名實難今將　錫英祖在世時所擬改闔族排行之二十字自六世至二十五世者以爲定式闔族俱宜遵守庶不致名冒而諱犯焉特此記載

茲將命名定式列下

天錫汝文慶

保成永世昌　此昌字用在底

紹連景德振

國運起明良

岫巖東記印刷所印

注意

洪氏譜書　記載周詳
先人典型　宜加欽仰
長官題詞　闔族榮光
必恭必敬　謹愼收藏
不可褻瀆　隨便遺放
永久保護　切記莫忘

洪氏譜書 目錄

岫巖東記印刷所印

同　八世洪汝璉

同　九世洪文錚

同　九世洪文翰

同　九世洪文紹

同　十世洪慶陽

同　十世洪慶毓

先人典型

排行二十字

目錄

洪氏世系册

洪氏世系表

洪氏宗和堂墳山祭田規條

洪氏世系册

一世

洪雅娶包氏生子二長名偏思哈次名歪思哈

二世

（洪雅子）偏思哈娶王氏生子五長名佛得保次名萬得保三名山林保四名春得保五名繼富

歪思哈娶齊氏生子二長名明得保次名晛得保

三世

（偏思哈子）佛德保娶趙氏生子一名五十八

萬得保娶趙氏生子六長名五十七次名德明三名黑格四名阿克敦五名巴普布六名學儒

山林保娶王氏生子二長名學勤次名學儉

春得保娶關氏生子二長名鳴利春次名學綱

繼富娶寇氏生子三長名世祿次名福祿三名祯祿

金恩哈子明得保娶李氏生子四長名學仁次名學明三名學禮四名學信

呢得保娶尹氏生子二長名青格次名學成

四世

常得保子五十八娶石氏生子一名石泰

鳳得保子五十七娶李氏生子一名玘

德明娶杜氏生子二長名利次名俊

黑格娶王氏生子三長名琇次名三成三名玉

阿克敦娶李氏生子三長名瑆次名琍三名玢

巴音布娶楊氏生子五長名璉次名發三名興四名有五名璪

學儒娶何氏絕

山林保子學勤娶寇氏生子二長名琤次名珠

學儉娶王唐氏生子五王氏生三長名琳次名瑛三名瑢唐氏生二四名琨五名琫

春得保子噶利賽娶陳蘇氏生子二長名璋次名石虎

學綱娶關氏生子一名觀音保

繼富子世祿娶閆氏抱養甥兒席氏子一名信

福祿娶董氏生子七長名金次名銀三名亮四名璞五名猷六名振七名琨

禎祿娶陳氏生子二長名錢次名寬

明得保子學仁娶薛氏生子二長名瑄次名琮

學明娶金氏生子一名珖

學禮娶張氏生子二長名瑀次名泰

學信娶朱劉氏絕

呢得保子青格娶高氏生子一名瑞

學成娶李氏生子二長名智次名禮

五世

岫巖東記印刷所印

五十八子石泰娶石氏絕

五十七子玘娶紀氏生子六長名興文次名興成三名興銀四名興德五名興萬六名興材

德明子利娶李氏生子一名天官

俊娶杜氏生子一名天理

黑格子琇娶蕭氏生子一名若格

三成娶楊氏生子三長名天喜次名天永三名天興

玉娶楊氏生子二長名四附次名五附

阿克敦子理娶李氏生子二長名永成阿次名爬虎

珮娶關氏生子三長名天恒次名天仁三名天信

玢娶楊氏生子三長名五附次名天長三名天榮

巴普布子璉娶趙氏生子一名天有

璲娶吳氏生子三長名長海原名天深次名天平三名天配

興娶楊氏生子五長名天法次名天公三名天慶四名天純五名天良

有娶寇氏生子三長名天鉞次名天鉅三名天旻

舉娶白氏生子一名天敘

學勤子 珍娶王氏生子一名天武

琛娶高氏生子三長名天文次名天璧三名天祥

學儉子 琳娶王氏生子三長名天敘次名天印三名天魁

瑛娶王氏生子一名天成

瑢娶吳氏生子一名天柱

璣娶高氏生子一名天元

瑢娶喬關氏生子二長名天鵬次名天立

戚利溪子 璋娶陳氏生子四長名常福次名來子三名天福四名住爾

有虎娶楊氏生子三長名亮爾次名五子三名天明

鮑啟東記印刷所印

學綱子 觀音保娶汪氏生子一名天起

世祿子 信娶唐氏生子二長名天富次名天順

耀祿子 金娶關氏生子一名天格

鐵娶傅氏生子一名天梭

亮娶高氏生子二長名天錫次名天育

璞娶李氏生子四長名天佐次名天鳳三名天祐四名五子

猷娶佟氏生子一名鐵柱

振娶狄氏生子一名二小

琨娶高氏生子五長名天剛次名天亮三名天賜四名五街五名天齡

禎祿子 錢娶王氏生子二長名天君次名天臣

寬娶楊氏生子三長名天吉次名天中三名天運

學仁子 瑄娶丁馬氏丁氏生子二長名天雲次名天葭馬氏生子三長名天彩次名天清三名天寶過於崇禮爲嗣

璟娶唐氏生子三长名天美次名十子三名天禄

學明子　珖娶劉氏生子五長名大德次名天增三名天相四名天入五名天群

學盧子　瑀娶尹高氏　高氏生子三長名天申次名天臣三名天奥

泰娶　氏死於外　因少出面不反

學福子　瑞娶鄭氏生子三長名常貴次名自有三名老格

五成子　智娶李氏生子一名保住

禮娶龔氏生子一名天和少亡又過繼天保為嗣

六世

珖子　景文娶邵氏生子二大名五子次名富保

景成娶馬氏生子長名太保次名四儲臣三名富材

景銀娶宋氏生子一名寶旭

景德娶王氏生子長名寶昌次名寶良

岫巖東記印刷所印

景萬娶魯氏生子三長名十成次名二小三名老小

景材娶關氏生子二長名挑住次名錫利

利子 天官娶闞氏絕

俊子 天理娶杜氏生子二長名錫江次名錫忠

琇子 老格娶傅氏

三成子 天喜娶徐氏生子一名錫裕

天永娶趙氏生子二長名錫勝次名錫亮

天興娶王氏生子一名錫潤

玉子 四爾

五爾

老子 永成阿無妻 絕

爬虎娶李氏生子一名錫祥 爬虎身亡李氏改嫁

天慶娶關氏生子一名八爾

天純娶楊氏絕

天良娶汪氏生子一名錫朗

有子 天鉞娶關氏

天鉅娶董氏

天曇娶傅氏生子一名錫才

鼎子 天敏娶吳氏生子一名錫德

璐子 天武娶王氏生子三長名錫茂字波雲次名錫蓮三名錫順字瀾臻

琳子 天文娶王氏生子二長名錫振次名錫鳳

天陞娶佟氏生子二長名錫寬次名錫永

天緯娶席氏生子三長名錫顯次名錫睦三名錫金

琳子 天叙娶陳氏生子一名錫運

徙居清河溝（海龍界）

徙居清河溝（海龍界）

徙關傅家堡

天印娶王氏生子二長名錫方次名錫正

天魁娶楊氏生子三長名錫安次名錫聚三名錫銓

瑛子 天成娶于氏生子一名錫奎

璐子 天柱娶寇關氏生子二長名錫永次名錫存

珉子 天元娶高氏生子一名錫海

琫子 天鵬娶嚴氏生子四長名錫旺次名錫增三名錫滿四名錫勇

天立娶喬氏生子四長名錫山次名錫恩三名錫齡四名錫承字桂庭

琮子 常福娶高氏

來子

天禎娶陳氏

佳爾

石虎子 亮爾絕

上四支不知何往

岫巖東記印刷所印

五子絶

天明娶佟氏生子五長名錫位二名錫林三名錫純四名錫豐五名錫和

死於邊外

觀音保子天起娶董氏生子一名錫齡

信子天富娶陳氏生子一名錫照

天順娶白氏

倉子二天椿娶陳氏生子二長名錫祿次名志俗

銀子二天楨娶汪氏生子一名錫發

范子二天錫娶傅氏

天育娶喬氏無子過繼天椿子志俗爲嗣

上邊外

我子天佐娶袁氏

天鳳娶李氏

天佑

五子娶李氏

猷子 鐵柱

振子 二小 絕

琨子 天朋娶高氏生子二長名錫萬次名錫年

天亮娶李氏生子一名胖小

天賜娶關氏無子過繼天椿子錫祿爲嗣

五爾 無妻

天臨娶石氏

錢子 天君娶關氏生子一名錫元

天良娶杜氏生子二長名錫福次名錫貴

寬子 天吉娶寇氏

天中娶狄氏

上四支不知何往

在邊裡

四支赴江東

赴江東

岫巖東記印刷所印

天運娶楊氏

錫忠子 天雲娶張氏生子一名太合

天霞娶馬氏生子三長名錫祥次名錫緒三名錫立

天彩無妻絕

天瀛娶梁氏生子十二長名錫魁次名錫恒[illegible]一子名錫漢

錫[illegible]子 天美娶關氏生子一長名錫吉次名錫興

十子少亡絕

天祿娶唐氏生子一名錫祿

錫[illegible]子 天德娶孟氏生子一名錫生少亡又過繼天人次子錫田

天增娶王氏 趙氏生子一名錫周

天相娶趙氏 後娶修氏生子一名錫爾

天人娶王氏 趙氏生子六長名錫田過繼天德次名錫發三名錫甸四名錫崗五名錫富六名錫漢

徙居小城子

徙居江東

上小城子

天祥娶白氏生子三長名錫昌次名錫貴三名錫泰

瑞子 天申娶曹氏生子二長名錫英字愼餘次名錫樸

天臨無娶 絕

天興娶傅氏生子二長名錫盛次名錫業

瑞子 常貴娶陳氏生子三長名錫忠次名錫恩三名錫強

自甘娶鄭氏生子二長名庫倉次名七倉

老恰娶石氏生子一名錫成

智子 保住娶金氏生子二長名錫升次名錫宇

禮子 天和娶佟氏 絕

天寶娶袁氏生子二長名祥子二名盛子

七世

榮文子 五子 絕

上壁坡[illegible]

上遊外

鮑殿東記印刷所印

[illegible]氏 生子一[illegible]

子 上保[illegible]

[illegible]氏[illegible]

[illegible]氏 生子二[illegible]

子 [illegible]旭

[illegible]氏 生子一[illegible]

[illegible]氏 生子一[illegible]

子 [illegible]

二小

老小

子 [illegible]住[illegible]

[illegible]氏[illegible]

上[illegible]

上[illegible]

天理子 錫江少亡

錫忠娶關柱氏關生子一名汝柱

天喜子 錫增娶楊氏生子二長名萬春次名萬清

天永子 錫勝娶施氏絕

錫亮娶白氏生子一名萬富

天興子 錫潤絕

祀泥子 錫泮娶李氏生子三長名汝昌少亡次名汝濟三名汝祿

天恒子 錫榮娶關氏過子一名汝朋

天仁子 大小娶高氏生子三長名汝福次名汝朋過與錫榮三名汝海

錫財娶何氏生子三長名汝增次名汝成三名汝龐

錫良娶曹氏生子一名汝財

錫發娶白氏絕

舶廠東記印刷所印

天信子 錫有娶李氏

錫智娶楊氏

錫廣娶董氏生子一名汝爵

錫寬娶孫氏生子三長名汝璽次名汝英三名汝茂

五爾子 錫禎娶李氏生子二長名汝廣次名汝庫

天長子 三子

四子

五子

六子

天榮子 錫亮娶石氏生子三長名汝春次名汝貴三名汝有

長海子 錫珍娶關氏生子二長名汝甫次名汝得

錫萬娶關氏

上七支均上邊外

上四支皆上清河沟

八爾娶白氏絕

倉子無妻

天中子 錫純無妻

錫富娶候氏生子一名雙成

錫華娶傅氏

天配二子 錫瑞娶楊氏三長名汝辞次名汝賢三名汝雲

二子失目無妻

天治子 錫軒娶楊氏生子二長名汝明次名汝亮

錫祥無妻 過支兄二子汝亮爲嗣

天公子 錫果娶王氏

錫從娶傅氏生子二長名汝材夕亡次名巴廷

二子無妻

上二支上邊外

上二支上邊外

二支移居邑南三道河

五爾娶傅氏

天慶子 八爾

天良子 錫則娶趙氏生子五長名汝順二名汝葆三名汝奎四名汝寬五名汝善

天慶子 錫才

天欽子 錫德娶董氏生子一名汝鳳

天成子 錫茂娶關氏二長名汝花次名汝美三名汝錦字峻山

錫逵娶王氏生子一名汝奎

錫順娶[illegible]氏[illegible]生一子汝秀

天多子 錫振娶王氏生子二長名大小次名二小三名小發

錫[illegible]娶費氏絕

天生子 錫寬娶修氏生子二長名汝斌次名汝登二名汝茂

錫永娶劉氏

上四支上木誠子

上二支上寬造

二支上雙[illegible]

天緯子 錫顯娶傅氏生子五長名禍生二名汝太三名汝琢四名汝良五名汝驪

錫睦無妻 過錫顯三子汝琢爲嗣

錫金娶趙氏生子三長名汝灝次名汝九三名汝臣

天叙子 錫運娶王氏生子一名汝河

天印子 錫方娶王氏過繼錫正之次子汝貴爲嗣

錫正娶唐氏生子三長名汝福次名汝貴三名汝財

天魁子 錫安娶何氏生子五長名汝恩二名汝惠三名汝祿字荷庭四名汝顯五名汝倫字蘊亭

錫聚娶佟吳氏佟生子三長名汝厚次名汝濬字禹疏三名汝賢

錫會娶佟氏生子一名汝珠

天成子 錫全娶吳氏生子二長名汝生次名汝彥

天柱子 錫永娶關氏生子三長名汝朋次名汝紳三名汝善

錫有娶寇氏生子 長名汝盛次名汝長

上二支上邊外

鮑巖東記印刷所印

天元子 [illegible]林娶閻氏 [illegible]

[illegible]子 [illegible]田娶[illegible]氏 [illegible]

[illegible]升娶翁氏

[illegible]清娶吳氏 [illegible]

[illegible]鋼娶白氏

天子 [illegible]山娶翁氏 [illegible]

[illegible]恩娶李氏 [illegible]

[illegible]祥娶[illegible]氏 [illegible]

[illegible]春娶常氏 [illegible]

天子 [illegible]昭娶韓氏 [illegible]

[illegible]林娶徐氏 [illegible]

[illegible]璋娶谷氏 [illegible]

錫豐娶那氏生子一名汝學

錫和娶董氏生子一名汝慶

天啓子 錫齡娶佟氏生子二長名汝義次名汝智

天富子 錫照

天椿子 錫祿娶劉氏生子二長名汝甲次名汝起

天模子 錫發

天玉子 老格

天明子 錫萬

錫年

天亮子 胖小

天君子 錫元娶趙氏生子二長名汝江次名汝金

天臣子 錫福[illegible]

鮑慶東記印刷所印

錫貴

天雲子 太倉

天雷子 錫祥

錫餘

錫立

天清子 錫魁娶袁氏生子三長名汝江次名汝河三名汝海

錫恒娶孫氏生子一名四子亡

錫源

天美子 錫吉娶關氏生子三長名汝德次名汝成三名汝利

錫慶娶關氏生子二長名汝增次名汝芳

天祿子 錫餘娶席氏生子四長名汝富次名汝貴三名汝榮四名汝華

天德子 錫生絕

上二支作剛林子

錫田娶王氏生子二長名汝安少亡次名汝欽

天朋子 錫朋娶楊氏生子三長名汝潸次名汝盼三名汝泮

天相子 錫福娶佟氏生子三長名汝恒字綵庭次名汝綱三名汝綺

天人子 錫畯娶趙氏生子一名汝金

錫向娶趙氏生子一名汝銓

錫順娶石氏生子一名汝波

錫富娶郭關氏關氏生子一名汝錕

錫滿娶王王氏生子三長名汝鵬次名汝鐙三名汝鈔

天祿子 錫昌娶趙氏生子二長名汝錦次名汝才

錫貴娶劉洪氏劉氏子一名汝洪洪氏子一名汝奇

錫㵾娶白氏生子一名汝瑃

天申子 錫淑娶佟氏生子五長名汝盘字深亭次名汝森三名汝博四名汝聽字子明五名汝爲字子宣

洪氏譜書　十三

岫巖東記印刷所印

錫樸娶扈氏生子三長名汝賢次名汝忠三名汝由

天興子 錫益娶趙氏生子一名汝九少亡過繼錫業次子汝儉

錫業娶董氏生子六長名汝勤次名汝儉三名汝昌四名汝永五名汝治六名汝紹

常貴子 錫龍娶王氏生子四長名汝德次名汝海三名汝發四名汝才

錫恩娶關氏生子一名汝昌又過錫龍子汝海

錫瑞娶關氏生子三長名汝聰次名汝明三名汝齡

自有子 錫福娶關氏生子二長名汝泰次名汝慶

七輩

老格子 錫成娶丁氏生子三長名汝亮次名汝朋三名老格

保住子 錫昇娶張氏生子二長名汝珍次名汝珠

錫平娶金氏過錫成次子汝朋爲嗣

天寶子 祥子

盛子 八世

傑子 萬福娶梁氏

錫材子 汝興娶滿氏生子一名文卿

汝璞娶滿氏生子三長名文華次名文美三名文岫

錫昌子 萬發娶楊氏生子二長名文顧次名文祿

萬生娶李氏過汝德五子文亮爲嗣

錫良子 萬財娶李氏

洪忠子 汝桂娶趙傅氏傅氏生子一名文當又改文達

洪增子 萬春娶佟氏生子六長名文公次名文魁三名文喜四名文田五名文禎六名文濟

萬清娶楊氏絕

洪亮子 萬富娶氏生子一名文郁

岫巖東記印刷所印

錫泮子 汝昌 絕

汝盛娶沈氏生子二長名文錦次名文章

汝蘇娶蔡修氏生子一名文成

錫榮子 汝開娶徐氏生子二長名文和次名文厚

大中子 汝福娶　氏生子一名文發

汝海娶傅氏生子三長名文會次名文祥三名文英

錫町子 汝增娶何氏生子三長名文元次名文述三名文廣

汝旗娶佟氏生子一名文秀字翰章

汝慶娶李氏生子二長名文博次名文溥

錫良子 汝財娶張氏生子二長名文清次名文彬

錫廣子 汝福娶甄氏生子五長名文錦次名文德二名文昇四名文慶五名文致

錫寬子 汝豐娶石氏生子五長名文保次名文盛三名文春四名文璞五名文武

汝英

汝茂娶唐氏

錫禎子汝廣娶何氏生子二長名文新次名文民

汝庫娶趙氏絕

錫崑子汝春娶李氏生子一名文振

汝貴娶石氏生子二長名文臣次名文興

汝有娶徐氏生子三長名文庫次名文樂三名文鳳

錫珍子汝甫娶黃氏生子四長名文樓次名文才三名文甸四名文闊

汝得娶佟氏生子二長名文山次名文興

錫富子雙成

錫瑞子汝祥娶王氏生子一名文林

汝順娶　氏生子五長名文杰次名文德三名文有四名文發五名文全

岫巖東記印刷所印

汝雲

錫祥子 汝明娶王氏生子二長名文恩次名文惠

錫鐸子 汝亮娶劉李氏生子二長名文賓次名文桂

錫悅子 汝材

巴住

錫朗子 汝順娶趙氏生子三長名文江次名文彥三名文鈞

汝深娶白氏生子一名文揚

汝魁娶王氏生子一名文美

汝寬娶關氏生子一名文瑞

汝沛 絕

錫術子 汝鳳

錫茂子 汝亮娶曹氏生子二長名文德次名文富

上三支住雙城縣

上二支住羊拉寨王家堡子

汝美娶關氏生子一名文愷

汝鈞娶何氏生子四長名文明次名文志三名文洲四名文翰字墨林

錫逵子 汝魁娶王氏過汝鈞長子文明爲嗣

錫順子 汝秀娶王氏生子三長名文顯次名文耀三名文榮

錫振子 大小

二小

小爾

錫寬子 汝財

汝發

汝茂

錫顯子 福生

汝太娶關氏生子一名文英

上三支住北園林子（綏化縣）

汝良娶孫氏

汝瑞娶關趙氏生子二長名文機次名文兆

錫睦子
汝琢娶黃氏過汝瑞之次子文兆爲嗣

錫金子
汝灝娶傅氏生子　長名文典

汝玖娶唐氏

汝臣娶何氏

錫運子
汝和娶王氏生子二長名文全次名文昇

錫方子
汝貴娶唐氏

錫正子
汝福娶傅氏

汝財娶李氏

錫安子
汝恩娶楊王氏楊氏生子二長名文煥次名文章王氏生子三長名文炳字子久次名文彩三名文焴

汝惠娶席氏生子一名文增字成章又名文錦

汝祿娶關氏生子三長名文森次名文相

汝顯娶佚氏生子一名文芳

汝倫娶白氏生子二長名文鐸次名文中

錫聚子 汝厚娶王氏過汝潞長子文詩爲嗣

汝潞娶趙氏生子三長名文詩字化南過與汝厚爲嗣次名文學三名文士字俊卿

汝賢娶白氏生子二長名文欽次名文簡

錫會子 汝珠娶楊氏生子二長名文範字德章次名文策原名文祺

錫金子 汝生娶趙氏生子二長名文鼎次名文吉

汝彥娶關氏生子三長名文廣次名文齡三名文純

錫永子 汝彭娶趙氏生子 長名文嘉次名文甫

汝純娶曹氏生子 長名文亞次名文習

汝善娶曹氏

岫巖東記印刷所印

錫育子汝益娶馬氏

汝長娶于氏

錫海子汝漢娶關氏生子三長名文會次名文成三名文慶

汝洪娶張氏生子一名文斌

汝淮娶曹氏生子三長名文治次名文緒三名文棟

汝涿娶王氏生子四長名文山次名文林三名文昌四名文運

錫旺子汝全娶白王苗氏

錫山子汝芝娶趙氏生子一名文鐵

錫恩子汝棠娶關氏生子 長名文源次名文啓

錫善子汝椿娶田楊氏田氏生子一名黑小

錫承子汝璉娶曹氏生子 長名文清次名文友三名文國四名文仁

錫豐子汝學娶楊楊氏生子三長名文餘次名文東三名文舜

住長嶺縣北三圍

锡和子 汝慶

锡龄子 汝義娶白氏生子三長名文俊次名文琇三名文撰

汝智娶董氏生子一名文元

锡禄子 汝甲娶白氏

汝趣娶黄氏生子 長名文歌次名文化三名文秦

锡元子 汝江

汝金娶李氏

锡魁子 汝江

汝河

汝海

锡恒子 四子 絕

锡吉子 汝德娶寇氏生子五長名文祥次名文發三名文太四名文中五名文亮過與萬生爲嗣

上二支住依蘭縣

舳艤東記印刷所印

汝成娶張氏生子一名文聲

汝利娶關趙氏關生子一名文仁趙生子三長名文藝次名文禮三名文智

錫慶子汝增娶楊氏生子五長名文一次名文海三名文奇四名文奎過與汝芳爲嗣五名文科

汝芳娶關氏過汝增四子文奎爲嗣

錫隆子汝富娶曹氏生子四長名文國次名文安三名文忠四名文良

汝貴娶楊氏

汝榮娶王氏

汝華

錫田子汝安娶齊氏

汝欽娶關氏生子一名文璋

錫朋子汝清娶何氏生子五長名文富次名文貴三名文連四名文普字欽海五名文喜

汝令娶曹氏生子四長名文永次名文常三名文仕四名文薈

汝泮娶徐氏生子二長名文遠次名文泰

錫福子 汝恒娶唐氏生子一名文忠

汝綱娶耿氏生子一名文厚

汝緯娶曹趙氏生子一名文遠

錫畯子 汝金

錫甸子 汝銓

錫雲子 汝波娶趙氏

錫富子 汝錕娶蘇氏生子二長名文襄次名文格

錫漢子 汝鋃

汝鐙

汝鈔

錫昌子 汝純

住海龍城

住西豐縣老虎窩

住西豐縣靑頂子

岫巖東記印刷所印

汝才 上五支均住海龍城

汝謙娶佟氏 錫貴子

汝奇娶馬氏生子一名六一子

汝琫 錫泰子 上二支均住海龍城

汝舟娶賈何何氏 錫英子 賈氏生子一名文紹子繩武何氏生子一名文波又何氏生子四名文升文萃文蔚文醜

汝霖娶曹氏過汝舟之三子文升爲嗣

汝博娶沈氏生子三長名文選次名文庭三名文修

汝聽娶王氏生子 長名文潮次名文浩

汝爲娶關氏生子一名文奉

汝章娶曹氏 錫樸子 生子二長名文恒次名文廉

汝忠娶唐氏生子二長名文電次名文閣

汝山娶關氏生子一名文宣

錫盛子汝九絕

汝儉娶關氏生子一名文精

錫業子汝勤娶關氏生子長名文池次名文斗三名文沛

汝昌娶佟氏生子長名文阜次名文寶

汝永娶關除氏

汝治娶張氏生子長名文利次名文茂

汝紹娶傅氏生子長名文標

錫宦子汝德娶張氏生子一名文玉

汝發娶趙氏生子一名文禮

汝才娶王氏生子一名文和

錫恩子汝昌

汝海

岫巖東記印刷所印

錫强子 汝聰娶關氏生子三長名文生次名文德三名三子

汝明娶白氏生子三長名文可次名文超三名文順

汝令

錫福子 汝泰娶關氏生子五長名文殇次名文財三名文發四名文生五名文清

汝慶娶傅氏生子三長名文聚次名文 三名文

錫成子 汝亮娶 氏生子三長名文富次名文祿三名文顧

老格

錫昇子 汝珍 絕

汝珠 絕

錫平子 汝朋娶董氏

九世

汝興子 文卿娶傅氏生子 長名慶禮次名慶義

汝璞子文華 絕

文美 絕

文岫娶關氏 生子二長名慶善次名慶餘

萬發子文福

文祿 過繼外甥吳姓子爲嗣名慶奎

萬生子文亮娶傅氏 生子一名慶山

汝杜子文富娶石氏 生子一名慶元

萬春子文公娶趙氏 生子一名慶昇

文寬娶吳氏 生子三長名慶有次名慶祥三名慶盛

文喜娶馬石氏 馬氏生子一名慶恩石氏生子一名慶峰

文田 無妻

文禎娶江氏 生子二長名慶純次名慶元

上一支住雙城縣

上六支住遼河界石頭嶺北賈家甸子

上一支住遼河東北白家店堡子

上三支住西豐縣楊木林子龍灣村

文卿娶趙氏生子二長名慶平次名慶賀

萬富子文郁娶　氏

汝勝子文錦

文章娶　氏生子一名慶永

汝祿子文成娶白氏生子二長名慶順次名慶瑞

汝朗子文和娶佟于氏于氏生子　名慶康

文厚娶孫氏

汝福子文發娶葉氏生子　名慶賢

汝海子文會娶石氏

文祥娶石氏

文英娶　氏

汝增子文元

文連

文廣

汝成子 文秀娶王氏生子五長名慶華次名慶年三名慶九四名慶三五名慶九

汝慶子 文博娶高氏

文溥娶關氏

汝財子 文清娶　氏

文彬

汝福子 文鐸娶羅氏生子名慶有

文德

文昇娶傅氏

文慶故

文致娶傅氏

上十四名均住賓縣境內

上五名住岫巖一區繭場溝小西溝

汝豐子文保

文盛

文春

文樸

文武

汝廣子文新

文民

汝春子文振娶李氏生子 長名慶恩

汝貴子文臣娶闞氏

文興

汝有子文庫

文集娶佟氏

文風

汝而子　文樓

文才

文甸娶王氏生子一名慶逵

文閣

汝得子　文山

文興娶佟氏生子一名慶濤

汝祥子　文林娶　氏生子二長名慶恩次名慶德

汝順子　文奎娶唐氏生子二長名慶寬次名慶富

文戀娶汪氏生子　名慶貴

文有

文璣娶　氏生子　長名慶吉次名慶昌

岫巖東記印刷所印

文全

汝明子 文恩娶席羅氏 席氏生子一名慶玉 羅氏生子一名所子

文惠娶劉劉氏 生子三長名慶風次名慶漢三名黑子小

汝亮子 文賓娶趙劉氏

文桂娶唐氏 生子名保子

汝順子 文江

文彦娶關氏 生子 長名慶竹

文鈞娶趙氏

汝申子 文楊娶楊氏

汝奎子 文美娶傅氏

汝寬子 文瑞

汝亮子 文德娶寇氏 生子一名慶福

文富娶張氏生子二長名慶祥次名慶吉

汝美子 文愷娶宋氏生子一名慶春

汝鈞子 文志娶石氏生子一名慶槐

文洲娶朱氏生子三長名慶森次名慶榮三名慶利

文翰娶劉氏生子 長名慶桓次名慶棣三名慶權

汝魁子 文明娶李佟白關氏

汝秀子 文顯娶唐氏生子三長名慶和次名慶順三名慶法

文耀 無妻

文榮娶趙氏

汝太子 文英娶白氏

汝瑞子 文樸

汝璨子 文兆娶闞氏

二十四

岫巖東記印刷所印

汝顯子 文典

汝河子 文全娶張氏生子二長名慶舜次名慶周

文生娶關氏生子一名慶堯

汝恩子 文煥娶張氏生子三長名慶雲次名慶章三名慶新

文章娶唐氏生子二長名慶瑞次名慶麟

文炳娶趙氏生子 長名慶多次名慶增

文彩娶席氏生子 長名慶兆次名慶星

文煊娶李氏生子 長名慶英次名慶揚

汝惠子 文增娶白謝氏 白氏生子一長名慶鍾謝氏生子三次名慶穗三名慶鈞四名慶鎧

汝祿子 文森娶孟趙氏 孟氏生子一名慶崑趙氏生子 次名慶崙二名慶峪

文相娶汪氏

汝顯子 文芳娶白氏生子二長名慶桂次名慶魁

汝倫子文中娶趙氏生子　名慶賡

汝厚子文詩娶謝氏生子　長名慶恩次名慶德三名慶國四名慶隆

汝濬子文學娶羅趙氏

文士娶何氏

汝貴子文欽娶趙氏生子二長名慶芳次名慶元

文簡娶王關氏

汝珠子文範娶沈氏生子三長名慶瑛次名慶璋三名慶現

文策娶卜氏生子一名慶玢

汝生子文舉娶王氏

文吉

汝彥子文廣娶張氏生子二長名慶仁次名慶相

文歸娶張氏生子一名慶泰

岫巖東記印刷所印

文純娶胡氏

汝彭子文嘉

文甫

汝純子文亞

文習

汝漢子文會娶丁賈氏丁氏生子長名慶三次名慶增三名慶超

文成娶耿氏生子長名慶綿次名慶閣三名慶良四名慶喜

文慶娶關氏生子長名慶新次名慶第

汝洪子文斌娶董曹氏曹氏生子一名慶同

汝淮子文治娶孟氏生子長名慶巖次名慶安

文棟娶王氏

汝琢子文林娶石氏

文昌娶關氏生子 長名慶

文運娶謝氏

錫清孫 文緒娶關氏生子 長名慶寬

汝芝子 文鐵

汝棠子 文源

文啓

汝椿子 文墨

汝璉子 文清娶謝氏

文友

文國

文仁

汝學子 文餘

文東

文舜

汝義子 文俊娶關氏生子一名慶海

文琇

文揆

汝智子 文元

汝超子 文歌

文化

文秦

汝德子 文祥娶關氏生子五長名慶陞次名慶昌三名慶林四名慶發五名慶庫

文發娶康氏生子二長名慶仁次名慶

文泰娶康氏生子一名慶合

文平娶馬氏過繼文祥之五子慶庫爲嗣

汝成子文聲娶趙氏過繼文祥之三子慶林爲嗣

汝利子文仁

文義

文禮娶吳氏

文智娶李氏生子　長名慶閣

汝府子文一娶白氏生子一名慶九

文海娶李氏生子三長名慶榮次名慶祿三名慶文

文奇娶關氏生子六長名慶豐次名慶山三名慶年四名慶德五名慶武六名慶齡

文科娶張氏生子六長名慶廣次名慶普三名慶明四名慶維五名慶波六名慶天

汝芳子文魁娶孫氏生子三長名慶富次名慶東三名慶陽

汝富子文國

住龍海縣南雙頂子

文安娶關氏

文良娶董附氏

汝欽子文璋娶關氏

汝清子文富娶傅氏過文貴長子慶翔爲嗣

文貴娶傅氏生子五長名慶翔次名慶源三名慶村四名慶舫五名慶珊

文連故過文貴四子慶舫爲嗣

文普娶李氏生子長名慶奎次名慶雙三名慶臣

文喜娶關氏生子一長名慶發

汝令子文永娶馬氏生子名慶體

文長娶傅氏生子名慶儀

文仕娶張氏

文會

住尖山窩堡子

汝泮子　文達娶徐氏生子　長名慶斌次名慶君三名慶相

文泰娶趙氏生子　長名護所子

汝恒子　文忠娶寇氏生子　長名鍋子

汝綱子　文厚娶趙氏生子一名慶喜

汝�子　文遠娶張氏

汝錕子　文襲娶關氏

文格娶張氏生子　名慶餘

汝奇子　六一子

汝舟子　文紹娶曹氏生子一名慶宴

文波

文萃

文蔚

文醜

汝霖子 文陞娶孟氏

汝博子 文選娶唐氏

文庭娶楊氏

文修

汝聰子 文潮

文浩

汝爲子 文奉娶　氏

汝章子 文恒娶沈氏生子 長名慶多次名慶珠

文廉娶田氏

汝忠子 文殿娶關氏

文閣娶唐氏

汝山子 文宣

汝儉子 文精

汝勤子 文池娶徐氏

文斗

文泮

汝昌子 文阜

文鐶

汝治子 文利

文茂

汝紹子 文標

汝德子 文玉娶關氏生子一名慶祥

汝洪子 文禮娶何氏生子一名慶德

汝才子　文河娶白氏　生子　名慶連

汝恩子　文生娶田氏　生子三　長名慶奎　次名慶貴　三名慶永

文德娶劉氏　生子一　名慶會　故

三子

汝明子　文可娶石氏　生子三　長名慶雲　次名慶才　三名慶霖

文超娶石氏　生子五　長名慶成　次名慶普　二名慶得　四名慶明　五名慶亮

文順

汝泰子　文秀娶關氏　生子四　長名慶富　次名慶貴　三名慶裕　四名慶相

文才娶傅氏　生子　名慶有

文舉娶劉氏　生子　名慶先

文生

文清娶于氏　生子　名二小

上二支住小土嶺子

以上三支住西豐城南長柳村

上三支住岫巖南兀拉撒岱

上五支住岫巖北楊胖溝裡磊子溝口

汝慶子 文聚

汝亮子 文富娶　氏生子二長名慶亨次名慶禎

文祿娶趙氏生子長名慶元

文禎娶修氏

十世

文卿子 慶禮

慶義

文紬子 慶善娶王氏

慶餘娶宮氏

文祿子 慶全娶　氏

文亮子 慶山娶傅氏

文當子 慶元

上三支住寶縣草塢溝

錦縣東記印刷所印

文[illegible]子慶[illegible]娶李氏生子　長名保山次名銀林

文寬子慶有娶石氏

慶祥娶張氏

慶[illegible]娶吳氏

文[illegible]子慶[illegible]娶張氏

慶[illegible]娶李氏

文禎子慶純娶孫氏

慶元娶關氏

文[illegible]子慶平娶白氏

慶賀娶李氏

文福子慶茂

文[illegible]子慶永

文成子 慶順娶白氏

慶瑞

文和子 慶廉

文發子 慶賢娶范氏

文秀子 慶華娶王氏生子名保田

慶年娶隋氏

慶九娶王氏

慶二娶白氏

慶五

文鐸子 慶有

文振子 慶惠

文甸子 慶選

[illegible]慶[illegible]

[illegible]慶恩

慶[illegible]

[illegible]慶寬

慶富

[illegible]慶貴

[illegible]慶吉

慶昌

文恩子慶玉

所子

文[illegible]子慶風娶趙氏

慶漢娶傅氏

上十八名均住賓縣城内

黑小娶石氏

文桂子 保子

文彥子 慶竹

文德子 慶麟娶石張氏 石氏生子三長名保甲次名保奎三名保山張氏生子一小名四子

文富子 慶吉娶羅氏

慶祥娶佟氏

文惲子 慶春娶趙氏

文志子 慶槐娶張趙氏

文周子 慶森娶劉氏生子一名保文

慶棠娶徐氏

慶利

文尚子 慶有娶趙氏

慶祿

慶濂

慶順

文顯子 慶河

慶法

文全子 慶舜娶巴氏

慶開

文生子 慶堯娶寇氏

文煥子 慶雲娶謝氏 生子長名保珍

慶彰

慶新

文章子 慶瑞娶吳氏

慶麟娶馬氏

文炳子 慶多

慶增

文彩子 慶兆

慶星

文焴子 慶英

慶揚

文錦子 慶鐘鍾娶關氏生子長名保昌

慶毓娶巴氏

慶鈞

慶鎧

文森子 慶昆娶巴氏

岫巖東記印刷所印

慶畬

慶岱

文芳子 慶桂娶于氏

慶全娶李氏

文中子 慶賡

文詩子 慶恩娶張氏

慶德

慶國

慶隆

文欽子 慶芳

慶元

文簡子 慶

文綸子 慶瑛

慶璋

慶珉

文策子 慶玢

文廣子 慶仁娶孫氏

慶和娶白氏

文令子 慶泰娶關氏

文會子 慶三

慶增

慶超

文成子 慶綿娶于氏

慶閣

三十四

仙巖東記印刷所印

慶長

慶喜

文慶子 慶馨

慶第

文斌子 慶同

文治子 慶巖

慶安

文緒子 慶寬

文俊子 慶海娶趙何氏

文祥子 慶升娶劉氏生子一名保聚

慶昌娶徐氏

慶發娶關氏生子長名保春次名保桂

文發子 慶仁

慶義

文太子 慶台

文平子 慶庫娶佟氏

文聲子 慶林

文智子 慶閣

文一子 慶九娶李羅氏 李氏生子一名保民

文海子 慶榮娶沈氏 生子 長名保玉

慶祿娶王氏 生子 長名保治次名保

慶文娶李氏 生子 長名保恩

文奇子 慶豐娶佟氏 生子長名保亭

慶山娶王張氏

三十五

慶年娶孫氏生子長名保樓次名

慶德娶沈氏生子長名保忱

慶武娶何氏

慶令

文科子

慶廣娶董氏

慶普娶謝氏

慶銘娶戴氏

慶維

慶波

慶天

文奎子

慶富娶沈氏生子長名保權次子保橋三名保

慶東娶汪氏

慶陽娶白氏

文富子 慶翔

文貴子 慶源

慶村

慶珊

文連子 慶舫

文普子 慶奉

慶雙

慶臣

文喜子 慶發

文永子 慶禮

文長子 慶儀

紬巖東記印刷所印

文迷子 慶斌

慶君

慶相

文太子 護新子

文忠子 鍋子

文厚子 慶喜

文格子 慶餘

文紹子 慶宴

文恒子 慶多

慶珠

文玉子 慶祥娶石氏生子一名保貴

文禮子 慶德

文河子 慶蓮娶曲氏
文生子 慶奎娶關氏生子長名保斑
慶貴娶趙氏
慶永娶呂氏
文德子 慶會故
文可子 慶雲娶石氏生子長名保忠次名保厚
慶才娶李氏生子長名保綿次名保長
慶霖
文超子 慶成
慶普娶　氏
慶得
慶明

慶亮

文秀子 慶富娶田氏

慶貴娶王氏

慶裕

慶祥

文才子 慶有娶曹氏

文舉子 慶先

文清子 二小

文富子 慶亨娶于氏

慶禎

文祿子 慶元娶李氏

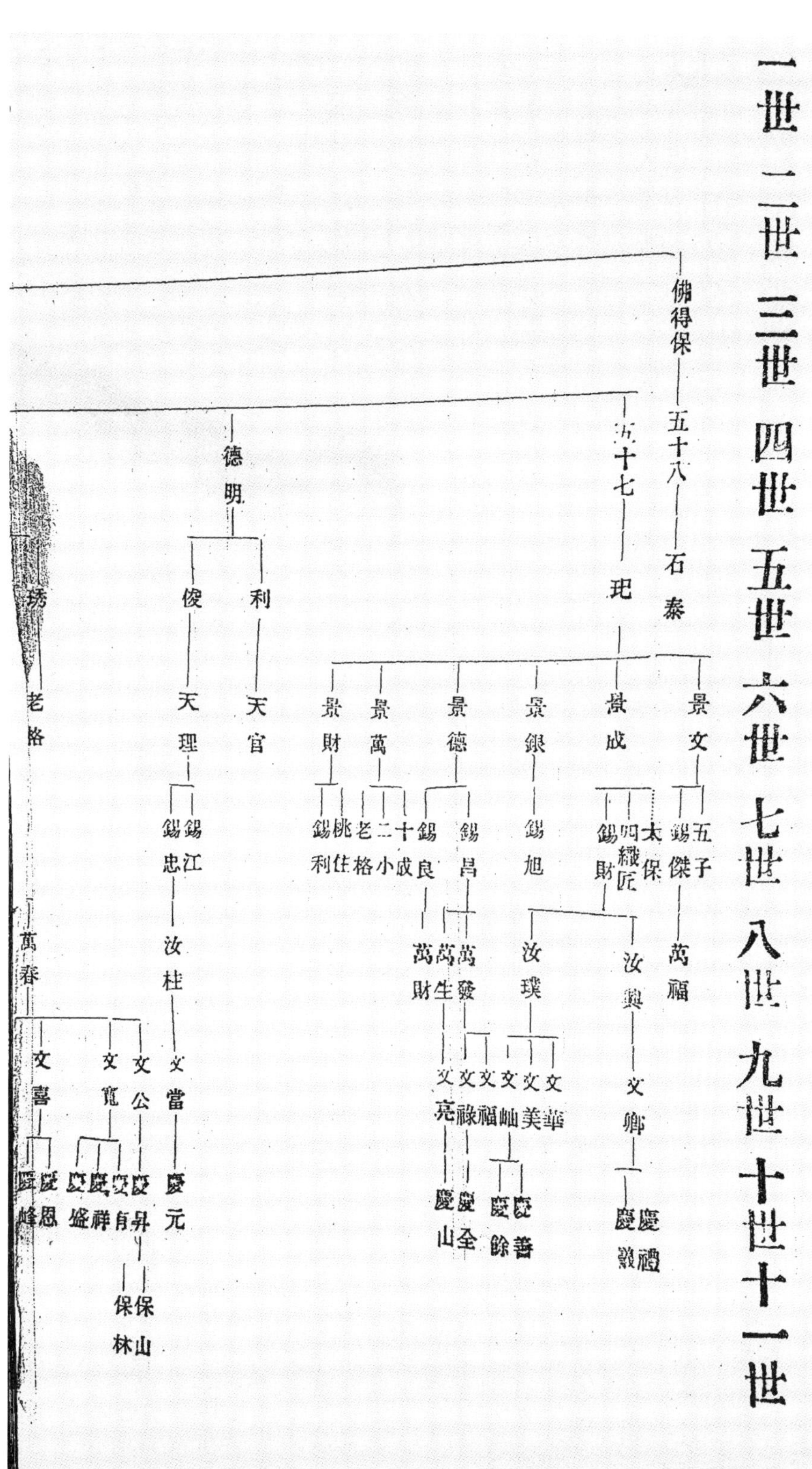
一世 二世 三世 四世 五世 六世 七世 八世 九世 十世 十一世
佛得保
五十八
五十七
德明
石泰
玘
利
俊
景文
景成
景銀
景德
景萬
景財
天官
天理
老格
五子
錫傑
太保
四織匠
錫財
錫旭
錫昌
錫良
十成
二小
老格
桃住
錫利
錫江
錫忠
萬福
汝興
汝璞
萬發
萬生
萬財
汝柱
萬春
文卿
文華
文美
文岫
文福
文祿
文亮
文當
文公
文寬
文喜
慶禮
慶毅
慶善
慶餘
慶全
慶山
慶元
慶昇
慶有
慶祥
慶盛
慶恩
慶峰
保山
保林

洪氏宗和堂墳山祭田規條

民國十一年八月望後族兄洪子宣與余(鐵民)及族侄洪成章墨林四人見族中公產無人經理强梁者任意自爲爰立規則數條呈請縣署立案蒙批准如所擬辦理并宜楷書繕存

凡物之生各有所本董其本者昌扶其枝者旺溯吾族自始祖居於是土迄今凡一百餘年以生以長濟濟繩繩遂成洪氏之堡焉初始祖之來也攜有二子二子生六孫六孫又各生其子以生其孫故吾族有六大支之說焉其間生齒日蕃因而徙於他地者世有其人然子孫雖閒有他徙而 祖宗之墳墓則仍在斯焉墳塋有二均在堡之西曰老墳山始祖之墓在焉曰西墳山二世祖之墓在焉始祖二世祖墓之下則吾族凡居斯地祖若宗之墳墓均在焉墳之外有山二曰北山曰西山北山在老墳山之北而與平行西山則西墳山之祖山也南北綿亘約四里昔均荒山自養蠶法行七世族長 錫聚錫英錫山等率全族子弟遍種橡樹報領剪照以興蠶業而於西山則留三分之一以爲全族樵採

牧養之地焉今者山既鬱蔚矣而塚亦纍纍矣年遠日久子孫各親其親各祖其祖先祖若宗有不得血食者不知凡幾蘇子所謂情見於親親見於服服盡則親盡親盡則情盡情盡則相視如路人者此亦人情之常無可爲諱者也然宗族之繁自吾視之固有親疏若始祖視之則均是子孫無親疏也始祖之視既無親疏則吾輩安得不體祖宗之意以行之乎同人等有見如此爰以至公之心行至正之事於墳墓也整理之其有他徙絶祀者祭掃之山林也保護之其有破壞林業者公敵之以全族之公產興全族之利益承先人之貽謀啓後裔之良規責實在吾輩也今全族聚會公議規則謹列於後以共遵守

規則

第一條　此老墳山西墳山爲洪氏全族之墳山此北山西山爲洪氏全族之山凡屬洪氏本族之人均有保護之責享用之權（此享用權指居本堡及附近者言遠徙者不在此例但如遷回仍一律同待）

第二條　每年定於夏曆十月一日大祭祖墓一次其花費則由族中公產出項下動用

之（舉辦此事由四條公舉諸人）

第三條 此公族之出產除祭祀花費外其餘以興本堡全族公益事務爲宗旨其有遠徙他方及千百里者不得干涉享用但有遷回仍一體相待

第四條 此山墳祭田公有諸所事務爲管理便利起見公舉經理二人司帳二人檢查八人凡錢項之花費儲畜契照字據之收存登記均由經理人指令司帳者詳記其收存處所出入細目其有不實不盡處檢查人得究正之帳目每至年終淸算榜示周知

第五條 凡存使欵項必須二人以上經手或經理同檢查或經理同司賬不得一人私自存使至存儲時得以宗和堂名義爲准

第六條 凡經理檢查司賬諸人均係義務職以五年爲期期滿另舉前期人於有被選者得連任其有未及期而生他故得集族人補選之（補選以前人期爲限）至舉辦公益事務動用欵項則由所舉諸人及族老決定之決定以多數爲準

第七條　凡墳山樹木不許放蠶不許個人私自砍伐樵採不許收放牲畜於墳近之地如有不遵故犯者得處以相當之罰項但關公益事得經理檢查諸人之許可砍伐幾株或牲畜奔踶猝不及防馳入林内跟入追找者不在此例不得援以罰辦

第八條　蠶場現歸六大支後人平均放蠶場租每人定爲七十元六人共計四百二十元係上納租以夏曆十月初一日爲交租期十二月初一日爲截止期日後租價長落隨時酌定且關族中公益必要時得以宗和堂名義處分之應租者不得抗違

第九條　收場依先人成例仍留西山三分之一作爲全族樵採收養之地其近蠶場邊收放人得極加小心以防牲畜踐踏樹蠶其不遵故犯者得由放蠶人告知經理諸人處以相當之罰項若有奔踶猝入而追出者事出不意情有可原放蠶者不得藉口據以罰辦（蠶場罰辦告知經理諸人者以場人均係本族也）

第十條　西山北山各地雖容本族死葬自由選擇惟葬後墳邊植樹仍屬公族所有各墳主無動用之權不得據爲己有私自砍蛻其墳木公族爲之保護與兩墳山樹木相同有竊砍者仍處以相當罰項「說明」蓋地是公族所有非自買到樹木當然非自所有仍歸公族且以公族地植樹護己墳已屬厚待設再據爲己有則日後流弊遍處是私墳即遍處是私墳樹公族將無隙地林木矣且此例一開刁狡者援例將不計地之佳否各處埋葬植樹以便私利頑强者將起而反抗不許各處埋葬以佔公地於是由前言之則不應葬之地亦可植樹由後言之則應葬之地亦不得葬豈非兩失且兩派分爭紛亂必呈將理不勝理矣故此處不可不愼

第十一條　本規則自批准立案之日施行其有不適不盡處日後得集四條諸人同意隨時更正添補之

此序文規則呈縣經縣長　李公廣甲批准其批詞云「准如所擬辦理並宜楷書繕存」

當將原擬由令公稍爲添削披下經予鐵氏楷書畢由成章子宣攜同原稿卷一併交縣
署立案存卷〔原稿係紅格式卷紙〕立案是民國十一年十一月十六日

立案呈稿

呈爲遵諭將所議規則繕具楷書呈
縣存案並舉經理諸人名次列下以呈
鈞鑒事竊民等爲整理本族祭田興辦公益事務創立章約上呈
鈞座蒙批飭詳切感激之餘自當條條楷書以備存案並按約規將所舉初次經理諸人
名次列下以備
鈞鑒而肇鄭重緣由理合備文呈請
鑒核備案(行施)謹呈
岫巖縣行政監督李
民國十一年十一月十六日(夏曆十月初七日)

祭文底稿

維

年　月　日夏曆十月初一日洪氏全族子孫謹以香楮牲醴致祭於洪氏

全族之始祖一世祖二三世祖四五六七八世祖之墓前跪而言曰慎終追遠先聖所重水

源木本理無二致一本散於萬殊萬殊原屬一本溯

始祖之來以數人之力闢草萊植田產以遺子孫今吾輩千百人以生以長安居於是土

者皆賴先人經營締造之力也然路隔幽冥事奉維艱所可藉以稍達涓埃之意者則歲

時省墳墓薦馨香而已凡屬洪氏族祖其各陟降在堂清酒一樽是祖之享紙花飛舞是

祖歡暢祖其有靈來格來嘗伏維

尚饗　　洪氏全族子孫敬奠

洪氏譜書刊誤表

類別	頁數	行數	字數	誤	正
譜序	二	二	六	無字下應添一所字	
	二	八		山林保下應添一公字	
	三	二	二四	記	紀
	三	四		末句一本萬孫	應改萬孫一本
	四	八	一三	訪	防
典型	十	一三	八	康	慷
世系册	九	三	註	淸河下應添溝字	
	二八	九	六	曹	貫
	三三	八	四	鐘	鍾
規條	三八	八	十八	在字下應添一斯字	

洪氏譜書刊誤表

洪氏譜書刊誤表

三九	十	三十	於	如
四十	三	五	行施應改施行	

《白氏源流族谱》内容简介

《白氏源流族谱》现收藏于辽宁省岫岩满族自治县、抚顺市白氏族人家中。

该谱书分为两部分，一是《白氏源流族谱》，一是《凌云堂白氏事宜录》，两部分各自成册。谱书首修于光绪八年（1882），续修于民国十一年（1922），本书选用续修本。

白氏，陈满洲巴颜氏，正黄旗满洲人。谱书说：『北有长白，是吾故里』，『顺治定鼎燕京，吾白氏从龙入关』。入关之祖祟厄力生二世兄弟五人，于康熙二十六年（1687）『拨驻防于盛京岫岩，遂世居焉。』至光绪八年（1882）首修谱时『已历二百二十余年，子孙绳绳，瓜瓞绵绵』，支分派别，各居一方，遂成大姓巨族。

谱书保存十分完好，无残破，字字清晰，石印本。

《白氏源流族谱》内容主要有《白氏源流族谱图纂字（范字）序》、《祭祖上规矩》、《各项花费帐目》，文秀公子子孙孙图谱和白氏源流图谱。

《凌云堂白氏事宜录》主要内客有《序（一）》、《序（二）》、范字、《事宜录》、《礼部为移会事内阁抄出说明》。

付氏源流族譜

前清太祖

白氏源流族譜圖纂字序

嘗思譜牒不修。無以昭慎終追遠。名字不纂何以序長幼尊卑。吾白氏滿洲人也。此有長白是吾故里。前清太祖在此發祥。編立八旗。招服滿洲。吾白氏編入正黃旗。滿洲。至順治定鼎燕京。吾白氏從 龍入關。傳至護軍校崇厄力公生我二世祖兄弟五人。康熙二十六年撥駐防於盛京[illegible]。居馬長。羅祖（起）居哨子河大嶺後白家堡子。托（起）祖居教場溝。保（善）祖居[illegible]溝哨子河南黃旗溝等處。保住祖無後。五子失名回京。自康熙二十六年至光緒八年已歷二百二十餘年。子孫繩繩。瓜瓞綿綿。支分派別。年湮代遠。各居一方。不相往來。偶爾相遇。並不知其為誰者。執齋公念慮及此因率侄等瑜瑞遵。正黄旗册檔。按支詳細添註。不漏一名。創修譜書十六部。每支各領一部。以備考察。誠善事也。迄今多歷年所。子復生子。孫復生孫。族已繁而支已多。非有譜書。何能悉吾長幼尊卑也。遂大家公議續修譜書。以近年祭田餘款作為修書費項。然外支不得其詳。姑闕焉。僅將吾本支知之既詳。考之亦易。按支填註。以備觀望。夫國有史可以知事之得失。而家有譜亦所以照世系明統宗也。則譜書所繫大矣。自修之後。再至應修之年。更望為子孫者即續為修之。以使吾族世世支派不紊。豈非吾族大幸之事耶。稿始成。將付剞劂。故以纂字列後。編成二十字。使後世子孫世代相承。按字命名。以杜紊亂失次之弊。承先啟後。端賴斯舉。

上和下睦。終造亡家敗祀者。豈理也哉。選此忠言敬告族人。如有不信。請嘗試之。後人有志幸勿墜廢。是所厚望焉云云

以十二世至三十一世命名擬定二十字列左

國錫恩承厚　家興慶有餘

平安生盛世　作善學吉人

清光緒八年首倡創造人景亮率侄瑜瑞造修十六部分與各支命續修五十部每支領一部

續修　發起　纂修　人瑜　瑞　瑞

贊助人瑜

珂 琅 瑭 瑲 瑛

監修人廉方

校閱人廉爔

謄錄人瀛潤

民國十一年春重修

祭祖上規矩

一祭祖上也無論何年月日、敬許祭祀、必俟冬臘月間、擇吉日祭祀、前一日與祭日不宜飲酒、即有嘉賓亦不宜飲酒、待日將入、敬請祖上神位香碗於西炕正中、設一香案、預換香灰、敬供小米三碟、未祭以前、不準食此新小米子、清水三盅、猪一口、抓時不準綁嘴、主人在祖上、天地、皂王、菩薩、山神、倉官等處拈香、即領闔家人等、跪於祖上案前、有官帽戴官帽、無官帽摘去、便帽、敬捧酒杯、點酒於猪耳中、祝曰、或為某有病敬許、或為其遂行敬許、太平猪一口、俟猪耳領聲、大家歡喜叩首而起、將[illegible]

猪由祖上案下抬於堂屋吩咐宰殺血盆放在香案以旁燒水退毛開膛擇腸諸般潔淨入鍋煮熟使盆各樣裝献祖上案前外設一棹將肉按塊擺列如生猪一般主人拈香闔家叩首祭畢將每塊割下一塊令盆盛貯以俟異日只許本家人喫不許外人喫名之為祭諱肉其餘仍納入鍋中悄食之甚凉此時令人就炕鋪油單或方盤擺上快子塩水碟内裝芥菜末以沾肉食油單在炕中設一空盤子將所邀之客按次讓坐主人命廚夫由鍋撈出各樣肉乘熱薄薄割片續添於盤中以陪客食無論何人不許食者客食完走時不宜為此拜謝客當來時宜給

主人、主上叩喜客走閤家按序而食此肉、不剩則已如剩送至外房收存不許外姓人喫、至諸般骨頭、退猪毛均裝於缸內與退猪水立時送於溝濠之中、或牲口圈內、此祭祖上始終規矩以備遵行免得錯謬。

祭天地規矩

一祭天地也於祭祖上次日清晨迎堂屋門由裏向外設立香桌恭請天地、香碗寄在香案、敬供小米三碟清水三盅、有索倫杆則請之無則使谷草扎把串一長杆當索倫杆立於當中門外以旁此時外用大鍋一口刷帚菜板菜刀碗快子蓆一蒸笊預為備齊此等祭畢移香案時均納出來俟抓猪一口不准綁嘴抬在香案以前猪頭向東嘴向門裏主人於天地祖上菩薩皂王倉官山神各處拈香叩首畢遂率闔家人皆跪祭天地香案下主人將清水接盅向地祭三祭小米接盅撒三撒索倫杆亦往前壓拜起落三次點一盅水撒一搯米持杆向外往拜一次如此三次畢猪不用領聲闔家叩首畢將此香案供米索倫杆祭猪一併移在儀門西以旁又持秫稭三捆支一馬架搬去二人橙一個放馬架前鋪一紅毡命厨夫宰猪剝皮畢割肉數斤用大石三塊將鍋支上用水添滿將肉入内架火煮熟撈出抹

肉絲兩碗盛貯將預先煮的小米飯亦盛兩碗均供在香案上大家叩首畢將肉與小米飯各抑家一盌鍋內所煮肉湯並所煮小米乾飯抑家一多半留外一少半均會小肉飯儘外食如食不足再往家食切記家不宜抑在外外不宜抑在家此時猪皮仍披在猪身上食小肉飯畢將猪嘴尖猪胆猪尾尖猪索骨猪鞭猪吹泡寄於索倫杆上用樹枝鈎子以備鈎猪皮四角使豆楷小火燎猪毛潔淨并猪劈開零碎入於家鍋煮熟此時送回天地香碗撤香案馬架板櫈大鍋送索倫杆於娘娘樹下或在外邊亦可此猪肉與皮腸肚煮熟如何割片如何吃法一切均

二

照祭祖上一樣規矩爲此註明以誌不忘

一每年養小雞俟小公雞長大宰一支拈香持海紙並酒到山

神廟前供祭敬酒三杯海紙火化三叩首而祝曰保佑小鷄太

平歷年如斯敬奉

一每年到臘月二十三日敬許山神太平祭猪一口拈香燒紙

奠酒而祝曰每年敬奉山神老爺太平猪一口俟猪領聲闔家

叩首而起猪在廟前殺猪頭煮熟時將腩肚油蒙上仍持到廟

前供祭畢回家方宜食之

一每年不食蘇葉餑餑則已如做而食之餑餑熟時先供再食

祖上一碟皂王一碟北窗台上一碟不許先食切記
一過親朋穿孝者與本家除五服穿孝者均不容伊到上屋為
祖上忌孝只可將穿孝者請到別屋厚待不然令伊孝脫押在
別屋亦可請伊到上屋過有親支近派喪事者或出五服同居
一堡過有喪事者時常往來復有穿孝之禮碍難躲避只可將
祖上使黃布或黃色綢蒙上菩薩放下帳幔以使往來過有本
家喪事者未待咽氣將祖上請到別屋供奉仍用布蒙上俟脫
孝後擇吉日請復原位供奉此係祖先遺規至如何情節莫知
其詳以待後之知者

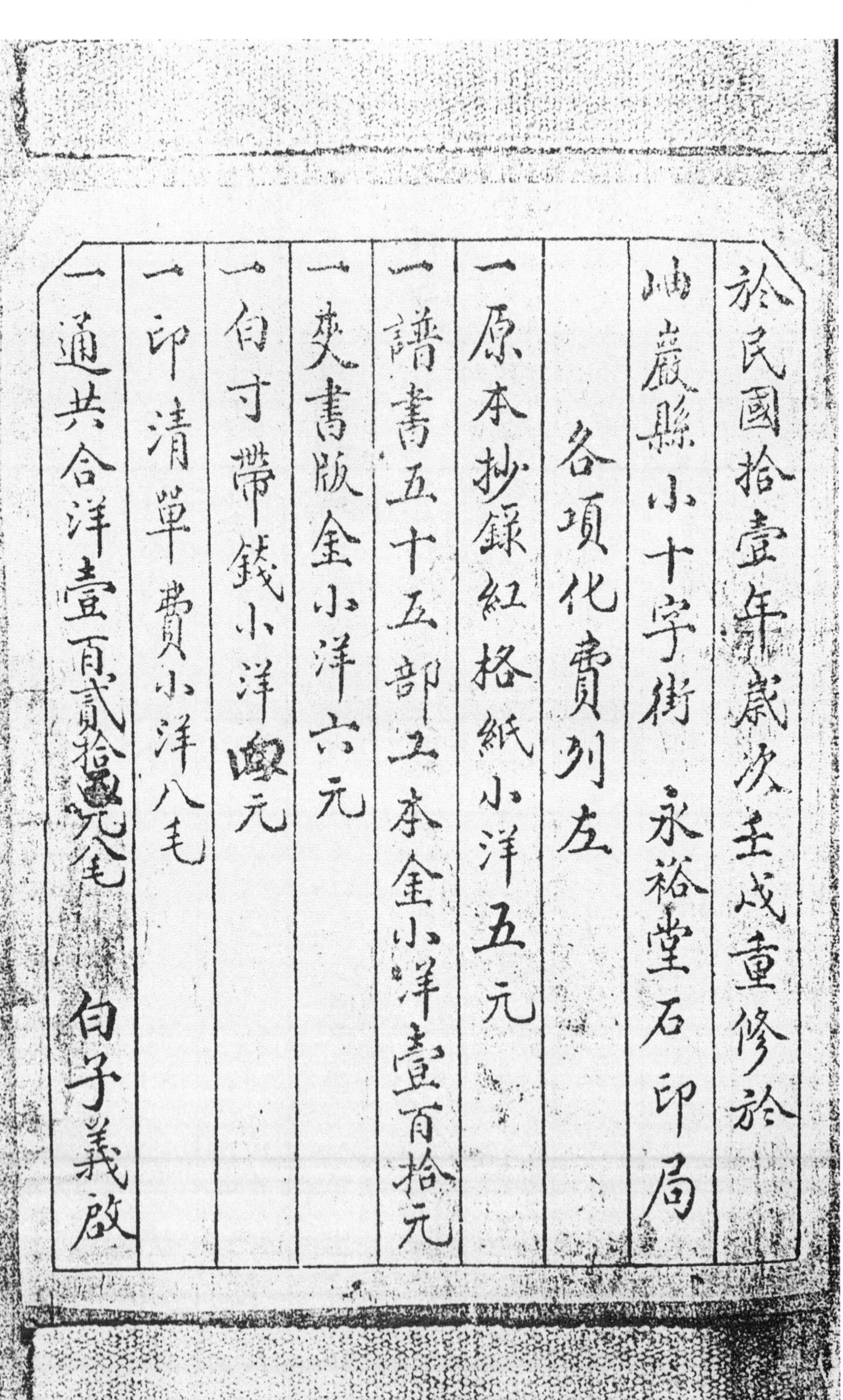

於民國拾壹年歲次壬戌重修於
岫巖縣小十字街　永裕堂石印局
各項化費列左
一原本抄錄紅格紙小洋五元
一譜書五十五部工本金小洋壹百拾元
一夾書版金小洋六元
一白寸帶錢小洋[illegible]元
一印清單費小洋八毛
一通共合洋壹百貳拾[illegible]元八毛　白子義啟

每部工本洋贰圆

共五十五部核小洋壹百拾圆

- 九州
  - 達充阿
    - 衣昌阿
      - 吉升
        - 吉成
      - 究住
        - 得祿
          - 愛成阿
        - 得成
          - 愛合阿
        - 得慶
  - 満昌
    - 哲明阿
      - 福住
        - 來發
          - 永壽
      - 留住
        - 六十吾
          - 福林
        - 他司哈
          - 永林
          - 興林
        - 烏司哈
    - 特明阿
      - 福有
      - 福成
    - 佛明阿
      - 雙福
        - 永生
        - 慶生
  - 三達布
    - 保山
      - 保住
        - 貴保
          - 永福
          - 永祿
          - 永祥
    - 漢力根
      - 留玉
        - 五十
        - 丁住
    - 特力布
      - 栓住
        - 得福
          - 永吉
          - 永春
          - 永慶
          - 永祥
        - 得祿

五十三

六勤

五勤

明德

六十五

金梁 無后

文明阿

永明阿

申保住 無后

付明阿

慶安

誇色

來安

石成

全成

永成

占成

章成

立住

雲生

石柱

生子

文富

五十六
番氏

群保

那青阿　永住　無后　艾青阿

四梭　世俊　世元　世奎

萬祥　萬禄　萬福

連祥　連慶

4

3

3

4

5

6 伯玉 無后

7 寅亮 趙氏

8 瑜瑞 劉氏

9 康方 郭氏 何氏
康泉 趙氏
康平 羅氏
康熾 張氏 傅氏 趙氏

10 澤潤 沈氏
溥潤 趙氏
灃潤 趙氏
渭潤
濟潤 李氏
瀛潤
鴻潤
清潤
恩運
承運
昇運
啟運

11 樹德
樹村
樹珠
樹森
樹聲

付青阿 劉氏

- 成安 洪氏 馬氏
  - 瑜璞 羅氏 關氏 關氏
    - 康士 齊氏
    - 鍾鐸 王氏
    - 鈺鐸 趙氏
- 留安 李氏 趙氏
  - 瑜珍 趙氏
    - 康善 江氏
      - 榮春 劉氏
        - 慶林
    - 康山 文氏 關氏
      - 榮升
      - 榮才
    - 康正 楊氏 何氏
      - 漢潤 劉氏

保喜 李氏

伯寗 洪氏

小兵 無后

老各 一名文秀 楊氏

瑜瑾 高氏

雲峰 趙氏

康忠 張氏

榮祿

康明 張氏 劉

康俊 汪氏 傅

洤淵

明淵

康儒 傅氏

澄淵 王氏

康法 趙氏

湘淵 傅氏

喜純

清淵 張氏

豐淵 馬氏

李

壽安　劉氏　常氏

康志　劉氏

瑜路　傅氏

康貞　關氏

清源　傅氏

樹棵

源漳　趙氏

源浚

源灃

康恩　王氏　劉氏

康厚　劉氏

源濟　馬氏

瑜璋　孫氏

康者　郭氏

濟清

淑清

汶清

二世

三世

四世

五世

六世

七世

群安
張氏

瑜環
李氏

瑜璵
趙氏

瑜珂
趙氏

廉榮
佟氏
羅氏

廉祥
馬氏

廉所
唐氏

灝潤

渭清

9

6

惠安 馬氏 于氏

7

瑜琢 張氏 8

康崇 賈氏 9

康廾 張氏

康成 趙氏

康喜 孫氏

康武 馬氏

海潤 汪氏

滿潤 賈氏

澄潤

渶潤

淩潤

洗潤

浗潤

鴻潤 10

江潤

二肥子

春山

10

6

7

8

瑜琫 赫氏 曹氏

瑜珊 孫氏 孟氏

9

康珠 張氏

康順 王氏

康貴 孟氏

康受

康盛 傅氏

當貝子

10

福潤

清潤

三子

受潤

淦潤

6

景亮 劉氏

7

瑜玫 沈氏 8
廉臣 馬氏 9
源潒 汪氏
源澗
源浚

瑜玲 文氏
廉明 周氏
源溥 10
廉剛 劉氏 何氏

瑜琯 唐氏
廉義 閆氏

瑜玶 黄氏 王氏
廉奎 劉氏
廉普

12

明青阿
李氏 文

6

文安
張氏

7

瑜璟
劉氏

瑜琚
張氏

8

鈴鐸
劉氏

銀鐸

金鐸

鎔鐸
趙氏

鑄鐸
敖氏

鑑鐸
文氏

鈞鐸
何氏

何桂

桂清

桂榮

桂福

10

13

5

6

李氏 廣娄

7

唐氏 瑜璪 康順

劉趙王唐氏 瑜瑲

康氏 瑜珵

8

鄂氏 康憲 淂潤

吴氏 康書 洪潤

郝氏 康寬 忠潤

康氏 康宸

9 康韻

10

瑞安 尹氏 関氏

瑜琛 汪氏 周氏 張氏

瑜琇 李氏

康惠

康璽 周氏

鴻祥 鴻濱 金潤

康和 関氏

康慶 温氏

押福

康吉 黄氏 周氏

沛潤 灕潤

康福 汪氏

洪潤

湑潤 吳氏

治潤 張氏

汶潤 馬氏

長春

4

5

6

7

福安 張氏
雲泰 羅氏
連科 吴氏
連甲 汪氏
鴻源 李氏
連鳳 文氏
鴻濬 羅氏
貴多

隆安 李氏 闞氏
瑜瑭 汪氏
鎮鐸
鴻濆
銘鐸 趙氏
鴻源
錦鐸 羅氏 吴氏
錫鐸 闞氏 何氏 趙氏
鴻洲
鴻溥
鴻澐
鴻潤
鍈鐸 周氏
鴻治
鴻文

8

9

10

11

16.

6

荣安 趙氏 白

7

瑜玖 趙氏

瑜琅 趙氏

瑜琳 汪氏 8

鍾鑑 李氏

銓鑑 羅氏 9

鎣鑑 趙氏

錕鑑 白 趙氏

鍈鑑 董氏

瀛清

潤清

治清 李氏 10

澄清

浩清

濬清 劉氏

世權

世禎 11

世樑

督興阿 劉氏 趙氏

6

錫安 劉氏

貴安 張氏

7

瑜瑞 王氏 趙氏 高

瑜珅 孫氏 趙

瑜琦 白 趙氏

瑜琨 闞氏

8

康慧 康欽 康恕

康聲 康英 孫氏 康㕣 汪氏 孫氏

康岁 孫氏

康相 鄭氏

9

洤清

漢清 浦清

滙清 闞氏

10

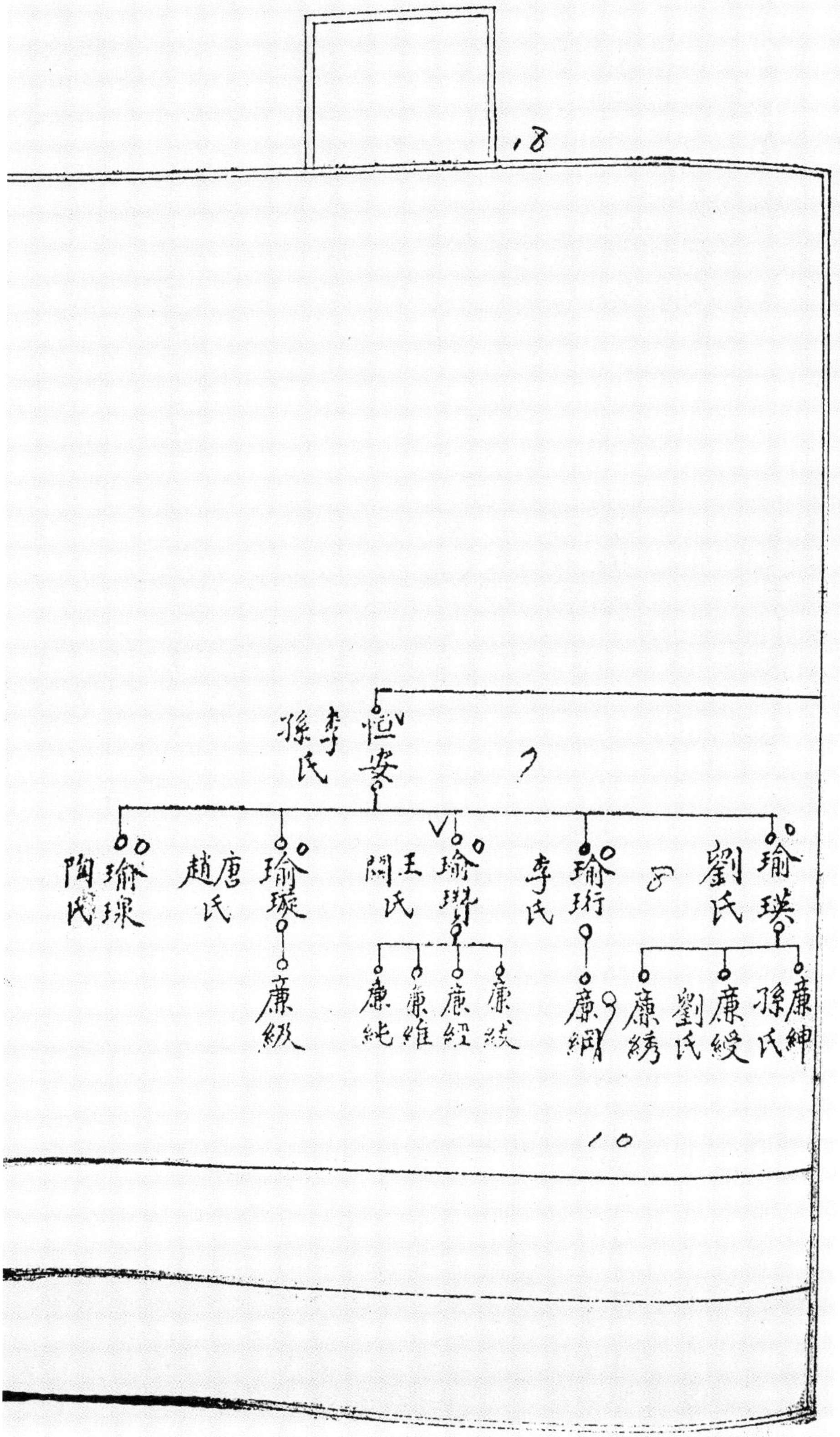

18

恒安
李氏
孫氏

7

瑛 劉氏
康紳 孫氏
康綬 劉氏
康綉

8

珩 李氏
康綗

瑚 王氏 閆氏
康紘 康經 康維 康紀

璇 唐氏 趙氏
康級

球 陶氏

10

- 次子 伯壽
  - 太喜
    - 陶住
      - 得永
        - 保成
          - 吉慶保
        - 保得
          - 慶成
        - 保太
        - 保安
        - 保[illegible]
    - 七十八
      - 常祿
        - 福安
          - 大得
          - 二得
          - 三得
          - 四得
        - 福泰
        - 福隆
      - 舒勒肯 無后
      - 廣成 無后
      - 得慶
        - 福有
          - 大喜
          - 雙喜
          - 成喜
        - 福才
      - 福明
  - 四黑
    - 七十一
      - 艾高阿
        - 雙成
          - 付青阿
          - 錫青阿
        - 福成
          - 付青阿
        - 福隆
        - 羣成
          - 得喜
          - 懷住
        - 章成
          - 得春

20

- 保住
  - 得寿
    - 索住
  - 得喜
    - 石柱
    - 索柱
    - 留住
- 伯德
  - 得成厄（無后）
- 五十九
  - 七成厄
    - 成羣
      - 慶雲
  - 八成厄
    - 来祥
      - 慶豐
      - 慶禄
  - 九成厄
    - 得祥
      - 慶雲
    - 貞祥
    - 中祥
      - 慶升
    - 過祥
      - 慶隆
  - 保成厄
    - 慶祥

6

5

8

9

10

常保

珠林太

六十八

衣令阿

永太

柏英阿

永興

慶連

永才

慶令 福慶 慶祥 慶貴 慶立

永順

慶發 慶典

永慶

慶王 慶琨

柏令阿

永廣

慶方 慶元 慶太 慶住

永全

慶奎

永來

慶德

永福

慶恒 慶齡 慶春

22

二世

三世

四世

五世

六世

- 七十三
  - 保成尼
    - 永住
    - 永福
      - 千生
    - 永立
      - 春生
    - 永安
      - 福生
      - 運生
      - 萬生
    - 永得
      - 党升
      - 有升
      - 奎升
  - 烏成尼
    - 永昌
- 卯丹珠
  - 烏明尼
    - 永祿
  - 吞成尼
- 七十八
  - 永明尼
    - 俊梁
      - 慶霖
    - 俊住
      - 慶喜
- 七十九
  - 色楞尼
    - 俊令
  - 衣成尼
    - 俊祥

二世 三世 四世 五世 六世 七世

常住

三成

巴海　福海　英海

雙喜　丁住　得住　福住　保住　有住　來住　喜住

六十四　永成　保成　慶成　留成　成才　有成　立成　金成　永成　慶成　占成　果成

小六　滿昌　福昌　雲貴　雲得　雲彩　雲鳳　雲隆　允吉　允才　允喜　允生　允祥　允路　允興

連祥　連得　連增

- 德興
  - 寧住
    - 佛青阿
      - 滿成
        - 雲典
    - 常青阿
      - 全成
      - 地成
      - 天成
    - 錫青阿
      - 石成
        - 雲志
      - 永成
    - 札青阿
      - 福成
        - 雲彬
      - 連成
        - 雲珍
        - 雲保
        - 雲舒
      - 喜成
        - 雲昌
        - 雲順
        - 雲横
  - 陶奇
    - 奇青阿
      - 春成
        - 雲青
    - 達青阿
      - 保成
        - 雲發
        - 雲來
      - 得成
        - 雲淩
        - 雲傑
- 清海
  - 奇成
    - 玉成
- 明海
  - 有住
    - 福有
    - 福成
      - 麐壽
      - 麐福
      - 麐有

二七

族

保山

佛保

拉保

七保

四保

五保

均無后

淩雲堂白氏事宜錄

一九八五年复印

二〇〇三年订

46

吾白氏滿洲人也。北有長白是吾故里。清太祖在此發祥。招服滿洲編立八旗。吾白氏編入正黃旗黑太佐領下至順治元年定鼎燕京。吾先祖從龍入關。傳至崇尼力生我二世祖兄弟五人康熙二十六年。撥駐防於盛京岫巖。遂世居馬崇尼力公長子羅起世居哨子河大嶺後白家堡子。次托起世居哨子河南正溝一名教場溝保喜世居哨子河南黃旗溝嶺溝北溝等處。保住無後。五失名回京。保喜係護軍校崇尼力之三子生子五長伯寗次伯壽三常保四常住五保山墓在哨子河街東北嶺溝溝口。伯寗公生子四人。長九爾次五十三。三五十。四小兵於前清乾隆五年二月伯寧公主分居。同親友將洋拉塞房地一份作為一股。憑鬮分抓與九爾名下管業。啃子河南黄旗溝房地一份作為二股。憑鬮分抓與五十三五十七二人名下管業。小兵公無後嗣。後伯寧公卒葬於黄旗溝口東山麓陽宅房後。五十七公生。群住於乾隆三十三年十二月二十日。又生文秀公。乾隆五十五年正月二十日。群住公文秀公二人分居。群住公分得老房東頭二間倉房一間。西溝地一分。西山底下地一份。房前房後之地兩股均分。文秀公憑鬮分得老房西頭三間門樓一間。李家坟頭地一處。上溝廟西山地一處。自分居之後文秀公因無地耕種。於嘉慶十三年開墾廟西溝荒地。居住積蓄群住。公同長子戈青阿、三子卯青阿於嘉慶二十五年二月十八日奉文由岫巖本旗播冊携眷赴雙城堡去訖。次子無後，葬於祖塋北扎欄外。至光緒八年九十有三載，五世同居，論人百有五十餘口。産業已積百萬之多。祖粮約有三千餘石。因人口衆多，房甚窄小，無處修房。遂公議於是年三月按三股鬮分三支。小股亦鬮分，各立門戶。長支分得典買各地價叁拾萬零叁仟壹百八十四吊四百文，按七股分劈。長曰耕讀堂，分得大嶺後張家堡子潮溝西中院典買各[illegible]四

萬二千五百六十二吊

2 次回成善堂分得大嶺後張家堡子潮溝西東院典買各價四

萬二千二百四十吊後因被回祿遷居潮溝東買房居住

3 三回積善堂分到娘娘城因係典契未去遂在大嶺後自家堡

子買地修房居住典買各價四萬二千五百二十吊

4 四回富有堂分在老宅東院典買各價叁萬八千二百五十四

吊四百文

5 五回玉山堂分得大嶺後張家堡子潮溝西西院典買各價四

萬二千三百四十七吊

六曰永善堂分到唐家隈子河西典買各價四萬二千陸百四 6

十六吊

七曰崇善堂分到娘娘城因係典契未去遂有在二道河子買

田宅居住典買各價四萬二千五百二十五吊○次支分得典買

各價三十萬零八千五百二十七吊九百文按五股均劈每股

攤地價六萬一千六百二十五吊

1 長曰永和堂分到唐家隈子未去在大嶺後白家堡子買田庄

居馬

2 次曰雲德堂分到哨子河街

三曰寶善堂分到大嶺後白家堡子一

四曰慶雲堂分到大嶺後白家堡子東頭

五曰同雲堂分到黄旗溝大東園子。末支分得典買各價叁

拾萬零五千二百三十八吊壹百文照四股分劈每股攤地價

七萬六千三百吊有奇

長曰福善堂分到馬道溝

次曰同善堂分到唐家隈子等處居住黄旗溝前房子買劉永

豐之產

三曰錫福堂分到黄旗溝老院

四曰福慶堂分到黃旗溝大西院。各領各產各守各業。為此詳註以誌不忘。至於老分單分書三本各存各支析居之後載齋公羨有譜書可以知支派。遂創修譜書十六部。每股領一部。誠善事也。然迄今已四十餘年。支派既多遷居各方。在譜書者可知支派。未在者不可考也。遂大家公議續修譜書詳細填註方為完善。以近年祭田餘款作為費項。然而遺漏別支實屬不備。而連及外支實難詳考。僅將伯寧之孫五十七之次子文秀公子子孫孫圖譜詳細填註。是為序也

民國十一年春重修於岫巖永裕堂石印局

夫我始祖護軍校崇厄力公。生我二世祖兄弟五人。於清康熙二十六年撥駐防於盛京岫巖。屈指以清康熙二十六年至民國十年共歷二百二十餘年。固子孫振振和氣綿綿莫不稱慶。惟年延日久。雜居異地。往來疏通。名諱不一。漸至長幼失序甚或覿面而弗知其為誰者。念慮及此。因清光緒八年。執齋公同瑜靄軒叔侄二人。創修十六部分給各支。使世世知長幼尊卑。制序井焉。迨至民國十年又歷四十餘載。支派既多。遷居各方。世代既遠。族大支繁。或遷居湮沒而不傳。或散渙紊亂而失序。遂大家公議續修譜書五十部。分給各支以近年際[illegible]

修譜書之費。僅將伯寗之孫。五十七之次子文秀公子子孫孫五百餘口。詳細填註方爲完善。是以各份自帶男支女氏名目。清底填註譜書。以勵族誼可謂孝矣。夫國有史知興失家有譜所以昭世系明統宗也。故老泉蘇氏有云。人家三世不修譜則同小人矣。我族籍隸岫東派分長白。年湮代遠。幾有踈典忘宗之虞。故援古證今。除華崇實。以遠論則出於長白滿洲。以近論由康熙二十六年撥駐防於岫巖世居焉。今歷十一世。名登仕版。世代書香不乏其人。剔至瓜瓞綿綿子孫振振繁衍已久。名字難齊。復詳加考證。俾支分派别一目了然。是爲序也

（没有落款）

蓋聞一年計莫若樹穀。十年計莫若樹樹。百年計莫若樹人。誠哉。樹人之言乃傳家至寶也。試詳言之。今我族雖已重修譜牒。設親族會。嚴整家規。以振家聲。實外表修而內心未治也。即有英華發外未必和順積中。而欲樹人謀百年計。豈可得乎。夫法矩於外。教化於心。聖人之道以教心為上。凡我族欲樹人。造幸福。急宜各立家教。按日早晚定鐘點。會長幼。講道德。說仁義。講四書五經之經言。選諸家家語家訓並孝經烈女傳等。使一家男女長幼耳浴目染。因成風俗。豈非予萬世造幸福之基耶。噫。我族中君子果恒依法興教。其一家長幼或至五倫悖逆[illegible]

故為之說以俟夫後之興起者淵源相繼以垂久遠。銘誌竹帛。永垂

於不朽云云

以十二世至三十一世命名擬定二十字列左

國錫恩承厚　家興慶有餘

平安生盛世　作善學書人

首倡創造人景亮率嫚瑜瑞

發起　璫

續修人瑜

乾隆

吾白氏自

伯寧公生四人長曰九爾次五十三三五十七四小兵於

五年二月十一日

伯寧公主分同親友將羊拉寨房地一分作為一股憑閻分抓

與

九爾公名下管業啃子河南黄旗溝房地一分作為一股憑閻

分抓

五十三

五十七二人名下管業

安公無後嗣後

伯寧公卒葬於黄旗溝口東山麓陽宅房後

五十七公生

群住公

乾隆三十三年十二月二十日又生

文秀公

文秀公配楊氏楊九住之胞姑

乾隆五十五年正月二十日

群住公

文秀公分居

群住公憑閣分得老房東頭兩間倉房一間西溝地一分西山

底下地一處房前房後之地兩股均分

文秀公憑閣分得老房西頭三間門樓一間李家坎頭地一處

上溝廟西山地一處

乾隆五十八年八月二十九日保青阿公生一名白玉

乾隆六十年九月初六日

富青阿公生配劉氏係一面山前劉宜祥之胞姑生於

乾隆五十九年三月十七日

五年十一月初六日

明青阿公生配李氏碾子溝李常凱之胞姑繼娶文氏係紅花

有文忠順之胞妹

七年八月十五日

哲興阿公生一名伯斌配劉氏嵐嶺溝劉瑞來胞妹繼娶趙氏二

道河子趙俊胞妹

十三年三月十二日

文秀公同文舉開墾廟西溝荒場一處

十四年正月十九日

保青阿公赴學讀書八月初三日在學染病初九月到家二十

四日病故無子僅留一女乳名冬姑娘字太狐嶺赫謨爲妻葬

黄旗溝口老塋外北邊 (注：许配)

二十二年二月十一日

東巖寅亮公生一名保安學名廣仁配趙氏山領東趙家溝趙福

胞姊

是年十月十四日

五十七公繼娶潘氏卒十八日合葬於黄旗溝東山麓陽宅房

後塋

二十三年十月十八日

成安公生一名廣義配洪氏羊拉塞洪得福胞姊

十二月二十七日

瑞安公生配尹氏二道洋河尹文斗胞姊繼娶三道溝關氏

二十四年八月十二日

留安公生一名廣禮原配李氏碾子溝李六爺之女繼娶趙氏

土城子趙希文胞姑

二十五年二月十八日

以前四公等係攜眷赴雙城堡去訖

道光

二年十月二十一日典大嶺後册地九段草房三間園地一塊

價一千七百吊

十二月十九日

壽安公生一名廣智配劉氏劉永明妹

三年六月十七日

福安公生配張氏小北溝張謨胞妹

四年八月十三日

硯堂榮安公生一名廣居配趙氏付先錦胞妹繼娶李氏[illegible]

[illegible]胞妹

十一月十二日典黄旗溝裏白文信册地一日價七拾吊
十六日
群安公生一名廣信配張氏張譚胞妹
五年十一月二十七日
隆安公生配李氏碾子溝住繼娶閻氏拉古溝住
九年冬月初六日典黄旗溝劉美册地二十九日草房二處價
三十三百吊
十二月初五日典尹福德地二段一日價一百六十吊
二十四日典黄旗溝裏白士才地六日價三百吊

十年正月十六日買艾青阿分到草房八間園地一塊紅余樹
地十四段三十六日半價九千五百吊
二十日典尹闕德地一塊價五十一吊
冬月初六日
惠安公生配馬氏二道洋河馬利女繼娶于氏于海陞胞妹
十一年二月十八日買滿昌同子丁住坐落哨子河街西頭冊
地五段十日又坐落黃旗溝廟後冊地四段十二日小房三間
共價六千八百吊
十二年六月初六日典頭道干溝張尚仁冊地一日價一百三

十六吊
十二月初六日典北滿白來住册地一段四日價一千八百五
十吊
十一月買金環烏音布坐落大林子下哨地二段十二日價五
十吊
十三年正月二十四日典尹天喜奎房後園地一塊價六十五
吊又典園地五段價六十五吊
本月初八日買白六十八同子姪草房十六間册地二段十五

十四年十月十一日典四道溝楊文喜草房三間冊地十一日
價一千五百吊
冬月十一日典尹冊地四段七日草房二間價一千吊
二十三日典白福生危冊地一段一日半價一千吊
二十七日典頭道干溝趙貴冊地九段三日價一百六十吊
十二月初六日子時
執齋景亮公生一名順安學名廣德一字明軒配劉氏嶺溝劉
慶誠之胞姊
□辰年

阿青阿公續室文氏

是年為家務紛繁

請興阿公因立堂號名曰凌雲堂（注：智興阿是文秀第四子，生四子：榮安、貴安、錫安、恆安）

十五年二月二十三日

依鄉貴安公生一名廣珠一字琪春配張氏大嶺後永恩胞妹

十七年二月十六日典三道洋河伯吾生危冊地三段五日價

錢二千三百吊

十八年十月二十二日典撒馬溝張玉琢冊地二段二日半價

五百五十七吊

正月二十日典北溝白達青阿冊地二日價七百吊

冬月初十日典二道洋河珠成保地二段六日價三千一百四十吊

十二月初六日典白家堡白德亮冊地一段二日價三百十三吊

十一日典哨子河北溝白喜冊地二段四日價九百十吊

入典北溝坟溝口地白傑冊地二段二日四畝價四百吊

十九年正月初一日

福五錫安公生配劉氏嶺溝慶氣胞姊□字名□生

本月二十八日

[illegible]公生配趙氏四道狐嶺趙成祿胞姊

典[illegible]一日典嶺東趙得洲冊地二日價九百吊

[illegible]典尹才興地一段一日價一百十五吊

[illegible]典喜子河北溝侯喜園地一塊價二百二十吊又冊地

[illegible]字園地一塊草房三間價三千零五十吊

[illegible]典河東街樹地三段二日價一千六百五十吊

[illegible]典喇子河北溝趙德喜地二段二日價一千六百吊

[illegible]道光初年度被梢子河張萬祥兄弟等欺凌不堪[illegible]

說將早買满昌同子丁住坐落哨子河西頭冊地五段十月草房三間小園二塊於是年十月初一日逼勒出賣於伊當買冊地錢粮五日希圖久後不受欺辱不意伊等貪心不足欺辱更甚

二十年二月十八日典河東尹奎地一段四日價一千八百十吊

四月十五日典冊地一段五畝價三百六十吊

十月二十日典二道河子王壯冊地十二段六日價一千二百十吊

正月十四日

靄軒瑜瑞公生配劉氏孤家子劉廷彥胞妹

十二月初十日典河東尹雙福地二段二日價九百五十吊

十六日

清興阿公長女適唐住羊拉寨唐家侄子（[illegible]娘与）

二十三日典孤家子孟清晏地一段一日價一百七十吊

二十一年九月二十八日典頭道干溝石拉山底地一日價三

百吊

十月二十日典河東尹萬盛地三段三日共價[illegible]

吊

冬月二十六日典大崗後張福生地一段七日價一千二百八

十吊

二十九日典頭道干溝口張福生地四日價四百吊

十二月初九日典河東唐棟地一段四畝價七十八吊

十九日典西藍旗汪舒印地一段一日價四百三十吊

二十六日典頭道干溝張玉隆地一段二日價二百二十吊

二十日典北溝白士彬地四段七日半價二千六百四十吊

二十二年冬月二十日典二道溝洪得福草房五間山嵐一處

菜園一塊册地五段十七月價三千五百吊
二十二年二月典嶺東趙得令阿草房二間地三段四日山嵐一處
價六百吊
二十三年三月二十九日
文安公生配張氏玉慶之次女
四月十五日典河東佟欽地三段八日價一千七百吊
九月十九日典頭道干溝地一段四日價九百三十吊
十月初六日
隆安公成室

二十二日典白狗子地一段二月草房三間價二百八十吊
冬月二十六日典大嶺後張福昌草房八間地七段三十二月
價五千一百吊
九月二十六日典王才地十段七月房身一處場園一塊價一
千二百七十吊
十二月二十二日典河東尹福隆地一段一日價三百十六吊
初七日典羊拉寨白廣瑞地三段八月價八百吊
二十二日
聘三瑜珍公生配趙氏松樹溝趙瑞昌胞姊

十四年三月十七日
特興阿公配劉氏病故長女適唐亦病故十二月十七日續室趙
氏
我家人口日多無力盡教子弟讀書遂公議章程按老三股每
支人令居長者讀書其餘務農為業至
景執齋公以後家道益富嗣後有子弟均令讀書故
景執齋公亦得讀書惟
壽安公性好讀書因家未甚殷實未能攻書自越農隙習學文
字能寫帳目

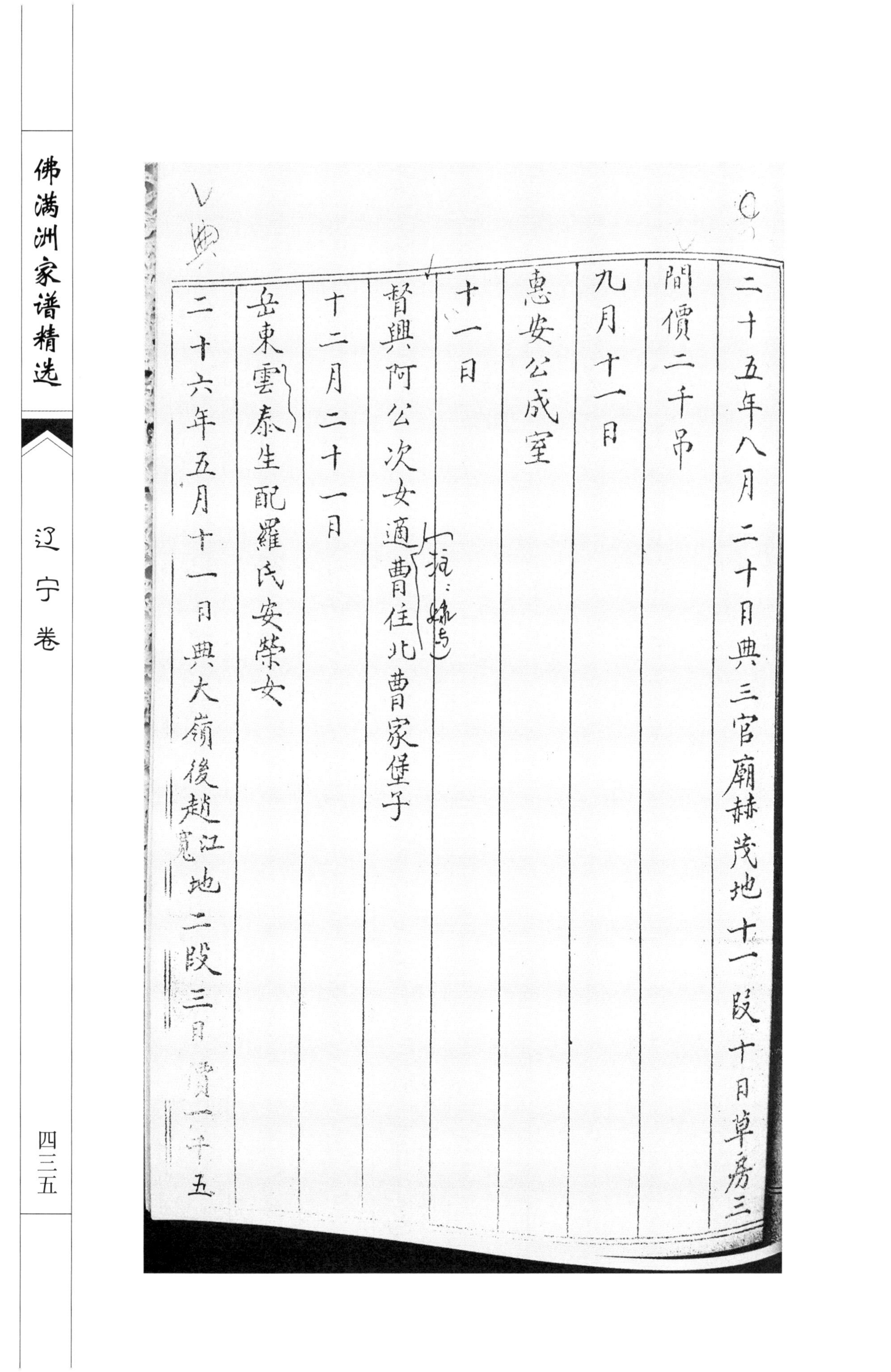

二十五年八月二十日典三官廟赫茂地十一段十月草房三
間價二千吊
九月十一日
惠安公成室
十一日
督興阿公次女適曹住北曹家堡子
十二月二十一日
岳東雲泰生配羅氏安榮女
二十六年五月十一日典大嶺後趙江寬地二段三月價二千五

典

冬月十六日典河東尹福清地一段半月價六十一吊

二十七年正月初二日

瑜琳生配傅氏牌坊傅全福季女（渥渥堂出）

四月初四日典劉永豐黄旗溝排子上地二段草房三間園地

一塊價五千吊

是年春

榮硯堂公入泮九月十五（蓬蓬入學）

硯堂原配趙氏病故

典 典

九月初二日

瑜琇公生配李氏雙全女

冬月初九日典白永吉地半日價二百七十吊

十二月初二日

子厚廣安公生配李氏常凱胞妹

十二月二十一日

硯堂公續室

二十八年二月初六日典鄭廷相地一日價二百吊

十二月初二日典河東馬利地一段五日價一千七百七十吊。

是年有張嵩科馬車兩輛率伊地户劉立興馬車兩輛拉石數

日在伊六日地河身堵擋横壩數道。後河水漲發。冲去咱小河

東兩地十餘日此時咱家微覺盈餘。恐惹氣傷財。未敢與抗違

只得隱忍以受。誰知伊等貪心不足。復向咱生事。别無釁隙可

尋。此時

暂興阿公尖山子台差方滿。正回旗銷差之際。而嵩科依恃伊

弟嵩齡充當領催。在旗操權控禀。

暂興阿公悮操有碍國操大典。在旗衆兵不服。遂具連名呈四

十餘人赴省上控。被將軍批回在旗守候。僅留

廿

晋興阿公在省候案三四年之久。經人調說侵佔咱地僅讓出十數日。以完此事。候有十數年。伊財又養足猶向咱生事要地。晋興阿公商議。閤家言咱不必與伊抗違。要地咱即讓出。咱有向伊爭訟化錢若干。又能置買這些地段。咱何必向伊爭奪。閤家無奈。只得允肯。因記此一段話。以記先人受人欺辱。以示後人知曉。設有志者自當枕戈待旦。卧薪嘗膽。不忘此仇。以雪遺恨。後人見此字思之。記之。勉之。

晋興阿公即於是年退差。助

當肯阿公治理家務

二十九年八月十六日

瀜浦瑜琳公生配汪氏舒達女

典七月三十日典大嶺後張富地二段三日價一千六百三十吊

九月二十二日

燂山瑜璞生一字濟瀛配羅氏保林胞妹

冬月十一日典嶺東趙珍地四日半價一千三百吊

十二月十七日典劉永豐黃旗濇草房三間園地一塊冊地三

段十一日價四千四百吊

三十年十月二十九日典河東白福山興地二段五日半價二千

八百吊

是年春

寅東巖公赴童試未售。遂棄讀披甲。後在廟台旗界以。保安領

名呈報科地二百三十六畝六分六釐五。蒙戶部准覆。輸租在

案。坐落在大林子下哨處

成安公

壽安公攜眷赴唐家隈子種地去訖

咸豐元年正月初三日典張玉山景林草房五間園地二塊地廿五段三

十五日價一萬五千吊

嘆

正月初六日買劉文玉余地十一段二十四畝價二千六百吊

又買草房八間園地二塊房銀三十兩

二月二十七日買張永德草房三間園地一塊山嵐一處冊地

三段二十三日價八千吊坐落小北溝子

六月二十九日

執齋公成室

九月二十一日

瑜琅公生配趙氏付克錦女

三年正月二十日典汪毓昌地三段二月半價一千一百吊

二十九日买唐天增草房八间山岚一处贺力布领名册地六
段十九日价一万吊
二月初一日典河东何彬坤地二段四日价六百吊
十四日典何坤地二段二日价三百八十吊
四月初八日
惠安公续室
七月二十五日
宝臣瑜瑭公生配汪氏舒英女
十月初二日

媚川公成室

十八月典張譚地二段十月價一千八百八十吊

本月二十七月典尹學禮地三段三畝價二十吊

十二月二十一月典河東佟福連地一段四月價九百五十吊

三年二月十五月買誇色同弟慶安草房八間園地二塊前房

身一處正溝裏草房五間園地一塊紅余料地九段一百二十

五畝五嵐五處價九千六百五十吊

二月二十日典尹志草房三間園地一塊價三百吊

二十四月典河東何坤地三段一月半價三百吊外借錢九百

四月二十三日典羊拉寨白廣瑞地一段二日價二百三十吊
冬月初九日典河東尹福盛地二段二畝價二十五吊
十二月十三日典白家堡子白六十五地一日價一百零五吊
十二月二十三日
瑜瑛公生配趙氏二道子趙九先生女
東巖公退伍回家治理家務
四年十月十六日
文秀公配楊氏卒冬月十九日發引安葬黄旗溝口東山麓房

後韻堂

十月十六日

瑜琨公生配關氏紅旗營子恒昌女

是年

東巖雲太均蒙皇恩准授監生

十二月二十一日

我鄉瑜璋公生配孫氏漢洳河恒孚女

五年二月初六日典崩東趙永祿成草房三間地四段一日價一

百四十五吊

九月二十七月典趙富貴地一段二月價五百吊

是年

榮硯堂補廩生

冬月初九日典頭道干溝張文喜地一段二月價四百八十一

吊

十二月二十三日

瑜玫公生配沈氏三道林子沈際隆次女

六年十月二十一日

瑜琦公字曉岜生配趙氏小狐嶺殿英女

五月初六日

文秀公卒七月十七日發引安葬祖塋

十月二十一日

瑜琇公母尹氏病故

冬月初六日買名昌成草房三間園地一塊山嵐二處價銀二十

兩伊祖付青阿領名冊地三段五十四畝余地一段十二畝價

七十吊

二十一月典尹昌福園地一塊南叉溝南山地四段價二十五

吊

七年三月二十四月

锡安公成室

闰五月二十六日典孤家子刘廷彦草房八间用地五段三十

日价三千六百五十吊

十月初一日

恒安公生配李氏关门山住

戌年

十二月典白天珍地三段九日价三千一百四十吊

八年五月十一日买董会林草房四间园地三块房身一处用

地八段六十七亩银一百两价一万零九百五十吊

八二十三日

乾齋蒙 恩准授監生

晉興阿公逢 恩詔准授從九品

五月二十八日

瑞璨公生配汪氏寶三次女

九月十九日

瑞鵬軒公成室

貴安公入泮

十月二十八日買劉福順同子吉升冊地八段三十三日價

萬三千四百吊草房四間以及山嵐價銀二十兩

十二月十六日典那慎德草房五間園地二塊前後山嵐二處

地五段二十一日價四千四百十三吊

是年戊午科

榮硯堂被薦卷取中謄録

九年五月二十七日

峪坡公成室

硯堂拔貢

峪坡入泮

又于十八年買唐天升同子唐振房身二處園地一塊價銀八十三兩五錢

章程

是年公議設立支使章程開列於後

蓋聞治國必先齊家。齊家更難於治國。治國必有成章。齊家更有成規。况我家人口衆多。事務浩繁。親疎不等。愛憎多清如愚不同。好惡攸分。若無一定章程。在我無一定之衡。馭人無不異之鑑。勢必至於嘻嗃成風。詬誶交謫。今同闔家酌議預定成規已往者不必追究。未來者應共遵循。所有條目開列於左。永遠著爲定例。如敢故違。難逃衆議。至於條例未有者隨時共議再

續於後

一男人每年穿衣錢三十吊

一女人每年穿衣錢十五吊

一生男女小孩每歲給錢一吊至十五歲每年給錢三十吊

一娶媳婦每名給穿戴錢二百八十吊外給櫃箱一套外給石

斂錢十七吊若親家要兩次雙猪雙酒不給櫃箱

一姑娘出門每名給錢一百八十吊

一娶媳過三年後每名給穿衣錢十五吊如三月内娶扣去兩

月僅給十個月穿衣錢

女兒上門如四月內出門扣去未來者八個月僅給四個月

穿衣錢

一女兒出門女壻頭一年來拜年公議公中出錢二吊至未過門女壻來拜年公中不出任女兒父母自便

一女兒出門後回門不給錢至於上推車每名給錢四十吊猪一口其餘給多少任女兒父母自便公中不管

一嫡妻過門病故續娶者仍給錢二百八十吊扣去金鉗錢六十吊僅給二百二十吊

一小兒定親換盅給裝烟錢四吊送會親猪酒給裝烟錢四吊

至於問話送衣裳裝烟錢小兒父母自出公中不管尋常有事

故至小兒大人家媳婦若出裝烟小兒父母並伊祖父母吃烟

仍宜伊祖父母並父母出裝烟錢公中不管若外人吃烟公中

共議出錢四吊再多者吃烟人自出不與伊祖父母並公中相

干

一閨女出門後每年給錢四吊以六年為期過期不給錢如有

給者任伊父母自便公中不管

一續娶者換盅給裝烟錢十吊

一小兒會親事若要猪酒仍送猪酒若折錢共議給錢四十吊

自不可照四吊之數共議給裝烟錢十吊再多者任伊父母自便公中不管

一婦人生小孩共議給鷄子錢二吊如有未足月生者共議給錢一吊

一新娶媳婦當給新蓆一領俟後自買公中不管

一家人善能赶車出門誠實謹慎者每年公中外給靰鞡錢三吊出門穿吊面羊皮襖一身

是年

富青阿公

明青阿公蒙
皇恩准授從九品
十年二月二十八日買曹康兩地三十日價一萬五千三百吊
三月二十一日
文安公成室
八月十四日買河東陳殿元草房六間園地三塊山嵐一處價
銀六十兩
十二月初四日買黄旗满烏桐阿房身二處草房十三間場園
一處山嵐園地一塊銀一百五十兩餘地四段四日價一千五

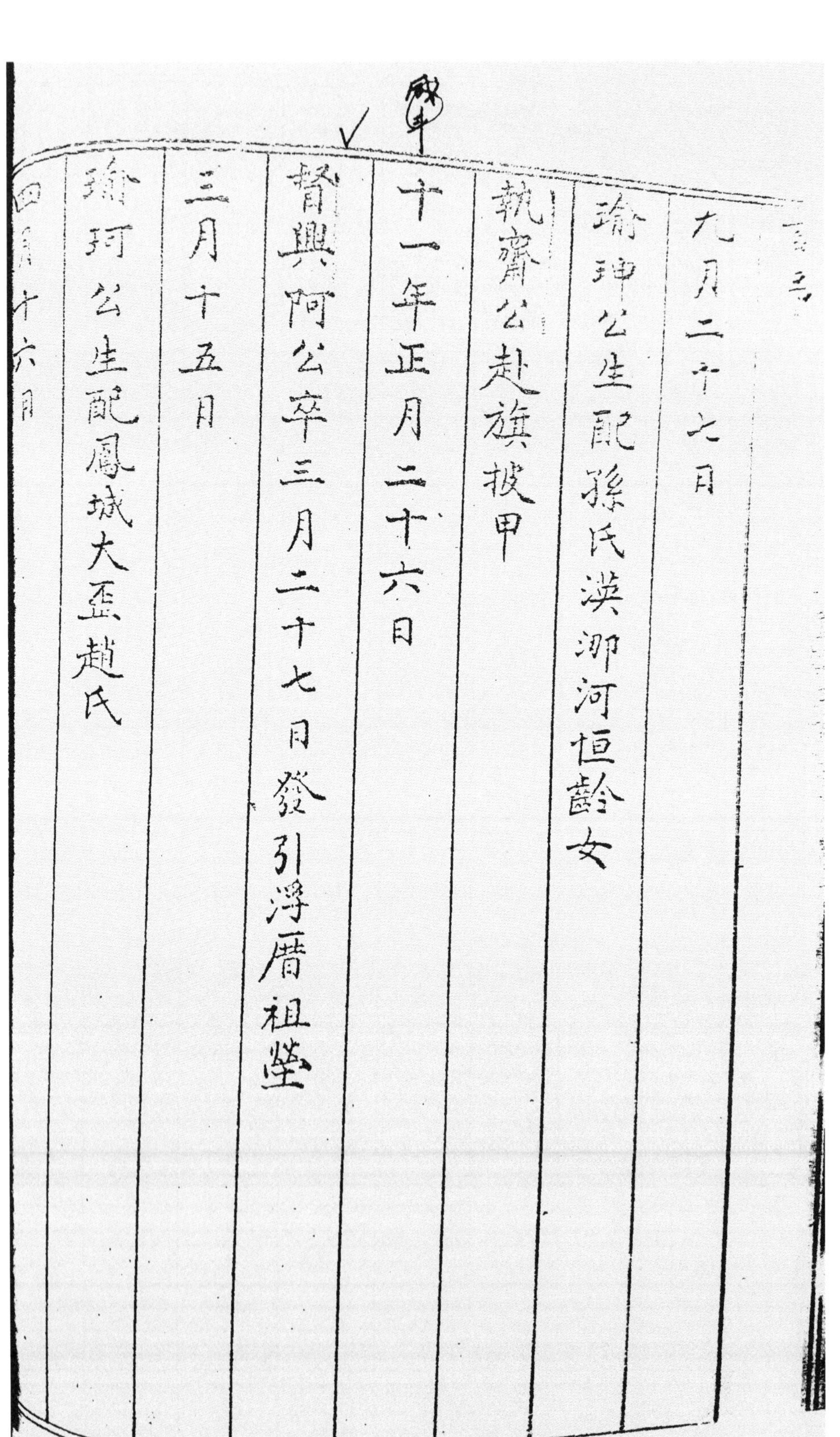
九月二十七日
瑜珅公生配孫氏渓洳河恒齡女
執齋公赴旗披甲
十一年正月二十六日
㬜興阿公卒三月二十七日發引淨厝祖塋
三月十五日
瑜珂公生配鳳城大歪趙氏
四月十六日

胥興阿公繼室辛
五月十一日買河東鳳林草房五間園地三塊山嵐一處銀
九十兩
九月二十三日
瑜玲公生配文氏瑞麟胞妹
九月二十九日
瑜琢公生配張氏吉爾占布女
冬月二十七日典三义嶺王永隆用地二畝價三十五吊
同治元年三月十五日買唐天志房身二處園地一塊山嵐一處銀

二百两
七月十二月買唐恒泰草房九間園地一塊山嵐園地一塊銀
一百七十兩
七月二十八月典河東尹福增冊地二段一日半價五百八十
吊
八月初二月買唐天聰喜南店房十間限子草房三間園地四塊
山嵐二處房身一處銀二百三十兩賀立布領名冊地十三段
三十六月價一萬三千二百三十吊
八月初九月

康儒生配傅氏洋拉寨成珠女

八月二十七月

瑜珍公成室

二年正月二十四日買二道河子常安草房十間銀一百兩册地十

𠬝四十日余地三𠬝十日價二萬三千吊

二月初一日買孤家子衣興阿草房十間園地一塊銀一百兩册

地一𠬝八日餘地八日價七百四十吊

成安公缺嗣過繼

瑜璞為嗣

五年二月初三日買孤家子阿克冬阿草房十間園地一塊銀

七十兩冊地二段十三日價五千二百吊

二月十八日典河東白成發冊地六日草房七間價八百吊

三月十三日

瑜珍公毋李宜人病故葬黄旗溝南坟塋溝

六月二十二日買趙鴻昌兵缺地一段二日二畝價三百吊草

房三十間園地山嵐六處銀八十兩伊祖阿會領名冊地十七

晌五十日餘地二段八日價一萬五千六百吊

六月二十八日典又溝口東山根趙恩林地一日價二百七十

五吊

十月十二日典河東白永發地一段一日半價四百吊

十月十三日

瑜璿公生配何承祿女大湯溝住

十二月初一日買唐玉房身二處草房三間園地三塊銀七十

七兩

又典趙雙（永）成地三段四日半價二千二百吊

十二月初三日典白家堡劉永寬地二段三日價七百七十吊

十九日典河東白富有地九日價三千四百十吊

無

甲午年甲子科

榮硯堂中式順天一百五十九名文舉人

八月初八日

隆安公病故無嗣過繼

瑜璐公為嗣

四年十二月初一日典啃子河街李冠軍草房十八間園地一塊

價二千吊

二月十三日典尹成增地二段二畝價四十吊

七月初六日買二道河子劉廷美冊地十五段五十日價一萬

五年三月初四日典趙永奎地三段八日草房三間山嵐二處

價二千七百吊

六月二十四日

瑜玖公生

七月二十六日買孤家子劉恒吉劉蓉草房四間園地一塊銀

三十兩冊地六段十八日價五千吊

十月二十四日買白永寬草房三間園地三塊銀二十兩坐落黃旗滿

冬月初九日典孫昌發地六日價一千三百吊

十一日買白家堡白德成冊地九段二十九日價一萬六千吊

冬月十一日

康善生配汪氏承瑞女

冬月二十六日

康法生配趙氏祭祀雲慶女

十二月十三日典北溝白永發地二段半日價二百吊

十六日買董家堡南溝草房四間園地一塊山嵐三處銀三十

兩冊地六段八日價六千吊

六年二月十七日典頭道干溝張訓地一段二日價三百十吊

二月二十三日

康方生配郭氏

五月二十四日買河東陳永來草房三間園地三塊山嵐園地

三處銀七十兩

七月二十七日典尹有德興地二段四畝價三百吊

又典尹周氏地一段一日半價二百五十吊

十月二十四日

瑜琳公成室

七月二十一日

瑜璞公成室

是年丁卯

貴仙鄉公中式副榜

七年二月初三日

康福生配汪氏毓保女

二月二十九日典蓋雲茂地一日價三百七十吊

冬月初六日買張永福草房十間園地三塊銀一百兩冊地十

二段七月價一萬吊

八月初八日買河東白哈達草房六間園地三塊銀一百十兩

八月二十五日買趙洪昌房園山嵐一處銀十兩

八年七月初四日

廉泉生配趙氏德齡女

七年九月初二日

瑜瑆公生

七年十月二十一日買孤家子吉升冊地五段十二月料地一段八月山

嵐一處價一萬三千吊

又典河東陳殿元冊地十三段二十七日二畝價一萬三十三

百吊

七年冬月二十六日買二道河子張鵬令冊地二段九畝園地二塊

价一千七百五十吊
七年十月初十日
瑜璞公母洪氏病故葬南坟茔满
八年正月二十七日
瑜瑾公生
老宅重修瓦房四月十三日上樑
瑜瑞公入泮
云峰公贡生
瑜琳公贡生

廣安公貢生

七月初二日

瑜琅公成室

冬月十七日買衣興阿張家堡草房六間園地三塊銀一百兩

冊地十段二十四日餘地三段十二日價一萬六千六百吊

二十四日典白有尼草房三間園地二塊地一日價八百六十

吊

九年正月為家務不齊因又共議各項章程續添於後

一夥房菜飯家中婦女準其去吃不許任意揑在本屋去吃

19 一家中鷄鴨鵝等不准小櫃私自養護如有犯者被人查出入
公
20 一小兒媳婦換盅每名給礼物錢六吊再多者公中不管
21 一小兒娶親初次上岳父家拜年公中共議給禮物錢三吊再
多者公中不管嗣後再往岳父家拜年自備禮物公中不管
22 一小兒娶親僱音樂公中共議給錢十吊賞錢二吊小官紅布
一疋再多者公中不管如不僱音樂紅布未有
23 一閨女出門初次生兒女時公中共議下乳錢三吊其餘公中
不管

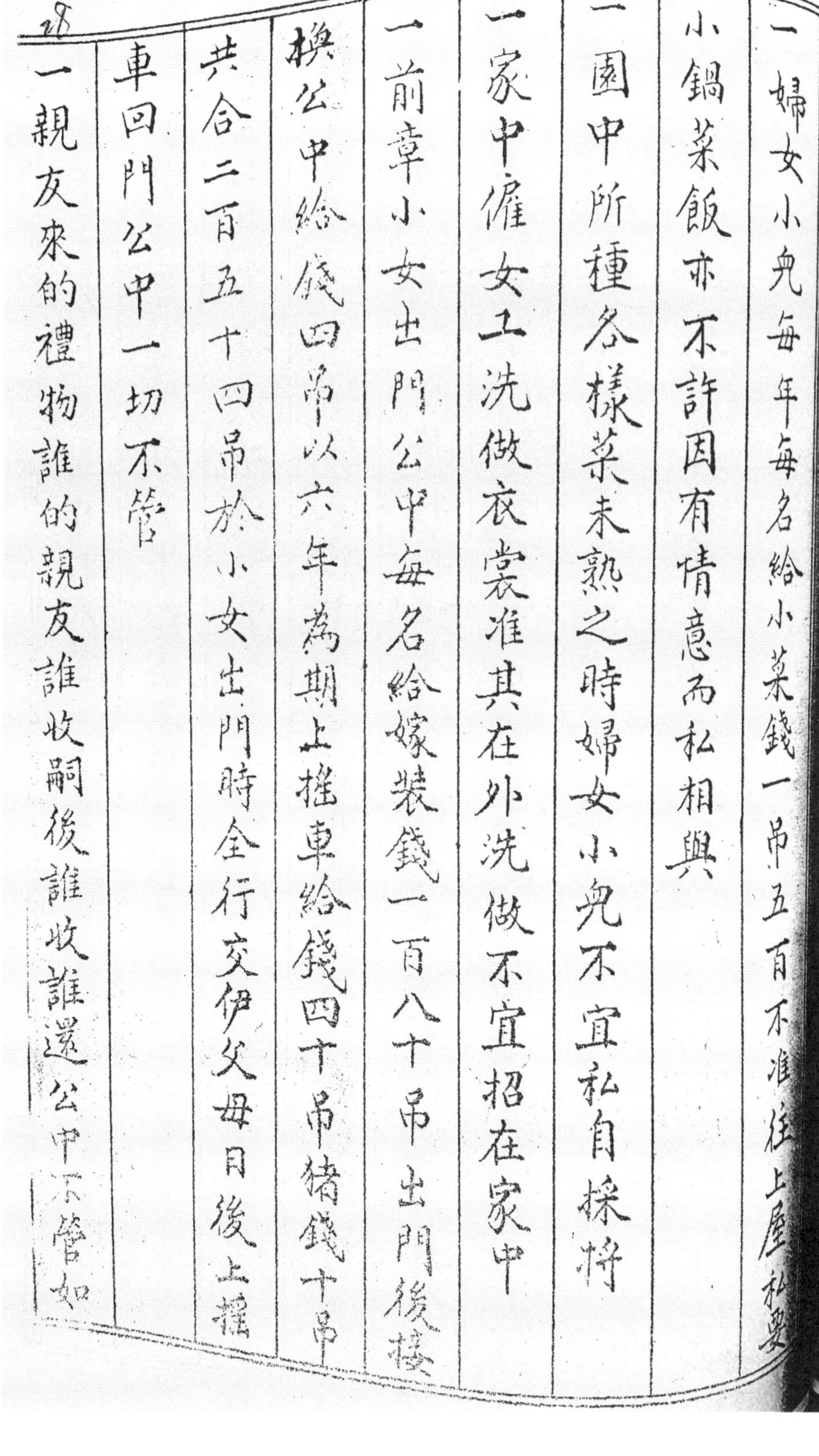

一婦女小兒每年每名給小菜錢一吊五百不准往上屋私要
小鍋菜飯亦不許因有情意而私相與
一園中所種各樣菜末熟之時婦女小兒不宜私自採將
一家中雇女工洗做衣裳准其在外洗做不宜招在家中
一前章小女出門公中每名給嫁裝錢一百八十吊出門後樓
換公中給錢四吊以六年為期上摇車給錢四十吊猪錢十吊
共合二百五十四吊於小女出門時全行交伊父母日後上摇
車回門公中一切不管
一親友來的禮物誰的親友誰收嗣後誰收誰還公中不管如

公中欠人情意公中打人情

一男年至五十者公中給壽衣錢三百吊

一小兒女每歲增錢一吊

一婦女每年增穿衣錢十五吊窓户紙燈油炕蓆公中不管

一每年分吃食等物無論男女在家者有分不在家者無分再

小孩未過生日分毫不宜分給至三歲以内分給半分三歲以

外分給正分

二月初四月買唐天明房身二處園地二塊銀一百七十七兩

二月初八月買白家侄白德雲草房三間園地二塊銀二十五

兩

五月初一日典白閏冊地一段一日錢一百二十吊

五月初二日買白廣增伊祖滿昌領名冊地二十日白山領名冊地

十六日價一萬二千吊又房園二處草房十七間園地二塊山嵐園地二

處銀九十兩

五月二十一日

瑜瑭成室

閏十月初三日

廉山正同乳生

年十二月十二日

瑜琚生

銓鑑生

冬月初六日典白安福地二日錢九百吊

冬月初七日典尹明地三段三日錢二千零十吊

十一日買張慶雲房身一處園地三塊銀二百兩

十八日典白永祿地三段三日價二百吊

十二月初六日買大嶺後張居住房身四處草房五間園地二塊銀二百兩科地二段三日價四千七百吊

初八日買白家堡白得成園地四塊銀六百兩

是年

紫硯堂補京西慕陵禮部員外郎

雲峰公補翰林院筆帖式

十年四月初八日

康貞生

五月初十日

連科生

十月初二日買唐奎中草房四間房身二處園地三塊五畝一處

銀七十四兩
十二月初八日典張大同地六日價四百七十五吊
初六日典張雙喜册地四叚三日餘地一叚三畝園地一塊價
三千吊
初十日買董家堡子董玉林房園地一塊銀五十兩
十二日典白德貴地一日價二百吊
二十三日買大嶺後張金房園二處草房四間園地九塊山嵐三
處銀三百二十兩
十八日

瑜瑞公母赵恭人卒安葬黄旗满排子上

二十六日買白家垡白德亮册地四段二十二畝價四千六百

吊草房六間房身一處銀三十二兩

是年

瑜琳公補京刑部筆帖式

十一年正月二十五日典劉尭德草房三間園地二畝價二百

九十吊

二月初六日

鍈鑑生

康文生

又典吉人冊地十八畝一百四十日草房五處價五萬九千吊

八月二十日

鎮鐸生

二十九日

瑜瑲公生

十月二十三日

瑜玶公生

十一月十七日典劉瑞裕冊地三十三日草房十六間價一萬

吊
又典劉寬草房十間場園一處冊地二十五日價五千五百四
十三吊
十二月十六日買白廣成草房四間園地一塊銀一百兩
二十六日典朱茂達地二段六日價一千二百三十吊
瑜琅公蒙皇恩准授監生
群安公携眷赴唐家限子種地換回
成安公歸老宅
十二年正月十七日借給席廷美塋地一座坐落在哨子河北

立有借帖為證
買唐奎房身三處園地三塊銀七十三兩
二月初六日典曹永志地一段四月價七百二十吊
十三月買長瑞房身一處園地一處銀六十四兩
四月二十六月
瑜玫公成室
六月二十四日典河東白天榮地一段三月價一千二百八十
吊
八月十二日典頭道干溝張文富地二段十四日草房十二間

價二千三百吊
十一月初九日
廉志生
瑜璞公貢生
十三年二月十一日典河東白成仁地十六段三十四日價一
萬二千吊
三月二十六日典嶺後張松林草房五間園地一塊價一百六
十吊
四月初九日典一面山劉振江遼陽米地十四畝埽坎地二十

卧草房二十五間價三千吊

四月十八日買三家子隆興之祖丁住領名冊地八段二十五

日草房三間價一萬零七百吊

五月初一日典羊拉寨伯閏冊地二日價三百十吊

又典伯奎地五段一日價五十六吊

又典伯福榮地二段一日價七十吊

八月十一日典頭道干溝劉永吉草房十八間地九段二十六

日價九千四百五十吊

九月十二日典二道河子劉貴接典張姓地五段三十五日

房六間園地二塊價八千吊

又典劉海慶地三十日價代欠租一萬吊

十二月初一日買張忠志草房三間園地三塊銀八十四兩

十二月初六日典劉殿法地一段十九日價三千二百五十吊

十二月買二道河子傅德俊草房十七間冊地六十四日斜地

八月價三萬五十五百吊

二月十三日

明青阿公卒堂曆四月十三日安葬黄旗溝口東山老塋

十月十七日

光緒同治咸豐

富青阿公卒，堂厝冬月二十一日安葬老茔

光绪元年二月十三日

康忠生

正月十一日

瑜瑞公生

六月十三日

康甲生

二月二十七日買河東何福彬冊地四段九月價四千四百吊

八月十九日

恒安公成室
六月二十七日
雲蓉坡在京裱褙胡同本宅病故由京僱駝驕十月初九日靈
到家在家東大門口外停柩三日發引淨厝祖墓東山根後安
葬响哨新塋
瑜琅公挑得馬甲
十一月十五日
廉平生
二年正月十九日買一面山前寨萬寬達陽鎮米地十一段四

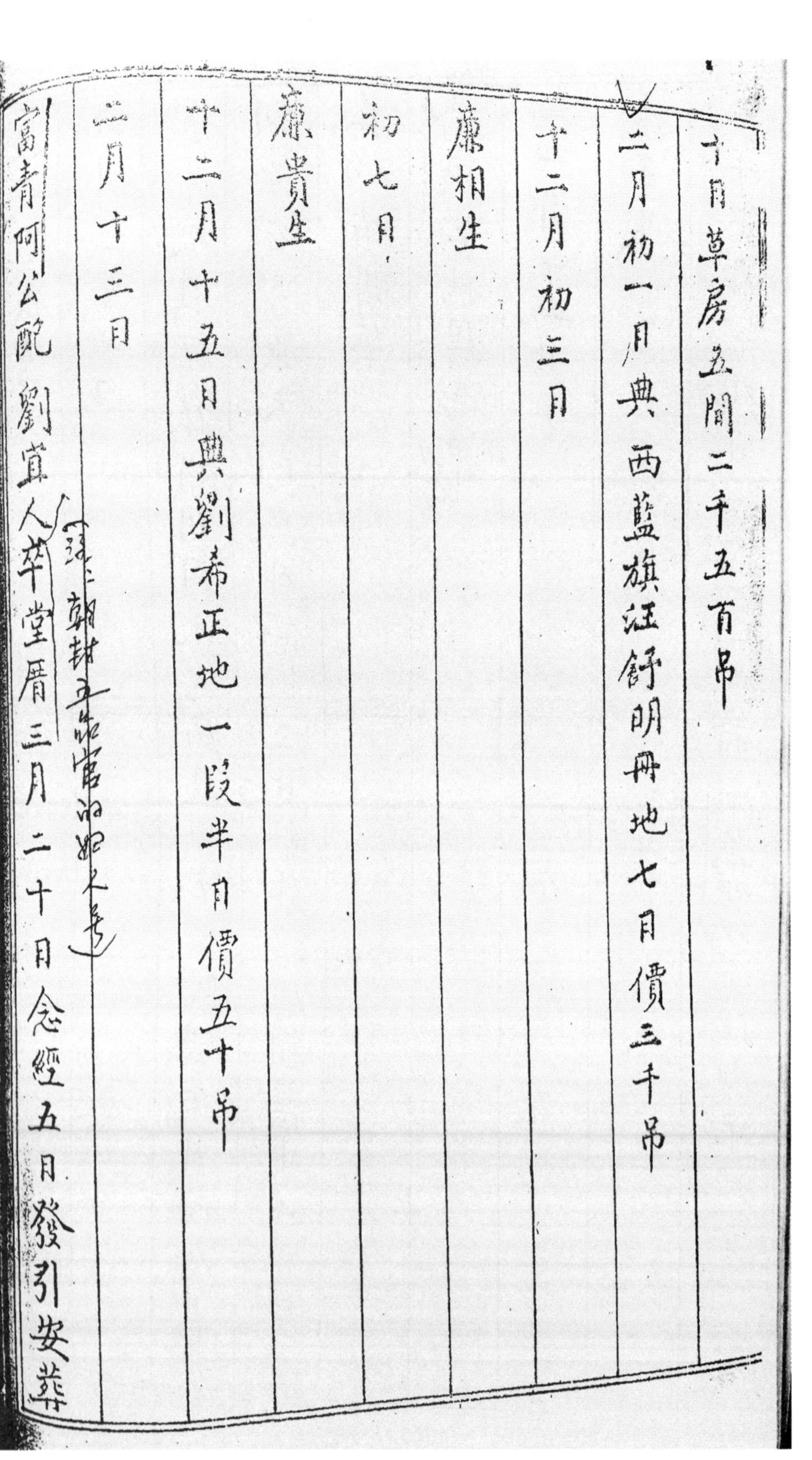
十间草房五間二千五百吊
二月初一日典西藍旗汪舒明冊地七日價三千吊
十二月初三日
廉相生
初七日
廉貴生
十二月十五日典劉希正地一段半日價五十吊
二月十三日
富青阿公配劉宜人卒堂屑三月二十日念經五日發引安葬
(註:朝封五品宫(?)的如夫人)

祖塋

瑜璞公由貢生補翰林院筆帖式
瑜琠公挑得馬甲
東巖公貤封朝議大夫趙氏貤封恭人（注：四品官的妇人封号）
三年正月二十六月典尹文彬地三段草房六間園地一塊房
園一處價五百六十吊
又典張永亨地五段三月價四百七十吊
三月二十八日典頭道干溝趙文選地一段三月價三百吊
三月二十四日買二道洋河佟保童園地一塊價六十兩

七月初六日買白福盛小河口房身一處園地一塊價銀二百
四十五兩
八月二十九日典馬成傑册地十八段四十六日草房三十間
價一萬三千四百三十吊
冬月二十一日典白天貴地二十五段四十五日價一萬八千吊
二十四日典河東白永茂地一段一日價三百八十吊
十二月初一日典白萬金地五段六日價三千九百二十吊
又典白永慶地三段十二日價四千六百五十吊
十三日典白成仁地一日價五百吊

七月十九日

康俊成室

十月二十二日

瑜琢公成室

瑜珍公由貢生補授都察院筆帖式

雲泰俟補吏部筆帖式

四年六月初一日典趙瑞德地十段九月草房四間園地二塊

山嵐六處價五千七百吊

四月十四日

瑜瑛公生

六月二十一日

康恩生

九月十一日

康選生

二十一日

康仁生

十月二十七日典尹清泰冊地八段六日草房三間價一千零

八十吊

冬月十三日典冊地九段十日草房三間價二千二百吊

二十四日典尹福裕成地二十一段二十二日草房三間價一萬

零零六十吊

入典尹開房冊地三段六日價二千四百吊又添地二段價一千

三百三十三吊

十月十七日

瑜琛成室

榮硯堂調京戶部員外郎貴州司行走

五年三月十三日典尹富俊地二段一日半價五百六十吊

又典尹國俊常德草房三間園地四塊地四十二段三十七月
五畝價一萬二千五百三十吊
又典尹成德富德草房五間地二段一月半山嵐一處價六百五十
吊
九月二十七日
錦鐸生
十二月十二日典泡子園劉奎卅草房三間山嵐一處地二段
二日辛價六百六十吊
冬月十一日

景執齋補授戶部筆帖式經會司行走

瑜瑞公附貢生

瑜琇公監生

瑜璐公監生

瑜玖公貢生議叙主簿

瑜瑛公監生

瑜瑭公監生

瑜琨公監生

六年正月二十一日

瑜瓖公生
七月初六日
康爔生
八月十六日
連鳳生
九月二十二日
康棻生
冬月十四日
康厚生

八月二十一日買劉富大窪二窪地五段八日價五千三百吊
十二月初六日典嶺東趙祿地十一段草房十門山嵐四處價
六千吊
是年
廣安公由貢補授吏部筆帖式議叙七品小京官
六月二十日
景執齋公在户部委署主事
七年三月初六日買白家侄長瑞等園地二塊房園一處草房
六間册地七段九十四畝價一萬一千四百吊銀一百六十兩

冬月二十九日買二道河子王泰威等沙包子地一處價四百
九十吊
十月十六日典河東尹寬地二十段十七間草房十間價五千
七百八十五吊
正月初十日
東巖公卒堂曆三月十一日發引浮厝排子新塋後安葬南廟
東山
七月初三日
瑞璟公成室

五月十八日

景執齋興京倉官

此數年間

文秀公誥封朝議大夫楊氏誥封恭人

富青阿公貤封奉直大夫劉氏貤封宜人

東巖公貤封朝議大夫趙氏貤封恭人

成安公誥封奉政大夫洪氏宜人

瑞安公貤封奉直大夫尹氏宜人

留安公誥封奉政大夫李氏宜人

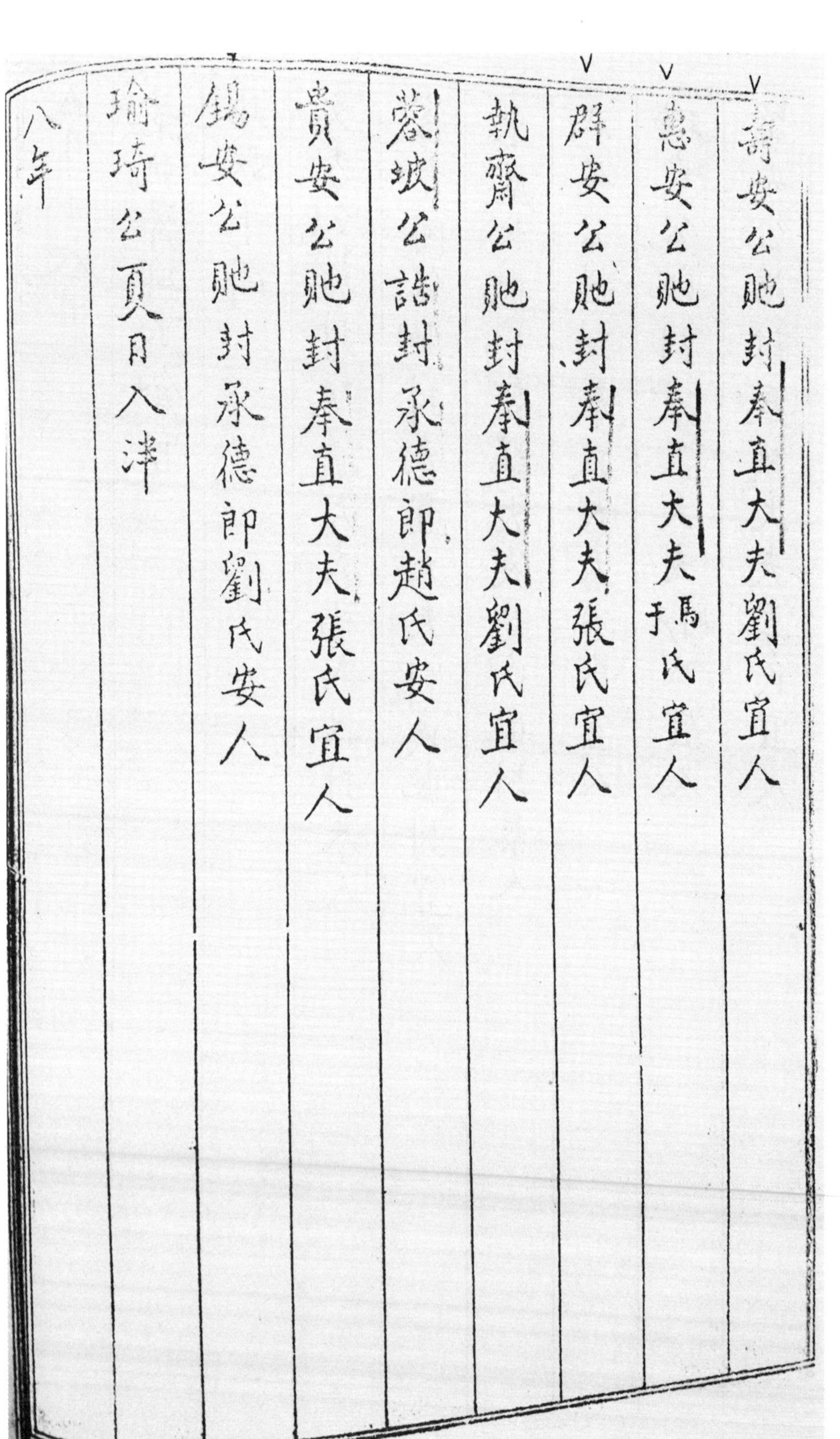

壽安公貤封奉直大夫劉氏宜人
惠安公貤封奉直大夫馬于氏宜人
群安公貤封奉直大夫張氏宜人
執齋公貤封奉直大夫劉氏宜人
馨坡公誥封承德郎趙氏安人
貴安公貤封奉直大夫張氏宜人
錫安公貤封承德郎劉氏安人
瑜琦公夏月入泮
八年

壽安公

犀安公由唐家限子携眷歸回老宅在彼處按年買契既詳註

明至歷年典契一並詳註於後

一典唐輝地價一千二百六十吊

一典唐富地價一千二百十七吊

一典唐天榮地價四百三十吊

一典唐天富地價二百六十五吊

一典唐有地價一百八十吊

一典于增義地價五千三百吊

一典唐有地價六百吊

一典唐富地價二十八吊

一典唐天榮地價二百四十二吊

一典唐天祥地價二百二十八吊

一典唐廣地價四百六十六吊

一典馬福山地價九十二吊

一典馬崇山地價三百二十二吊

一典王喆貞地價一百二十三吊

一典唐廣地價二百吊

一典唐坤地價八十吊
一典唐文祥地價四十吊
一典唐凱地價一百十吊
一典唐成祿地價三千二百四十吊
一典唐文美地價一百二十吊
一典馬振海地價一千九百二十吊
一典馬振開地價四十五吊
一典馬洪地價一百六十吊
一典馬振湖地價二百五十吊

一[illegible]價一百吊

一典小寺廟唐奎地價一百八十八吊

一典唐富地價一百六十八吊

一典胡衣戌阿地價一千二百六十吊

一典唐亮地價一百六十吊

一典唐貴地價一百二十吊

一典詩雅甸那金貴地價七百二十吊

一典關會地價四百七十二吊

一典唐永慶地價二千五百二十吊

一典蔡連輝地價一千七百五十吊

一典于公地價四百十八吊

一典于富有地價四百八十吊

一典梁殿臣地價一千六百五十五吊

一典馬文剛地價二百吊

一典蔡文盛地價三百吊

一典蔡慶地價八百四十五吊

一典蔡景先地價八百吊

一典李德成地價四十吊

一典蔡連吉地價一百五十六吊
一典馬文剛地價五百吊
一典蔡哈隆阿地價四千四百五十吊
一典蔡廣興地價一百二十吊
一典蔡慶地價一千五百吊
一典馬文成地價一百十五吊
一典唐鎮地價一百吊
一典唐天智地價六百吊
一典唐明地價六百三十吊

一典唐天明地價九十吊

一典唐玉地價三百二十吊

一典唐忠地價六十吊

一典唐天明地價一百五十吊

一典唐天瑞地價九百吊

一典唐天井地價一百三十三吊

一典唐文生地價一千七百五十吊

一典唐常平地價五十吊

一典唐儉地價七十吊

一典唐信地價一百吊

一典唐天智地價五百五十吊

一典唐天德地價一千一百吊

一典唐天生地價四百吊

一典馬起云地價三百四十吊

一典唐信忠明地價二千吊

一典沙河南王克禮地價三千零五十吊

一典王忠地價一千二百吊

一典蔡中福地價三千二百五十吊

一典蔡連榮地價一百二十吊
一典馬德奎地價一千四百二十吊
一典馬洪地價四百吊
一典蔡慶福地價八百吊
一典蔡元青地價六百三十吊
一典蔡福云地價五百四十四吊
一典蔡連升 慶地價二千七百吊
七月初三日
廣方成室

自

乾隆五十五年　分家書

羣住公與

文秀公分居迄今年九十有三載。五世同居。人一百五十餘口。

產業已積百萬之多。祖粮約有三千餘石。因人口衆多。房基窄

小。無處修房。遂公議於是年三月按老三股鬮分。每支小股亦

鬮分各立門户

立分書人成瑞錫安等。因吾家我祖開基創業。我父兄弟三人承先

啟後。以迄今日。計年則百有餘年。閲世則同居六世。吾輩豈不

欲效張公之百忍。但生齒百有五十。照拂實覺難周。況同居此
宅基五畝。使樽俎之難容。何若效鼎足三分免擁擠之為愈。爲
此父兄宣諭於子弟。子弟請命於父兄。一家俱無閒言。三支均
有同心。今情願以先人所遺田產、以及牛馬六畜車輛農器日
用鋪墊柴草粮米一切器物搭配三股。有物必勻毫無遺漏。至
房屋少者找錢作價。合家均允別無異說。遂邀親友同面拈得
何處各由天命。自分之後各守各業。決無追悔。試看瓜瓞綿宗。
繩繩緝緝。常此耕讀爲業。子子孫孫念恩情於骨肉。定當能禦
侮鴒原。守忠厚之家傳。誰不解詒謀燕翼。惟望各勵前程無誤。

後進。則後目之統緒。益見蒸蒸日上。即異世之福澤，當更綿綿

無替矣。為此同親友寫立分書三紙清簿三本。各枯一分。嗣後

永遠存照為證。

一文秀公生女一適李係沙里寨碾子溝李德祿之母

一富青阿公生女二長適蔡係沙里寨蔡連樹母次適鄧係娘

娘城鄧連德母

一明青阿公生女一適關金家屯關文妻生女一過繼關美之

子

一賢興阿公生女二長適唐早卒次適曹係曹恒吉之母

一成安公生女三長適馬向哨住早亡次適馬崇山妻三適蔡

景瑞世

一瑞安公生女三長適楊娘娘城住次適趙松樹溝住三適劉

老狐砬子住

一留安公生女二長適劉二道河子住次適王鳳城王家胡同

住

一壽安公生女二長適李碾子溝李來生母次適佟大狐嶺住

一福安公生女一適傅二道狐嶺黃地住

一榮硯堂公生女一適齊空窿山住

〇禮部為移會事内閣抄出

盛京將軍裕祿片奏據岫巖城守營駐防滿洲正黃旗人户部郎中

榮安呈稱祖父四品封職

老各生平樂善好施。敦睦宗族。慕宋臣范仲淹義莊成法。擬捐

置義田。贍養宗族。因力薄先置田四十餘畝。復歷年撙節用度

積存銀一千兩。欲續置田未就。歿時遺囑

榮安接續添買以成先志。

榮安謹遵遺命。以前項積存銀兩陸續置買紅冊田二百一十餘

畝。合原置田四十餘畝共二百五十餘畝。作為合族公中義田。

不許擅自典賣。每年所收租息。除完納錢米及歲時祭祀外。凡

族中貧乏孤寡婚嫁。及子孫讀書應試一切費用。分別遠近酌

定條規。均由租息內以時資助。呈請註冊立案等情前來查該

員遵其祖父遺命。捐田贍族。克承先志。實屬敦睦可風。核其所

捐田畝銀數。已在千兩以上。與建坊之例相符。懇恩俯準將戶

部郎中

榮安祖父已故四品封職

老人在於原籍自行建坊。給與樂善好施字樣。以示

旌奬。等因

光緒十九年八月十九日奉
硃批著照所請禮部知道欽此欽遵到部查定例凡士民人等
捐田贍族其捐銀至千兩以上者請
旨建坊給與樂善好施字樣等語又
道光二十八年奉准樂善好施原係有力之户均令本家自行建坊
毋庸給與坊銀等因在案今岫巖城守營駐防户部郎中
榮安遵其祖父四品封職
老各遺命捐田二百五十餘畝核其銀數係在千兩以上既據
該將軍奏請建坊業經奉

旨允准相應行文。
盛京將軍飭令該員駐防原籍該管官。遵照例案辦理既暨移會
上諭處稽察房禮科浙江道可也
咨盛京將軍
光緒十九年九月
一羣安公生女一適沈卧泉溝住
一隆安公生女二長適馬响哨住次適劉嶺溝住
一惠安公生女三長適汪西藍旗住次適馬响哨住三適齊
一錫安公生女三長適鄭黄花甸住次適張張祥兒媳 三字二

適狐嶺羅氏

一文安公生女三長適王鳳城白旗住。次字劉狐家子。（注：许配，未婚）四字佟

拉蘇馬氏。三字姜老虎洞住

一廣安公生女一。適邊門赫家

一恆安公生女三。長適何龍寶峪。次適閆。三未字

《福陵觉尔察氏谱书》内容简介

《福陵觉尔察氏谱书》原收藏在辽宁省新宾满族自治县永陵镇赵氏族人家中，近年被另一支族人带往天津市。该谱书初修于乾隆四年（1739），嘉庆十四年（1809）钤印，光绪二十年（1894）重抄，民国十八年（1929）续修，本书选用续修本。

觉尔察氏，冠汉字『赵』字为姓，正黄旗满洲内务府包衣佐领下人，顺治十三年（1656）奉文拨归福陵关防所属正黄旗，另一支同时奉文拨归福陵关防所属镶黄旗，『遂驻居焉。』

据其谱书载：『如我觉尔察氏，有可述焉。溯自始祖索尔火，于明世中叶迁于长白山觉尔察地方，践土而居，因以为氏。』觉尔察地方，即新宾满族自治县永陵镇苏子河南山北坡的山坳，是为清前『六祖城』之觉尔察城。清太祖努尔哈赤的祖父兄弟六人，析居六地，史称『六祖城』。因此，该家谱认为，觉尔察氏本为爱新觉罗宗支。长祖德世库即居觉尔察城，与努尔哈赤祖父觉昌安所居之赫图阿拉城仅两千多米，毗邻而居。后来，觉尔察氏某祖因一名仆逃跑藏入努尔哈赤家中，向其索要不还，因而发生矛盾争执，觉尔察氏某祖赌气摔掉宗室象征的红带子，从此辈始去掉宗室资格被降为陈满洲觉尔察氏。时有马尔墩人欲诱杀努尔哈赤，觉尔察氏班布理谏阻有功，赐其家不修赫图阿拉城，命守永陵，班布理死后赐葬永陵，今新宾有觉尔察氏，即因此也。

谱书记载，『景祖生的五子，塔察篇古，就是我们的祖宗』。『四祖（即觉昌安）的子之内有塔察飞洋武（飞洋武又译写为篇古）之名即恪恭贝勒，坟在永陵』。而景祖觉昌安与其长子礼敦所灭的硕色纳及其九子和加虎及其七子统驭200里，加虎及其七子即觉尔察氏。因此，学界称觉尔察氏为亚皇族。

然而，觉尔察氏谱书记载，其『奉旨开载觉尔察起头的高祖，讳索尔火』。其下各世皆与努尔哈赤之长伯祖德世库世系不相符，觉尔察氏与爱新觉罗氏是否是同祖不同宗，即觉尔察氏是否是亚皇族，尚待研究。

谱书分上下两卷，保存完好，无残无破，字迹工整清晰，毛笔楷书。

内容主要有谱书《序》、上卷序《上卷目次》《奏章原案》、《辽阳上瓦沟子坟说》、《盛京依家沟坟说》、辈次《序》，下卷目次、《五言二十字辈次（范字）》、《神板香碟之神名位》、《七公诰命碑文》、《富公四品诰命均行录存》、世系等。

福陵覺爾察氏譜書上卷

福陵覺爾察氏譜書序

伏以人、本乎祖、慶自先貽、如源遠而流長、根深而枝茂、誠古今不易之理、亦人世不磨之論也、如我覺爾察氏、有可述焉、溯自始祖索爾火、于明世中葉、遷于長白山、覺爾察地方、踐土而居、因以為氏、又六世傳至、阿金那穆都、生子四人、長某力甲、次班布理、次邦太、次吉伯理、稱為四大支、除班布理、葬在

興京

陵園之內、外共阿祖父子。均葬在遼陽上瓦溝子之墳、迨順

治元年、奉
旨、命班布理之長子達喀穆、次子他察、均着看守
福陵外、其餘從龍入關、因差而分駐防馬、祇以族繁支茂、旗
官世職難以枚舉、第七輩來、班布理在木奇地方攔
阻諫諍
太祖之功、粤稽順治十四年、九世大祖、胡希他之子琿他具
呈由吏部查議、琿他等曾祖、班布理諫阻
太祖之功屬實、等因具奏、奉、
旨、着琿他給與騎都尉、琿他于本年升授

福陵世襲騎都尉其子索羅希隨任住防又於康熙七年胡
希他之弟五喜吞之長子買圖又將他年久効力之
處舉告由兵部查議具奏奉
旨著買圖給與七品官買圖于是年升授
福陵世襲七品官其子八十亦隨任住防此
福陵有一穆昆所由來也猗歟盛哉迄于今日壹佰餘年世
官世祿永受
皇恩一飲一酌咸仰家慶
祖宗之功德宛在子孫之報答何憑顯揚宜講蒸嘗宜誠

各早篤其追遠之孝思用丕振覺爾察氏之家聲云爾大清乾隆四年歲次己未陽月之初第十二輩孫署理鑲黄旗佐領事務正黄旗包衣佐領七十謹序于佐領處之南軒

福陵覺爾察氏譜書上卷目次

福陵覺爾察氏譜書上卷

我

始祖姓覺爾察氏諱索爾火于明世中葉遷于長白山覺爾察地方踐土而居因以為氏又七一世傳至扎勒呼扎勒呼追我的先人傳說係我

國初定之時不知我的何世祖與

太祖皇帝院子相隔一墻居住有家奴名噶打渾不知因何事故我祖動怒拏起佩刀要殺噶打渾噶打渾越墻跳進

此卷奏章原案

太祖皇帝院内藏避我祖隨後趕入院内謂

太祖皇帝曰我的家奴喝打渾進了你的院内獻出與我吾

弩到家要殺

太祖皇帝曰你的家奴沒在我的院内我祖怒曰我眼看喝

打渾進了你的院内汝不給吾硬說沒在你的院内

隨時出來手使佩刀卽將廊簷柱子砍了數刀曰從

今日以後再不來汝家内不繫汝紅帶子正說間將

帶子改下扔了言罷回到家中次日

太祖皇帝出

旨召集闔族人等將此緣故訴與族人等因文奉
硃批因我祖要殺家奴未遂怒砍廊柱各情理應從重懲
辦仍姑念同宗之情仍應從班布理以上寫七代立
七代册子於是往上寫
恩詔七代
玉牒後兼記抽了紅帶子嗣後為陳滿洲覺爾察氏再者我
高祖班布理在木奇馬爾墩地方攔阻諫諍立功
的時節
太祖皇帝謂[illegible]諫阻之功矣我的子孫若為君

汝之子孫誰惹我們闔户四十家係包衣呢特哈佐
領兼管百丁並無官差閒逸按年穿的衣服吃的糧
使喚的奴才耕牛騎馬給養贍之我高祖班布
理病故之時
太祖皇帝賜與牛羊靈前祭祀葬在
興京
陵園之内至今尚在
陵園之内
聖祖皇帝降下

旨意考查扎勒呼我的高祖册檔幾次扎勒呼我的祖傳
說聽見的事情並未記載檔子以上因此於康熙五
十七年十月二十日奉
上諭問扎勒呼是你的何祖因何事情抽了紅帶子為陳
滿洲之緣由令扎勒呼將傳說聽見的事情具
奏欽此等情
皇帝降旨問過幾次扎勒呼未敢具奏現今
聖祖皇帝又降下旨意令扎勒呼將傳說的事情具奏
皇帝這浩蕩之恩奴才戶中現有的人口與奴才祖宗死

去的亡魂俱感激
皇帝重恩不盡，於本年十一月二十三日，奴才扎勒呼為
遵
旨，繕摺謹奏。查得奴才先人傳說，係我
國初定之時，不知我的何世祖與
太祖皇帝院子相隔一墻居住，有家奴名噶打渾，不知因何
事故，我祖動怒，拏起腰刀，要殺噶打渾，噶打渾越墻
跳進
太祖皇帝院內藏避，我祖隨後趕入院內，謂

太祖皇帝說我的家奴噶打渾進了你的院內獻出與我吾
箏到家要殺
太祖皇帝說你的家奴沒在我的院內我祖怒曰我眼看噶
打渾進了你的院內你不給吾硬說沒在你的院內
隨時出來手使佩刀即將廊簷柱子砍了數刀曰從
今日以後再不來擾家內不繫沒紅帶子正說間將
帶子改下扔了言罷同到家中次日
太祖皇帝出
旨召集闔族人等將此緣故訴與族人等因又奉

四

硃批因我祖要殺家奴未遂怒砍廊柱各情理應從重懲辦仍姑念同宗之情仍應從班布理以上寫七代立七代册予於是往上寫

恩詔七代

玉牒後兼記抽了紅帶子嗣後為陳滿洲覺爾察氏再者我

高祖班布理在木奇馬爾墩地方攔阻諫諍立功的時節

太祖皇帝謂我

高祖班布理曰我未遭馬爾墩人等害是爾諫阻之功矣我的子孫若為君汝之子孫誰惹我們闔户四十家係包衣呢特哈佐

領兼管百丁，並無官差閒逸，按年穿的衣服、吃的糧、使喚的奴才，耕牛騎馬，給養贍之我高祖班布理，病故之時，

太祖皇帝賜與牛羊，靈前祭祀，葬在

興京

陵園之內，至今尚在，

陵園之內。奴才不勝誠惶誠恐，將傳說之各事，為陳滿洲之緣由，備細陳明，理合繕摺，

聖祖皇帝跟前奏。

五

聞扎勒呼又寫給

皇上奏章內開

太祖皇帝國初定之時到在木奇地方有木奇馬爾墩的人

使人聘請

太祖

太祖皇帝去的時候我高祖班布理攔阻諫諍曰這些新

順之人不知他是何心豈可輕往若是有事

應當定期商議不然帶到我的村議論兄長許甚是有益也

太祖皇帝聽從我高祖班布理之言止駕未往師差了五名

人去，均被木奇馬爾墩人全行殺了，等因繕摺具
奏。
旨意降下，實錄之草稿與將軍永各那看將扎勒呼之高
祖得官之地方查奏欽此欽遵等因永各那看，永各
那
景祖生的五子，塔察篇古，就是我們祖宗，再者實例上，有碩
色納者九子，俱獷悍，又有加虎生子七，蹻捷多力，能
披甲躍九牛二族，强凌諸路
景祖生的長子，禮敦英勇巴圖魯，卽武功郡王，墳在永陵破滅之盡。

牧五嶺東蘇克蘇滸河西二百里地方之內諸部并
有其地由此遂盛把歸順的蠻子從此寧古塔貝子
毫無永各那家內勅書上加虎之子前鋒有力力為
九牛能穿着盔甲跳越貼寫絕嗣其加虎之子名字寫在下卷內等
因繕摺具奏
旨意知道欽此再者
太祖皇帝家法駕鷹站立來者從虎欄哈達山下即烟筒山山下赫
圖阿喇地即舊老城地方遷移
興京築城把人一概算者修城班布理戶中別算衆大

臣們曰這班布理因甚麼緣故別算、

太祖皇帝曰前在、木奇地方、有木奇禹爾墩之人、設計計誘請欲害朕者、朕未知其謀、即欲前往、有班布理攔阻諫諍曰、阿哥（阿哥滿洲兄長之稱）不可去、朕差五名人去、均被木奇禹爾墩之人用計盡行殺了、朕未遭其害、因此緣故、免了某欽奢謀撥勒等差、蠲免是實、又查扎勒呼之高祖、得官之地方、吏部兵部檔子上存貯、若是不立功、何能免差、扎勒呼所具摺子、情由屬實、等因。奴才永各那遵

旨。繕摺查寔具奏。復查吏部。兵部檔案。俱是扎勒呼。寫給
奏稟一樣。檔子上頭紙破了。將沒字之處俱照扎勒
呼。寫給奏章添寫等因奏了。吏部記載檔子上。於康
熙五十七年。六月。初九日。
旨意降與中堂瑪起。你的爵位。也是覺爾察。給將軍永各
那。信。將伊之祖宗們的名字明明白白。詳查寫摺子
具奏。欽此欽遵。等因
陵上他喜知道。給永各那。去信。他喜又赴
京都去問。後將書信。送到永各那跟前。他喜亦到永各

那家内會面將各自各自祖宗們的名字按支派明
明白白詳查寫摺子具
奏將軍永各那摺子内開覺爾察起頭的始祖索爾火
牛阿喀孝巴烟等挨輩次寫至阿金那穆都牛某力
甲班布理邦太吉伯理等各按支派逐一查明等因
繕摺傳奏奉
旨交與中堂瑪起會看欽此原奏摺子内名字按輩次排載今寫在譜書下卷内以備後世各按支派添續輩次而後輩子孫記之也七月二十七日遵
旨覺爾察祖宗們的名字實例

玉牒上核對詳查、繕摺具奏。奴才遵

旨永各那等、查送覺爾察祖宗們的名字、實錄上核對詳

查、而

玉牒內載○大學士、達海巴克什、善知清文、通繙譯也○三祖的子之

內、有溫呆之名○四祖的子之內、有塔察飛洋武之

名、郎修恭貝勒墳在永陵、○五祖的子之內、有堆欽之名、

永各那、祖宗之名、摺子上、溫呆塔察飛洋武他喜祖

宗之名、摺子上、寫的是、發庫力、堆欽、不一樣○六祖

的子之內、有阿都乜之名、一樣○大祖孫子之內、有

左般喜哈他穆布三位名◯四祖孫子之内有莽兼
名◯深圖的祖宗之名摺子上達木布不一樣◯
二祖◯四祖孫子之内有沙涑之名◯三祖孫子之
内有克德宜説色二人之名◯四祖孫子之内有依
涑之名◯六祖孫子之内有圖木布魯之名永各那
祖宗之名字摺子上有沙涑克德宜説色依涑圖木
布魯之名一樣為此繕摺謹奏等因奉
旨知道欽此等因摺子並扎勒呼所奏各事均奉
旨交總中堂瑪起登記檔案等因中堂瑪起口奏奴才本

衙門登記檔案並咨行宗人府吏部兵部等衙門記
載檔案等因具奏奉
旨很好宗人府衙門有藍檔子藍檔子上亦記載欽此等
因於康熙五十九年六月初五日中堂瑪起具奏奉
旨依議欽此將此摺子盡行抄寫交與中堂松霄看用印
又於本月十四日咨行吏部郎中馬岳隆筆帖式五
十九兵部主事常保筆帖式格圖肯來抄拏去又於
本月二十日送在宗人府衙門交給主事察喇藍檔
子上記載以便查照可也於康熙五十二年

皇祖聖祖仁皇帝恐怕這些子孫年久無踪影了與民一樣
因此特
降旨於宗人府把紅帶子紫帶子明查
玉牒後兼記再將這些人們祖父得罪的緣故明白抄錄欽
此
皇祖特施恩於宗室狠仁高義尊之例嘗思如今宗室覺羅
内有有罪之人抽了帶子交宗人府衙門照例逐一
詳查分晰賞給紅帶子紫帶子視其可記
玉牒之處兼記議奏欽此欽遵你們速查送來等奏欽此奴

才七十。等。全是覺爾察。於康熙五十七年。奉

聖祖仁皇帝。降給我之伯父扎勒呼

旨意覺爾察祖宗。原檔子上清查。再者你的祖宗們。將傳

說的話。俱皆查

奏欽此。扎勒呼我之伯父。業經將傳說的話奏

聞。於康熙五十九年。奉

聖祖仁皇帝。降與伸堂瑪起

旨意。扎勒呼奏的各事全真。查覺爾察之祖宗。狠明白。宗

人府。藍檔子上。有你們內衙門。並吏部兵部以及宗

人府衙門藍檔子上、全都記載欽此從此覺爾察們
入在宗人府藍檔子上、每年所生之子、修理檔子、送
在宗人府衙門記載藍檔子上、如今
聖祖惟年久了、恐其與尋常百姓一樣、因此
降旨、逐一清查議奏欽此、奴才七十、我之伯父扎勒呼、查
我祖宗們事情具奏、
聖祖仁皇帝清查宗人府衙門、藍檔子上、入註之處奴才七
十等懇祈交給都尉四德、行在正黄旗、滿洲旗下、轉行
宗人府衙門、於雍正十三年、十月、初十日、總理事務

王大臣等、
奏奉、
上諭、先宗室覺羅、内有有罪之緣故、抽了帶子、繫紫帶子、
子孫不入
玉牒、署理鑲黄旗包衣佐領事務、正黄旗佐領、覺爾察七十
等、懇祈王大臣等、具呈、我們覺爾察、入在宗人府藍
檔子上、祈爲轉行、正黄旗、滿洲旗下來文、從宗人府
衙門、送來、等因於乾隆元年、二月、十七日、王大臣等
批示、等情、考查從瓦爾喀以來、覺爾察之高祖、兄弟二

人，兄名福各，弟名福押努，福押努不知有後，無後，其福各生子一人，名他克什，他克什生子七人，知道四人之名，其三人之名不知道，四人之名長 索爾火，次 畨木布魯，次 塔察飛洋武，次 塔郎阿，此四人原住在長白山之東，花臉山迤北，卧漠河必罕鄂多理和陳，長郎白山、東邊舊城並謀呼阿喇等處居住，其大祖索爾火率長子阿喀，次子考巴烟等由舊城遷于長白山覺爾察地方，戳土而居，察查

太祖皇帝降與班布理，

旨意從班布理以上寫七代至索爾火爲木布魯塔察飛

洋武塔郎阿等正七代於是往上寫

恩詔七代

玉牒後兼記如今寫這個檔子奉

旨欽此欽遵將大祖索爾火作為起頭之高祖其二祖爲

木布魯之後人不知有没有其三祖塔察飛洋武之

子嗣現在

京都正黃旗正藍旗鑲藍旗鑲紅旗均有其四祖塔郎阿

之子嗣正白旗有此二塔祖之後人另立册檔不計

外、謹將奉
旨之大祖、作爲起頭的高祖、諱索爾火之後裔、其子孫之名、寫在下
卷內亦有因差撥旗、而分駐防者、第查順治十四年、六
月、十五日、奉
上諭、勑令吏部、我
太祖皇帝、創業定鼎時、與國有益之人、其子孫、應當給官的、
不應（遺）、給官的、議奏欽此、吏部尚書覺羅潤禮寬等、謹
奏爲遵
旨查議事、臣等、查得本部册檔、内開順治十四年、三月、二

十七日，據佐領那明阿來文內開，據瑋他賀圖阿那庫等呈稱

太祖國初定之時，我的曾祖班布理原住在烟筒山北哈達村，

太祖在木奇地方，有木奇馬爾墩之人用計誘請，

誆哄

太祖，有話商議，彼時來請

太祖，

太祖未燭其謀，即欲前往，我之曾祖班布理攔阻諫諍曰，有其

何話議應當定期商議不然帶來商議允長穆遇其有討也

太祖皇帝聽從我曾祖班布理之言將篤停止未去

即差了五名人去及至均被木奇馬爾墩之人將五

人全行殺了

太祖謂我曾祖班布理曰你的牛彔上官差難當你來我

包衣牛彔上由那拉燦牛彔抬在包衣牛彔上我們

四十家不納官差每年冬夏所穿之衣裳耕牛騎馬

給養贍之文奉

太祖旨意降給班布理在

十四

皇后陵上看守等因，又奉
上諭，勅交吏部會同查議具奏，欽此。等因到部，内閣大臣、
吏部中堂加一級覺羅濶禮寬、侍郎常太會同侍衛
胡米色、飛揚武郎中翁該、主事喬爾庫、員外郎李從
志等查得本部册檔並兵部檔案詳細查明，内閣正
白旗老坎查老坎之孫筆帖式永得呈稱，
太祖在陣，未散之時，伊之祖老坎亦在陣内，奪反賊之腰刀，
此陣勝了，將手四指割去不全，因在陣内出力，賞給
本身一等輕車都尉，老坎之長子老祈，賞給工部頭

等侍衛次子佛保太僕寺衙門少卿三子桑各二等侍衛又查廂紅旗老扶之孫恒祿副都統又查廂紅旗業成額之父巴吉因征戰出力賞給三等公因此免了差事得了北京把衆人全免差事其子業成額給他騎都尉先功襲四次給了

勅書由內管監衙門奏等因查議給官外案查琿他之曾

祖班布理於我

國初定之時

太祖於己未歲開基創業大破明師及至木奇村有木奇馬

爾墩之人、用計使人誘請

太祖皇帝、

太祖皇帝彼時未燭其謀、即欲前往、有班布理、攔阻諫諍、將

鑾停止、未遭其害、然者班布理諫阻

太祖之功屬實、並在

皇后陵上看守、各情是實、自應請賞給伊長曾孫琿他世襲

騎都尉、五次由内管監衙門具奏、其買圖阿那庫等、

仍照原初、衆祖品級看守、臣等、會同恭摺查議、具奏是否

有當、伏候

命下敕部施行，臣等未敢擅便，为此谨奏请
旨等因。内管监衙门掌印郎中佟起奏，於顺治十四年七
月初八日，奉
世祖皇帝旨意降下，依议钦此。钦遵等因，遵
旨到部，随即咨行。
盛京大将军叶克书查照施行，等因，除分行外，相应咨
行总管内务府衙门，转咨
福陵总管衙门，并掌关防官某书衙门，查照可也等因咨行
在案，又给珲他承袭骑都尉

勑書其勑書

奉

天承運

皇帝制曰朕為尚德崇功國家之大典輸忠盡職臣子之

常經古聖帝明王戡亂以武致治以文朕欽承往制

甄進賢能特設文武勲階以彰激勸受茲任者必忠

以立身仁以撫衆知以察微防姦禦侮機無暇時能

此則榮及前人福延後嗣而身家永康矣敬之勿怠

琿他爾曾祖班布理當木哥馬爾墩差人誘請

太祖彼時

太祖未燭其謀即欲前往爾曾祖諫阻遂免差役復將伊曾

孫琿他授爲騎都尉念其前功准襲五次於順治十

四年

福陵掌關防官棻書衙門准

京都總管内務府衙門咨開爲新襲騎都尉琿他等户

内丁册係包衣正黄旗那明阿佐領下兼管本年該

户族長造具丁册那明阿佐領換官保佐領又詳查

福陵關防衙門案存康熙三十三年九月初六日掌儀司來

文移咨

福陵掌關防官護爾關等移文内開兵部等衙門具奏為遵

旨令議事由兵科抄出兵部為此事具奏准總管内務府

衙門

奏來文據

福陵副關防官買圖呈稱我之曾祖班布理祖達喀穆父五

喜吞叔布喜吞俱在

皇后陵上初立之時看守嗣後在

太祖陵上看守買圖我之本身祖父接續看守四十五年了

現當副關防官、七年餘自我曾祖、班布理以來累世
看守
陵寢七十餘年、買圖我六十三歲了、今身病、任上事務、碍難
辦理、我情願、由任辭退、以得養病
陵上旗分、章京子弟、姨舅之孫們子弟等、例上承襲看守、正
藍旗、包衣佐領下、原係掌關防官、巴海之孫、巴彥圖、
着襲雲騎尉品級、令在班上看守、其身病辭退、巴彥
圖之弟、阿彥圖、將他兄之缺、章京承襲、仍在班上看
守、祈將我的七品官、給我 之子、八十承襲、祈在

陵上看守等情買圖有病不能辦事屬實由 任辭退各情照
福陵
昭陵官員們子弟等得有品 級者由兵部議奏僅將買圖之
子八十亦交兵部議查副關防官買圖之七品官祈
為給他之子八十承襲在
陵上看守等情查議無處議之 臣 等從私議有非矣為此謹
奏請
旨等因康熙三十三年六月十四日奏本月十六日奉
旨班布理等原初看守情由從總管內務府衙門應一併

查明議

奏、欽此欽遵、本月十七日、抄出到部、咨查吏禮二部、查

明咨給、吏部檔子上、順治十四年、吏部奏據佐領那

明阿來文内開據、琿他實圖、阿那庫等、呈稱、

太祖國初定之時、我曾祖、班布理、原住在哈達村、

太祖在木奇地方、有木奇馮爾墩之人、用計誘請

誆哄

太祖有話商議、彼時來請

太祖、

太祖未燭其謀即欲前往我曾祖班布理攔阻諫諍莫有
何話議應當定期商議不然帶來商議是莫懇其有討也
太祖皇帝聽從我曾祖班布理之言將 駕 停止沫
去差了五名人去及至均被木奇馬爾墩之人將五
名人全行殺了
太祖謂我曾祖班布理曰你的牛彔上官差難當你來我
包衣牛彔上田那抱燦牛彔抬在包衣牛彔上我們
四貝家不納官差每年冬夏所穿之衣裳耕牛騎馬
貝旗養贍之

太宗之生母
皇后養育之時，我曾祖班布理對
太祖跟前曰，我在主子跟前並未出力，閑逸又如何過，與其
閑者，願看守
皇后之陵
太祖旨意，降給班布理，你的口出，願守
皇后之陵，真可誇獎，從此以後，你的子孫闔族累世不納官
差，閑暇度日。在
皇后陵上看守，我曾祖班布理將

陵看守在
興京故了下接續班布理之子達喀穆看守由
興京移在東京來故了東京詳見福陵神功聖德碑文内在接續達喀
穆之子胡希他五喜呑布喜呑在
福陵看守故了下接續胡希他之子琿他五喜呑之子貫圖布
喜呑之子阿那庫我們三人看守
太祖調遷自我曾祖班布理以來換守四輩看守五十餘年
太祖
太宗二主旨意賞給祖宗品級值班巡山送籌領祖宗品級

有了，如今某書，將我們漢品級全無把守家内看守，求大臣等轉奏，仍祈照原初進班看守等語，將所告之情，查議

上奏，交戶部轉咨，

盛京將軍葉克書行文，查核，據正藍旗，福喀佐領下呆都對答，茲查

太祖家法，駕鷹站立來者，由赫圖阿喇遷移

興京築城，别的差事蠲免，把人一概算者修城工做之數，班布理戶中别算，欽此，衆大臣等攔阻，奏，這班布

理因甚麼緣故別算

太祖旨曰有木奇焉爾墩之人設計誘請欲害朕者班布理

諫阻不可前往差了五名人去俱被木奇地方殺了

朕的命差廢因此緣故官差蠲免等因情

太祖對羣臣們說衆臣俱已聽見等因查來交吏部查議琿

他等曾祖班布理諫阻

太祖之功屬實等因具奏將伊長曾孫琿他給與騎都尉五

次承襲給了勅書由內管監衙門具奏其買圖阿那

庫等仍照原初祖宗品級看守又查康熙七年買圖

告訴我父五喜吞看守

陵上十一年故了、買圖我接續我父看守

陵上二十年、共看守

陵上三十一年、賞給品級章京領兵坐堆子、晝夜巡山四時

大祭初一、十五供獻、品級章京抬桌、給與錢粮、以兵

人等、錢粮給之仿照

昭陵上駐防書蘇惠色、賞給七品官買圖我年久効力告之、

等因將所告之情由兵部查議給與買圖七品官、各

在案、臣等應查議其買圖之曾祖班布理、

太祖調遷告訴在
陵上看守班布理在
興京故了接續班布理之子達喀穆看守由
興京移在東京故了接續達喀穆之子胡希他五喜吞
布喜吞在
福陵看守故了胡希他之子琿他五喜吞之子買圖布喜吞
之子阿那庫等看守於順治十四年琿他買圖阿那
庫等品級在內看守再將他們之曾祖班布理諫阻
太祖之功舉告由吏部查議班布理諫阻

太祖之功是實等因具奏將伊長曾孫琿他給與騎都尉由
內管監衙門奏買圖阿那庫着仍照原初祖宗品級
看守於康熙七年買圖又將他年久効力之處舉告
由兵部具奏給與七品官於康熙三十年
福陵居住之巴彥圖他的官給他之弟阿彥圖承襲等因將
所告之情由兵部無處可議為此議奏奉
旨巴彥圖之雲騎尉品級僅止本身承襲不要為例等因
承襲外其買圖之曾祖班布理以來累世在
陵上看守將買圖之七品官給他之子八十僅止本身承襲

將此為例是否有當等因於康熙三十三年八月初
六日具
奏於本月十二日奉
旨所奏買圖之曾祖班布理掙功屬實自應將八十之七
品官着世襲罔替為此着令知之等因員外郎書某
布移等因准此於康熙三十三年九月二十日存案
又覆查奉
旨之大祖索爾火作為起頭的高祖索爾火之第八世大
孫達喀穆撥入

福陵、正黃旗、又第八世二孫他察、撥入福陵鑲黃旗、此二達他祖之後裔、於順治十三年、奉文、均歸福陵關防所屬、遂駐居焉、又第六世孫三等公巴吉之子業成額、撥入京都、鑲紅旗、遂駐居焉、我先祖皆係因差撥旗而分駐防者俱是始祖索爾火之苗裔也、至於以上奏章册檔、各等援案、原係清文清字、尤恐年久新陳清語不同、後人難以稽查、敬謹照依原案、清文清字、抄錄漢文漢字、細心詳核、自應一併考訂註載譜內、庶

可後輩子孫詳察易知不忘追遠之誠而垂先祖事
情永久者也再查乾隆年間
福陵關防衙門遵
三陵總理事務衙門劄開准
内務府衙門咨開
福陵關防所屬正黄旗富森佐領下覺爾察氏族長造具丁
册換金鑑佐領等因遵此隨即劄飭該管官尚膳總
領轉飭該户族長遵照文内事宜造册呈送可也又
查嘉慶四年奉文金鑑佐領攖昌德佐領等因諸事

福陵關防衙門雖記檔案，尤恐年久霉爛無察可稽，後人難以考查，今照援案謹將我先祖所奏諸事原案，並墳說坐落等事，載在上卷内，其祖宗之名字輩次，以及職名、駐防等說，載在下卷内。兹當彙集，詳載清白，悉心攷訂，著成覺爾察氏譜書一部，共二卷，令後輩之子孫，永遠遵守，敬謹收存，以便後世之人查看我先祖所奏諸事，以及名字輩次各等說，不致繁難，固展卷即知，是書以傳萬世無窮也。

遼陽正白旗界内上瓦溝子墳說

上瓦溝子在村西二里許距張書辦屯五里許來龍山落脈平濶結穴正座○阿金那穆都六世祖左昭○某力甲○班布理之靈牌右穆○邦太○吉伯理○阿喜等共墳六座立向子有本族係○京都内務府正黄旗二甲喇雍正年間係和尚佐領下於嘉慶年間係昌德保佐領下領催丁住之高祖遺留之陳僕人周自明以家主之正黄旗和尚佐領下領名地共三十二段計地柒拾壹日坐落遼陽正白旗界

二十六

内張書辦屯處、在内倉納粮、又坐落一旗一界、瓦溝子處亦以家主、之同旗、同佐領下、高祖遺留之陳僕人、完大哈、領名地、共十八段、計地貳拾捌日零叁畝、貳領、共計地、玖拾玖日半、此項墳丁祭田、委係我先祖、繼傳後世、為祭掃塋園之資、而設由來久矣、再者每年四時、僕人周自明等、預備猪羊、供獻等物、族中公祭、以昭追遠之遺意焉耳、於嘉慶二年、七品官龍官保、謹遵〇京都本族丁住之祖母艾氏命、照管祖塋、將墳圖地册、均交與、龍官保收存、務要好生、看守祖塋等語、其龍官保、奉祖母艾氏命、前往遼陽、上瓦溝子、祖塋祭掃、見祭田地、被僕人、周自明、完大哈等、之後人、隱匿若干、又於嘉慶九年、經龍官保、查找此項祭田地、被僕人周自明之後人周廣禮、完大哈之後人王得壽等、隱匿不交等情、經龍官保、在户部呈控卷查、農田司案呈、據龍官保、查找前地、乃係從前赴京、奉伊一族、祖母艾氏命、令代為查找之案、各情呈控前來、本部若非查訊明確、難以核辦、隨即行文京户部、希為轉行内務府、飭令包衣正黄、旗、該參佐領卽將龍官保之祖母艾氏並該族長領催丁住等傳喚到案，詳查該旗，僕丁册內，有無艾氏祖遺陳僕，周自明完大哈，及現今看墳，僕人周廣禮王得壽等名姓之人，有無與艾氏近支另有承受之人查明呈報以憑核辦等因咨行，查報到日，再行歸案續准户部咨，准京都內務府，咨據正黄旗二甲喇叅領履謙等，覆稱，據佐領昌德保，稱據族長領催永生，結稱，查得僕丁册內只有周自明之名，並無完大哈之名，再查艾氏，於嘉慶七年，七月內，病故，領催丁住，於八年二月間病故現今艾氏丁住俱已故去無憑可稽京內本族人等並無與艾氏親支近派另有承受之人是寔等情咨送户部查辦等因到部經本部於嘉慶十年核辦將周自明領名之地交付家主龍官保經管其周自明之後人周廣禮等仍是艾氏僕人再完大哈領名之地不知於何年改鑲紅旗分太佐領下因旗佐不符暫行存案等因於嘉慶九年十年福陵總管關防以及遼陽州城守尉等衙門俱有原案可查等因援案寫在墳說內令後世之人知之者也

盛京城東正白旗界内依家溝墳説

依家溝在家北十里許距圏山子南面一里許壬山來龍中抽小崗落脈艮字端然朝對巒坡結穴正座○達喀穆（八世祖）中座○他察（八世祖）左昭○月伯那○胡希他○五喜吞○布喜吞○阿那庫○阿什太○右穆多海○五色○琿他○買圖○佛保南邊之墳並前面堂前下邊之墳俱是族中之墓也右有姚家墳山平崗包護右水倒左南方遠山大平崗横攔立向坤字遠山平起巒崗圓满作對案公中看守樹株族中

四時公祭、秋間鏟草、冬季掃雪、以繩祖武之舊章

焉耳、

鈔錄訂正者

福陵六品頂戴委官拜唐阿多綸

興京縣考取醫士

二十九

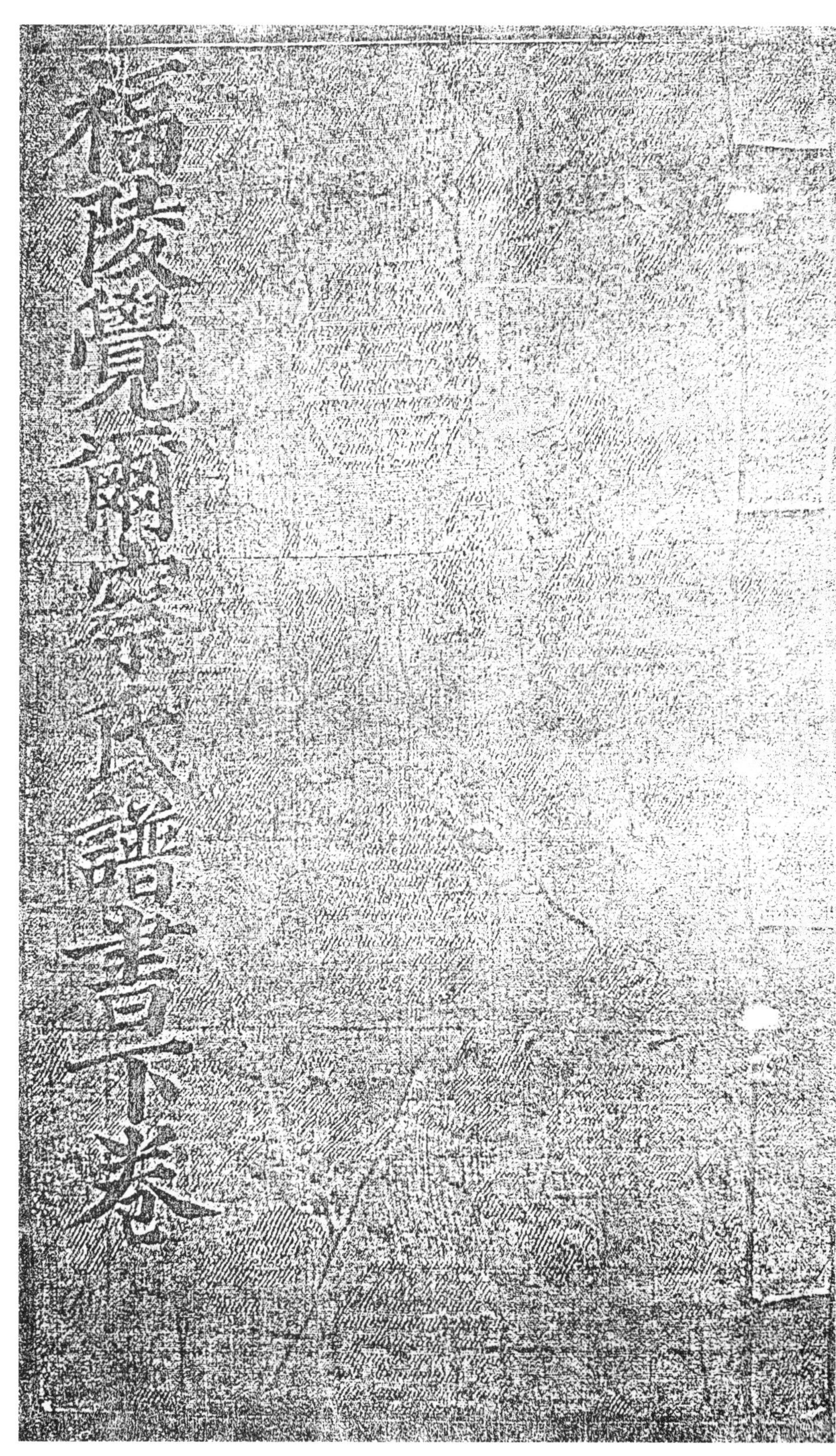

福陵覺爾察氏譜書下卷

福陵覺爾察氏譜書輩次序

蓋謂我先祖覺爾察氏派衍天潢系聯帝胄所遺譜書一部猶水之有源木之有本俾後世子孫一本九族勿失本源耶溯查始祖索爾火由長白山覺爾察地方以來累代綿長子孫榮兆瓜瓞之慶長幼攸分尊卑有循悉皆載於是書以昭久遠緬鯉庭之遺訓致雁行之不紊誠欲不愆不忘率由舊章也如我父親殁後因不敢擅便添入書內是以與胞弟率族姪等敬謹恭請譜書始將我父親諱 六格之名並尚膳人之職名添入下卷

輩次內添入、奉文、換昌德佐領、載在上卷內、又添入、經龍官保、查我遼陽祭田地奉戶部、核辦等情、援案載在上卷墳說內、等三者、自應一併、載在譜書以內、除此外、並無應添應載、亦無擅改之處、其餘俱照依、舊本譜書重繕、展於本族長幼之間、不無輩次云爾、

嘉慶十二年、歲次丁卯二月望日、第十三輩孫辭退掌關防官兼騎都尉富昌、與胞弟尚茶人富得、率族姪騎都尉哈理、七品官兼族長龍官保、尚膳副員黑小等、謹述。

福陵覺爾察氏譜書下卷目次

本族兩京駐防、各户輩次、

各户供奉神板香碟之神名位

遼陽高祖七公誥命碑文、並高祖富公四品誥命、均

行錄存、

福陵掌關防融春等、編定五言二十字輩次、令後世永遠遵

守排行字也、

福陵覺爾察氏譜書下卷

奉

旨開載覺爾察起頭的

高祖 諱 索爾火 始世祖

阿 喀 二世

考巴烟 二世

阿古力呼色 三世

九哥巴克什 三世

訥圖克多隆武 四世

此卷本族輩次·

索爾火生二子長子名

次子名

長子阿喀生二子長子名

次子名

阿古力呼色生一子名

訥圖克多隆武生一子名

加虎 五世
崴顺 六世
都吉呼 六世
額圖 六世
郎圖 六世
額書勒勒 六世
㳺達莁哥那 六世
那敏 六世
以上七位祖絶嗣

加虎生七子長子名
次子名
三子名
四子名
五子名
六子名
七子名

三世二祖九哥巴克什生五子長子名

受泥巴克什　四世

押蘇　四世

巴岡　四世　絶嗣

斗喝　四世

他赤都督　四世

古藍吞朱庫　五世

欽飛洋武　五世

巴呆　六世

次子名

三子名

四子名

五子名

四世

四世大祖受泥巴克什生二子長子名

次子名

五世

五世大祖古藍吞朱庫生一子名

巴呆生一子名

伍什白七世絶嗣
胡什吞六世絶嗣
左巴都辜五世絶嗣
沙七里五世
沙農卡六世
阿魯六世
圖耶六世
滕格六世

四世三祖巴圖生三子長子名
次子名
三子名
欽飛洋武生一子名
沙七里生四子長子名
次子名
三子名
四子名

滕陳 六世 絶嗣

阿都七 七世

温采 七世

阿哈圖 八世

發卡 八世

拉卡 八世

恩依圖 九世

左克什 十世

阿魯生二子長子名

次子名

阿都七生三子長子名

次子名

三子名

阿哈圖生一子名

恩依圖生一子名

左克什生三子長子名

七十　十一世　驍騎參領　誥授資政大夫、次子名

五十　十一世　三子名

吉安　十一世　筆帖式　五十生一子名

書穆渾　十二世　參領　吉安生一子名

什各　十二世　發卡生二子長子名

馬卡　九世　次子名

馬勒噶　九世　馬卡生一子名

都力孫　十世　都力孫生三子長子名

昆都十一世主事

阿科敦十二世筆帖式

根都十一世

丹色十二世

善勒噶十世

福僉十世

馬力色十世

那力色十世

次子名

三子名

昆都生一子名

馬勒噶生五子長子名

次子名

三子名

四子名

五子名

阿力色十世

左發十一世

善達那十一世主事

得利十一世

阿希泰十一世

那欽十一世員外郎

七十一十一世領催

六十四十二世領催

善勒噶生二子長子名

次子名

福儉生一子名

馬力色生一子名

那力色生一子名

阿力色生一子名

善達那生一子名

阿希泰生四子長子名

沙穆保 十二世 領催

七住 十二世

常在 十二世 佐領

豐陞額 十二世 佐領

左伯 八世

常壽 九世

慶寶 十世 太僕寺衙門少卿

福寶 十世

次子名

三子名

四子名

溫呆生一子名

左伯生一子名

常壽生二子長子名

次子名

圖耶生二子長子名

夏禄七世
富党阿七世
達安七世
達吉住七世
卡勒托七世
八十六世
巴朗阿六世絶嗣
巴善阿六世

次子名
滕格生三子長子名
次子名
三子名
沙農卡生四子長子名
次子名
三子名
四子名

巴吉　六世　三等公

此巴祖　京都駐防其子
業成額因差撥入京都廂
紅旗其丁册由該旗佐領
承管

畬穆布魯　七世

喀穆布魯　七世

吉伯力　七世

新安　七世

業成額　七世　世襲騎都尉

頭
次
此業祖之後裔因差
撥入京都鑲紅旗外
仍是派駐居焉
其後裔子孫之
名另載伊譜書
筆次內也

説色　七世

達吉孫都壽　五世

八十生三子長子名

次子名

三子名

巴善阿生一子名

巴吉生三子長子名

次子名

四世四祖斗喝生六子長子名

次子名

溝伸 五世

依同額 五世

堆起瑞 五世

哈希那 五世

同吉訥 五世

斌德 六世

准德 六世

阿喇赫圖 六世

三子名

四子名

五子名

六子名

達吉孫都壽生七子長子名

次子名

三子名

四子名

畚奇巴 六世

敦吉卞 六世

樂泰 六世

樂德 六世

科詩訥 六世

胡什 六世

克爾特穆 七世

伯爾寬太住 世

五子名

六子名

七子名

滿伸生二子長子名

次子名

科詩訥生一子名

依同額生四子長子名

次子名

五世
伯松伍 六世
陛官 六世
多爾推飛揚武 六世
太什 七世
占什 七世
布書呼 七世
黃畐 七世
倫卞 七世

三子名
四子名
陛官生二子長子名
次子名
多爾推飛揚武生三子長子名
次子名
三子名
堆起瑞生三子長子名

該王里　六世
阿慕里　六世
哈海　六世
珠什塔　七世
倭什塔　七世
額爾特　六世
布爾特　六世
所爾火達　六世

次子名
三子名
該王里生二子長子名
次子名
哈希那生五子長子名
次子名
三子名
四子名

慕兇阿 六世

國爾七飛揚武 六世

法穆孫 六世

萬達色 五世

阿哈山都督 五世

依畨黄叅 五世

阿蘇飛揚武 五世

達叅都督 六世

五子名

同吉訥生二子長子名

次子名

四世五祖他奔都督生三子長子名

次子名

三子名

阿哈山都督生六子長子名

次子名

赫吉色 六世 三子名

依蘭哥 六世 四子名

畐力芬 六世 絶嗣 五子名

布蔭 六世 六子名

伯爾哈達 六世

赫吉色生三子長子名

阿蘭泰 七世 絶嗣 次子名

西蘭泰 七世 絶嗣 三子名

巴卞飛揚武 七世

依蘭哥生三子長子名

珠蘭泰七世
噶哈七世
托勒歡七世
說色七世
蒙烏七世
武普泰七世
發科清阿六世
訥吉喝六世

次子名
三子名
布蔭生三子長子名
次子名
三子名
依畐黄叅生四子長子名
次子名
三子名

瞿麟 六世
霍托 六世
那蘭泰 六世
阿古那 六世
内吉荷 六世
福吮荷 六世
恭古 六世
畐那格 七世

四子名
阿蘇飛揚武生五子長子名
次子名
三子名
四子名
五子名
阿古那生一子名
二世二祖考巴烟生一子名

阿古善巴烟 三世
芳阿拉巴烟 四世
莽乃 五世
馬鈕 五世
孫扎七飛楊武 五世
馬七那飛洋武 六世
富巴 七世
富伯 七世

阿古善巴烟生一子名
芳阿拉巴烟生三子長子名
次子名
三子名
莽乃生一子名
馬七那飛洋武生四子長子名
次子名
三子名

那慕太七世
南達拉七世
索色八世
訥力庫九世
穆庫九世
達哈塔九世
達哈九世
畐黑十世

四子名
畐巴生一子名
索色生四子長子名
次子名
三子名
四子名
訥力庫生三子長子名
次子名

哈欽十世

哈力沙十一世

常壽十二世主事

常安十二世

廾畐十一世領催

羅宓十二世

阿克敦十三世領催

西畐十一世驍騎校

三子名

畐黑生二子長子名

次子名

常壽生一子名

哈欽生一子名

羅宓生一子名

哈力沙生二子長子名

次子名

夯尼 十一世

哈克依 十二世

穆玉呼 十一世

穆什太 十一世

海得 十二世 領催

買高 十二世 領催

常保 十二世 筆帖式

那新 十二世

夯尼生子一子名

穆庫生二子長子名

次子名

穆玉呼生一子名

穆什太生四子長子名

次子名

三子名

四子名

十二

那漢泰十一世

常德十二世員外郎

常住十二世

常沙穆保十二世驍騎校

禹力泰十二世佐領

西住十二世

哈爾哈十一世

來增十一世

買畨生二子長子名

次子名

常保生二子長子名

次子名

那新生一子名

達哈塔生五子長子名

次子名

三子名

佛保 十世

和力布 十世

飛洋武 十世

世魁 十一世 郎中

巴登額 十一世 領催

烏登額 十一世 領催

敬國保 十一世

穆哈 十一世

四子名

五子名

哈爾哈生二子長子名

次子名

來增生一子名

和力布生一子名

飛洋武生一子名

達哈生一子名

七十一 十世

索住 十一世 佐領

玉柱 十一世 筆帖式

四格 十一世

棋海 十二世 領催

西勒炂 十二世 主事

依哥利 十二世

台善保 十二世 驍騎校

七十一生三子長子名

次子名

三子名

索住生二子長子名

次子名

玉柱生二子長子名

次子名

四格生一子名

巴海 十二世

拉庫 八世

牙什他 九世

布達里 十世

牙畐 十世

孫德 十一世

孫昌 十一世 催長

德祿 十二世 領催

击

畐伯生一子名拉庫生一子名

牙什他生二子長子名

次子名

布達里生一子名

牙畐生一子名

孫德生一子名

孫昌生一子名

得福 十二世 领催

倭力太 八世

畐東阿 八世

都卡那 八世

哈科善太 九世

留福得 十世

都力克 九世

五十五 十世

那慕太生三子長子名

次子名

三子名

倭力太生一子名

哈科善太生一子名

畐東阿生一子名

都力克生一子名

都卡那生二子長子名

黑格九世

瓦發九世

惑色十世

七十一十世

阿隆阿十一世 驍騎校

巴哈達八世

多海八世

秋班泰九世

次子名

黑格生一子名

瓦發生一子名

七十一生一子名

南達拉生二子長子名

次子名

巴哈達生三子長子名

次子名

二格 九世

樓格 九世

常在 十世 尚書

五十一 十二世 叅領

達福 十世

倭來 九世

倈巴 十世

拉甲 六世

三子名

秋班泰生一子名

常在生一子名

二格生一子名

多海生一子名

倭來生一子名

五世二祖禹鈕生二子長子名

次子名

那穆太 六世 絕嗣
蒿綺布 七世
阿宓參 七世
牙穆布 八世
蔘他希 八世
蘇乃 九世
國火理 十世
常在 十一世 領催

拉甲生二子長子名
次子名
蒿綺布生二子長子名
次子名
牙穆布生一子名
蘇乃生一子名
國火理生一子名
蔘他希生一子名

托興阿 九世

沙哈連 十世

安他穆 八世

談譚 八世

額伯勒 八世

德伯勒 八世

國什 九世

倭什 九世

托興阿生一子名

阿究參生四子長子名

次子名

三子名

四子名

安他穆生二子長子名

次子名

國什生三子長子名

常寿 十世 佐领
常善 十一世 笔帖式
王林 十一世 领催
发力那 十一世 领催
禹尔呼善 十二世 员外郎
阿烟泰 十二世 文举人
阿烟希 十二世 委领
成绪 十二世 主事

次子名
三子名
常寿生二子长子名
次子名
发力那生二子长子名
次子名
禹尔呼善生三子长子名
次子名

成茂 十二世 郎中

成義 十二世 城守尉

伯順 十世 員外郎

秋天寶 十一世 領催

某里庫 九世 佐領

某書 十世 掌關防官

某淩額 十世 員外郎

黑色 十世 筆帖式

三子名

倭什生一子名

伯順生一子名

談譚生一子名

某里庫生六子長子名

次子名

三子名

四子名

巴蘭十世　主事
巴呼達十一世　員外郎
恩達海十一世
五什訥十二世　恩騎尉
常五十二世　貢生
某彰阿十二世
某丹十二世　驍騎校
常祥十二世

五子名
六子名
某書生二子長子名
次子名
某凌額生二子長子名
次子名
黑色生一子名
巴蘭生一子名

寳各　十一世　少卿

托爾比　九世

額伋勒　九世　章京

伯爾特　九世

毓明　十世　城守尉

保住　十世　教習

裕常　十一世　佐領

歪啚　十一世

額伯勒生三子長子名

次子名

三子名

額伋勒生二子長子名

次子名

毓明生一子名

保住生一子名

伯爾特生一子名

沙蘭 十世

太巴畨 十一世 主事

倭爾比 九世 筆帖式

洪額 九世 筆帖式

牙畨 十世

牙欽 十一世

彰壽 十二世 員外郎

採住 十二世

沙蘭生一子名

德伯勒生二子長子名

次子名

洪額生二子長子名

次子名

牙畨生四子長子名

次子名

三子名

末

保壽 十一世 筆帖式

得壽 十一世 驍騎校

色勒 十一世 主事

訥欽 十一世 筆帖式

瓦新 十一世 催長

色克潤 十二世 筆帖式

善達色 十二世 筆帖式

四達色 十二世 佐領

四子名

彰壽生一子名

牙欽生二子長子名

次子名

訥欽生三子長子名

次子名

三子名

五世三祖孫札七飛洋武生一子名

阿金那穆都 六世

某力甲 七世 此某祖與其弟邦太吉伯理等之後裔俱在遼陽居住

班布理 七世 此班祖其子達喀擦他容等均於順治十三年奉文由 京旗撥在 盛京城求 福陵駐防其餘各祖均於順治元年從龍入關俱在 京都駐防

邦太 七世

吉伯理 八世 凡宗族家派均有駐防品

月伯那 八世

阿谷巳 八世

説海 八世

阿金那穆都生四子長子名

次子名

三子名

四子名

某力甲生四子長子名

次子名

三子名

四子名

平

恩泰 八世 尚膳總領

八十 九世 品級章京

説訥 九世 尚茶人

其哈善 九世 尚膳人

阿蘭 九世 尚茶總領

此阿祖移在京都駐防其子孫之名在內及其孫什寶等之後兩子孫之名另載伊譜書並次內也

西木伯 十世 筆帖式

噶來 十世 尚茶人

呼什布 十世 尚茶人

月伯那生一子名

阿谷巴生一子名

説海生一子名

恩泰生一子名

八十生一子名

説訥生一子名

其哈善生二子長子名

次子名

瑑佛和 十世 尚茶人

費揚武 十世 佐領

劉保住 十世 內管領

發保 十一世

老善 十一世

某蘇 十一世 品級章京

索倫太 十一世 尚茶人

廾寶 十一世

阿蘭生二子長子名

次子名

西木伯生一子名

噶來生一子名

呼什布生一子名

瑑佛和生一子名

費揚武生一子名

劉保住生一子名

伯都　十一世　筆帖式　發保生二子長子名

西保住　十二世　尚膳人　次子名

五達色　十二世　某蘇生二子長子名

五格　十二世　品級章京　次子名

夯乃　十二世　品級章京　索倫太生一子名

受巴　八世　品級看守　此達祖於順治元年奉旨命看守　福陵於十三年奉文撥歸　福陵關防所属正黃旗送駐居焉其子孫之名世接續添入此譜書要次的也　七世二祖班布理生二子長子名

達喀穆　八世　品級　次子名

他察　八世　品級　此他祖於順治元年奉旨命看守　福陵於十三年奉文撥歸　福陵關防所属鑲黃旗送駐居焉其後裔子孫之名另載伊譜書單次的也　八世大祖達喀穆生三子長子名

胡希他九世品級

五喜吞九世品級章京

布喜吞九世品級

琿他十世世襲騎都尉 頭 次

買圖十世副關防官兼七品官

佛保十世員外郎 此佛祖移在京都駐防，其子孫之名在内，及其孫札滿等之後裔子孫之名，另載伊譜

索色十世品級章京 [illegible]也

阿那庫十世尚茶總領

次子名

三子名

胡希他生一子名

五喜吞生三子長子名

次子名

三子名

布喜吞生三子長子名

次子名

尼恩達 十世 尚膳人

阿哈達 十世 尚膳人

阿什太 十一世 尚茶人

索羅希 十一世 世襲騎都尉 二次

趙慈 十一世 品級章京

八十 十一世 世襲七品官

彰福 十一世 佐領

扎勒呼 十一世 副都統

此索祖隨父任住防

此八祖隨父任住防

三子名

阿那庫生一子名

琿他生二子長子名

次子名

買爾生一子名

佛保生四子長子名

次子名

三子名

和牙圖 十一世 主事

和牙訥 十一世 章京

托德 十一世 品級章京

托金 十一世 尚茶人

倭力特 十一世 内管領

修保住 十一世 尚膳人絶嗣

哲力特 十一世 尚膳人

索住 十一世 品級章京

四子名

索色生三子長子名

次子名

尼恩達生二子長子名

次子名

阿哈達生三子長子名

次子名

三子名

二十三

查力泰 十一世 尚茶人 索羅希生一子名

杭起 十二世 副關防官兼尚茶總領兼騎都尉三次 趙茲生一子名

六格 十二世 尚膳人 八十生二子名長子

西佛 十二世 世襲七品官 次子名

花色 十二世 内管領 彰福生一子名

扎凌阿 十三世 領催 扎勒呼生一子名

發科錦 十三世 員外郎 和尹圖生一子名

七十 十三世 正黄旗包衣佐領 此稿訂成本族譜書一部內有第五世祖者 和尹訥生一子名

立住　十二世　郎中

胡保　十二世　品級章京

扎郎阿　十二世　尚香人

福住　十二世　尚膳人

福志　十二世　副關防官

彰保壽　十二世　尚茶人

存住　十二世　尚茶人

八十七　十二世　尚膳總領

原係京都駐防，又第九世祖闊闌，
又第十世二祖佛保、俱保，京都
駐防。又有第八世大祖達喀拉二　福陵駐
祖他參均係盛京城東
防。此五位祖因京都、盛京兩處駐防，相
距窵遠，恐其後嗣存殁音問難
通，所以後嗣之名不及備載。故各
祖後人請譜書一部，各便將後嗣
子孫之名詳查清白，併載伊譜
書並次內也，以備後世查考。各支
不致難究。除各祖後人領請譜
書外，今各派後人俱將各姓派
先人名字均應接續添入伊譜
書並次內，記載明確，永遠不
忘也。

二十四

托德生三子，長子名

次子名

三子名

托金生一子名

倭力特生三子，長子名

次子名

三子名

哲力特生二子，長子名

洋華色十二世
托格十二世
興華色十二世
品級章京
二格十二世
三格十二世
尚茶人
阿喜八世
多海九世
胡米色九世

次子名
索住生三子長子名
次子名
三子名
七世三祖邦太生一子名
阿喜生四子長子名
次子名
三子名

某岑 九世 絶嗣

西米色 九世 絶嗣

五色 十世 掌關防官

五達哈 十世

印德布 十一世 副關防官兼内管領

明保 十二世 尚茶人

布來 八世

常壽布 九世

此常祖其子雙蕩其姓
依哥訥等自遼陽遷於

四子名

多海生一子名

胡米色生一子名

五色生一子名

印德布生一子名

七世四祖吉伯理生一子名

布來生已子長子名

次子名

昂受布 九世 絶嗣

嚴住布 九世 品級章京

京城居住入在内務府正黄旗陳滿洲那明阿佐領下其子姪等另五册檔不計外其子雙蕩其姪依奇訥等之名在内及其子姪之後裔子孫之名另載伊譜書譜次内也

畐來 九世 絶嗣

畐善 九世 絶嗣

穆哈善 九世 尚茶人

伯精 九世 品級章京

雙蕩 十世 尚膳人

依奇訥 十世 品級章京

二子名

四子名

五子名

六子名

七子名

常壽布生一子名

嚴住生一子名

十二世祖杭起生二子長子名

韓都 十三世 世襲騎都尉四次

哈豐阿 十三世

趙林 十三世 世襲七品官

龍官保 十四世 世襲七品官

扎拉松阿 十五世 世襲七品官

那丹珠 十六世 世襲七品官

慶福 十七世 世襲七品官 其子孫之名另載伊譜書那單滸內也

文綱 十八世 世襲七品官 其後人世居福陵 絕嗣

二十六

次子名

十二世世祖西佛生一子名

趙林生一子名

龍官保生一子名

扎拉松阿生一子名

那丹珠生一子名

慶福生三子長子名

次子名

文

文

連

德

忠十七世拜唐阿絶嗣

裕十八世

興十九世

昌二十世

三子名

文裕生一子名

連興生一子名

九十 十三世 尚膳總領

明福 十三世

他克什布 十四世 絕嗣

衣琫額 十四世

胡嵩禮 十五世

十二世二祖扎郎阿生二子長子名

次子名

九十生一子名

明福生一子名

衣琫額生一子名

音得布 十四世 拜唐阿絶嗣

富色布 十四世

達春阿 十五世

拉淩阿 十六世

十三世大祖韓都生二子長子名

次子名

富色布生一子名

達春阿生一子名

哈理 十四世 世襲騎都尉

邁拉孫 十五世 其後人世居福陵

洪福 十六世

洪喜 十六世

洪成 十六世

十三世三祖哈豐阿生一子名

哈理生一子名

邁拉孫生三子長子名

次子名

三子名

五次富昌因身殘疾辭退現襲五次將伊姪哈理仍襲騎都尉陣亡次理病故不准襲令哈理應襲五次已完次數例不准承襲

富昌　十三世　誥授中憲大夫　掌關防兼騎都尉四次　絕嗣

韓都因事革退將親堂叔之子富昌仍襲騎都尉

當得　十三世　尚茶人

永祿　十三世　尚香人

發福禮　十三世　尚香人

五福　十三世　尚膳人

魯庫　十三世　絕嗣

白小　十四世　絕嗣

十二世祖六格生六子長子名

次子名

三子名

四子名

五子名

六子名

十三世三祖富得生三子長子名

六十

次子名

黑小 十四世 尚膳副員

三合 十四世

書勤布 十五世

得奎 十六世 絕嗣

得來 十六世 絕嗣

得發 十六世 絕嗣

得保 十六世 絕嗣

得吉 十六世 絕嗣

三子名

黑小生一子名

書勤布生五子長子名

次子名

三子名

四子名

五子名

十四世三祖三合生四子長子名

六十一 十五世 妻洪氏 其後人永陵西阿伙洛居住 次子名

蒙古 十五世 妻屠氏居住 三子名

富文氣 十五世 絕嗣 四子名

扎庫氣 十五世 妻王氏 六十一生二子長子名

得住 十六世 妻徐氏 此位以下之名於民國十八年添入 次子名

得祥 十六世 妻王氏 得住生一子名

慶升 十七世 妻洪氏 慶升生五子長子名

文貴 十八世 妻徐氏

文榮 十八世 妻吴氏 五品頂戴拜唐阿

文春 十八世 妻孫氏

文成 十八世 妻張氏

文德 十八世 妻趙氏

多綸 字璽臣 十七世 誥授宣德郎 妻徐氏封為人
妻徐氏 五品頂戴 六品官 拜唐阿
與京縣考取醫士宣統二年揀放衙書人差佔

文魁 十八世 妻許氏 其子孫之名另載伊譜書第二次内也

文元 十八世 妻趙氏

次子名

三子名

四子名

五子名

得祥生一子名

多綸生二子長子名

次子名

文魁生二子長子名

連城 十九世 妻張氏

連桂 十九世 妻曹氏

連璧 十九世 妻孫氏

連祿 十九世 妻李氏

連孚 十九世 妻李氏

連鈞 十九世

連元 十九世

連仲 十九世

次子名

文貴生一子名

文榮生三子長子名

次子名

文春生一子名

文成生三子長子名

次子名

三子名

文芝

連和十九世

連科十九世 妻王氏

連惠十九世

文德生二子長子名

次子名

得福 十六世

慶壽 十七世 絕嗣

慶保 十六世 絕嗣

得壽 十六世 遷之今通化縣三顆柳樹

慶富 十七世 居住

文啟 十八世 其子孫之名另載伊譜書輩次內也

十五世二祖蒙古生一子名

得福生二子長子名

次子名

十五世四祖扎兀氣生一子名

得壽生一子名

慶富生一子名

卷七

白起 十四世

阿力布 十五世

賞阿布 十五世

常青 十五世

保成 十六世

十三世三祖永祿生一子名

白起生三子長子名

次子名

三子名

阿力布生一子名

百[illegible]三

十五世三祖賞阿布生一子名

扎豐阿十六世

吾黎九

十五世三祖常青生一子名

保祥生一子名

保祥十六世

尚膳正

嵩秀十七世

委官拜唐阿

堆起 十四世

沙哈布 十四世

巴哈布 十四世

托豐阿 十五世

柏凌阿 十五世 其子孫之名另載伊譜書非单

常壽 十六世 次内也

十三世四祖發福禮生三子長子名

次子名

三子名

十四世大祖堆起生二子長子名

次子名

托豐阿生一子名

一百二

十五世二祖栢凌阿生一子名

得成十六世

十四世二祖沙哈布生一子名

五力恭保生一子名

五力恭保 十六世 五

其子孫之名另載伊諸書

得各 十六世

非軍次内也

其後人世居福陵

十四世三祖巴哈布生二子長子名

阿爾精阿 十五世

次子名

訥書肯 十五世

阿爾精阿生一子名

來福 十六世 其子孫之名另載伊譜書單次

來福生一子名

多賢 十七世 內也委官拜唐阿

十五世二祖訥書育生二子長子名

次子名

書勒十六世

書敏十六世

十三世五祖五福生二子長子名

次子名

七車布生一子名

七車布十四世

武凌阿十四世

莫力根十五世

十四世三祖武凌阿生一子名

平安　十五世　尚膳人　其後人世居福陵

平安生二子長子名

誥授中憲大夫

融春　十六世　掌關防　其子孫之名另載伊譜書第十次內也

次子名

融泰　十六世　絕嗣

融春生四子長子名

多慶　十七世　絕嗣

次子名

多興　十七世　絕嗣

三子名

慶新　十七世

四子名

多祿　十七世　委官拜唐阿絕嗣

慶新生一子名

文普　十八世

百五七

八十五　十三世　此八祖移居盖州正紅旗界内大紅旗堡地方

八十六　十三世　此八祖移居盖州正紅旗界内大紅旗堡地方

馬五色　十三世　此馬祖居祖基遼陽正紅旗界内東景陵地方

依昌阿　十四世　監生尚香人

常春　十五世

明太　十五世

明安　十六世

雙福　十六世

六十一　十六世

十三世祖明保生三子長子名

次子名

三子名

八十五生一子名

依昌阿生三子長子名

次子名

三子名

常春生三子長子名

次子名

三子名

一百六三

六十五 十六世
那彦太 十七世
依藍太 十七世
敦音太 十七世
得官 十七世
得全 十七世
得福 十七世
得祿 十七世
阿力布 十六世
夯什布 十六世

雙福生三子長子名
次子名
三子名
六十一生一子名
六十五生三子長子名
次子名
三子名
十五世二祖明太生二子長子名
次子名
十五世三祖明安生二子長子名

慶亨 十六世

五永阿 十六世

色克圖 十四世

格陳布 十五世

倭陳布 十五世

敦陳布 十五世

四爾 十四世

五爾 十四世

六爾 十四世

巴漢珠 十五世

次子名

十三世二祖八十六生一子名

色克圖生三子長子名

次子名

三子名

十三世三祖馬五色生三子長子名

次子名

三子名

四爾生一子名

五爾生一子名

一百四

巴圖魯十五世絶嗣
巴哈訥十五世絶嗣
鳳德十六世
鳳祿十六世
全仁十七世
全義十七世

六爾生一子名
巴漢珠生二子長子名
次子名
鳳德生二子長子名
次子名

各户供奉神板香碟之神名位

南邊神板之正座關聖帝君、清封護國明王佛

左邊之座觀音菩薩

右邊之座彌勒菩薩

北邊神板之

首座天

二座地

三座君

四座親

五座師

六三

蓋聞自古大撓作干支。編年紀歲。降及人世。立行字。以知序。法至良也。意亦深矣。今我覺爾察姓。族繁支茂。散處兩京。不有成規。輩次易淆。擬由世襲七品官我族長慶福之輩起。排定五言二十字。載在譜書下卷內。後世之人。俱依輩次。永遠遵守。不愆不忘。庶幾於骨肉行輩之間。不無小補云爾。

五言二十字輩次

慶文連德廣。國恩榮世綿。吉祥常富貴。福壽永雙全。

時在

福陵掌印官

光緒二十年歲次甲午仲春初吉第十六輩孫掌關防融春曁十七輩世襲七品官兼族長慶福同拜撰

鈔録者第十七世孫六品頂戴委官拜唐阿興京縣考取醫士多綸敬書

八世祖他察之後人第十七世孫掌關防景昱以此輩起編成五言二十字令後世人俱依輩次永遠遵守不致紊亂其後裔子孫之名另載伊譜書輩次内世其排行字載我譜内令我後輩人知之輩行可也

五言二十字輩次

昱世光勳煥 清宗福惠延 文昌宜懋德 治朗定書元

康德二年歲次乙亥三月初四日第十七世孫六品頂戴尚香人多綸敬書

我

曾祖七公 諱 十。於雍正十三年。九月。初三日。蒙

恩錫。奉天誥命。其誥命曰。

奉

天承運

皇帝制曰。宣力戎行。宜鼓驍騰之氣。選徒軍伍。用資彍騎

之良。領職惟人。蔭庸有典。爾驍騎叅領七十。謀能決

勝。勇必知方。材重羽林。风表赳桓之節。聲先虎旅。久

推叅佐之勤。武節既奮於神京。文誥廽輝乎天府。際

一百五

兹慶典。錫以新綸。兹以覃恩。特授爾階。資政大夫。錫之誥命。於戲。豹畧宣勞。勿替嚴明之律。龍章煥采。益昭果毅之風。慎乃攸司。欽予時命。

制曰。臣忠報國。戎旃著揚武之功。婦順宜家。譽命表同心之助。爾驍騎叅領七十之妻傅查氏。終溫且惠。已貴而勤。順以相夫。克佐賢勞於夙夜。敬能聚德。益彰靜好於閨幃。慶典式逢。朝章宜賁。兹以覃恩。封爾為夫人。於戲。揚令範於紫泥。禮宗擅譽。播芳馡於彤管。內則揚休。

第十四輩、曾孫四爾、等。照此

誥命。漢滿兼書。於乾隆八年、四月、初二日、勒碑立在遼陽

城東、東京陵、家南。曾祖七公、之塋園處。

曾孫監生尚香人依昌阿、恭錄。

我
高祖富公諱昌、于乾隆三十六年、十一月、二十五日、
蒙
恩錫、奉天誥命、其誥命曰、
奉
天承運。
皇帝制曰。分承庶務。散曹皆宣力之臣。式涣新綸。騎省有
邀榮之典。爾永陵四品掌關防官。富昌。持躬夙慎。涖
事維勤。克任使於尚方。典司無曠。殫勤勞於内府。寵
錫宜膺。茲以覃恩。授爾為中憲大夫。錫之誥命。於戲。

夙夜在公。克懋超踰之職。緜綸逮下。聿酬奔奏之庸。
用獎前勞。勉圖後效。
制曰。朝重良臣。丹陛聿頒崇獎。家資賢配。彤管實表匡
襄。爾永陵四品掌關防官富昌之妻兆氏。芳聲素裕。
內則久嫺。肅雝備著。其姆儀。進思交勉。敬戒克脩。其
婦道。退食相規。載錫綸綍。用光翟茀。兹以覃恩。封爾
為恭人。於戲。象服是宜。被寵榮而勿替。龍章用賁。矢
恭順以無怠。
光緒三十年四月。朔日。玄孫六品頂戴委官拜唐阿多綸敬錄
興京[illegible]

《萨嘛喇氏族谱》内容简介

《萨嘛喇氏族谱》现收藏在辽宁省凤城市蔡氏族人家中。

谱书初修于同治年间，光绪、宣统又两次续修，民国十三年（1924），蔡运升根据历次所修谱本总纂成书。

萨嘛喇氏，冠汉字『蔡』字为姓，镶蓝旗满洲卡克都里佐领下人。祖居长白山四道沟。『随龙入关』后，于康熙二十六年（1687）拨回盛京凤凰城驻防。

谱书保存较好，完整无损，毛笔楷书，字迹清晰，稿本。

主要内容有蔡运升于滨江道官廨撰《萨嘛喇氏族谱序》、袁金铠于滨秦冈寄庐撰《萨嘛喇氏族谱序言》、义县张作相撰《萨嘛喇氏族谱叙》、山阴朱庆澜撰并书《萨嘛喇氏族谱序》、例言、满洲萨嘛喇氏族谱世系。

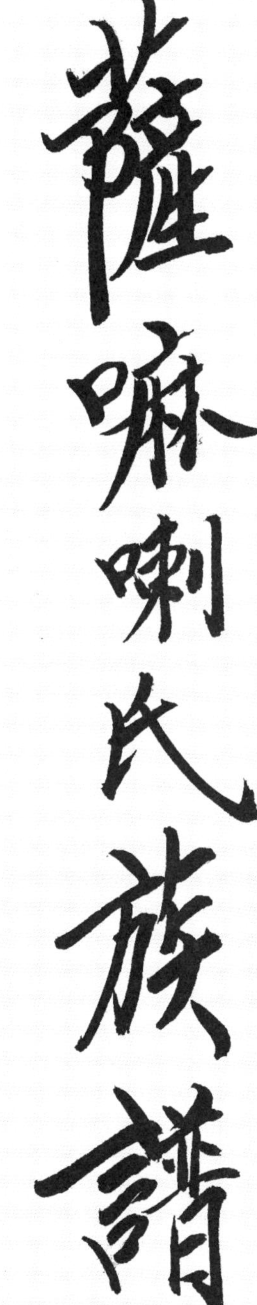
薩嘛喇氏族譜

薩嘛喇氏族譜序

吾家有舊譜傳十餘頁臚列始遷祖已六世人名姓氏不書乃吾族伯人所輯蓋草創未就之書也宣統紀元先伯父雲海公始議修纂越九年家大

人省墓高麗浪鄉，論為幽雅。先伯
父業其事，屬稿未竟，以調查不備
而止。辛亥孟夏，先伯父捐館舍，卅餘
其遺稿并歷年調查所得，衡齋
多暇，會萃成書，乃不禁作而歎
曰：遠矣哉！吾族之墓也，始遷祖一

人相傳不遠十世觀譜牒所載共兄弟行已達數百人之多矣哉抑六世以上據舊譜所載遺漏者甚多不得而知了矣世以下後裔之不可考共幾萬等數然則僅計八世九世中雁序共一萬千人以上矣庶

奚哉遊說夫有言人之愛好求父母
推而大之世系雖遠皆同一氣嗟乎
以一氣之人而視若秦越以譜牒之
不修其散居轉徙數名世者不能
舉其名字即見之亦懵譜系亦多語
焉而不詳前不及是時纂輯安卒

而序之則此之所考他日亦付於不可考者之列矣此修譜之役所以亟亟而不可緩也書成捐金付之梓俾族人各藏一帙於家至於記載之不備體例之不精所不敢辭增飾之責是在他日之續其譜者甲子仲秋二支十世

88頁

運升序於濱江道官廨

薩嘛喇氏族譜序言

禮教之彝倫於宇宙間者盡在

軍國之於家族洪纖巨細靡

弗賅備所恃以譜貫而屢傳

者則在於人事之因時修

自有清康熙時代始遷祖荷戈東來家於吉林其譜牒所存者至今十世子孫繁衍傳之後之為吉林大族自君之伯父雲漁之首議修纂族譜屢稿甫半

還捐貲會君慨溯前徽備念
後嗣以讀役書之暇日以詳事
調查舊譜成編序例精審云
詳之慎令修士君子以專先務
後之身推天下國家不能易而有

可慮之歎一族之先以記載失傳

每不可致遠子孫繁衍微知記錄

微有同人然明其本根而思之衆

輯譜牒以作今而傳後世失機

會敘之而可貴為書之而乎文

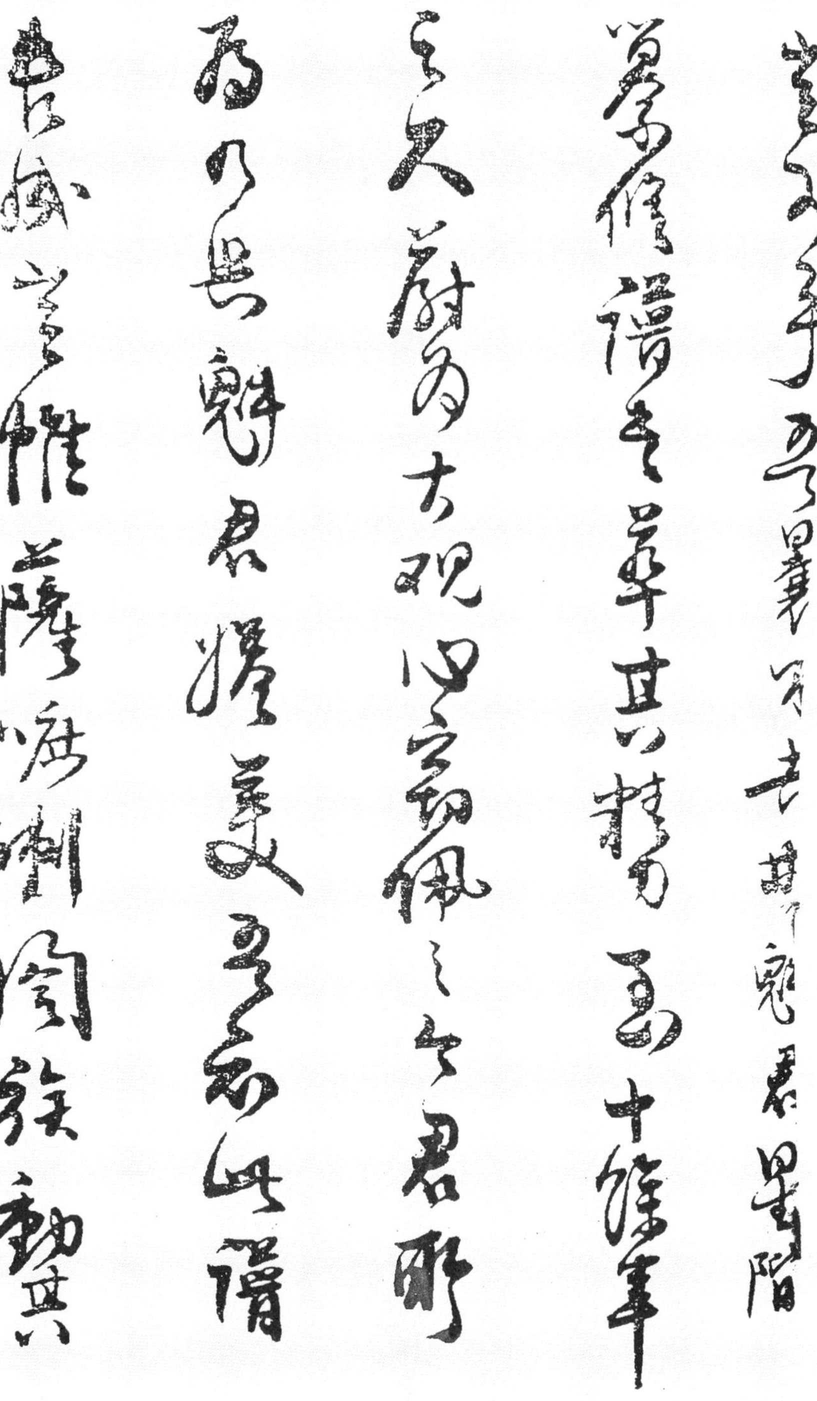

將於乾隆御筆之臨本親之

於是筆錄一本之原則明服越大

著於社會而寓無疆斯世之觀

感之以三壽也寶記至尹龍君

昭和山 年 月 蒙古長白隆廉喇氏

本支弓世九強親睦之帆而无寧

斯譜也如沙漲著其係春之减

内觐而廿晋来不唐其餘

韵兮風飛破頓子生色歟

甲子十有一月袁重緒序扞

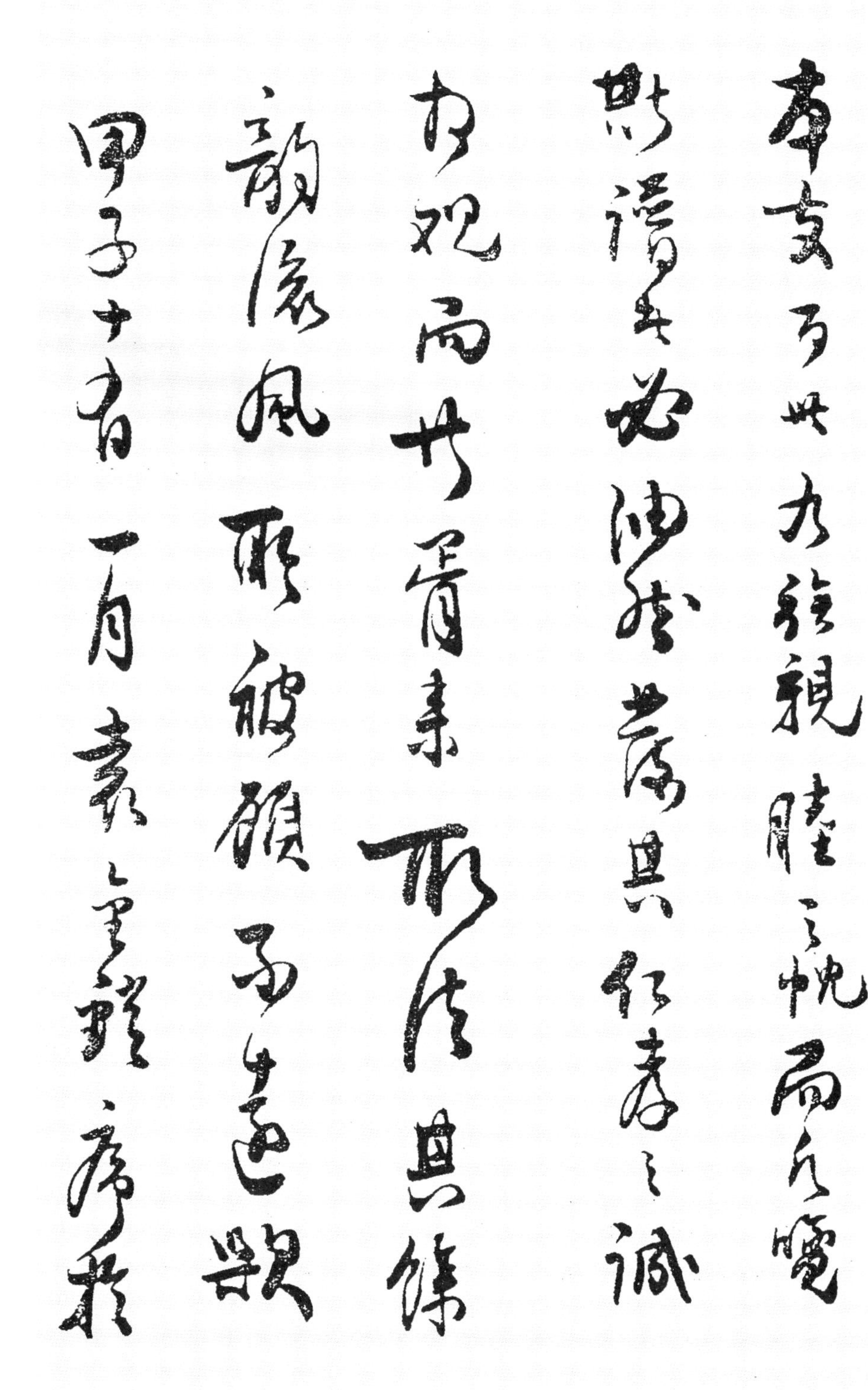

濱江秦周壽之廬

薩嘛喇氏族譜叙

自史記列有世家而後世譜牒之學興所以述祖德明世系申念茲在茲之意非僅標榜門第附會星宿而已也我東省之薩嘛喇氏世為巨室以舊譜散佚憒然於貽謀之所自識者惑焉夫一族之蕃衍昌熾必其勞積

德繁仁繼起者天克繩祖武無邊延福流澤施于孫子歷久而靡已所謂家有餘慶也薩嘛喇氏自東遷以後傳十世而兄弟衍繁至數百人且代有賢者凡此門祚之盛寔非積善之徵其族譜庸可從闕乎品三觀察不辭勞瘁從事調查歷有年所而成此譜是

家弟敦睦族誼抑亦可以諷世矣其記
載之詳備敘述之精審悉合於譜例猶餘
事也甲子孟冬義縣張作相識

薩嘛喇氏族譜序

漢族最重世系家各一編秩序

井然唐宋以來若顏平原范

文正諸家代有作者大氏藏之家

廟俾子孫世世守之更廣置義莊

以為婚喪冠祭修葺譜牒之需

甚盛典也满洲在前、后游牧时代，初无昭穆之可纪。有清入关三百年，属籍綦详，丰沛子弟又颇有衔署档册足资考证。瀋江道道尹蔡品三君运升，萨嘛喇氏也。自其世父已网罗散佚，俾族人之離居析處者多村布葉裒然成書碩體例弗備猶未足以傳世品三費時日之力斟酌至審大宗小宗朗若列眉行且付之剞劂昭示永久而來乞序於余慶瀾治軍江介兼覽民政倚品三若左

吾今雖不敢以不文辭，嗟乎嗟乎！世變日亟，異學爭鳴，紀綱掃盪垂盡，倡其說者彌欲舉往聖禮法之大防芟夷而翦伐之。詩曰：民之秉彝，好是懿德。猶驚飈之摧敗籜也，寧不痛心乎哉！是編睦宗親

敦本誼而即所以整飭風紀扶植倫常也寶於當今之世道人心裨益滋大寧獨薩嘛喇氏一族利賴之云乎哉是為序

中華民國十有三年十二月十四日

山陰朱慶瀾撰并書

例言

一巨室譜牒或上溯數代茲編僅自清康熙年起者緣彼時我 始遷祖稱名承乘紛繼世系遂不可考與其牽引附會勿寧闕以示信也

一茲譜為代表全族而作取臨文不諱之義尊卑親疎概書如例

始遷祖為百世不祧之祖別書於首自二世以下依族人相衍之例分為五支篇列五格格書一世父子相屬兄弟相次尊卑長幼之序瞭然可睹

一格盡別起書某人子以便檢查書法遵本乎己身以上稱公以下稱名之例

一本名下若一名若字若官階若配若繼配若妾若子若女例皆詳書以初次纂修艱於調查故多不備自茲以往族人各舉所知隨

時添註以備續修之資則成一完書將於異日卜之

一婦宜從夫書夫之後嫡書配繼書繼配間有未稿並列二人不辨孰元配孰繼配者則連次書之以待考查

一人數子例書長某次某其由數稿集合或原稿不清不辨孰長孰次者則不書長次等字以示闕疑

一子書母後辨所出也若有元配有繼配不知某氏所出則書某氏某氏於前書子幾人於後以示闕疑

一出繼者繼所後所生之後亦書係以出繼以避重複

一佚名者記以口口以待補寫

一旗兵正額例稱披甲惟檔冊皆註曰兵今仍之

一族長滿語為穆坤雖非官署任職比而其人必鄉望素孚者始膺茲

選今皆附錄右端藉垂永久且慨夫鼎革以還旗署既廢族中事多散漫今竟有族而無長一本同源有事輒涉訟公庭不能不追思昔日族長之制法至良意至美也

一兹譜之所據者三曰舊譜曰檔曰稿舊譜纂自清同光間起始遷祖迄六世鈔本未印跡簡已極檔爲旗署所存之户口册自旗務衰落多散失茲所得僅最後一册先世多略稿以宣統元年始倡修譜時所查爲多此次寄來者亦有之

一舊譜檔稿間有異同茲六世以上多從舊譜六世以下從檔稿之近是者竊附宋景濂所謂盡心不知信其可知之義凡不同者悉註於下例如從舊譜者註檔作某或稿作某從檔稿者亦然註一作某者則從稿而稿又有不同者也排比校對頗費苦心所望族

一舊譜檔稿不同者滿名中如泰與太額與厄茲皆改歸一律漢名中如德與得永與成和與合（德得和合非同音而東有土音則彷彿）之類悉擇從是者從之其不同者亦不附註何則以音傳音不足為異

一各人住址遷移無定此次調查頗有所得列表附於譜後因重名者多每支列二人以示區別住址僅識現在至於移自何年來自何處蓋弗可考矣

一有僅知後裔而先世不可考者皆附錄卷末以廣收族之意陸象山有言如或相傳失真考求無據則亡諱亡世直書無隱爰師此意知者詳之

景運興克昌桂榮繼德芳

世永延福壽奕宗慶其先

右二十字由九世起二十八世止清同治間族人穆其先邀集闔

族公同議定曾立碣

祖塋遠近咸知碣已圮今恭錄卷首後之人依次命名庶無舛謬耳

满洲萨嘛喇氏族谱

始迁祖

邦牛

姓萨嘛喇清康熙二十六年由京拨至凤凰城驻防隶镶蓝旗满洲

卡克都里佐领下配孟氏子五长安巴说色次说色三何色四科什实

五雅实英城外西北角义地

始迁祖

長支二世

安巴說色

那牛公長子本旗兵子二長阿勒泰次說勒伏

長支三世

阿勒泰

子一成官保

長支四世

成官保

子三長當保次二各三得楞額

長支五世

當保

子四長八十頼次七十那三六十三四老各

二各

子二長買色次小五各

得楞額

本旗兵子三長福昌阿次明德三富貴

長支六世

八十頼

子二長蔡榮次蔡貴

七十那

六十三

老各

買色

小五各

福昌阿

子一福令阿

明德

子一東發

長支二世 長支三世 長支四世 長支五世 長支六世

說勒伙

本旗兵配依氏子二長額特次常久

額特

配吳氏子六長黑達色次大肚色三四各四陶青阿五七各六七十八

黑達色

子一九各

大肚色

子無

四各

子一常安那

陶青阿

子一福德

七各

子一永明

富貴

九各

子無

常安那

子二長永茂福以永兴為福德子次永行

福德

配依氏子三長春徐次榮住三永祿一以永蔣為常安那子

永明

一名成元配康氏子一永富

長支二世

長支三世

長支四世

常久
配胡氏子四長十各次托尼三秃禮四四各

長支五世

七十八
本旗兵子無

十各
子無

托尼
配關氏子二長色布真額次英各

秃禮
配曹氏子無

四各
子二長生保次三音保

長支六世

色布真額
本旗領催配鄂氏子二長常祿次永德

英各
子一得祿

生保
配胡氏子二雙祿

二

三音保

子無

二支二世 **說色** 那牛公次子本旗領催子五長雅什泰次那勒泰三南泰四馬勒泰五馬勒奈

二支三世 **雅什泰** 本旗兵子三長佛保次金保三老各

二支四世 **佛保** 子一七十七

金保 子四長福德次烏得梁三丑明阿四奇明阿

二支五世 **七十七** 本旗兵子三長扎坤珠次烏雲珠三唐吾珠

福德 子二長洋桑阿次洋成阿

烏得梁 子一巴七那

丑明阿 子二長巴令阿

二支六世 **扎坤珠** 子四長福成次玉成三慶成四明成 一福以福成以下四人為烏雲珠子

烏雲珠 配關氏

唐吾珠

洋桑阿

洋成阿

巴七那

巴令阿

二支二世

二支三世

二支四世

二支五世

二支[illegible]

老各

子四長奇祿次七十四三七十九四七十五

七十 作隨 七十

次高糧

奇明阿

子一巴眼

奇祿

子二長他思哈次成羣

七十四

子一洋令阿

七十九

子一來福 來福隨作來住

七十五

子二長來喜次福貴 福貴隨作富貴

得胥布[illegible]子考大世[illegible]令阿奇綏奇青迸侍訛

高糧

子無

巴眼

子一得安

他思哈

成羣

洋令阿

來福

子一合慶

來喜

福貴

二支二世

二支三世

那勒泰 本旗領催配劉氏子四長莫力根次拉哈力三六各四五十一

二支四世

莫力根 本旗兵子二長色克次色楮

二支五世

色克 子一索凌阿（以檢索凌阿為三支巴力之子今從為嗣）

色楮 本旗兵子四長達凌阿次達明阿三秋分阿（作秋分）四雙喜阿（作雙喜）

二支六世

索凌阿 子二得喜得吉 子四烏雲那果明阿慶盛恩盛（按索凌阿有二媽一作子一烏雲那果下三人一媽有三人無烏雲那今立繼之）

達凌阿 配胡氏子一福令額

達明阿 子一烏令額

秋分阿 子一五十哈

雙喜阿 子三長得泰次得奎三得俊

拉哈力

記名驍騎校配于氏子三長烏爾虎次東魯三色楞額

烏爾虎

本旗領催配莫氏子二長哲庫（福作達朵河）次巴洋阿

東魯

配李氏子三長多隆烏次業布抗阿三巴彥保

哲庫

配關氏子四長福明（一作達朵阿）次福有（一作達朵河）三口口四達京阿

巴洋阿

配王氏子二長希卓布次烏青布（一作子三人長子布次烏青布現年六三烏林布一清林三吉相近之說未知孰是）

多隆烏

本旗委官配盧氏子一阿克墩布

業布抗阿

配于氏（一作王氏）繼配那氏子四長

四

二支二世

二支三世

二支四世

六各
本旗兵子一得
青額

二支五世

色楞額
本旗領催配佟氏子二長吉爾通阿次額爾錦泰

得青額
配趙氏子三長雅淩阿次喜成阿三雪生阿

二支六世

托克托布次化沙布三阿金布四德音布

巴彥保
配關氏子一福金布

吉爾通阿
配關氏子三達新布達音布達青布

額爾錦泰
配關氏子二敦吉布一揚注敦吉布又吉[illegible]阿子木特布一作木特木

雅淩阿
配王氏白氏楊氏子三長舉金那次五力那三

五十一

配李氏子三長烏令阿次珠倫保三福克經阿

烏令阿

恩賜九品職領催配闊氏子二長豐紳泰次得克全

音珠那

喜成阿

本旗領催子三長賽成額次倭伸布一作德成三成吉布一作武吉那

奇生阿

配闊氏子二長烏雲那次烏力那林那一作付

豐紳泰

本旗領催配敖氏子二長昂阿凌烏一作雙喜次雙慶

得克全

配尸氏傅氏子一雙慶按與豐紳泰次子同名各有後裔當非一人

二支二世

二支三世

南泰 子六長那勒琿次五十九三得克訥四得倫泰五達色六千生

二支四世

那勒琿 本旗兵子一色克圖

五十九 本旗兵子二長烏常阿次烏[illegible]額

二支五世

珠倫保 配何氏子一扎勒芬

福克經阿 配王氏子二長得興次得銘

色克圖 本旗兵子一色成額

烏常阿 本旗兵子三長哲力青額次七昌阿三白明阿

二支六世

扎勒芬

得興

得銘

色成額

哲力青額 子一哈力那

七昌阿 子一哈豐阿過一以哈豐阿為哲力青額次子

白明阿

得克訥

子五長撮伏次代青阿三得生額四堆青阿五偏吾

烏京額

子四長阿林保次那青阿三依令阿四阿丹布

撮伏

子二長水壽次四十那

代青阿

六

阿林保

那青阿

依令阿

子二長福祿次福犀

福以福祿福犀為哈隆阿祿依令阿子孝五世無名哈隆阿者今以屬此不知是此依令阿否

阿丹布

子一保住

福以保住為額登布子孝六世無名額登布者於焉奇近傳訛

永壽

子一明德

四十那

福隆阿

二支二世

二支三世

二支四世

二支五世

本旗領催子二長福隆阿次福力抗阿

得生額

子三長春成次春福三春祿

堆青阿

本旗兵子四長春豐次春壽（作揩）（有存人 作斜喜）三四十八

二支六世

福力抗阿

子一福林

本旗兵子五長福祥次福壽三福恆四福慶五福雲

春成

子一福祿

春福

子二長福有次福寬

春祿

子二長福多次福有

春豐

配于氏子一福玉

四海永色

倫吾
子一訥東肯

亮禮
子六長常壽次得虎三得祿檔作雙成四得壽五得興六得青

得倫泰
子一亮禮

春壽
子一亮海檔作亮壽又作福發又作亮得

四十八

海永色

訥東肯
子五長永亮次永泰三得恩四永壽五永平

常壽

得虎

得祿

得壽
子一福紳檔作舉住

得興

二支二世

二支三世

二支四世

達色 子一烏怒

千生 本旗兵子八長生保次九得三烏雲額四十六五喜成那（福作布成）阿六喜令阿七喜福祿八喜朗阿

二支五世

烏怒 子一福亮

生祿 子二長福林布次福林泰

九得 子二長永昌阿次永良阿

烏雲額 子二長烏明次福成

二支六世

得青

福亮 子二長福雲（一作升昌）次得住

福林布

福林泰

永昌阿 配關氏子二長福吉次慶吉

永良阿 子一福貴

烏明 子四長福昌次海昌三成昌四得昌

十六

本旗兵子一各崩額

喜成那

子四長福京額福作福京阿次訥青額三得青額四得成額

八 福成

子二長來色次永成

各崩額

本旗領催配汪氏子一永福一作明福

福京額

本旗兵子二長喜慶次喜成

訥青額

配全氏子一喜福

得青額

子三長口口次喜玉三喜林

得成額

世次	
二支二世	
二支三世	馬勒泰
二支四世	官保
二支五世	巴保住
	喜令阿 子三長那青阿次東哈那三依撒那
	喜福祿 子二長雙喜次雙祿
	喜朗阿 子二長金德次喜德
二支六世	常山
	那青阿 子五長喜祿次喜珍三喜才四喜明五喜德
	東哈那
	依撒那
	雙喜
	雙祿
	金德 子一得住
	喜德 本旗兵子二長平住次得住

本旗兵子八長官保次四十三三尼戍額四索青阿五依敵六那青阿七南敵八老合

子二長巴保住次七青保

四十三

本旗兵子四長烏雲保次烏実得三三音保四代得力

子三長常山次巴依那三全山

七青保

子二長常青次常英

烏雲保

子三長七六次八十一三八十三

九

子一扎住

巴依那

全山

常青

子二長福榮次福成

常英

子一雙吉

七六

子二長希令阿次常泰

稱以常泰為希令緩才秉敍不符承丸

八十一

本旗兵子二長鳳祿次鳳壽

二支二世

二支三世

二支四世

二支五世

烏雲得 本旗兵子二長奇生阿次來住

三音保 子三長索住次七十五三貴住色

代得力 配黄氏子五長奇凌阿次喜住三當色四福住五老各

二支六世

八十三 本旗兵子二長福金布一作福令布次恒山

奇生阿

來住

索住 子一存住

七十五

貴住色

奇淩阿

喜住 配郭氏嗣子一

嗣何人子待考 六十一

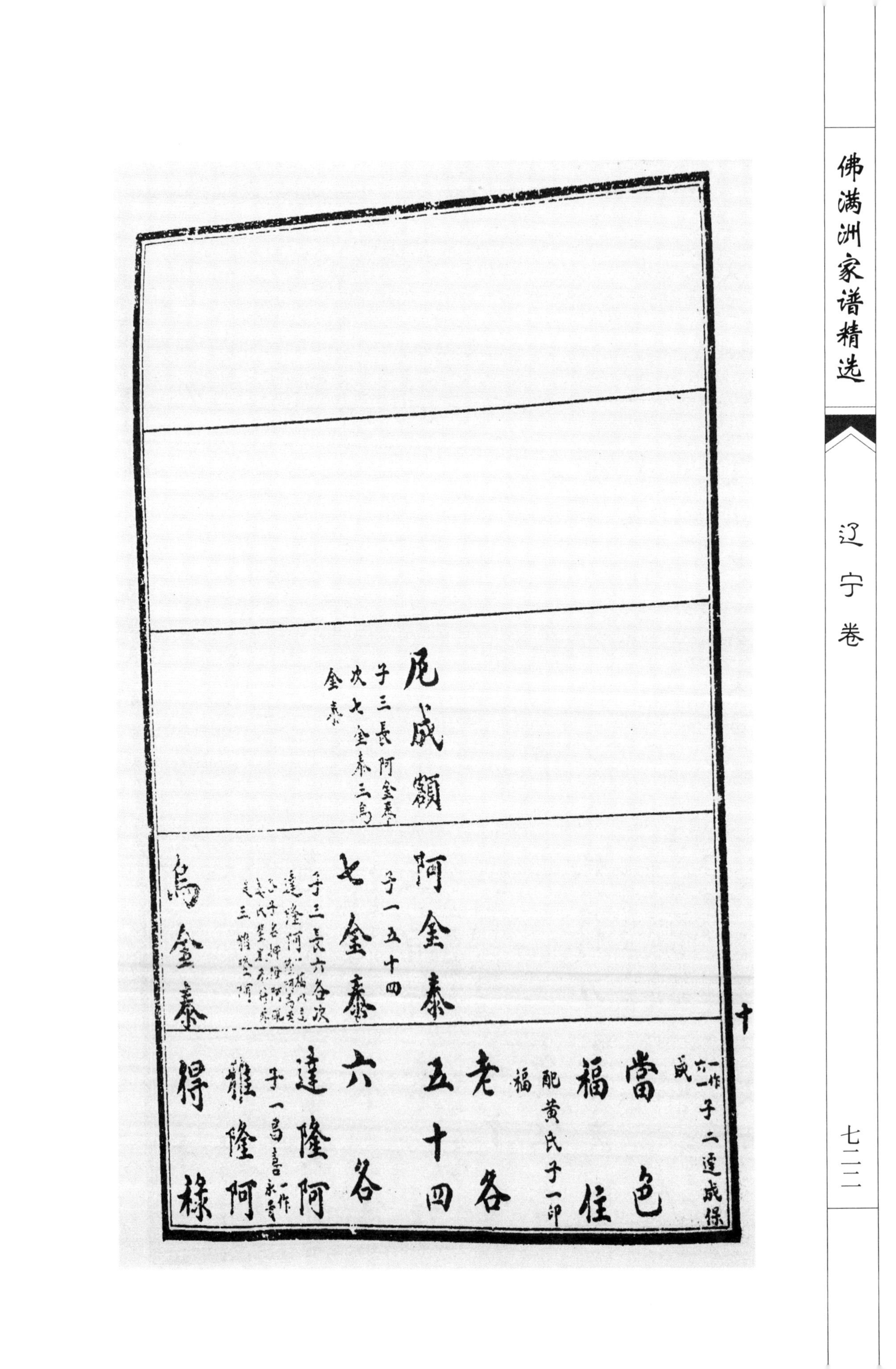

十

尼成額
子三長阿金泰次七金泰三烏金泰

阿金泰
子一五十四

七金泰
子三長六各次
達隆阿 [illegible]

烏金泰

當色
一作六一
子二運成保
成

福住
配黄氏子一卯
福

老各

五十四

六各

達隆阿
子一喜一作永壽

雅隆阿

得祿

二支二世

二支三世

二支四世

索青阿　子四長六十四次六十八三蔡住四伸保住

二支五世

配王氏子二長得祿次得福

六十四　子二長白英阿次三音阿

六十八　子三長呼什那次和夯三和福

蔡住　子五長三音布

二支六世

配方氏子三長明升次明慶三明海

得福

白英阿　子四長明德次明啟三明發四明謙

三音阿

呼什那　子一留增

和夯

和福

三音布

依敞

本旗兵子一哲二

次三音額三巴哈那四得成額五依令額

伸保住

子二長來永次福昌

哲青額

本旗兵子二長

十一

三音額

巴哈那

子一福祥

得成額

配傅氏子二長明清稿作大有次得玉

稿作太玉

依令額

子一口口孫一

連江稿以連江為依令額孫不知為何人子亦不知是此依令額否

來永

福昌

依青阿

子一連得

二支二世

二支三世

二支四世

青額

那青阿 子一都令阿

南廠 本旗兵子二長訥青阿次依隆阿

老各

二支五世

依青阿次得令阿

都令阿 子一典

訥青阿 子四長倭生額次達春三達青四成羣

依隆阿 子二長孫扎奇次那丹奇

汪成阿

二支六世

得令阿 子一連有

倭生額

達春

達青

成羣 子一太福

孫扎奇

那丹奇 子一九六

永成阿

子二長汪成阿
次烏常阿

子八長永成阿
次吉淩阿三鈷
成阿四滿成阿
五得明阿六哲
明阿七永明阿
八依淩阿

十二

吉淩阿

鈷成阿
子二太和（擋以太和為汪成阿子輩數不符非是）太興

滿成阿

得明阿
子二太盛全盛（擋以太盛全盛為得成阿子汪成阿孫者汪成阿子無名得成阿者今以屬此）

哲明阿
子二太吉太福

永明阿
子二雙福雙興

依淩阿

二支二世

二支三世

馬勒奈

子五長者爾次保住三秋凉四九各五十各

二支四世

者爾六十七

子一六十七

保住

二支五世

烏常阿

子三長福凌阿次福京阿三福隆阿

子三長色力訥次得力訥三哲力訥

二各

二支六世

福凌阿

本旗兵子三長太發次平發三年發

配沈氏子二長得祿次得明以……

福京阿

子二易平……

福隆阿

色力訥

得力訥

哲力訥

子一得連

色明額

子二長二各次四得色

秋凉

子五長色明額次烏力滾三烏存得四烏明額五烏京額

四得色

子一那明阿

十三

子四長得住次得雲三得有四得祥

烏力滾

子一得祥一稱以得祥為烏明額子

烏存得

子二存住得福

烏明額

子二九成德成一稱以九成德成為永明阿子

烏京額

本旗兵

那明阿

子一得住

二支二世

二支三世

二支四世

子無

九各
子二長達漢次
福晟額

十各
子四長保成次
保祿三保得四

二支五世

達漢
子三長福住次
福成三七十一
舊譜作六十一

福成額
子一巴哈納

保成
子四長福盛額
次福祥額三克

二支六世

福住
子二長五巴次
仁壽舊以五巴仁壽為福住子不知是此福住否

福成

七十一
子三長福祥次
阿林泰三阿林
布

巴哈納
子四長福祥次
得合三得玉四
得寶

福盛額
子二長永德次
永貴

保山

生額四福興額

十四

福祥額

子三長永住次留得三福住

克生額

本旗兵子二長福海次常喜

福興額

子二長玉祥次福德

拴住

福興阿

子一年得以一年

得為福青

額長子

保祿

本旗領催子三長拴住次福興阿三石虎

石虎

子二永發永福

二支二世

二支三世

二支四世

二支五世

保得 子二長得成額次福青額

保山 子二長全喜次巴洋阿

二支六世

得成額 子三長永奎次永祥三永成

福青額 子二滿得祥得

全喜

巴洋阿 子五長永慶次連五三永合四永順五永喜橧以永合永順永喜為石虎子

三支二世

何色　邦牛公五子本旗兵子四長烏勒泰次伯京三伯倫泰四伯奇

三支三世

烏勒泰　本旗領催子三長阿玉什次烏勒虎訥

伯京　本旗兵子三長阿音保一作阿音柱

三支四世

阿玉什　本旗領催子一艾崩額

烏勒虎訥　本旗兵子二長海青阿次烏林堡

阿音保　本旗兵配唐氏子三長艾常阿

三支五世

艾崩額　子二長來保次三保

海青阿　子三長扎明阿次查明阿三福力京阿

烏林堡　子一巴彦布

艾常阿　子一福五登

三支六世

來保　子二大成老各 檔以大成老各爲三保子本知走此三保香

三保

扎明阿

查明阿

福力京阿

巴彦布　子二[illegible]倭生額次福欽 檔以福欽爲[illegible] 子方六世[illegible]布有缺爲音近就傳

福五登　子無

次常禄 三留住

次再青阿 三老各

再青阿 配關氏（一作唐氏）子七 長吉令阿 次得青 三得明 四得壽 五得福 六永福 七有成

老各

吉令阿 配關氏 子一报 卜肯

得青 子一永安（一稿以永安為二子文得興）

得明 子一永吉

得壽

得福

永福

有成

白凌阿 子一福山布

三支二世

三支三世

三支四世

常祿 本旗兵配劉氏子三長白達色次留官保三五

三支五世

子五長白凌阿次得祿三永祿四扛隆阿五雙德

白達色 子一常有

留官保

三支六世

得祿 食半餉兵子二長得克得布次八十三

永祿 配賈氏子一深海

扛隆阿 配賈氏子四長明保次明河三明海四明成

雙德 子一明仲（一作明來）

常有

福昌

三支二世三支二十

十八

子三長福昌次福海三福有

五十八

配關氏沈氏子五長常德次常壽三得明四保昌五保生

十七

福海

子三長來興次來住三常春

福有

常德

子二長貫住次得住一作子三人三子保昌後保昌與五十八四子重名後裔皆同當係誤抄今刪

常壽

配李氏子一吉盛一作吉成

得明

保昌

配關氏子一福永

三支二世

三支三世

伯倫泰

三支四世

留住 子四長代平阿次額爾登額三額生額四額明額

福生額

三支五世

代平阿 本旗兵子二長滿倉次四十八

額爾登額 子一長安

額生額 子一達爾錦泰

額明額 本旗兵子一烏林泰

他七布 子二得恒得成

三支六世

保生 配關氏子四長福住（一作得清）次得聚（當作得有）三福有（當作得有）四得勝

滿倉

四十八

長安

達爾錦泰

烏林泰

七十一

本旗兵丁三長福生額次穆克登額三三成額

本旗兵丁一他七布

穆克登額

本旗兵丁三長奇藍布次依蘭布三依爾登布

子三長七十一次七十二三依成額

奇藍布

子一奇杭阿作楊棋科阿疑爲音近傳訛

依藍布

配唐氏子三永興阿達哈來作檔奇昌阿無舊譜

達合東阿今依白叁入橘

子三長福克錦一稱以福克錦爲依成額子次福保三仲保

七十二

子一訥木琿

依成額

配趙氏子三長口口一作福克錦與七十一子重或係出繼次福克身三福克喜

奇杭阿

本旗領催配常氏子一九十六

永興阿

達哈來

子三長九十次九十二三九十

三支二世

三支三世

三支四世

三成額
子五長額登布次巴彥泰三巴力泰四巴力奈五巴林布

三支五世

依爾登布
子二長永昌阿次戍力進阿

額登布
子三長雙喜次雙住三老各

三支六世

八

奇昌阿
配關氏周氏子二長明廣次明海

永昌阿

戍力進阿
本旗兵子一根深

雙喜
配艾氏子一連吉

雙住
一名潤令阿配沈氏子一明崴 一作青得布

巴彦泰

子二長雙成次丁住

巴力泰

子三長福明次六十五三福成

老各

配王氏子一榮盛

雙成

一名安邦阿配馬氏子一丈盛

丁住

一名扎青阿配李氏子一九盛

福明

配卜氏子四長恭富次德寬三萬增四青山

六十五

子一福盛

福成

三支二世

三支三世

三支四世

三支五世

巴力奈

子一福令阿生一
[illegible]嫡支

巴林布

本妣[illegible]佳子五
長奇成阿次奇
青阿三奇昌阿
四奇朗阿五奇
章阿

三支六世

配王氏子三長
金盛次慶盛三
祥盛

福令阿

子二德志錩果
興河

奇成阿

奇青阿

配王氏子四長
德合布次常安
三永福四連發

奇昌阿

子二長得住次
得夢

奇朗阿

子四長哈拉那
次哈青阿三哈

成阿刀得廣

伯奇
本族領催子四
長六十五次佛
寧額三得京額
四鳳鳴額

六十五
子四長發得次
發祥三發山四
發住

發得
子四長福林保
次福林泰三七
倫泰四福青額

發祿
子四長五十凌阿
次珠成阿一作珠成
三那成額四福
成額

奇章阿
子三長永盛次
茂盛三隆盛

福林保

福林泰
子一喜住檔以喜
住為檔
林泰子不知是
此福林泰否

七倫泰

福青額

卓凌阿

珠成阿
子二長阿豐阿
次哈豐阿

二十

三支二世

三支三世

三支四世

三支五世

發山 子五長福倫泰次福倫保（倫作福保）三福倫布四福倫阿五福倫額

三支六世

那成額

福成額

福倫泰 子五長得泰次得明得生得福得貴

福倫保 本旗兵子三得祥得平得順

福倫布 子二得來得永

福倫阿 配高氏子一得清

福倫額

佛寧額

本旗兵子三長來凌阿次依令阿三訥青阿

發住

子一那青阿

來凌阿

子四長那寧阿次那豐阿三那令阿四金令阿

依令阿

子三長依青阿次依登阿三依明阿

那青阿

子七得安得慶
缺與貓倫阿
子得貴圭
得鳳得凱得豐得謙得恆

那寧阿

那豐阿

那令阿

金令阿

配關氏子一保得色

依青阿

子一景山

依登阿

二十二

三支二世

三支三世

三支四世

得京額
子二長扎朗阿
次福令阿

三支五世

訥青阿
子二長那邦阿
次那明阿

扎朗阿
子一常住

福令阿
子一陶色

三支六世

依明阿
子一廣福檔以景山為佛登青阿子廣福為佛登阿子王為佛令阿孫佛字當係依字之誤

那邦阿

那明阿

常住
配蕭氏子五長永和檔以永和為陶色子次永發三永慶福成雙成檔以福成雙成為扎隆阿孫常住子考五世無名扎隆阿者當係傳寫之訛今係於此不知與永發永慶福相重否

陶色
配馬氏子二長永成次永順

鳳鳴嶺

配安氏子五長六十一次得成保三豐成保四豐山保五豐全保檔作得明保

六十一

配白氏子一慶吉

得成保

配赫氏子五長慶喜次慶昌三慶福四慶壽五慶盛舊譜無慶盛今從檔冊入

豐成保

配安氏子三長慶奎檔作慶成次慶林

慶吉

一名慶豐配赫氏子一得祿

慶喜

本旗兵配徐氏子二得春廣春

慶昌

配馬氏子一得祥檔作得永

慶福

慶壽

慶盛

慶奎

配安氏子二長得安次得有

四支二世

科什突
邦牛公三子本旗兵子二長撒勒泰次七十

四支三世

撒勒泰
本旗兵子一五十六

四支四世

五十六
本旗兵子四長唐吾泰次明安泰三突桑阿四東明阿

四支五世

唐吾泰
子一東爾方阿

明安泰
子四長哲明阿次白明阿三馬隆阿四馬倫泰

突桑阿
子一依爾通阿

東明阿
本旗兵子四長拉布冬阿次阿克冬阿三福克冬阿四扎布冬

四支六世

東爾方阿
子二長音得布次達罕布

哲明阿

白明阿

馬隆阿

馬倫泰

依爾通阿

拉布冬阿
子一福青布

阿克冬阿
子二長福林布

四支二世 四支三世 四支四世 四支五世 四支六世

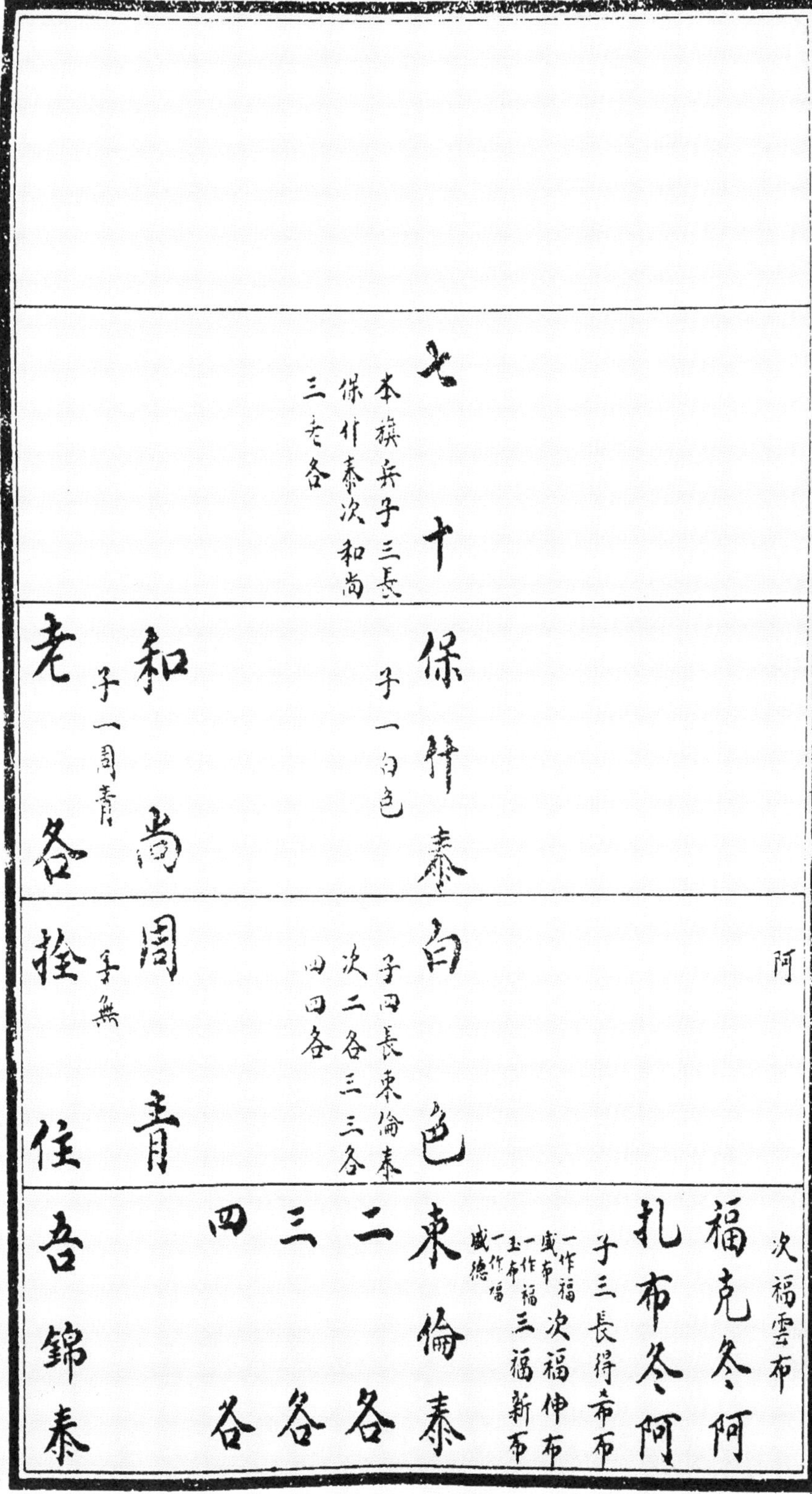

七十
本族兵子三長保什泰次和尚三老各

保什泰
子一白色

和尚
子一周青

老各

阿

白色
子四長東倫泰次二各三三各四四各

周青
子無

拴住

二十四

福克冬阿
次福雲布

扎布冬阿
子三長得布布 次福伸布一作福盛布 三福新布一作福玉布 一作福盛德

東倫泰

二各

三各

四各

吾錦泰

子四長松住次三音布三阿林達四八十一

子一吾錦泰

三音布巴金泰

子四長巴金泰次扎朗阿三雙全四老各

阿林達

子二長來得次來福

八十一

子一保住

扎朗阿

子四長常福次常海三福來四福永

雙全

老各

來得

來福

保住

四支二世

四支三世

四支四世

四支五世

四支六世

五支二世

雅突

那牛公五子子三長花色次花勒奈三巴勒虎舊譜謂安巴說色公墓在大梨樹說色公墓在沙裏塞何色公墓在沙裏塞東太満科什突公墓在土堤塔雅突公墓在大隈未知確否附識於此

五支三世

花色

子三長口口次兵爾三九十六

花勒奈

五支四世

口口

無子失考

兵爾

子四長東冲阿次東成額三甯文奇四五虎

九十六

子一彰住

稗子

五支五世

東冲阿

子一三保一作二保

東成額

子一明福

甯文奇

子二長六十五次龍鳳

五虎

子無

彰住

子一音達理

艾永額

五支六世

三保

明福

六十五

龍鳳

音達理

八十一

五支二世 五支三世 五支四世 五支五世 五支六世

子一稗子

巴勒虎
子一三各

子三長艾永額次何成額三阿生額

三各
子六長五十五次五十七三烏常河四依令阿五得青額六永

子二長八十一次得住

何成額
子二長官德次雙德

何生額
子一得福一作福得

五十五
子三長福住次常安三常德

二十六

得住
子一保青阿保青阿八十一子不知是此八十一否

官德
子典

雙德
子三長英祥一作英德次英海三英棣

得福
子二長英喜次英福

福住
子一慶春

常安
子一木拉布

五支二世

五支三世

五支四世

昌阿

五支五世

五十七
子一常保

烏常阿
子二長常住次存住

依令阿
子一常明

得青額
子一金住

永昌阿
本旗兵子四長

五支六世

常德
子三長恩芳次吉凌阿三木章阿

常保
本旗兵子一明住

常住

存住

常明

金住
子一索喜

有德
子一玉叶

有德次恆德三

連德四成德

恆德

子二長玉春次

玉廷

連德

配陳氏子四長

玉發一作玉保又作永發次

恩榮一作永福三玉盛

一作玉興又作永生一作永財四玉順

成德

子四長玉明次

玉亮三玉奎四

玉昌

長支七世

蔡蔡 八十額公長子 配卜氏子二長文俊次孝順阿

長支八世

文俊 子二長依伸保次福力訥

長支九世

依伸保 配卜氏子二長丁住次索住

福力訥

長支十世

丁住 配孫氏子三長昌有次運慶三福成

索住 配盧氏子二長保住次保成

索色

長支十一世

昌有 配許氏子二長興福次興禄

運慶 族長 配李氏子二長成群次連群

福成 配鄂氏子二長曲住次連住

保住 配姜氏子一興才

保成 配胡氏

牙住

孝順阿
配卜氏子三長買住次買成三買發

配于氏子三長索色次全住三小五

買住
配吳氏子二長玉春次景發（一作成發）嫡以爲買成士

配于氏子三長才住次口口三留成

金住
配耿氏子一喜運

小五
配佟氏子三長留住次留貴三留江

玉春
配任氏子三長順運次順德三（一作）逢春老小

□

□

留成

喜運
配郭氏

留住

留貴

留江

順運
配胡氏子一興福

順德
配吳氏子五長興田次興利三

长支七世

长支八世

长支九世

买成
配苏氏子一留五（一作留成）

买发
配于氏子一景福（福作成福）

长支十世

景发
配佟氏子三长运有次运来三运才

留五
配盖氏子二长运奎次运泰

景福
配温氏

长支十一世

运春
配郎氏子一兴祥

运有
配洪氏

运来

运才

运奎

运泰

兴禄四兴福五兴贞

蔡貴 八十頼公次子 子一五十二

福令阿 福昌阿公長子 子二福昌福運

東發 明德公長子子

五十二 子一太福

福昌

福運 配齊氏

得色 配卜氏子一運

太福 子二長喚住次喚有

運山

喚住 配胡氏子四長小當次□□三小有四小才

喚有 子二長常運次發有

二十九

小當 配樊氏子一興榮

□□

小有

小才

常運

發有

三長得色次有山

色三連住

有色

連住

永茂 常安那公長子配洪氏子一廣成

廣成 配文氏

永升 常安那公次子配吳氏子二長惠克合春次廣福

惠克合春 一名廣發配吳氏子一景福

景福 配趙氏子一喜運一作運純

喜運 配邢氏子一興有

興有

廣福

喜祿 福德公長子配鄒氏子一廣和

廣和 配車氏

索住

廣來

景林

運奇

長支七世　長支八世　長支九世　長支十世　長支十一世

福德公次子配洪氏子一廣來（一作四景）

永祿　福德公三子配洪氏子三長廣耀次廣林三者勝

配郭氏子二長景林（一作得春）次景昇（一作得才）

廣耀　配康氏子四長景春次景芳（一作景福）三景祥四景茂出繼

配李氏子一運奇（一作運清）

景昇　配代氏子二長運良（一作運梧）次運善（一作來成）

景春　配康氏子五長運合次運保（一作運德）三運有（一作常運）四運興五運恒出繼

景芳　配吳氏子一運英

配王氏

運良　配劉氏

運善

運合　配李氏子一興福

運保　配閻氏子一興祿

運有　配何氏

運興

運英　配席氏

興福

興祿

三十

長支七世

永富 永明公長子一名滿昌配吳氏子三長廣義次廣全三廣興

長支八世

廣林 配洪氏子一景寬（檔作景賜）

者勝 嗣子一景茂

廣義 一名連升（亦作廣升）配宫氏子一景順

廣全 一名連福（亦作廣福）配白氏子一景成

長支九世

景祥 配何氏子一運富（檔作運田）

景寬 配赫氏（一作何氏）子一運廣（一作運發）

景茂 配趙氏嗣子一運恒

景順 配楊氏

景成 配張氏子一運奎

長支十世

運富 配何氏

運廣 配白氏

運恒

運奎

長支十一世

常祿
色布真額公長子配吳氏子四長廣德次連德三連成得青額

按上沿青額儋無貴德或貴德即得青額未可知也姑兩存之

廣興 族長
一名連喜配白氏子三長景山次景樹一作景森一作景林福一作景麟三景昌一作景林文一作景樹

廣德
配吳氏

連德
配崔氏子三長景懸次景成一作福成三景林一作福慶一作福青

景山
配徐氏

景樹
配艾氏

景昌
配莫氏

景成
配焦氏子五長運龍次運興三運福四運卿五運保

運龍

運興

運福

運卿

運保

三十一

長支七世

長支八世

連成
配顧氏子四長景興（檔作福有）次景貴（一作福來）三景榮（檔作福得）四福海

長支九世

景恩
配富氏（一作代氏）子一運興

景林
配何氏子一運廣

景興
配文氏子一小子

景貴
配卓氏（一作姜氏）子三長運才（檔作運增疑與景喜重）子次運海三運江

景榮
配何氏

長支十世

運興

運廣

小子

運才
配卓氏

運海

運江

長支十一世

永德
色布真額公次
子配鄂氏子四

得青額
子三成住成福
成海

連盛
配鄂氏子三長
景禧次景禮三

福海
配白氏

成住
子二長運福次
運增

成福
子二長運祥次
運祺

成海
配張氏子一運
祿

景禧
配鄂氏子四長
運田次運昌三
財

運福

運增

運祥
配鮑氏子一興
運

運祺
配洪氏

運祿
配袁氏子一興
明

運田
配劉氏子一興
財

興運

興明

興財
配車氏

三十二

長支七世

長連盛次連鉊
三連禧四連吉

長支八世

景富

長支九世

運庫四運寬

景禮
配田氏子二長
運全次運豐

長支十世

運昌
配艾氏子一興
雲

運庫
配高氏子一興
山

運寬
配吳氏子二長
興文次興富

運全
配李氏子二長
興貴次興發出
繼

運豐
配傅氏嗣子一
興發

長支十一世

興雲
配車氏

興山
配車氏

興文
配何氏

興富

興貴
配代氏

興發
配吳氏

三十三

連銘

配乜氏子一景仁檔作扎拉峰阿

連禧

一名福喜本旗兵配文氏子三長景智次景信三景倫檔作成虎

景富

配郭氏子二長運吉次運德

景仁

配李氏子一運清檔作運發

景智

配李氏嗣子一胡何八子侍多運福檔作運來

景信

配馬氏子一運洪

景倫

配溫氏子二長

運吉

子興

運德

配石氏

運清

配劉氏子一興合

運福

配閻氏子一興寶檔作興邦

運洪

配荀氏子三長興有興田出繼興唐出繼

運多

配趙氏嗣子一

興合

興寶

興有

興田

長支七世

得祿（吳各公長子配）

長支八世

連吉（配關氏子二長金其先次景奎）

廣慶（配卜氏子三長）

長支九世

運多次運令

金其先（本旗兵配關氏子二長運富作槗次運成）

景奎（配吳氏子一運貴）

景慶（配黃氏子一運）

長支十世

興田

運令（配吳氏子一興吉）

運富（配李氏子二長興春次興玉）

運成（配宮氏子一興福）

運貴（配吳氏嗣子一興唐潘作興貴）

運安

長支十一世

興吉

興春（配李氏槗作石氏子一克義）

興玉

興福

興唐（配何氏）

乜氏子一廣慶檔作榥慶又作福青

景慶檔作小胖次景喜三景榮

雙祿

生保公長子一名喜住配胡氏子一連豐

連豐

配方氏子興

景喜安

配車氏子二長運增次運凱

景榮

配何氏子二口口口口

運增

配車氏子一興文

運凱

興文

三十四

二支七世

福成 扎坤珠公長子 配関氏子一連喜

玉成 扎坤珠公次子 配焦氏子二長連茂次連海

慶成 扎坤珠公三子 子一連昌

二支八世

連喜 配梁氏子二長景灝次景有

連茂 配王氏子一景福

連海 祧長 配汪氏子二長景春次景化

連昌 子一景綸

二支九世

景灝

景有 配謝氏子三長運德次運奎三運全

景福 配王氏子一運光

景春 配劉氏

景化

景綸

二支十世

運德

運奎

運全

運光

二支十一世

二支七世 二支八世 二支九世 二支十世 二支十一世

明成 扎坤珠公四子，子四，長連國，次連乃，三小九，四連山

連國 配王氏（一作李氏），子一景緒

景緒

連乃 配關氏，子一景海

景海

小九 配何氏，子一景升

景升

連山 子一景通

景通

得音布 巴令阿公子，配唐氏，子一發住

發住 配馬氏，子一景文

景文 配馬氏

得安 巴眼公長子，子布林泰

布林泰 本旗兵，配張氏

三十五

二支七世

一 希林泰（一作希倫泰）

合慶 來福公長子 子無

得喜 福貴公子 配王氏 子五 長連登 次連祥（一作詹威） 三連志 四連昌 五連堃

二支八世

連登 配郎氏（一作吳氏） 子三 成義（一作景義） 成禮 得住

二支九世

成義 配鄂氏 子四 運昌（一作渾田） 得運 運住 運寬

成禮

二支十世

運昌 配劉氏 子一 興福（一作興祿）

得運 子一 興緒

運住

運寬 族長 配吳氏 子三 長興業 次興國（一作興旺） 三興家

運全

二支十一世

興福

興緒

興業

興國

興家

興保

連祥

連志

連昌 子一景雲 [illegible]

連璧 昌子不知是此連昌否

子二運全運峰

得住 子二長運吉次運貞

景雲 配白氏子一運海

運峰 配傅氏

子二長興保次興仁

運吉

運貞

運海

興仁 配代氏子二長克仁次克禄

三十六

二支七世

得吉 福爾公子，子二，長連盛，次連明

烏雲那 索凌阿公子，子四，長大小，次二保，三永泰，四永慶

二支八世

連盛 子興

連明 配魯氏

大小 子二景才景亮 一作子三人景亮景茂廣升疑非是

二保 子二景茂廣升 一作子五人景茂景風景升景圭景堡疑非是

二支九世

景才 子一玉運

景亮 子一玉運

景茂 配吳氏，子二，長來運，次吉運

二支十世

玉運

玉運

來運 子三，長興福，次興祿，三興林

吉運

二支十一世

興福 配黄氏

興祿 配李氏

興林

興仁

永泰 配王氏子五長景盛一作景升次景升三景義四景興五景隆子一作四人景發景慶景祥景升等皆非是

廣升 子二長升運次滿運

景盛 配王氏子三長運福次運來三運成

景升 配蔡氏子一福運一作玉運

升運 配李氏子一興仁

升 配孟氏子二長興起一作得起次興茂 治作早卒

滿運 配吳氏子一興祿

祿

運福 配何氏

運來

運成

福運 配郭氏

興起

興茂

興祿

三十七

二支七世

二支八世

永慶

子三長景發次景慶三景祥

二支九世

景義

景興 行長

配王氏子四長運海次運江三運河四運清

景隆

景發

子一春運

景慶

配李氏子六長運光次運昌三運海四運河五

二支十世

運海

配周氏子一興才

運江

運河

運清

春運

配李氏

運光

運昌

二支十一世

興才

崇明阿

索凌阿公子配白氏子二長連恩次連參

慶盛

索凌阿公子配關氏子二長連英次連成

連恩

配張氏子一景元

連參

連英

配白氏子一景耀

連成

景樸

景元

景耀

運泰六運山

運海

運河

運泰

運山

三十八

二支七世

二支八世

二支九世

二支十世

二支十一世

恩盛

索安阿公子配日氏子三長連發次連仲三連祥

連發

連仲

連祥

福令額

達凌阿公長子本旗兵配姚氏子二長玉明次玉昌

玉明

配盧氏子一特其先

特其先

配孟氏子二長運昌次運升

運昌

祿長

子一興祿

興祿

玉昌

配姚氏子二長景秀次景富

景秀

配高氏子一運保

運升

運保

景富

配劉氏

馬令額

達明阿公長子配夏氏子二長

玉亮

配何氏子一景崇

景崇

配何氏子二長運峰次運俊出

運峰

配何氏子二長興福次興起

興福

興起

玉亮次玉發

五十哈
秋公阿公長子
配李氏子二長
玉慶次玉奎 檔冊玉奎

得泰
雙喜阿公長子
配安氏子一玉
克

得岑
雙喜阿公次子
配劉氏子二長

玉發
配代氏子一景
春

玉慶
配顧氏子一景
芳

玉奎
配盧氏子一景
陽

玉克
配安氏子一景
元

玉升
配白氏子一景
雲

景春 繼
配張氏嗣子一
運俊

景芳
配顧氏子一運
吉

景陽
本旗兵配黃氏
子一運興

景元
字貞三配盧氏
繼配盧氏

景雲

運俊
配栗氏子一興
武

運吉

運興
配趙氏

興武

三十九

二支七世

玉升次玉會

得俊

雙喜阿公三子本旗兵配唐氏子五長玉成次玉連三玉羣四玉山五玉福

二支八世

玉會

玉成

配唐氏子二長景合次景祿

玉連

子一景蘭

玉羣

配王氏子二長景坤次景滿

玉山

配安氏子一景海

玉福

二支九世

景合

配王氏子一運深

景祿

配李氏

景蘭

景坤

景滿

景海

二支十世

運深

二支十一世

福明　哲庫公長子配白氏子一法成
法成

福有　哲庫公次子配關氏子一法有
法有

口口　哲庫公三子名失考

達京阿　哲庫公四子

希卓布　巴洋阿公長子配王氏子一烏明吉
烏明吉　配王氏子一景祥 檔作景增
景祥　配王氏子一運祺
運祺

烏青布
連合

四十

二支七世

巴洋阿公次子 子一連合

阿克墩布 多隆烏公長子 配盧氏子一烏明阿

托克托布 業布抗阿公長子配關氏嗣子一連保子五興保興祿興德小四連鋒 據族人連亭言托克托布無子嗣子一連保而檔册載托克托布子五人未知孰是姑並錄之

二支八世

烏明阿 配那氏子一景年

連保 配顔氏子三長景仁次景義三景志

興保 配傅氏子五景奎景貴景才口

二支九世

景年 族長 配馬氏子二長運福次運壽一作運才

景仁 配顔氏

景義 配顔氏子一運昌

景志 族長

景奎 配齊氏子二長運來次運海

二支十世

運福 配關氏子一興連

運壽 配高氏

運昌 配梁氏子一興成

運來 配辛氏

二支十一世

興連

興成

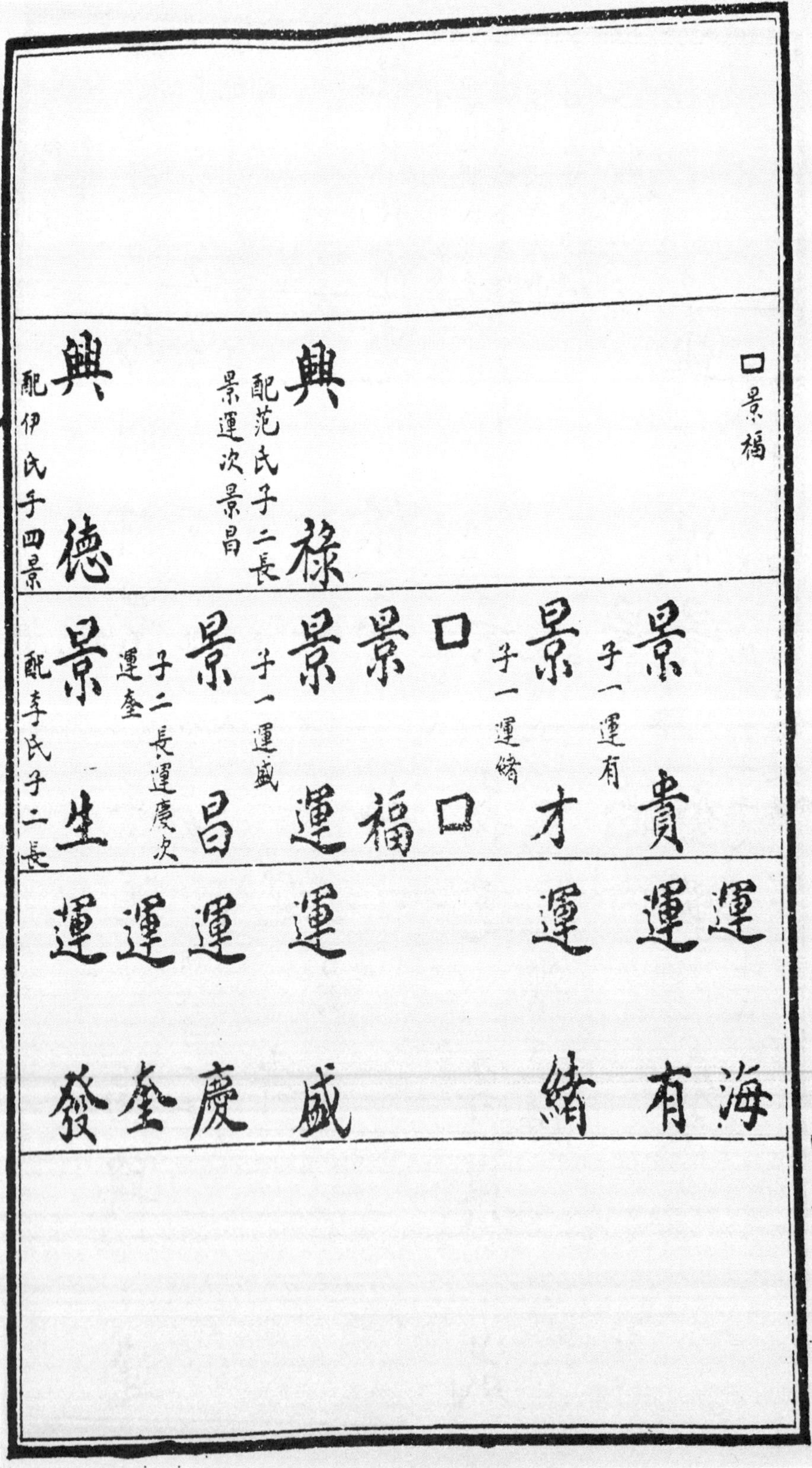

口景福

興祿
配范氏子二長
景運次景昌

興德
配伊氏子四景

景貴
子一運有

景才
子一運緒

口口

景福

景運
子一運盛

景昌
子二長運慶次
運奎

景生
配李氏子二長

運海

運有

運緒

運盛

運慶

運奎

運發

四十一

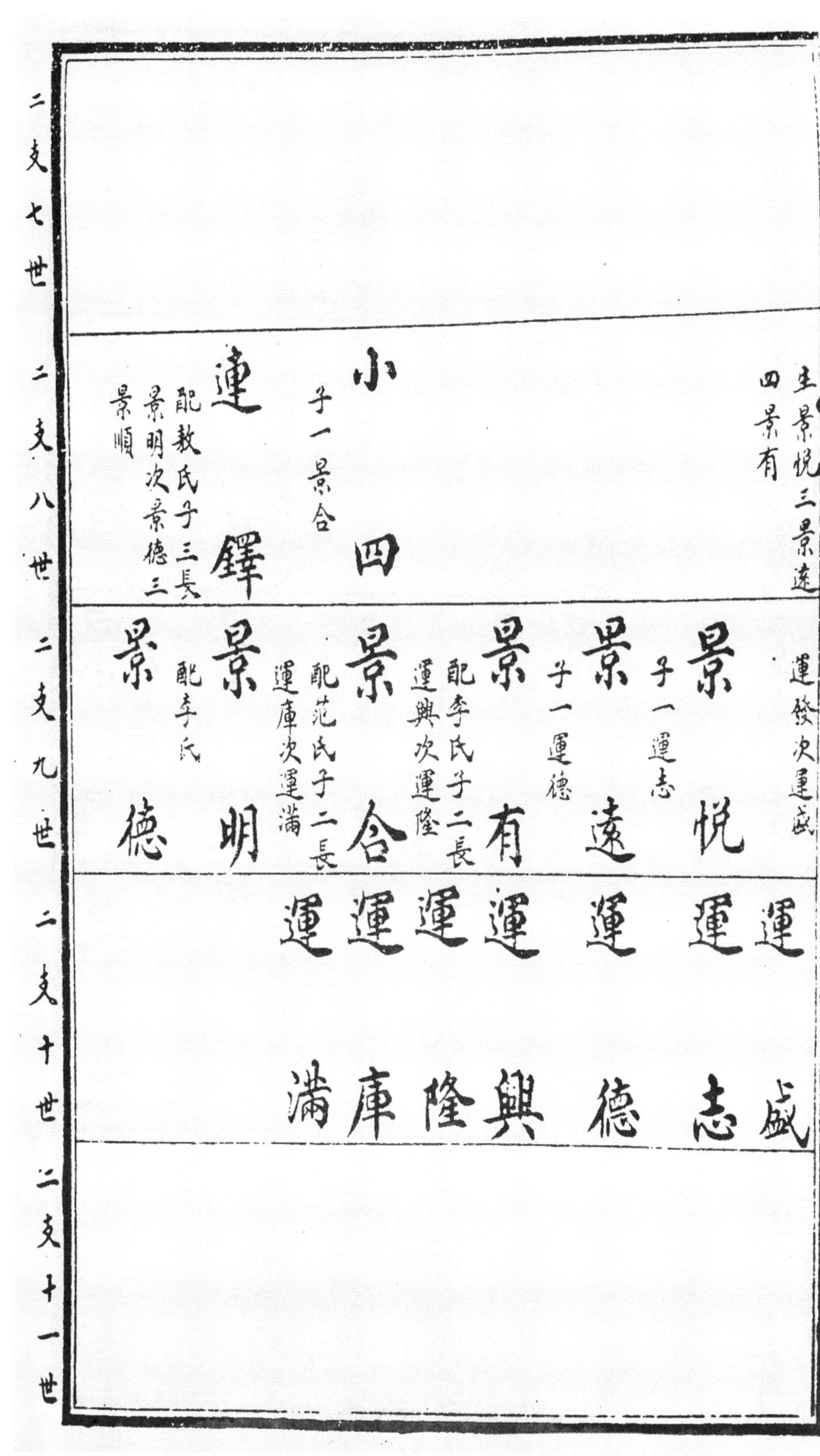

二支七世

二支八世

生景悅三景遠四景有

小四
子一景合

運鐸
配敖氏子三長景明次景德三景順

二支九世

運發次運盛

景悅
子一運志

景遠
子一運德

景有
配李氏子二長運興次運隆

景合
配范氏子二長運庫次運滿

景明
配李氏

景德

二支十世

運盛

運志

運德

運興

運隆

運庫

運滿

二支十一世

化沙布 業布抗阿公次子配石氏子二長連德譜作連索次連富

連德 配石氏子二長景禮次景信

連富 配李氏子三長景富次景茂三景義譜作景順譜以景茂景順為連索子

景順 配姜氏子一運生

運生

景禮 配張氏子一運亭

運亭 字菜枕

景信 配韓氏子一運升譜作運陞

運升

景富

景茂 配李氏譜作吳氏子一運盛譜作運生

運盛

景義

阿金布

連義

景亮

運祥

興

邦

四十二

二支七世

祟布抗阿公三子配顏氏子二長連義次連生

二支八世

連生

配唐氏繼配安氏子五長景亮次景生三景成四景寬五景順

二支九世

配周氏子三長運祥次運平五繼三運吉

景生

配尚氏子一運福

景成

配顧氏嗣子一運平

景寬

配何氏

景順

配李氏子一運庫

景祥

二支十世

配王氏子二長興邦次興本

運吉

字步雲配劉氏

運福

配安氏子一興貴

運平

配安氏子二長興文次興武

運庫

配黃氏子二長興全次興仁

二支十一世

興本

興貴

興文

興武

興全

興仁

德音布

芊布抗阿公四子配關氏子一連成

連成

配何氏子一景祥

配關氏子四圖具先景和景會景林

圖其先

配關氏子一運福

景和

子二長運生次運凱

景會

配關氏子三長運芳次運才三運發

景林

配關氏子二長

運福

配關氏

運生

配關氏子一興福

運凱

運芳

配關氏

運才

運發

運仲

興福

四十三

二支七世　二支八世　二支九世　二支十世　二支十一世

福金布　巴彦保公長子　配顏氏子二長連保出繼次連海

連海　子無

運仲次運盛

運盛

達新布　吉爾通阿公子　子一連明

連明　子二長景春次景來

景春　配唐氏子一運峯

運峯

景來

運富

達音布　吉爾通阿公子　配魏氏子一連光

連光　配唐氏子一景輝繕作景會

景輝　配唐氏子三長運富次運保三運兆

運保

運兆

達青布

連發

景祿

運發

吉爾通阿公子 子一連發

[illegible]吉布 領催鄧泰公子 配關氏孫氏子二長他那次阿那

配馬氏子一景祥

他那 本旗兵配薛氏 子一訥其先

阿那 配關氏子三長景林次景彬三景隆（一作德隆）

配孫氏子三長運發次運德三運威

訥其先 一名呼圖凌阿 又名景文 本旗兵 配關氏子二長運增出繼次運祥

景林 一名木都凌阿 配周氏子一運琴（一作運壽）

景彬 配關氏（一作羅氏）子一運謙（一作運来）

景隆 配温氏關氏子一

運德

運威 配馬氏

運祥 配關氏

運琴

運謙

運堂

四十四

二支七世

木特布哈 額爾錦泰公子 子二長哈那次吉那

攀金那 雅凌阿公長子 配卜氏子一連成 一作連成

孟力那 雅凌阿公次子

二支八世

哈那 子一景升

吉那 配白氏子一千生

連成 配張氏子二長景和次景川

連坤 子三長景山次

二支九世

二長運堂次運贇

景升 配周氏 一作阿氏 子一運鴻

千生 配李氏

景和 配唐氏子二長運芳次運祿

景川 子一運貴

景山 配唐氏子一運

二支十世

運贇

運鴻

運芳

運祿

運貴

運熙

二支十一世

一名娛鳥配王
氏子一 廷坤

壽珠那
雅凌阿公三子
一名得慶本旗
兵配泰氏子
二連會連瑞

賽成額
喜成阿公長子

景發 三 景亮

連會
一名依林泰子
二長景中次景
元

連瑞
配何氏嗣子一
景玉

連琥
配張氏子四長

照

景發 族長
配楊氏

景亮
配孟氏

景中
配張氏子一運
剛

景元

景玉
配胡氏王氏子
二長運山次運
江女一

景旺

運剛

運山

運江

二支七世

配沈氏子二長連琥次連順

倭伸布

喜成阿公次子配傅氏子四長連芳（一作連岳）次連運三連有四連峻（檔作連吉）

二支八世

景旺次景濤三景志四景咸

連順

連芳 族長

配何氏子二長景隆次景拴（檔作景明）

連運

配周氏子二長景鳳次景占（檔作景林）

連有

連峻

配那氏子無

二支九世

景濤

景志

景咸

景隆

景拴

景鳳

景占

二支十世

二支十一世

成吉布
喜成阿公三子
配唐氏子一連
勳

烏雲那
奇生阿公長子
子一連章

烏力那
奇生阿公次子
配白氏子二長
京文泰次連永

連勳
子二長景坤次
景伸

連章
配鮑氏子一景
芳

京文泰
本旗兵配關氏
鮑氏楊氏子二
長景運次景玉
出繼

連永
配王氏子五長
景奎次景發三
景堂四景元五

景坤

景伸

景芳
配馬氏子三長
運生次運昌三
運茂

景運
配全氏子一運
海女二

景奎
配汪氏子一運
和

運生

運昌

運茂

運海
配沈氏女二

運和
配傅氏子二長
興龍次興虎女
二

興龍

興虎

四十六

二支七世

二支八世

景祥

二支九世

景發 配曹氏子二長運詩次運芳女一

景堂 配王氏子三長運德次運清三運生

景元 配佟氏子一運書

景祥 配陳氏子三長

二支十世

運詩

運芳

運德 配趙氏子二長興春次興茂

運清 配與氏子一興盛女二

運生

運書 配徐氏

運吉

二支十一世

興春

興茂

興盛

昂阿淩烏 豊紳泰公長子配關氏子一阿爾金泰一作阿勒金泰

雙慶 豊紳泰公次子子二長海山次福山

阿爾金泰 本旗領催配馬氏子一穆其先

海山 配那氏子二長景華次景美

福山 配張氏子二長龍泉保次福興保

運吉次運芝三運慶女一

穆其先 字建辛本旗領催年三十三卒會以另擊匪陣亡配何氏女一[illegible]子一運增

景華

景美

龍泉保 配劉氏子三長運春次運福三運祿

運芝

運慶

運增 一名運鏜字秀芝本旗兵配王氏子二長興泉次興斌

運春 配張氏

運福

運祿

興泉 配氏

興斌

二支七世

雙慶
德克金公長子
配關氏子二長連珍次連祥女一適徐氏

二支八世

連珍
配那氏子六長景福次景祿三景壽四景喜五景明六景生

二支九世

福興保
配劉氏子一運喜

景福
配高氏子一運德女一

景祿
配隋氏子二長運福次運成女三

景壽
配王氏子二長運河次運海女一

景喜
配鄧氏子一運增女二

景明
配孫氏女二

二支十世

運喜

運德

運福

運成

運河

運海

運增

二支十一世

哈力那
哲力青阿公長
子十一來令
哈豐阿
七昌阿公長子
子一連慶
福祿
依令阿公長子
配唐氏子四長
得才私譜作決萬才
三連茂四連鳳

連祥
配王氏孫氏
來令
子二長景年次
景川
連慶
得才
配唐氏子一小
夢
萬才

景生
配吳氏子一運
鐸六二
景年
景川
小夢
配張氏子一有
住

運鐸
有住

四十八

二支七世

福犀
依令阿公次子 子二長連雲次連雨

保住
阿丹布公長子 子一連祿

明德
永壽公長子 子二長連興次拴住

二支八世

連茂

連鳳

連雲
配張氏

連雨

連祿

連興
子一景海

二支九世

景海
配那氏子四長運成次口口三運奎四運斌

二支十世

運成

口口

運奎

運斌

二支十一世

福林 福隆阿公長子配孫氏子一連舉

拴住 子一景湖

連舉 配孟氏子一景盛檔作通海

景湖

景盛 配何氏子四長運興次運啟三運泰四運福

運興 族長 配曹氏子一興元

運啟 配馬氏

運泰 配汪氏

運福 配闞氏

興元

福祥 福力抗阿公長子子一蒙文德

蒙文德 本旗兵配周氏子一景雲一作全勝

景雲

四十九

二支八世　二支九世　二支十世　二支十二世

福喜（一作泰文保）
福力抗阿公次子子一蒙文彩

蒙文彩
配媿氏子一景豊

景豊
配媿氏子四長得運次成運三福運四洪運

得運
配黄氏子一興田

興田

成運
配王氏

福運

洪運

福恆
福力抗阿公三子子一蒙文有

蒙文有
配黄氏子一景全（當作景錫）

景全
配周氏子一運發

運發

福慶
福力抗阿公四子子一蒙文舉

蒙文舉
配周氏子五長景興次景昌三景順四景鰲五景亮

景興

景昌

景順

配暴氏
景鰲
景亮

福雲
福力抗阿公五子子一蒙文隆

蒙文隆
配馬氏子二長景福次景謙

景福
配周氏子一運德

運德

景謙

福祿
春成公長子子一連仲

連仲
子一景通

景通

福有
春福公長子子二長巴哈那次巴哈泰

巴哈那
配何氏子一景亮

景亮

巴哈泰

五十

二支七世	二支八世	二支九世	二支十世	二支十一世
福寬 春福公次子配汪氏子一連輝	連輝 配馮氏子一景富	景富 配汪氏子二長運清次運田	運清 配關氏	
			運田	
福多 春祿公長子子一連玉	連玉 配趙氏子一景成	景成 配趙氏子三長運升（檔作[illegible]運）次運海三運河	運升 配唐氏子一興昌	興昌
			運海	
			運河	
福有 春祿公次子子一巴哈布	巴哈布 配何氏子一景升	景升 配佟氏		
福玉 春豐公長子子一連新	連新 配張氏子四長景泰次景寬三景甲（檔作景泰）四景保	景泰		
		景寬 配王氏		

亮海
春壽公長子配洪氏子四長滿住次滿倉三連永四連升

滿住
配傅氏子一景會

滿倉
配劉氏子三長景芳次景玉三景化

連永
子一景旦

連升
配洪氏子一景廷

景甲

景保

景會

景芳
配趙氏

景玉

景化

景旦

景廷

五十一

二支七世

- **永亮** 詡東肯公長子 子一連紹
- **永泰** 詡東肯公次子 子一連合
- **得恩** 詡東肯公三子 本旗兵 子二長七堂阿次七豐阿

二支八世

- **連紹** 配張氏 子一景春
- **連合** 配馮氏 子二長景才次景奎
- **七堂阿** 子二長景祥次景合
- **七豐阿** 本旗兵 子四長景福次景倫三景鐸四景先

二支九世

- **景春** 配張氏 子一運旺
- **景才** 配馬氏
- **景奎** 配代氏
- **景祥**
- **景合**
- **景福**
- **景倫**
- **景鐸**
- **景先**

二支十世

- **運旺** 配關氏

二支十一世

永 喜 連 喜

胡東肯公四子 一連喜

配胡氏子二長 景雲次景武

永 平 連 舒

胡東肯公五子 二長連舒次 連明

配劉氏子五長 景平次景洪三 景萃四景德五 景陽

連 明

配白氏子一景 啟 [illegible]

福 紳 連 文 景 海

景 雲

景 武

景 平

景 洪

景 萃

配劉氏

景 德

配馬氏

景 陽

景 啟

五十二

二支七世

德祿公長子子四長連文次連武三多倫泰四虎勝

福雲 福亮公長子子一雲合（一作[illegible]）

樽橒（[illegible]） 福亮公次子配沈氏子一來倫泰

二支八世

連武 海 配張氏子一景明（當以景明為多）

子倫泰子

多倫泰 本旗兵配王氏子一景亮（當以景亮為連）

虎勝 子武子

雲合 子二長景鐸次景鳳

來倫泰 本旗兵配唐氏（檔作甯氏）子二長景秀次景雙

二支九世

景明 配汪氏

景亮 配王氏

景鐸

景鳳

景秀 本旗兵配張氏子二長運熙次運崇

景雙 配甯氏

二支十世

運熙

運崇

二支十一世

福吉 永昌阿公長子配關氏子一永安泰
永安泰 本旗兵配李氏馬氏子二長景珍次景珠
景珍 配汪氏子一運生
運生 配關氏子一興雲
興雲

慶吉 永昌阿公次子配董氏子一烏雲泰
烏雲泰 本旗兵配白氏子二長景瑞次景獻
景瑞 配白氏

景珠 配白氏子二長運遲次運昶
運遲
運昶

景獻 配吳氏子二長運旭次運昱
運旭
運昱

福貴 永良阿公長子子二長連坤次連明
連坤 配馬氏子二長景喜次景棋
景喜 配關氏子一運貴
運貴

景棋

五十三

二支七世

- 福昌　烏明公長子配汪氏子一仁合
- 海昌　烏明公次子配關氏子一福克全泰
- 成昌　烏明公三子配

二支八世

- 連明　配關氏子三長景普（景福贊作）次景新三景令
- 仁合　配關氏子一景泰
- 福克全泰　本旗兵配何氏子一景志
- 連來　配馬氏子一景

二支九世

- 景普
- 景新　配關氏
- 景令
- 景泰　配楊氏子三長運成次運明三運德
- 景志　配劉氏子二長運山次運嵐
- 景利　配唐氏

二支十世

- 運成　配傅氏
- 運明
- 運德
- 運山
- 運嵐

二支十一世

闞氏子一連來
得昌
烏明公四子子
一特合
來色
福成公長子配
郭氏子一丁佳
永成
福成公次子配
李氏子四長大
小次口口三連
清口連德
永
福

刹
特合
配何氏子一景
武
丁僅
配郭氏子一景
羣
大小
口口
連清
配馬氏
連德
配佳氏子一景
喜
來合

景武
配闞氏子一運
志
景羣
配王氏子二長
運書次運芳
景喜
景福

運志
運書
運芳
運慶

五十四

二支七世

各尚額公長子
子四長來合次
文合三連合一作連桓
四連承

二支八世

配汪氏子一景
福

文合 族長
配周氏子三長
景祥次景玉三
景芳

連合
配唐氏子二長
景會次景純

二支九世

配陳氏子一運
慶

景祥
配周氏子一運
來

景玉
配齊氏子四長
運雙次運奎三
運富四運喜

景芳
配齊氏子二長
運寬次運發

景會
配唐氏一作李氏子
二長運芳次運

二支十世

運來

運雙

運奎

運富

運喜

運寬

運發

運芳
配關氏

二支十一世

喜
福京额公長子本旗兵配關氏子二永祥連利

慶

喜
福京額公次子配汪氏子一永祿

成

連
配馬氏子一景廷

永
子無

連
配王氏子一景芳

永

永

祥

利

祿

景
配吳氏

政

景
配周氏子一運增女一

景
配王氏

純

廷

芳

運
配王氏

運

政

增

五十五

二支七世

喜福　訥青額公長子　配張氏子一連祿

□□　得青額公長子

喜玉　得青額公次子　配胡氏子四長昌德次昌慶三昌海四昌洪

喜林　得青額公三子　配唐氏子四長

二支八世

連祿　配馬氏子二長景保次景臣

昌德　配何氏子一景會

昌慶

昌海

昌洪

昌發　配唐氏子二長景明次景慶

二支九世

景保

景臣

景會

景明

景慶

二支十世

二支十一世

五十六

昌發次昌才三
連凱四連斌

喜祿
得成額公長子
子一慶令

喜珍
得成額公次子
配姜氏子一連
喜裕以連喜
為喜才子

喜才
得成額公三子

喜明
得成額公四子

昌才
配趙氏

連凱

連斌

慶令

連喜

昌佳
子一景謙

景謙

五十六

二支七世

子一昌住

喜德

得成額公五子

得住

雙祿公長子子一連發

秀住

金德公長子配王氏子一連俊

檔作東合泰

得住

金德公次子配劉氏子一連才

二支八世

連發

連俊

配王氏子三長景凱次景堂三景廷

連才

子一景滿

二支九世

景凱

配姜氏

景堂

配姜氏子一運昌

景廷

景滿

配高氏

二支十世

運昌

二支十一世

扎住
常山公子子一
恒春

恒春
二

福榮
常青公長子配
沈氏子三長賽
明阿次賽常阿
三賽齡阿

賽明阿
配范氏子三長
景恩次景魁出
繼三景山

景恩
配吳氏子四長
運福次運祿三
運禎四運喜出
繼

景山
配陳氏子三長
運財次運貴三

運福
配盧氏子三長
興公次興寬三
興信

運祿

運禎
配樊氏子二長
興堯次興舜

運財
配白氏子一興
發

興公
配李氏

興寬
配穆氏

興信

興堯

興舜

興發

二支七世

福成 常青公次子配王氏

雙吉 常英公長子子二長昌祥次昌

二支八世

賽常阿 配趙氏嗣子一景魁

賽齡阿 子無

昌祥 配潘氏子一景有 檔作福有

二支九世

運豐

景魁 配樊氏嗣子一運喜

景有 配張氏子三長小斉子次小胖

二支十世

運貴 配趙氏子二長興國次興業

運豐 配趙氏

運喜 配趙氏子一興中

小斉子

小胖子

二支十一世

興國

興業

興中 配洪氏

發

希令阿　七六公長子子二長福德次福昌

昌發　子一景純（檔作福春）

福德　配温氏子一景福（檔作什成）

福昌　子一景有

子三小三

景純　配李氏子四長運齡（檔作大小）次運保三運才（檔作洪泰）四運貴

景福　配何氏子一運發

景有　配唐氏子一運清（檔作煥成）

小三　配張氏

運齡　配趙氏

運保

運才

運貴

運發　配吳氏子一興祿

運清　配曹氏（一作唐氏）子六長興邦次口口三興張（檔作太福）四興全五興鳳（檔作大黨）六小口

興祿　配劉氏子二長克有次克德

興邦　配劉氏子一昌富

口口

五十八

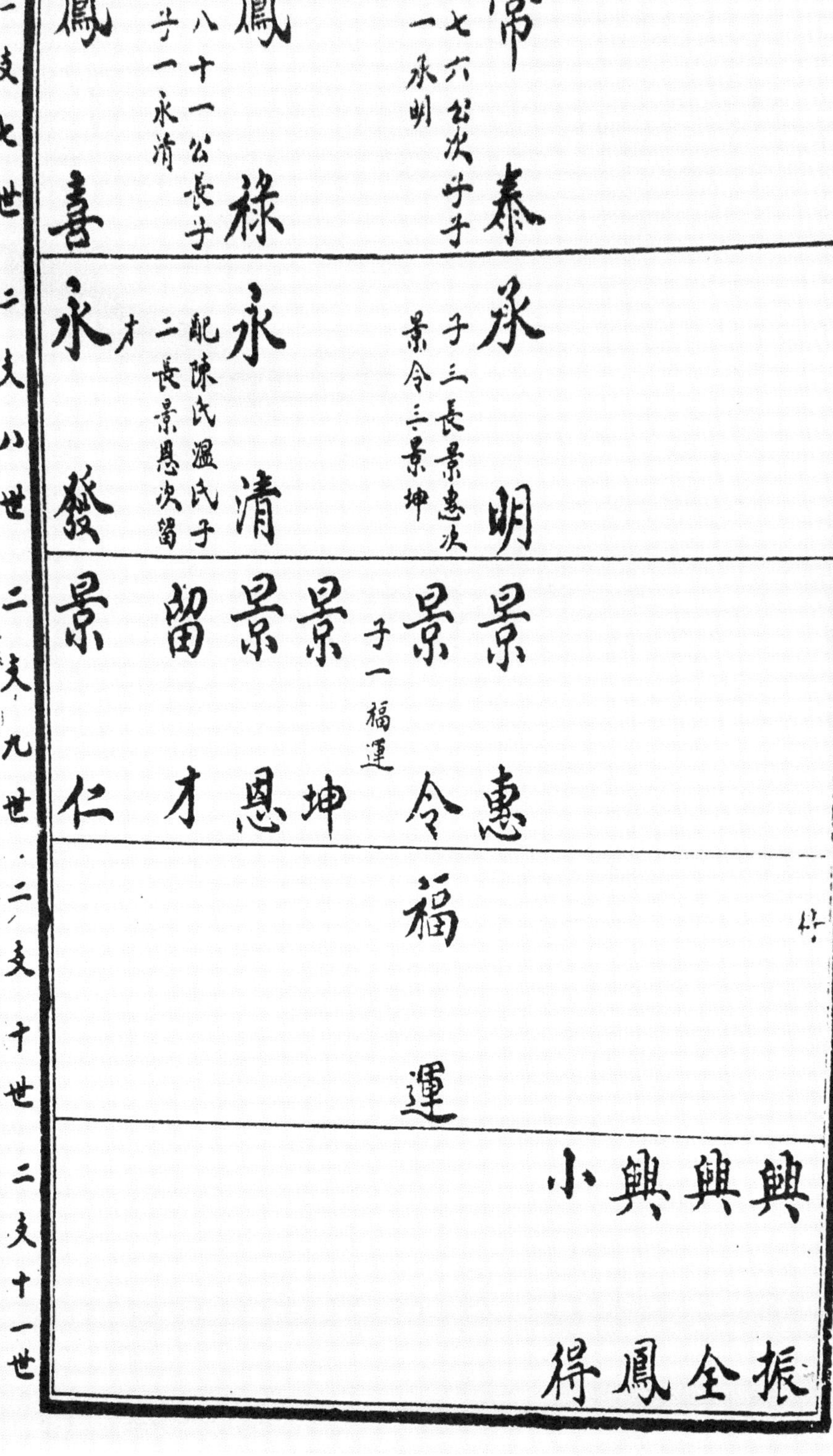

二支七世 常泰 七六公次子 子一 承明
鳳祿 八十一公長子 子一 永清
鳳喜

二支八世 承明 子三 長景惠 次景令 三景坤
永清 配陳氏 溫氏 子二 長景恩 次留才
永發

二支九世 景惠
景令 子一 福運
景坤
景恩
留才
景仁

二支十世 福運

二支十一世 興振 興全 小鳳 得

八十一公次子
配李氏子一永
發

配李氏子六長
景仁次景義三
景禮四景信五
景得六景勝楷作景鳥

福金布承德

八十三公長子
子二長承德次
承貴

子六長景玉次
□□三景義四
□□五景福六
景才

景義
配吳氏

景禮鴨子
配安氏

配姜氏子一鴨
子

景信

景得
配陳氏

景勝

景玉運升
配郎氏子一運
升

□
□

五十九

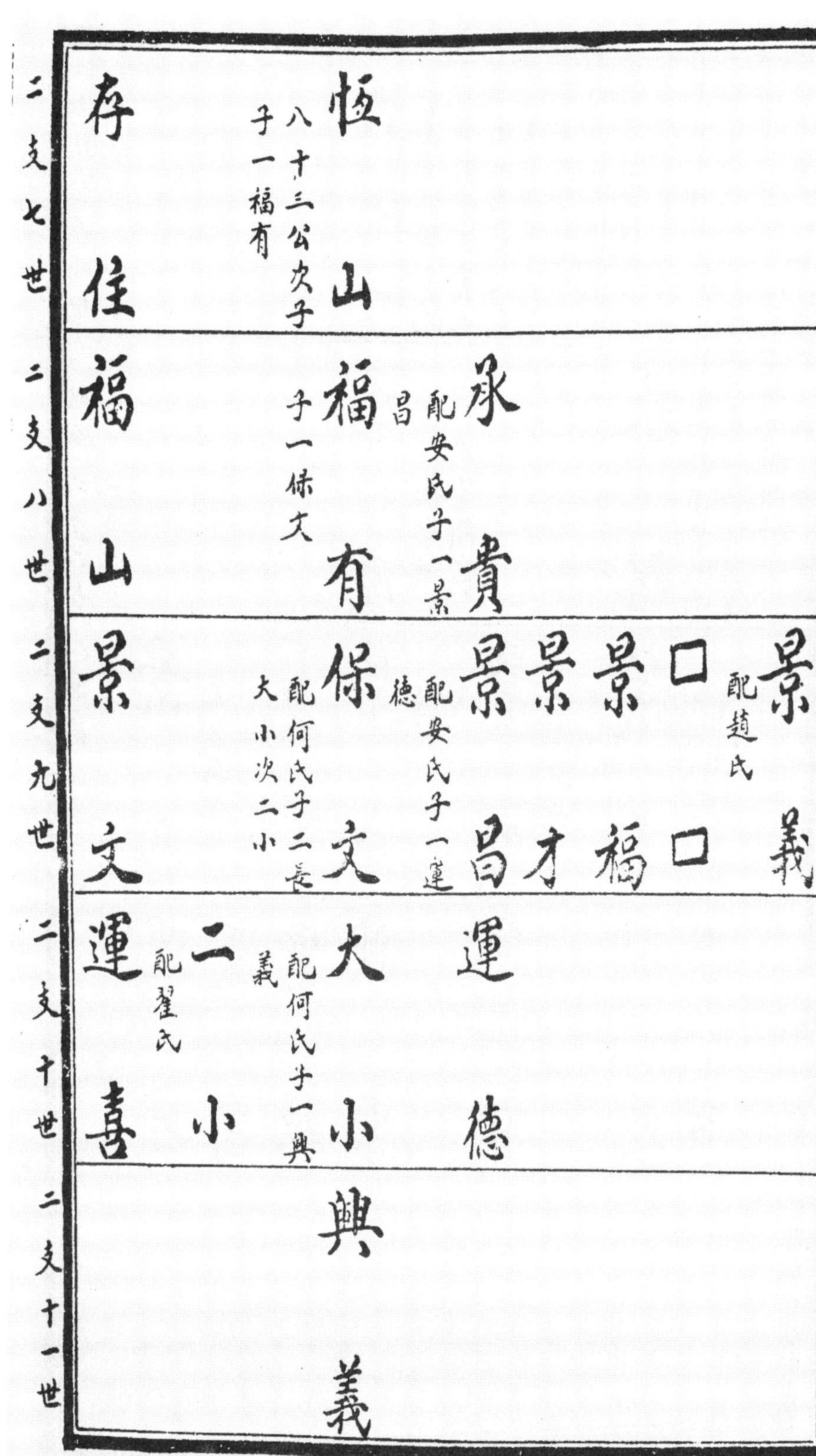

二支七世　存　佳
二支八世　福　山
二支九世　景　文
二支十世　運　喜　配翟氏
二支十一世

恆　八十三公次子　子一福有
山
福　子一保大
有
保　配何氏子二長大小次二小
文
大　配何氏子一興義
小
二
小
興
義

承　配安氏子一景昌
貴
景　配安氏子一運德
昌
運
德
景
才
景
福
口
口
景　配趙氏
義

索佳公長子配蔣氏子一福山

六十一

喜佳公嗣子配周氏子三長永慶次承裕三承順

配李氏子二長景文次景亮

承慶 子二長景灝一作景梓次景顯一作景富

承裕 本旗妻官配郭氏子二長景春次景秀

配張氏子一運喜

景亮 本旗兵配何氏子三長運才次運昌三運福

景灝 配郭氏子一興索

景顯 配李氏子一興有

景春 旗長配赫氏子二長運連一作連運次運吉一作吉運

運才　運昌　運福　興索　興有　運連　運吉

六十

二支七世

連成 喜住公子子二官永永林

二支八世

永順 配蔣氏子三長景運出繼次景朋三景昌

官永 配王氏子二長景芳次景保

二支九世

景岑 本旗兵配王氏子二長生運次三運一作重運

景朋 配黃氏子一運得

景昌 配楊氏

景芳 配康氏子四長來運次得運三自運四天運

景保

二支十世

生運

三運

運得

來運

得運

自運

天運

福運

二支十一世

保成 喜住公子，子二福住

印福 福住公長子，配楊氏，子二，長當住，次承富

昌喜

承林 子三，長景煥，次景索，三景山

福住 配王氏

當住 配溫氏，子無

承富 配張氏，嗣子一景連，子一留索

承奎

配康氏，子一福運

景煥

景索

景山

景連 配蔣氏，繼配赫氏，女三

留索

景榮

二支七世

達隆阿公長子
配郎氏子三長
承奎次承盛三
承有

明升

得祿公長子本
旗領催配關氏
早卒繼配王氏
生子三長承恩
次承露三承春
女一適姜氏

二支八世

配全氏子一景
榮

承盛

承有

配于氏

承恩

字蔭堂本旗領
催咸豐三年隨
僧郎征捻匪以
驍騎校補用配
方氏早卒繼配
徐氏生子二長
景鵬次吉其先

二支九世

景鵬

字雲海戶部候
補主事配于氏
子一運樞

吉其先

字世昌一名景
峯六品軍功兵
配康氏女一適
代氏側室關氏
女一適黃氏側
室鄭氏女一嗣
子一運三

二支十世

運樞

字星垣候選縣
丞配李氏子一
典音

運三

字小峯配丈氏
女一

二支十一世

典音

字伯勲配姚氏
子一克成女一

明　慶　恩　有　景　凱　運　升　興　亞

承露　字潤堂配王氏無子承恩子景鵬再娶呂氏生子繼之

景鵬　配呂氏子一運長女一

運長　字拱之配胡氏

承春　配田氏早卒繼配劉氏生子二長景溫次景崑

景溫　字子容藍翎五品委官配關氏女四側室黃氏子一運口女二

運口

景崑　字秀岑配胡氏子一運三出繼女一適黃氏繼配李氏子三長運衡次運權三運謨女一

運衡

運權

運謨

六十二

二支七世

得祿公次子配
閻氏子一恩有

二支八世

配趙氏嗣子一
景凱

二支九世

字勳臣配文氏
子三長運升次
運昌出繼三運
啟女一適張氏

二支十世

字品山光緒已
酉科拔貢歷任
黑龍江政務廳
廳長吉林官銀
號總辦實業廳
廳長吉長道道
尹長春交涉員
財政廳廳長特
派吉林交涉員
現任吉林濱江
道道尹哈爾濱
交涉員吉林鐵
路交涉局總辦
東省特別區政
務廳廳長配李
氏子一興丑女
一側室張氏張
氏

運啟

字文山學名特
烋字鐵癡配那

二支十一世

一名倜字少山
配莫氏子一斌

明海　得祿公三子配鄂氏子二長承奎次承俊女一適胡氏

承奎　配方氏子二長景凱出繼次景昌

景全　配楊氏女一適馮氏嗣子一運昌

運昌　氏女一　字仲山配韓氏女一

承俊　配方氏子一景玉女一適何氏

景玉　配富氏子一興

明德　得福公長子子一承庫

承庫　子二長景興次景隆

景興　配胡氏

景隆　配金氏

明啟　得福公次子子一承全

承全　配袁氏

明發

承才

得福公三子配高氏子三長承才次承寶三承嵛

明謙

得福公四子配尚氏子一承仁

留增

呼什那公長子配齊氏子二長福山次福林

承寶

配趙氏子一景順

承嵛

承仁

福山

配齊氏子三長景富次景元三景海

福林

景順

景富

配姜氏

景元

配張氏子一運德

景海

配李氏

運德

福祥
巴哈那公長子
子一洪玉

明清
得成額公長子
配温氏子二長
連有次連發

得玉
得成額公次子
配傅氏子二長
洪俊次洪福

口口
依令額公子子
一連江

洪玉

連有
配吳氏

連發
配王氏

洪俊
配傅氏子一景
增

洪福
配傅氏子二長
景雲次景雨

連江
子一昌有

景增

景雲

景雨

昌有

六十四

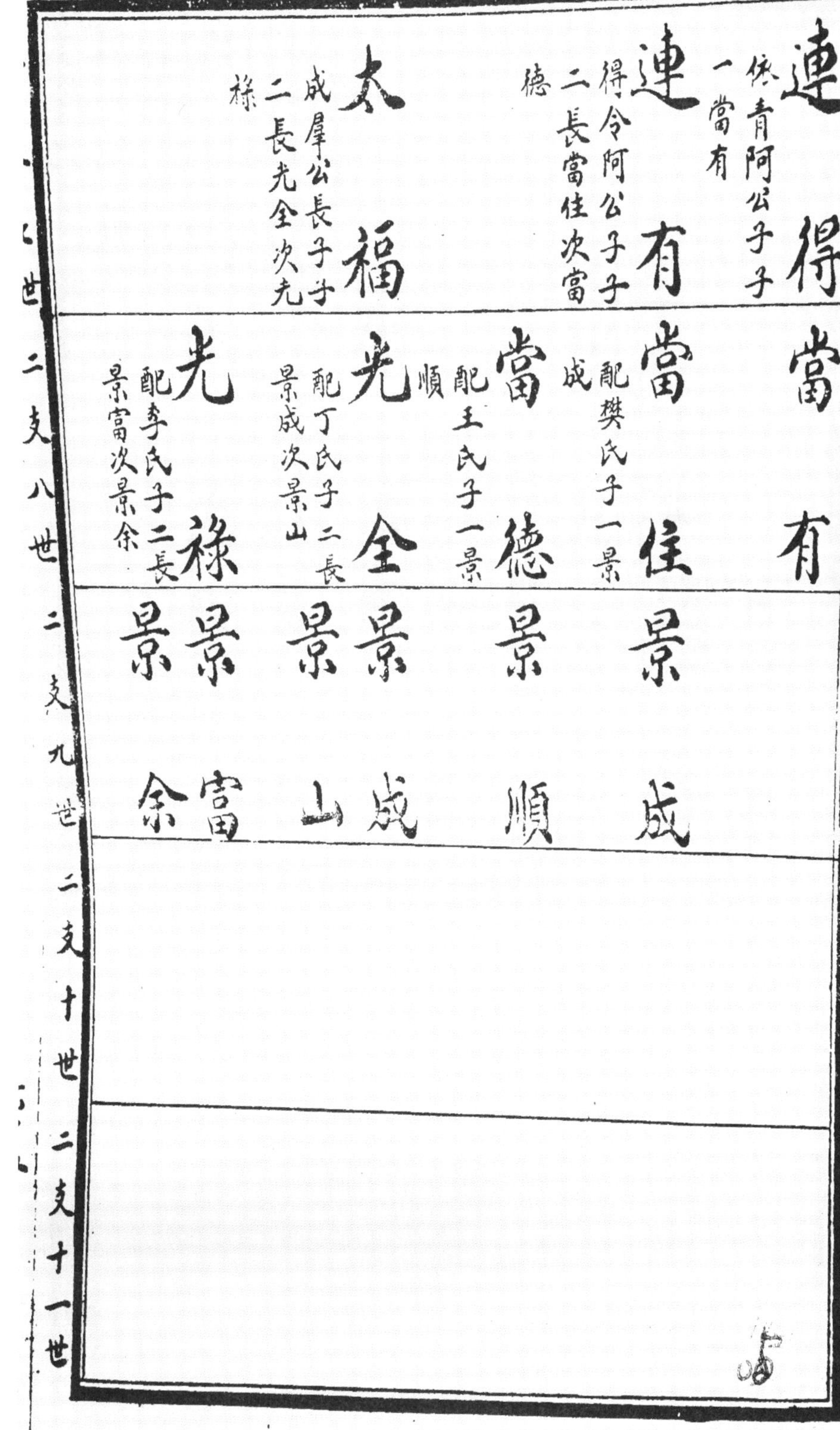

連得
依青阿公子子一當有
連有
得令阿公子子二長當佳次當德
太福
成犀公長子子二長光全次光祿

當有
當佳
配樊氏子一景成
當德
配王氏子一景順
光全
配丁氏子二長景成次景山
光祿
配李氏子二長景富次景余

景成
景順
景成
景山
景富
景余

八世二支九世二支十世二支十一世

六九

太和 那丹奇公長子
詁成阿公子子
四洪生洪舉洪
昌楷作景洪喜

洪生 配温氏子二長
景元次景夢

洪舉 配趙氏子三長
景凱次景德三
景保

洪昌 族長
配孫氏子三長
景元次景貴三
景春

景元

景夢

景凱

景德

景保

景元 配沈氏

景貴

景春

二支七世

太興
鈷成阿公子子
四長洪成次口
口三洪海四洪
科

太盛
得明阿公子子
一發德

全盛
得明阿公子配
趙氏子二長福
海次福合

二支八世

洪喜
配孫氏子一景
才

洪成
配胡氏

口口

洪海

洪科

發德
配王氏

福海
配吳氏子一景
春

二支九世

景才

景春

二支十世

二支十一世

福合景芳
配張氏子一景
芳
太吉大小
哲明阿公子子
一大小
太福
哲明阿公子
雙福洪春
永明阿公子子
配高氏
一洪春
雙興洪武
永明阿公子配
趙氏子三長洪
武次滿倉三滿
滿倉
貴
滿貴

六十六

二支七世　二支八世　二支九世　二支十世　二支十一世

太發　依凌阿公長子　配傅氏子二長洪吉次洪慶

洪吉　配周氏子一景貴（檔作景福）

景貴

洪慶

平發　依凌阿公次子　配趙氏子一洪春

洪春　配李氏

年發　依凌阿公三子　配温氏子二長昌海次昌河

昌海

昌河

得祿　福凌阿公長子　配朱氏子二長洪有次洪海

洪有　配謝氏子一景隆

景隆　配王氏子三長運吉次運興三運高

運吉　配沈氏

得明

福凌阿公次子
子四長洪連次
洪斌（福作得）三特克新
泰（克新泰）四洪玉

洪海

配馬氏子一景
榮

洪連

配孫氏子一景
祜

洪斌

配關氏子二長
景福次景昌

特克新泰

配王氏子二長
景芳次景祥

景榮

配沈氏子一運
通

景祜

景福

景昌

景芳

子一運林

景祥

運興

運高

運通

運林

六十七

二支七世	二支八世	二支九世	二支十世	二支十一世
	洪玉 配關氏子三長景海次景山三景昌	景海 子二長福運次運德	福運	
			運德	
		景山 配董氏子一運來	運來	
		景昌		
昌平 福京阿公子子一洪玉（福作洪濬）	洪玉 配白氏子一景芳	景芳 配王氏子一運寬	運寬	
福信 福京阿公子子一洪文	洪文			
得連 搭力訥公長子子一洪井	洪井			

得住
色明額公長子
子一留當

得雲
色明額公次子
子一高升

得有
色明額公三子
子一高起

留當
子二長景富次景森檔作景春

高升
子二長留成次景明

高起
子五長景祿次景發三景茂四景興五景雲

景富

景森

留成 春運
配管氏子一春運

景明
配李氏

景祿

景發 運才
配闕氏子一運才

景茂 運成
子一運成

景興

六十八

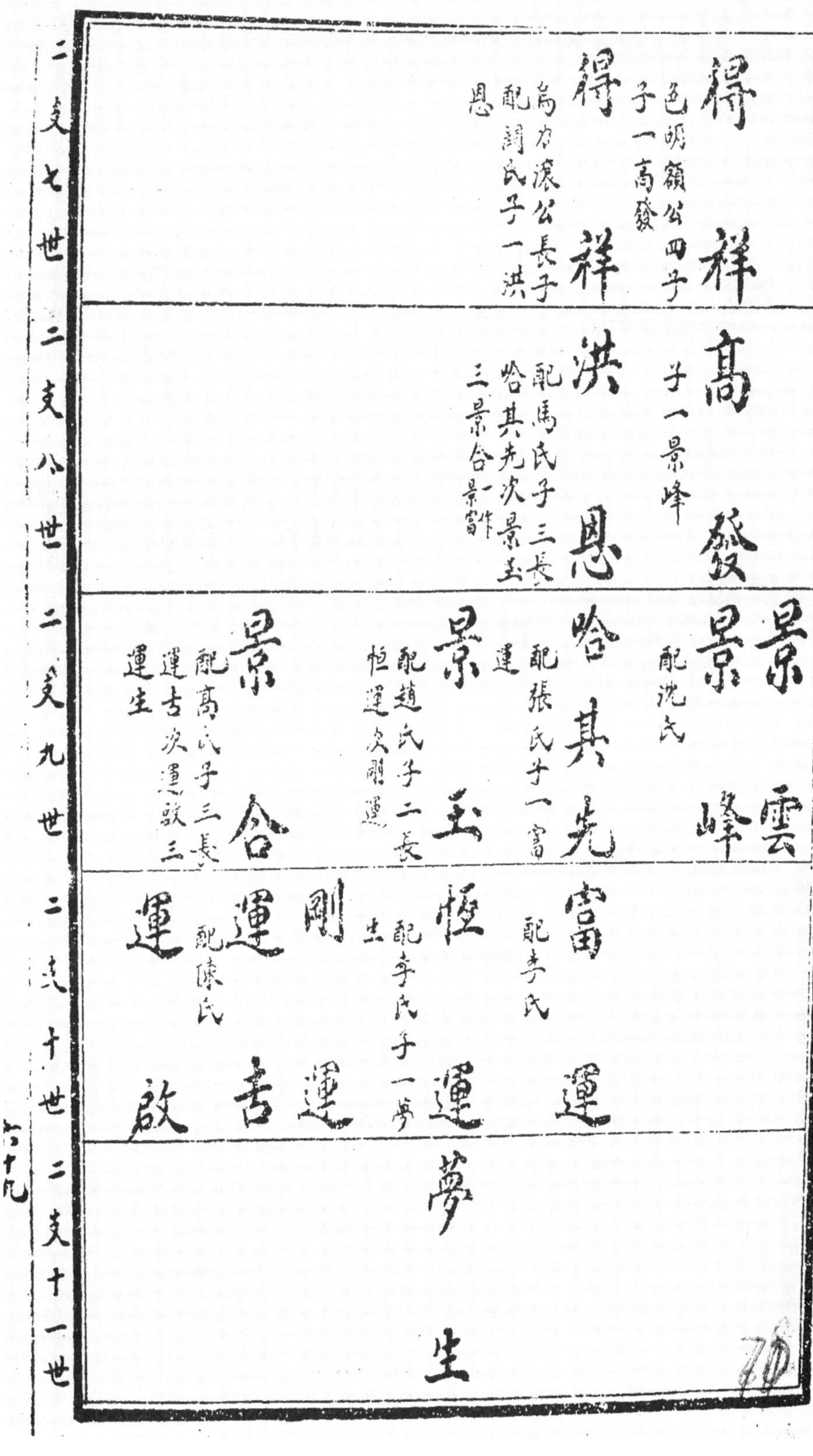

二支七世

得祥
色明額公四子
子一高發

得祥
烏布滾公長子
配謝氏子一洪
恩

二支八世

高發
子一景峰

洪恩
配馬氏子三長
哈其先次景玉
三景合一景酢

二支九世

景雲

景峰
配沈氏

哈其先
配張氏子一富
運

景玉
配趙氏子二長
恒運次剛運

景合
配高氏子三長
運吉次運啟三
運生

二支十世

富運
配李氏

恒運
配李氏子一夢
生

剛運

運吉
配陳氏

運啟

二支十一世

夢生

六十九

春隆

烏存得公子配[illegible]氏子二長洪奎次洪儒

得福

烏存得公子子

景五

洪奎

配楊氏子一景祥

洪儒

配楊氏子三長景茂次景旺三景泰

景祥

配張氏子一運福

景茂

配張氏子三長運合次運喜三運洪

景旺

配溫氏子一運芳

景泰

配朱氏

運生

運福

運合

運喜

運洪

運芳

六十九

二支七世

九成　一果五

烏明額公子配楊氏子四長連山一作洪合次連春三連義一作保俤四連江一作保滿

二支八世

連山

配傅氏子四長景盛一作景達次景全三景有一作景才四景明一作景泰

連春

連義　女一

連江

二支九世

景盛

景全

配胡氏子一運升

景有

配楊氏子一運恒

景明

配周氏

二支十世

運升

運恒

二支十一世

德成
烏明額公子子三長連升次連慶三連吉[illegible]

連升
配李氏子二長景海次景昌

景海
配謝氏

景昌
配于氏子二長運和次運生女二

運和

運生

連慶
配沈氏子一景斌

景斌
配馬氏

連吉
子一景亮

景亮
配何氏

得佳
那明阿公長子子二長洪順次洪祥

洪順
子一景義

景義
配闞氏子一運發

運發

洪祥
配王氏子一景亮

景亮

七十

二支七世

五巴
福住公長子子二長全海次口

仁壽
福住公次子配楊氏子一承福

福祥
七十一公長子配李氏子二長洪德次得音泰

二支八世

全海
亮
配郭氏子二長景成次景德

口口

承福
配張氏子一景會

洪德
配王氏子六長景連次景奎三景元四景清五景坤六景升

二支九世

景成
配陈氏子一來運

景德
配杜氏子二長來運次來福

景會

景連
配張氏子一運啟

景奎
配王氏子一運勤

二支十世

來運

來運

來福

運啟

運勤

二支十一世

阿林泰
七十一公次子
子一連江 稽〻連江 乞〻令泰
子考本世系名阿令
泰〻有疑為晉近傳訛

得音泰
本旗兵配李氏
子一景新

連江
配王氏子一昌
有

勤
景元 配王氏
景清
景坤
景升
景新
配張氏子三長
運泰次運平三
運春

昌有

運
運
運

泰
平
春

二支七世　二支八世　二支九世　二支十世　二支十一世

阿林布　七十一公三子　子一全喜
全喜　子一景玉
景玉

福祥　巴哈訥公長子　配李氏子一洪盛
洪盛　配傅氏子一景明
景明

得合　巴哈訥公次子　子三長雙保次當住三全住
雙保　配李氏子二長景令次景明
景令

當住
景明　配沈氏

全住　配朱氏

得玉　巴哈訥公三子　配關氏子一洪慶
洪慶　配關氏

麦

得寶 巳吟訥公四子 配温氏子一連

富

永德 福盛額公長子 子三長福才次 福紳三福祿 福一

以福祿為永貴長子

連富 配温氏子二長 景海次景湖

福才 配李氏子一景 輻

福紳 配吳氏子五長 景明 櫓作慶明 次景 雲三京春四景 梧五景秀

景海

景湖

景輻 配孫氏子四長 運興次運富三 運貴四運吉

景明 配魯氏子一運 昌

景雲 配楊氏子一運 升

運興

運富

運貴

運吉

運昌 配何氏子二長 興林次興茂

運升 配全氏子二長 興才次興元

興林

興茂

興才

興元

七十二

二支七世

二支八世

福祿 配關氏子五長景芳次景福三景豐四景發五景貴

二支九世

景春 配何氏

景梧 配吳氏子一運生

景秀 配周氏

景芳 配傅氏子二長運仲次運貴

景福

景豐

景發 配王氏

二支十世

運生

運仲

運貴

二支十一世

永貴
福盛額公次子
子一福俊

永住
福祥額公長子
子四長福海次
福林三發祿四
發才

福俊
配江氏子一景
旺

福海
配張氏子三長
景升次景有三
景虎

福林
子一景有

發祿
配孫氏子三長
景奎次景貴三
景元

景貴

景旺

景升

景有

景虎
配張氏 富氏 劉氏

景有
配張氏

景奎

景貴

景元

七十三

二支八世 二支九世 二支十世 二支十一世

永奎 得成额公长子 子一福顺

福顺 配李氏子一景泰

景泰

永祥 得成额公次子 子一福祥

福祥 配胡氏子四长景春次景生三景发四景才

景春 配孟氏

景生

景發

景才

永成 得成额公三子 子一福亮

福亮 配李氏子三景有景才景泰 無嗣

景有嗣 無景泰

景有 配胡氏

景才

景泰

满得

福永

景恩

福青額公子子　配趙氏子二長

一福永　景恩次景森

祥得　小脊色　景森

福青額公子子　子一慶福

四小脊色小四　慶福

福玉福增

小四　景寬　運通

子二長景寬次　配周氏子一運

景有　通

景有

福玉　景海

子一景海

福增　景玉

配王氏子一景

玉

永慶　福興　景昌

巴洋河公長子　配李氏子二長　配王氏

七十六

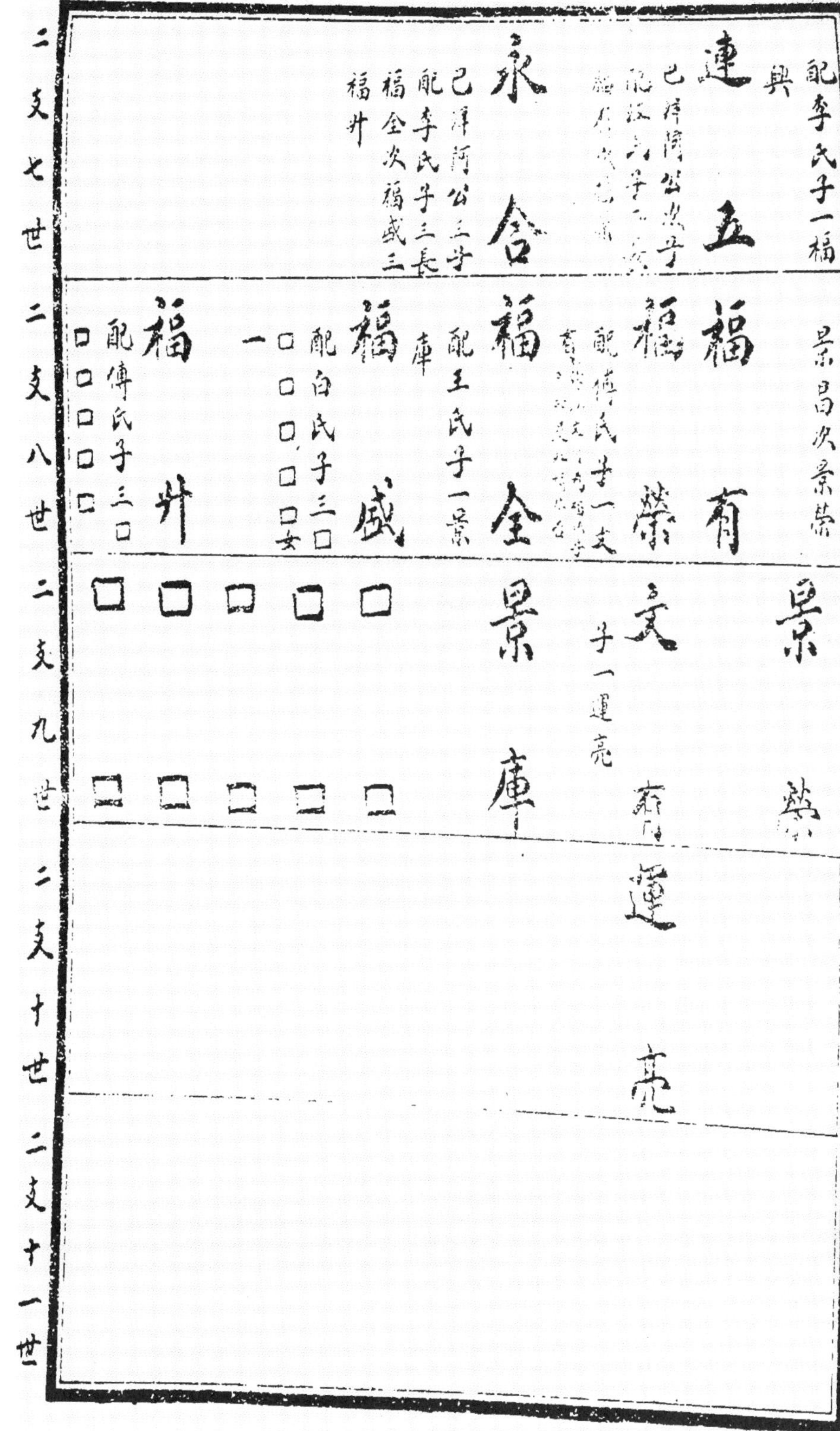

二支七世　二支八世　二支九世　二支十世　二支十一世

配李氏子一福
興
連五
已拜阿公次子
配孫氏子二長
福有次福榮
永合
已拜阿公三子
配李氏子三長
福全次福盛三
福升

景昌次景榮
福有
福榮
配傅氏子一文
福全
配王氏子一景
庫
福盛
配白氏子三□
一□□□□□安
福升
配傅氏子三□
□□□□□

景
文
子一運亮
景
□□□□□

榮
運
庫
□□□□□

亮

永顺
已洋阿公四子

永喜
已洋阿公五子
配忠氏子三长
福令次福俊三
福德

福令
配李氏子四长
景顺次景昌三
景清四景福女
一适傅氏

福俊
配齐氏子一景
禄女一

福德
配陈氏子一景
祥

□　□

景顺
配赵氏

景昌

景清

景福

景禄

景祥

三支七世

大成 三保公子 子二 果住 老各

老各 三保公子 子二 連保 文海

三支八世

果住

老各 配王氏 子一 景興

連保 子一 祿色

文海 配何氏 子二 長小索 次小住

三支九世

景興

祿色

小索 配王氏 子一 運有

小住 配陳氏 子三 長運泰 次運福 三運昌

三支十世

運有

運泰

運福

運昌

三支十一世

三支七世 三支八世 三支九世 三支十世 三支十一世

倭生額
巴彥布公長子配唐氏子三長拉邦阿次拉洪阿三額圖琿

拉邦阿
原名資富配馬氏子二長景貴次景榮

拉洪阿
原名貲恆配張氏繼配汪氏子二長景斌次景鐸

景貴
配馬氏繼配何氏子興

景榮
字湘泉配黃氏子一運琦趙氏子一運鴻繼配單氏

景斌
配吳氏子一運桂

景鐸
配□氏繼配于氏子四長運凱次運全三運雙四運琛

運琦
配黃氏子三長興業次興崇三興藻

運鴻

運桂
配吳氏子二長興春次興冬

運凱
配張氏子一興田

運全

興業

興崇

興藻

興春

興冬

興田

七十八

三支七世

福欽
巴彥布公次子
子一連通

掖卜肯
吉令阿公長子
配王氏子四長
連奎次連璧三

三支八世

額圖琿
原名貴裕本旗
兵咸豐九年隨
僧邸征捻匪陣
亡於直隸連鎮
配馬氏繼配楊
氏子一景恩

連通
配寇氏

連奎
配馬氏（一作[illegible]）子二
長他其先次景
秀

三支九世

景恩
配馬氏子三長
運凌次運井（一作運海）
三運慶

他其先
族長
一名景昌本旗
兵配康氏子二
長運堂（一作運奎）次運
祿

三支十世

運雙

運琛
配張氏

運凌

運井

運慶

運堂

運祿
配王氏子一興

三支十一世

興業

連生四連輝

連璧 配沈氏子三長景祿次景富三景庫

連生 配穆氏一作張氏又作陶氏子四長景亮次景寬疑與二支福升子重三

祿

景秀 配金氏子二長運壽次運恩

景祿 配馬氏子一運喜

景富 配田氏子一運德一作運宇

景庫

景亮 配何氏子二長運才次運福

業

運壽 配鮑氏

運恩

運喜

運德

運才

運福

七十九

三支七世 永安

三支八世 他山

連輝 配王氏子二長景奇次景新

景浩四景元

三支九世

景寬 配劉氏子一運成

景浩 配甯氏子一運保 保信作運注

景元

景奇 配文氏子三長運發次運福楅作令運三運生

景新 配陳氏子一運財

景詩

三支十世

運成

運保

運發

運福

運生

運財

運年

三支十一世

得青公長子配吳氏子一他山

永吉

得明公長子配周氏子一昌山

配關氏子四長景詩（檔作哲音布）次景書（檔作扎其先）三景臣（檔作走音保）四景升（檔作布音保）

昌山

配關氏子一景運（檔作堆音保）

配關氏子三長運平（一作蓮弱）次運喜三運奎

景書 族長

配唐氏子一運棠

景臣

配何氏

景升

配姜氏子一運叨

景運

配那氏子二長運才次運厚

運喜

配關氏

運奎

配唐氏

運棠

運叨

運才

運厚

八十

三支七世　三支八世　三支九世　三支十世　三支十一世

福山布　有成公子子一拴住
拴住

得克得布　白凌阿公長子子一馬住
馬住　配關氏

八十三　白凌阿公次子子一連增
連增

深海　得祿公長子配唐氏子二長連楨次連祥
連楨　子一景山
景山　子一運廷
運廷

連祥　配常氏子三長景海次景河三景升
景海　嗣子一（胡何人子待考）運福
運福

景河　配馬氏薛氏子
運龍

明保

扛隆阿公長子
一名仁来布配
全氏子三長連
令一作連志次連續
一作連多三連城一作連明
人作達銅

明河

扛隆阿公次子
一名仁車布配
魏氏一作溢氏子三

連令

配于氏子三長
景盛一作景保次景
令一作景亭三景順

連續

配全氏

連城

連泮

配唐氏子一景
謙

景升

配李氏

二長運龍次運虎

景盛

配汪氏

景令

景順

景謙

配劉氏

運龍

運虎

八十一

三支七世

長連沣一作連泉次連池一作連興三連生

明海

杠隆阿公三子一名木青布配王氏子二長連信次連旭連一作

明成

三支八世

連池

配劉氏子一景義

義一作景玉

連生

配關氏子二長景陽一作景輝次景超

連信

配陶氏子二長景禮一作景琳次景洲一作景華

連旭

配何氏子一景成

□□

三支九世

景義

配劉氏

景陽

配艾氏子一運高

景超

配唐氏

景禮

景洲

配關氏子一運銘

景成

三支十世

運高

運銘

三支十一世

八十二

扛隆阿公四子
子四□□□□
□□□□

朗仲
雙德公長子配
于氏子一連悅
一作連捐

泰興
福有公長子子
三長連禮次連
增三連信

□□
□□
□□

連悅
配那氏子一景
祿一作景森

連禮
族長
配陶氏子三長
景謙次景亨三
景榮

連增
子二長景茂次
景才

景祿

景謙

景亨

景榮

景茂

景才

三支七世 三支八世 三支九世 三支十世 三支十一世

來住 福有公次子子一連仁

連信

常春 福有公三子本旗兵子一連義

連仁

買住 常德公長子子一扎拉芬

連義 子二長景元次景亨

得住 常德公次子子一廣發

扎拉芬 配關氏子一景遠

吉盛 常壽公長子配周氏子四長來

廣發 子一景全

來喜 一名連志配周氏繼配胡氏子

景元

景亨

景遠

景全

景成

景良

喜 次來住 三來
發 四來才

二長景成 次景
良

來住
一名連貴配周
氏子一景玉

來發
一名連升配周
氏子四長景和
次景喜 三景利
四景祥

景玉
一名景琛配關
氏

景和
配溫氏子一運
誠

景喜
一名景榮配王
氏子三長運舉
次運高 三運貴

景利
一名景鳳配黄
氏

運誠

運舉

運高

運貴

八十三

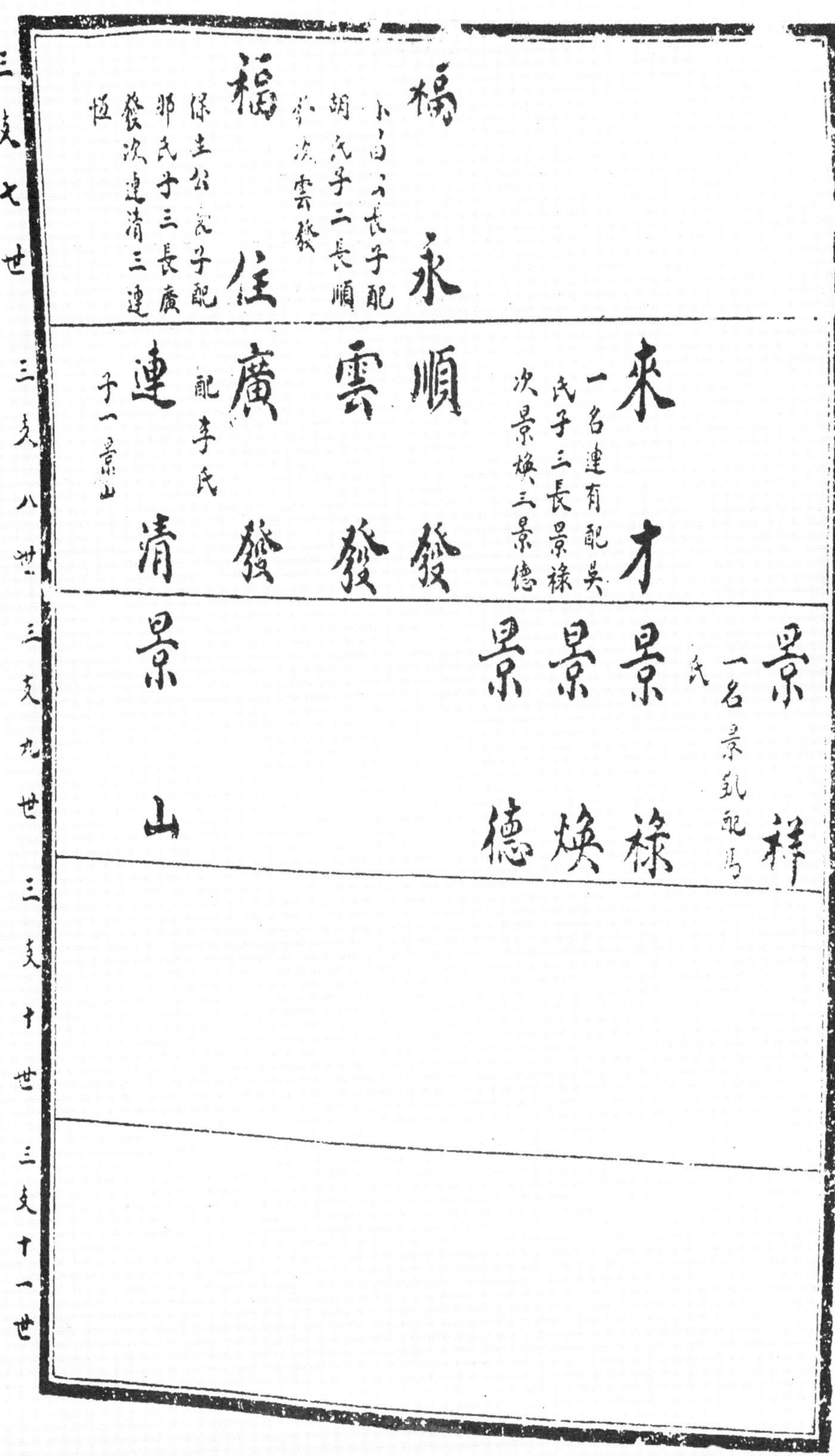

三支七世

福永 卜[illegible]氏長子配胡氏子二長順發次雲發

福住 保生公次子配那氏子三長廣發次連清三連恆

三支八世

來才 一名連有配吳氏子三長景祿次景煥三景德

順發

雲發

廣發 配李氏

連清 子一景山

三支九世

景祥 一名景[illegible]配馬氏

景祿

景煥

景德

景山

三支十世

三支十一世

得聚　保生公次子配關氏子三長連興（紹作宏成）次連隆三連鳳（紹作連朋）

福有　保生公三子配馬氏子一連明（紹作小六）

得勝　保生公四子本

連陘　配郎氏子一景森

連興　配孫氏子一景綸

連隆

連鳳　配關氏子一景淑

連明　配楊氏

連甲

景森

景綸

景淑

八十四

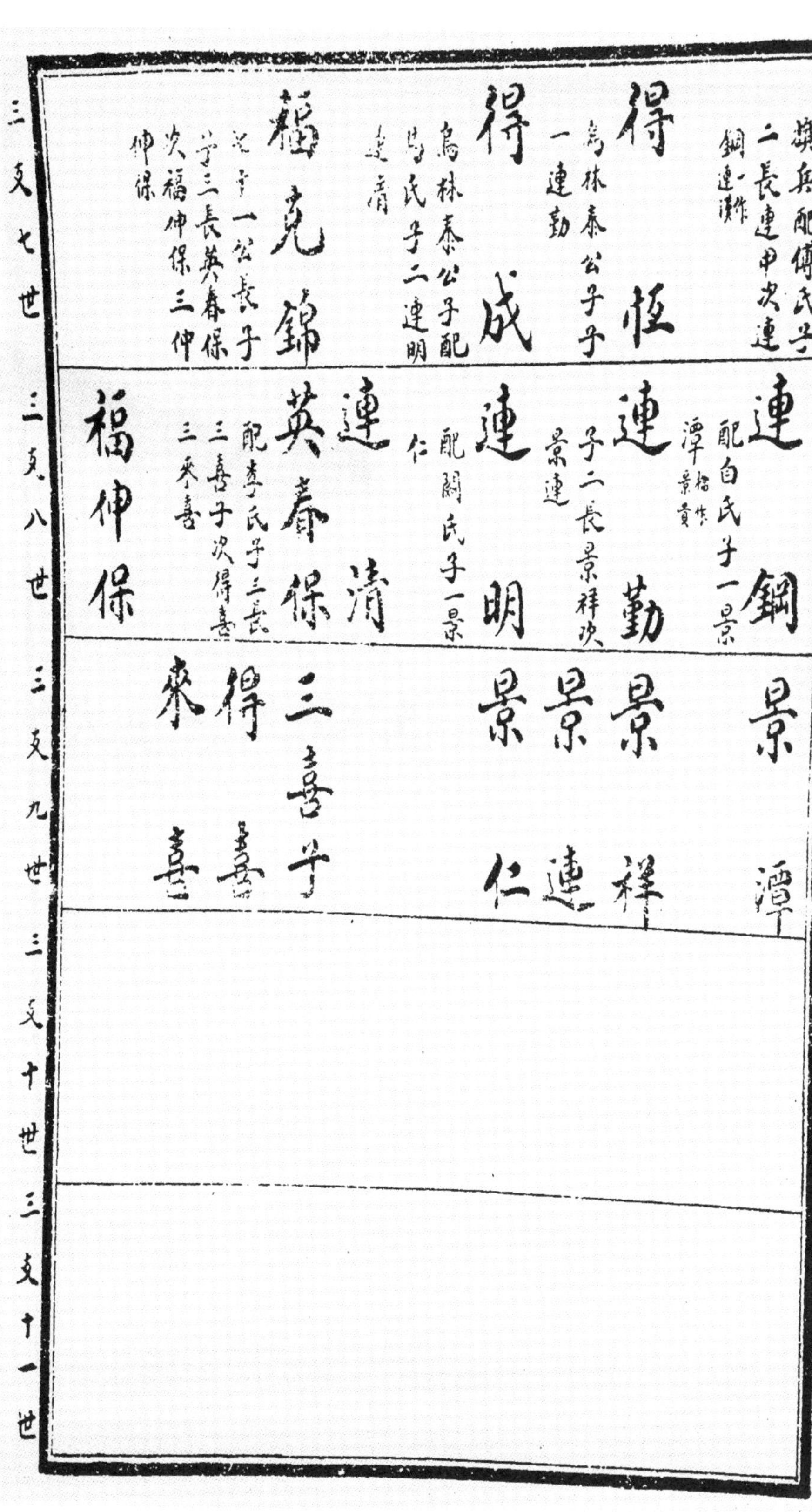
旗兵配傅氏子二長連甲次連鋼一作連漢
得桓　高林泰公子子一連勤
得成　烏林泰公子配馬氏子二連明連清
福克　公子一長子錦英子三長英春保次福伸保三伸保
連鋼　配白氏子一景潭一作景貴
連勤　子二長景祥次景連
連明　配關氏子一景仁
連清
錦英　配李氏子三長三喜子次得喜三來喜
英春保
福伸保
景潭
景祥
景連
景仁
三喜子
得喜
來喜
三支七世　三支八世　三支九世　三支十世　三支十一世

福保
七十一公次子
子無

仲保
七十一公三子
一名作配焦氏子五人
與仲仲保後裔同今不錄

訥木琿

仲仲保
配焦氏子五長
大喜次口口三
三喜四四喜五
五福

大喜
配廖氏

口喜

三喜

四喜

五福

八十五

三支七世

□□ 七十二公長子 学典

福克身 依成額公長子 名失考

福克身 依成額公次子 配温氏 子一連安

福克壹 依成額公三子 配尹氏 子三 長連平 次連英 三連元

三支八世

連安

連平 族長 配關氏 子一景煦（一作京旭 一作京住）

連英 配王氏 子二 長景升（一作景芝 一作景雨）次景橋（一作景祿）

三支九世

景煦 配趙氏

景升 配王氏 子二 長運正 次運洪

景橋

三支十世

運正

運洪

三支十一世

連元
配傅氏繼配趙氏子二長景正次景儀（一作景琫）

景正

景儀

九十六
奇杭阿公長子
配張氏子二長連魁次連明

連魁
配艾氏子一景祿

景祿
配闞氏子一運發

運發
配袁氏子一小庫

小庫

連明
配孫氏子二長喜佳次景富

喜佳
配唐氏子一運峯

運峯
配何氏子一興發

興發

景富
配黃氏子一運海

運海
配吳氏子一興旺

興旺
配闞氏子一克成

九十
達哈泰公長子
子一連保

連保

八十六

三支七世

九十二
達哈東公次子
子一七六

九十八
達哈東公三子
子四長連禮次
連志三連信四
連義

明廣
奇昌阿公長子
配關氏子二長
連學次連科

三支八世

七六

連禮

連志
配范氏

連信

連義

連學
配關氏子二長
景富次景文

連科
配關氏子一景豐

三支九世

景富
配謝氏

景文
配高氏

景豐
配陳氏

三支十世

三支十一世

明海

奇昌阿公次子配趙氏子三長連慶次連登三連馥

根深

成力進阿公長子

連吉

雙壽公長子配胡氏

豊

連慶

配關氏盧氏子一景春

連登

配劉氏子一景鳳

連馥

配蘇氏子一景倫

景春

景鳳

景倫

八十八

三支七世

明盛 雙住公長子配傅氏子三長連峯次連浩三連貴

榮盛 老各公長子

三支八世

連峯 配李氏子二長景奎次景顯一作景本

連浩 配王氏子四長景會次景堂三景恩一作景殿四景林

連貴 配王氏子二長景凱次景振

三支九世

景奎

景顯

景會 配楊氏

景堂

景恩

景林 配唐氏

景凱

景振

三支十世

三支十一世

文盛 僧成公長子一名雲福配王氏子一連起

元盛 丁住公長子一名雲合配沈氏子二長連榮次連鳳

連起

連榮 配傅氏子二長景合次景順

連鳳 一名倭什本本旗委官配周氏子三長景玉次景利三景萬

景合 配白氏子三長運堂次運昌三運英

景順 配馬氏子二□□□□

景玉 配關氏子二長運田次運喜

景利

運堂

運昌

運英

□□

□□

運田

運喜

八十八

配周氏

景萬 配楊氏

蔡富 福明公長子配艾氏子一連吉
連吉 配胡氏子一景和
景和 配冷氏子一運清
運清 配闞氏

德寬 福明公次子子一連山
連山 配劉氏子一景奎
景奎 配何氏

萬增 福明公三子子一連吉
連吉 子一景同
景同 配何氏子一運成
運成

青山 福明公四子

福盛 六十五公長子
連發 配馮氏子一景文
景文

三支七世 三支八世 三支九世 三支十世 三支十一世

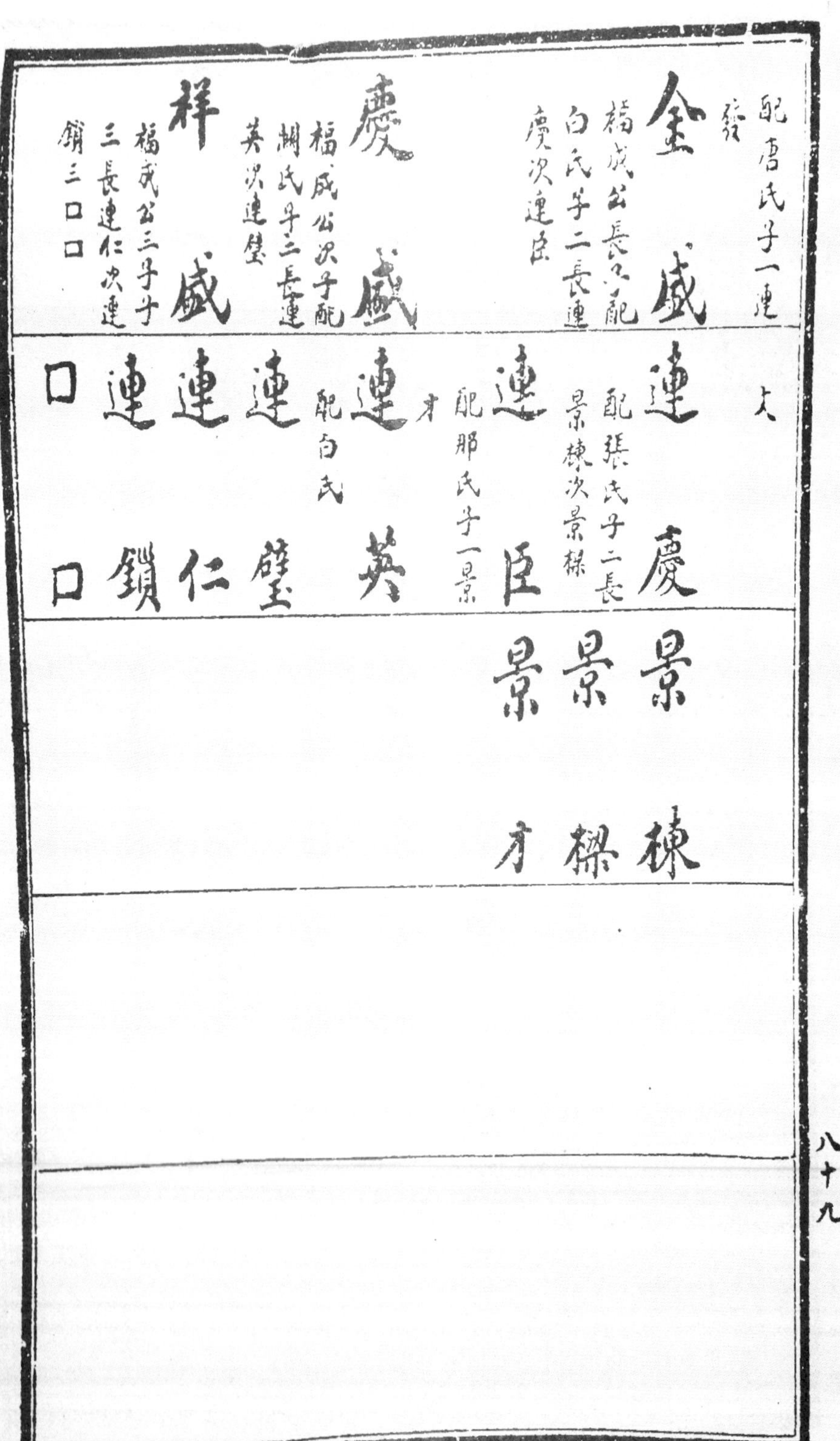

配唐氏子一連

發

大

金威 福成公長子配白氏子二長連慶次連臣

連慶 配張氏子二長景棟次景梯

景棟

連臣 配那氏子一景才

景才

才

慶威 福成公次子配謝氏子二長連英次連璧

連英 配白氏

連璧

祥威 福成公三子子三長連仁次連鎖三口口

連仁

連鎖

口口

八十九

三支七世 三支八世 三支九世 三支十世 三支十一世

依克錦 連秀 景海 運隆 老根

福令阿公子一名升明配范氏子三長連秀次連春三連根

連秀 配趙氏子三長景海次景德三景成

景海 配陳氏子二長運隆次運廷

運隆 配劉氏子一老根女一

運廷 配徐氏

景德 運明

配張氏子二長運明次運峯

運明 配夏氏女三

運峯 興旺

配寇氏子一興旺

景成 運會 口口

配李氏子一運會

運會 配李氏子一口口

連春 景春 常寬

配何氏傅氏子四長景春次景

景春 配賈氏子一常寬女二

山二景陽四景武

連恆

配郭氏傅氏子四長景文次景耀三景林四景秀

景山

配高氏子三長常慶次常桂三常福

景陽

配劉氏女一

景武

子一栢順

景文

配任氏

景耀

配白氏子二長小占次小秃女一

常慶

常桂

常福

栢順

小占

小秃

九十

《富察氏谱书》内容简介

《富察氏谱书》现收藏于辽宁省辽阳市、丹东市富氏族人家中。

谱书首修情况不详，光绪三十四年（1908），第十四世富肖荣从复州镶白旗衙门所存档册抄录，1946年续修成册，1947年重抄。

富察氏，冠汉字「富」「付」字为姓，镶白旗陈满洲人。谱书记载，「粤我富察氏本系地名，因以为姓。户族甚繁，散居各处。历代以来，原随官姓，是富贵之富字」，「富」姓由此而来。富察氏祖居长白山，始祖檀都携子孙「随王崛起从征」，至六世窝尔达任御林军副都统，家声显赫。康熙二十六年（1687）由京都拨至盛京复州镶白旗驻防。自此户大支多，子孙繁衍，「孝弟忠信，守分安常，蔓延数百余家」。

谱书保存完好，无破残，毛笔书写，字迹较为清晰，稿本。

主要内容有富察氏谱书《略识祀文录》、《祖宗板贴黄满彩格式》、《祭祀仪注序》、《七月小祭祀即磕饽饽头仪注》、《十月大祭祀用猪仪注》、《晚祭背灯用猪仪注》、《第二日祭天用猪仪注》、《第三日祭星用猪仪注》、《祭祀仪注摘要解释》、《兹详供祖宗之根原》、谱书原《序》、《陈述姓氏原因》、范字、附启更正名义通告、《陈述支派拨往原因》、创修谱书人附于谱、附言、富察氏谱世系、附录富察氏人丁任职官者名单。

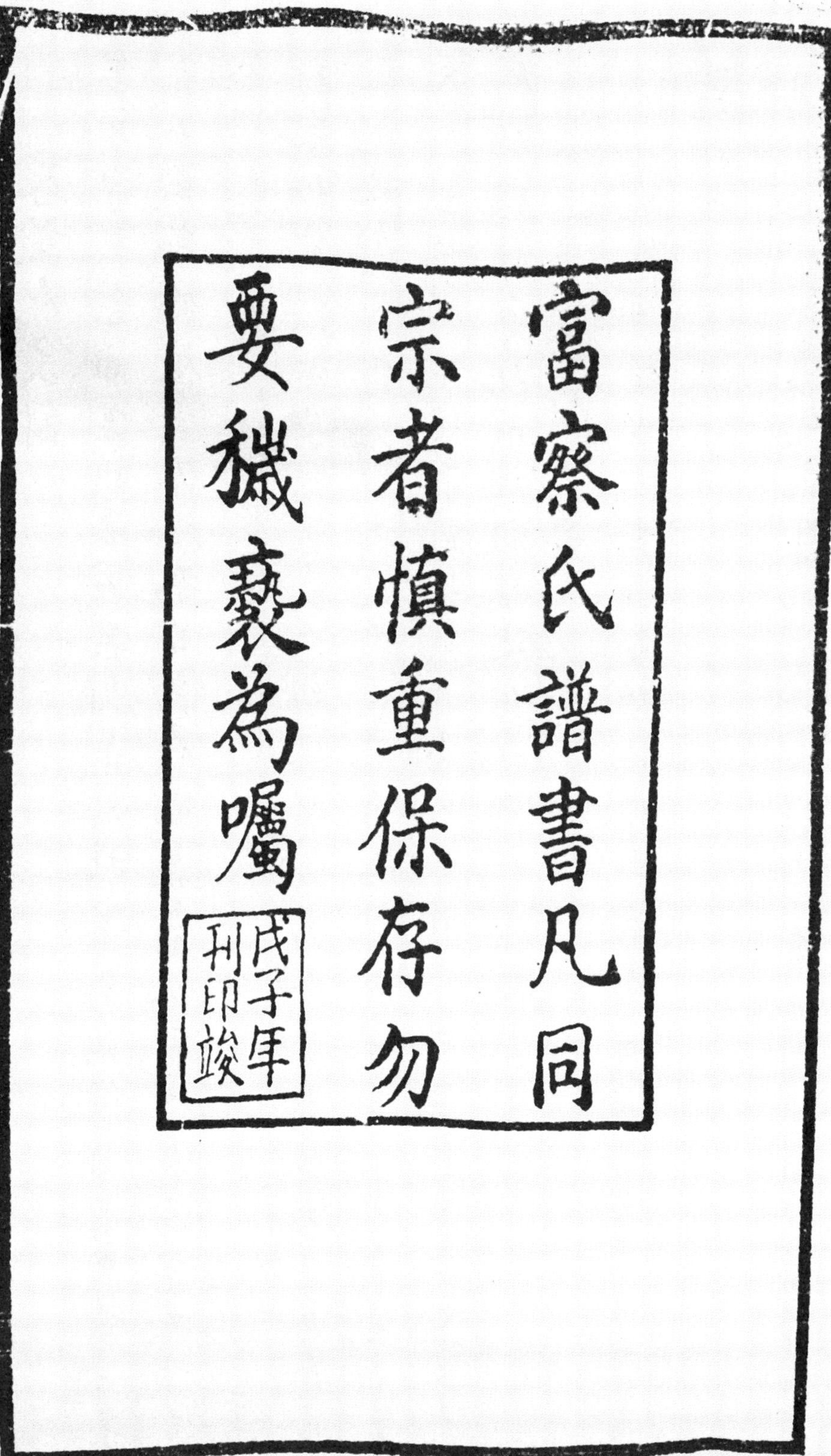
富察氏譜書凡同
宗者慎重保存勿
要穢褻為囑
戊子年
刊印竣

墓識祀文錄

某省某縣某市某鎮某區某街某村我富察氏後裔第幾世孫某

某名茲為修祖供俸擇祭日良辰（或春露秋霜）以表不忘之誠是

以叩懇

祖宗位前默佑子孫昌盛老幼康泰讀去人家牲畜祖上以聯悅

追遠之念俾得先祖之庇蔭後昆者若能孝弟忠信及賴先祖在

天之靈德沛下逮乎為子孫者不可一日忘之其然其不然乎理

應春祀秋嘗以酬報祖德之浩恩為祝為頌謹疏

尚饗（若臨用時有未盡適宜隨便修正或另編輯特此）

某某年某月某日 具

墓識祀文錄 首篇

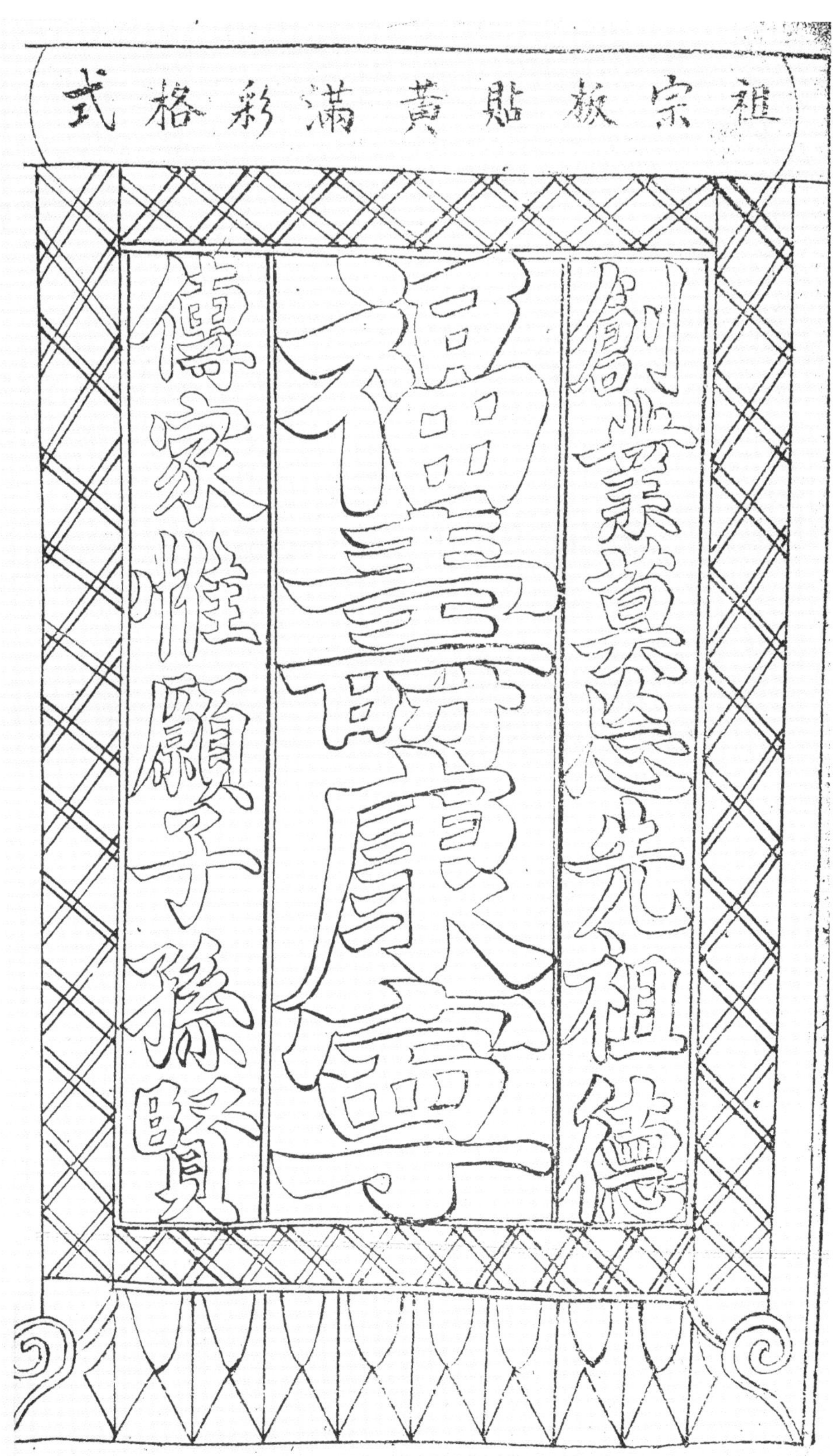
祖宗板貼黄滿彩格式
創業莫忘先祖德
福壽康寧
傳家惟願子孫賢

祭祀儀註序

夫祭者，記也。所記先人之遺事。祀者，思也。克思祖宗之餘恩。故水源木本，以比追遠之孝；春露秋霜，足感祭祀之誠。然古人以禮義分尊卑，今人雖不能遵古之行，而亦不可失其真礼。其然，其不然乎？而我富察氏，歷代以來，族大支繁，散居各處，子孫蕃衍，倘對祭禮不徹底者，非但惹人譏笑，尤恐我族子孫相繼，更感茫然矣。予甚憂之，是以將祭祀儀註，附於譜書，永誌不忘云爾。

七月小祭祀即磕餑餑頭儀註

秋七月秘時，擇一祭祀之日，先二日坑秘子二斗，碾元米一斗，用淨坑桌一張，擺列於西坑祖宗板下，如無西坑，高桌亦可。先供元米一斗，未時淘米，先取米一碗，煑梅釀酒一小罇，再令家婦請祖板上南香碟一個，拈香三叩首，然後煑小豆半升，貯盆列於西桌上、申時壓元米面、摘新蘇子葉二仟個、明日黎明即起、家婦淨面洗手、先將元米面炒好、於上屋南坑做餑餑、小豆餡盛於內、蘇子葉包於外、上鍋烝熟時、先請香碟換灰、拈達子香、再將餑餑供獻八碟、每碟九個、頭碟供祖板上、此七碟供桌上、先斟酒六盅供上、後獻餑餑、拈香叩頭七個、將桌上餑餑撤去、另換熱的、再叩頭一個、主祭人取桌上南二盅酒、擎至屋門口、拋酒二盅、陪祭人擔酒碗、再續酒二盅、主祭人再拋酒二盅、左手向門西拋、右手向門東拋、即將酒碗酒盅放置桌上、再將酒各盅斟滿、叩首三個、畢、先撤祖板上餑餑碟、後撤桌上餑餑碟、遂將香碟依次序請於祖板上、再將幔子捲起、桌子立起、此是早祭之礼已畢、致於晚祭餑餑照舊做妥、烝熟上供時、先請香碟於桌上、拈香獻餑餑七碟、再供上酒六盅、叩首三個、餑餑撤去、先將香碟請祖板上、再將幔子捲起、

仍貯於匣內、安放於祖板上、此是即磕餑餑頭晚祭之禮已畢、

十月大祭祀用豬儀註

冬、十月擇一祭祀之日、做蘇子研餑餑、如牛舌樣式、祭礼與七月小祭祀之礼相同、外留元米一碗、一備煑飯用、黎明即起、家中老幼俱淨面洗手、着一人先於西坑簷邊跪左腿沾淨水、拄青蘇左手繩三条、以備綁豬使用、先將饅子放下、香碟請於祭桌上、斟酒四盅、再用淨水煑元米飯四碟、即拿祭豬、令一人牽繩先行、二人提豬耳、二人扯後腿、直入上屋祖宗下、頭向西、腿向南、四蹄全綁、咀却不綁、再拈香用淨水三盅、灌耳領聲畢、叩首三個、後乃宰豬、用滾水塗澇之時、先將小蹄角全行取下、置放飯碟內、再割八件、前左蹄割下、合於豬咀內、蹄角向北、煑八分熟、速盛上供、供献時、各割一小片、切成細絲、盛於碗內、計三碗、用熱湯沖好、取新筷子

三雙、插在碗內、供獻桌上、然後將八件、擺如臥猪式樣、水油蒙於猪頭上、血腸掛於猪口內、猪頭左腮、插木把尖刀子一把、刀印向前、淨手拈香、叩首三個、行礼已畢、將水油留於桌上、南飯碟內、再放一空盆、割件子放方盤內、每件割一小塊肉、然後撤去下鍋、另煑熟了、即喫時至午刻、遂將猪骨之肉、全行刮淨、放於方盤內、再於祭桌上、請南香碟一個、淨手拈香、着一童子、叩首一個、將水油與骨飯等、一并送於大門以南百步外空淨處、再叩首一個、香碟請回送於祖板上、幔子捲起、祭桌立起、此是午祭之礼已畢、

晚祭背燈用猪儀註

晚點燈時候、先以淨水煑元米飯四碟、供於祭桌上、幔子放下、香碟請下、將酒斟上四盅、拿祭猪於祖下、頭向西綁起、仍不綁咀、拈香叩首三個、即宰猪用滚水塗潘時、將小蹄角全行取下、置於飯

碟內、再割八件、前左蹄割下、含於豬口內、蹄角向北、煑熟供献時先將酒換上、再擺八件如卧豬式、血腸掛於豬嘴內、水油蒙於豬頭上、左腮插木把尖刀一把、刀卯向前、淨手拈香、大衆叩首三個、即用綿被蒙窓闔門、主祭人自己叩首一個、將燈吹滅、再叩首三個、將豬嘴拔一拔、尖刀拿下、又叩首三個、而後明燈落被、同衆人叩首三個、行禮已畢、水油留於桌上、割件子放盤上、撤下即喫、再將豬之全骨刮盡、一并放於方盤內、請祭桌上南香碟一個、淨手拈香、着童子一人、叩首一個、將水油與骨飯等、一并送於大門以南、百步外空淨處、再叩首一個、香碟請回、送於祖板上、幔子捲起、仍貼於匣內、安放於祖板上、祭桌撤去、此是晚祭之禮已畢、

第二日祭天用豬儀註

黎明齊起、先於上屋西坑檐邊、沿淨水拌青蔴左手繩、一托長三

条一条長於一条，挂妥放祭桌上，用磁碟四個，元米二碟，淨水二碟，用谷草一把，截八寸長，將三条青蘇縄，用豬蹄扣繫妥，放置梭龍杆上，用秫稭三科，使青蘇皮綁七道，上削一尖，再設一長方盤，先一日將鹽末、酸菜末、芥菜末，各備一大碗，再將瓢盆、碗筷、刀勺、刷帚、與大鍋盖口、鍋艘俱備妥，即拿祭豬於院內二門東頭向南，將豬綁妥，拿豬時用火把自上屋先出，遂後鍋亦抬出，置於院內竈南面，先一日立大石頭三塊，以備支鍋用，後著二人抬祭桌於屋門口，着童子叩首一個，遂將桌子置於二門東，將秫稭把即當臨時梭龍杆立於二門東，用長方盤一個，亦拿出屋門西，先設秫稭兩捆，二人櫈一条，紅毡一床，搭於櫈上，等等皆安置妥時，闔家向南叩首三個，宰豬後將豬皮各處割一小片，放於祭桌元米碟內，剥豬皮時，先割豬尾，放於祭桌上，豬皮剥妥，再將豬肉各割一長条脖圈肉與梭子骨、全行下鍋、開豬堂時、先割腦子一件、腦祭二件、左二右三再割八件、將豬豬把尖占膛血三占、還立舊處、將豬之下水各割一塊下鍋、膀胱置於祭桌上、將八件亦擺如卧豬式、頭向南豬皮盖上、俟梭子骨肉熟時、搯放豬豬把尖上、再將碟肉元米及代毛豬皮、庀與元米、俱包於谷草把內、再將膀胱與豬尾綁於草把外、諸般綁妥、一并再綁於豬豬上、梭子骨下綁妥時、還立舊處、將鍋內腸条肉煑熟、置屋門西蒸板上、跪切肉絲、切畢下鍋、再盛肉絲兩大碗、頭碗東、次碗西、盛飯兩大碗、亦頭碗東、次碗西、筷子四雙、皆供於祭桌上、腦子腸条盛肉絲碗內、兩碗均盛、淨手拈香、跪念祭歌、撒放元米水、念歌已畢、同叩首三個、將祭桌抬至上屋門口、着一人向桌上調匀肉絲飯、家留二碗、外留二碗、祭桌置於門西、空碟扣桌上、外留肉絲飯、對於鍋湯肉、菜末亦置於湯內、外面留一少半，家中盛一多半，內外不准混哭，哭飯已畢，將豬皮及頭蹄置火內烘燒，割方塊下水內刮淨，將八件割盤子件子撤屋內，同下鍋煑煑熟，哭完，遂將骨頭刮淨，午刻送於後龍杆下，行禮三叩首已畢，內外所使用傢器及桌凳等全撤去，將[illegible][illegible]把，三日後送至淨處，此是祭天之禮已畢。

第三日祭星用豬儀註

日落後，俟星辰出時，將祭豬置於上屋外西窗下，頭向北，家族人叩首三個，宰豬後，撤於廚屋，割下八件煑熟，將用一槽盆[illegible][illegible]擺，如卧豬式置於上屋正堂地桌上，請一香碟，拈香放於盤上，點燈，請於院內原祭之所，頭向北置桌上，供獻，合衆人叩首三個，行禮已畢，將豬撤於正堂地桌上，香碟請回祖板上，將豬肉割成件子，其餘皆哭，骨頭刮淨，亦送前祭所之處，此是祭星之禮已畢。

祭祀儀註擇要解釋

祭祀日（闔族人等一概不准帶帽子、綁豬用繩三条、用左手控之、跪左腿、搭淨水、控左繩三条、綁豬用抓、豬時不許綁咀、取其声祖來享也、再以膝按豬、忌用腳踏、致敬祭也、切忌遮口、使嘴滿等語、以懈祖怪也、況忌）灌耳領聲（用淨水三盅、向耳內灌之、使豬搖頭、請祖享也、叩首三個、即宰豬合宰豬人、跪左腿、用右手持刀宰之、再用滾水退時、將毛完全摘淨、供獻致敬誠）

祭祀日喫飯時用物（闔族人等均愚、不准用桌子筷子、用蘆葦為快子、以表先祖出征苦山野墩、不要是以後代所祭之誠、以及吃豬肉時、不准用蒜醬醋等物、蓋昔製先祖不用、後代不敢用、亦表祭祀之誠也）晚祭背燈時（用綿被遮蔽門戶、不准說話咳嗽、一炷香時方開、啟戶点燈、蓋祖來享也、以表致祭之誠、後見記之）

二日祭天用梭龍杆子（向杆子祭拜說明、將骨飯等物放於杆下、以備烏食、此意為精始祖被難、特有烏鵲救駕、亦天使也、故祭之追遠不忘、後見註意焉）

三日祭星儀註（此係完全天祭祀之儀說明、先一日祭祖、第二日祭天、第三日祭星、此全祭之禮、總得家道殷實財產充足者能作到、致於中等家、僅能祭祖而已）

茲詳供祖宗之根原

茲普遍請祖宗架一個、供香碟三個、是供的三仙女、名諱恩固倫、正固倫、佛庫倫是也、再詳本身先祖、有隨王崛起從征者、特別請祖宗架兩個、每祖宗架、供四個香碟、共計八個香碟、是供全的、以表歐國祖之浩恩、詳列下八位國祖名諱、前三位、即恩固倫、正固倫、佛庫倫、苑察、計四位、次架四位祖名諱、肇祖、興祖、景祖、顯祖、是也、再詳富察氏本係地名、因以為姓、原始祖根基地、嘉理庫城、富察地方、因以為富察氏、戶族甚繁、散居九處、原序註明、不要重複、一目瞭然、希冀後昆、追遠莫忘、云爾、

係六世大祖七世世二祖第十四世孫富肖榮謹撰

譜書原序

竊思我富察氏、系出長白山、爲滿洲族、自　原始祖、二世祖、三世祖公等、隨　王崛起、從征有清、肇基王迹、佐命龍興、爵公侯、位將相者、代有其人、載在國史、著之家乘、世人猶能道其詳焉。厥後撒聊繁衍、派別支分、武烈文謨、或處失墜、國光初葉、我富察氏、遷各處、撥徙於沙濟及葉赫、額宜湖、扎庫塔、蜚悠城、訥殷、額庫倫、吉林烏啦、長白山、散居九處、我富察氏、族大支繁、門戶林立、迄今三百餘年、予處誠創修族譜、宗功祖德、賴以昭垂、特其間、旁支撥與譜裔分歧、記載猶疎、鉤稽多缺、溢足憾也。原夫我遠祖所自、相同屬一源、會遭家難、遷移各處、或有從征關內、或有居守遼中、洎服從王家、爲八旗世僕、而又散居各行省、駐防係旗籍者、尤不勝僕指計、不有譜牒、奚析源流、數典忘祖、甚爲病也。予竭力盡誠、爰撰輯各支各派，北徼吉江，南踰滂碣，周諮博訪，遺者補之，疑者缺之，雖不敢謂，秩然燦然，臻至美備，庶幾遠宗近胄，粗識淵源，後之讀是譜者，咸思一本同根之誼，而葛藟猶知託庇，萁豆不致相煎，以是為各族一家之先河焉，蔑不可也，斯則予兢兢修譜之誠，並裕後昆，責所厚望焉。

中華民國三十五年五月端陽日於靜室內富肖榮謹序

附述姓名原因

粤我富察氏本係地名，因以為姓。户族甚繁，散居各處，歷代以來，原隨富姓，是富貴之富字。由中華民國成立，八旗去消，我富察氏是以改寫寶姓，即寫師傅之傅字。及子孫命名多有重複，并錯乱輩行，殊非敬慎宗支之道。於是仿 先賢家法，閤族週知，參考照修族譜，貫行以篤親誼，而正名號。擬定二十個字，讀曰：天貴萬文魁明經佐家長德隆恩兆廣君治顯鴻昌。由十一世起天字為首，至三十世昌字止。將此二十個字一貫到底，用罄毫無紊乱，輩行亦易分清。各處同宗者家喻户曉，由近而及遠，雖無先前裕後之功，亦免輩行顛倒之乱。予愧鹿鹿庸才，鄙陋寡聞，不能舞筆弄文，但直述其事而已。凡我同宗者，其遵守之。倘後代有慎終追遠之志者，繼續修譜，歷百世而不能紊

矣、豈不更有所厚望焉、

附啟更正名義通告

詳啟者編字敘譜、支代易分、此古聖先賢命義之所在也、查我富察氏、自原始祖至十五世以上命名不一、紊乱乖戾、細考究祖、伯、姪、孫、等、均係同輩命名、非但年遠難辯、即目前相晤、若不盤問、亦難遽悉、似此名字紛歧、勢成漠不相關、然無確實規定、何禁日久歧異、予故以由十五世、照魁字實行、完全改正、至於長支年歲高者、名義業已通行、不能全改、即註正名下欄、作爲副名、以便識別輩次、俾免紊乱宗支、而整血統、且人之顯耀騰達、在乎祖德宗功本身學行而取、字無不與焉、務望我族、詳慎保持、勿自再紊矣、是編譜者馨香所盼禱也、特此存誌、

附述支派撥徙原因

予所查統系支派原因列下、（說明）惟所創修族譜支派、係陳滿洲族、原籍遼中長白山人氏、兹始祖二世祖三世祖公等、隨王崛起從征至六世祖諱騸爾達公之夫人李太君、因夫主任充御林軍副統領作故、李太君負夫主骨骸、携子三、長孫扎色、次二麻色、季三格、於康熙二十六年、由京都撥至復州鑲白旗駐防、奉旨分支佔領、復州南前二十里堡、楊家屯、小富家屯、趙家屯、大富家屯、東南口子廟等處、至十一世十二世等、另有謀他處、遷居北行省等處、予查我富察氏、戶大支多、子孫繁衍、孝弟忠信、守分安常、蔓延數百餘家、可想我富察氏、世代宗支、一脉相傳、豈非先祖在天之靈德沛下逮乎、為子孫者、不可一日忘之、予非敢估譽、不過竭誠報本、以誌不忘云爾、

創修人富肖榮　住復州城南大富家屯

輔佐人富雲川　住雙城縣東北隅

富魁林　住雙城堡鑲白旗頭屯

富振東　住海倫縣乾九井

校閱人富煥章　住復州城南趙家屯

富文章　住復州城南趙家屯

富文池　住復州城南小富家屯

富魁民　住復州城南口子廟屯

富魁宣　住復州城南口子廟屯

富魁武　住復州城南大富家屯

富明義　住復州城南大富家屯

富明堂　住復州城南大富家屯

創修譜書人附於譜

余富肖榮字海亭，於光緒十六年庚寅二月初九日寅時生，係六世大祖七世二祖第十四世孫，幼懷遠遂之志，自敘創修譜書始末原因。於光緒三十四年間，於復州城鑲白旗閱視檔冊，抄錄先祖名諱，以及存殁者屬查清。余實因惦甚及家務累身，亦便各處聞訪諸博識，延擱迄今。回思前功作棄，誠爲可惜，是以性命關連，前存抄錄譜底，馳驅同宗，遂處查詢明確，乃支乃派，編纂成譜，墊資刷印二百册，亦恐不足分佈，所闕款項，擔負心欲力微，無奈僅收書資。其外毫無他費，倘有無恥之輩，假冒借端攜此譜書者，至各處宗族等借取欺騙情弊，余概不負責，故以聲明，希其閤族鄉曉，俾免異情，特此存誌。

逕啟者茲詳譜書印刷完竣請各處同宗者知悉余倘有想不到

族等未得領此族譜機會仰乞

闔族等互相聲明何有熱心代領者均應互相墊資代領分佈萬

不可袖手旁觀以誤同宗失追遠先祖之根源切盼切盼特此

謹請

闔族鈞鑒

十四世富田肖榮 次章 海亭 謹啟

中華民國三十七年即戊子五月端陽日承印刷譜書竣成日啟

原始祖二世祖三世祖公等初居嘉理庫城富察地方因以為氏

户族甚繁散居九處實難週知是以聲明

原始祖父櫓都

二世祖父哈理

三世祖父萘泰

四世祖父魁察 母順氏 係巴圖魯糾糾武夫能征慣战知勇過人

四世祖父興 母順氏 由長白山隨王到京漢馬功勲世受皇恩

五世祖父德昌佐 母保氏 係世襲雲騎尉熱河差職病故

五世祖父隨 母哈氏 係世襲雲騎尉

六世祖父騧爾達 母李太君 御林軍副統領

六世祖父噶爾達 母氏

六世祖父騧爾 母洪氏

子三人長孫扎色次三麻色季三格

六世祖父白帝 母氏 子一人長黃海

六世祖父札爾度 母氏 子一人 扎蘭芬

六世大祖有子三人撥至復州佐領地址列下註明

七世大祖孫札色佐領復州城東南口子廟富家屯根基地

七世二祖二麻色佐領復州城南楊屯大小富家屯根基地

七世三祖三格佐領復州城南前二十里堡趙家屯根基地

六世大祖墳墓地址列下載明

復州城南楊家屯大神廟前南山嶺老塋壹處坐落四至 東界石 南劉姓塋 西至吳姓塋 北至界石

八世祖父公諱富海 母富门劉太君 行三之墓誌

七世二祖父公諱二麻色 母富门趙太君 行二之墓誌

六世大祖父公諱騙爾達 母富门李太君 行一之墓誌

復州城東南口子廟富家屯長支 （分支列下）

御林軍副統領 六世大祖 鵰爾達 李太君 子三人 長孫札色 次二麻色 季三格 住口子廟

護軍尉 七世大祖 孫札色 即遣起那 関韓氏 子四人 長富泰 次明仲 三八格 四湯五郎 全

八世祖 富泰 趙氏 子一人 長七十三 全

八世祖 明仲 韓氏 缺嗣 全

八世祖 八格 韓氏 子四人 長申札起 次色勒 三韓保 四富三 全

八世祖 湯五郎 氏 缺嗣 全

九世祖 七十三 趙氏 子一人 長富喜 全

九世祖 申札起 刘氏 子四人 長六十二 次同喜 三三麻子 四四子 全

原兵 九世祖 色勒 唐氏 子六人 長五十三 次小喜 全

九世祖 韓保 范氏 子一人 長五十五 全

九世祖 富三 南氏 子三人 長五十六 次拉色 季老格 全

十世祖 富喜 伊氏 子二人 長 天和 次 天平

十世祖 六十二 金氏 子一人 長 天配

十世祖 同喜 傅氏 子一人 長 德增

十世祖 三腐子 白氏 子一人

十世祖 四子 刘氏 子一人

十世祖 五十三 佟氏 此支赴北城富清山後裔失踪

十世祖 小喜 宋氏 子一人

十世祖 五十五 刘闌氏 子一人

十世祖 五十六 周氏 子一人 長 阿布

十世祖 拉色 馬関氏 子二人 長 天明 次 天月

原兵 十世祖 老格 郭徐氏 子一人 長 天珍

十一世 天和 羅氏 子二人 長 殿清 次 殿陞

十一世 天平 氏 缺嗣 仝

原兵 十一世 天配 郭氏 官名木克敦布 子三人 長 殿揚 次 殿甲 季 殿榮 仝

十一世 德增 氏 子一人 長 保慶 仝

十一世 阿布 苗氏 子一人 長 巴尔虎 仝

十一世 天明 羅氏 官名衣力布 子三人 長 殿起 次 殿陞 季 殿元 仝

十一世 天月 徐氏 官名亿力布 子三人 長 五子 次 富元 季 常子 住海倫縣

十一世 天珍 畢氏 官名巴言布 子一人 長 殿邦 口子甸屯

十二世 殿清 吳趙氏 子一人 長 振昌 仝

十二世 殿陞 氏 缺嗣 仝

原兵從九品 十二世 殿揚 唐氏 官名福安 子二人 長 振國 次 振業 仝

十二世 殿甲 吳氏 官名哈隆阿 子一人 長 振有 仝

十二世 殿榮 佟氏 官名卡隆阿 子四人 長 振海 次 振清 三 振英 四 振東 仝

十二世 保慶 張氏 子一人 仝

十二世 巴尔虎 徐氏 子二人 長常太 次常平 仝

十二世 殿起 吳氏 官名七十二 子一人 長振玉 仝

十二世 殿陞 趙氏 官名七十九 即行一 子二人 長振祥 次振禮 仝

十二世 殿元 羅氏 官名七十三 即行三 子一人 長振和 仝

十二世 五子 佟氏 官名朱力虎 即行 子一人 長萬昌 住海倫縣

十二世 富元 李氏 子一人 長萬財 仝

十二世 常子 氏 少亡 仝

十二世 殿邦 官名常山 子二人 長振鐸 次振綱 四子廟屯

十三世 振昌 趙氏 子四人 長雲鴻 次雲鵠 三雲鴡 四雲鵬 仝

原領催 十三世 振國 官名德祥 叢氏 子三人 長雲陞 次雲恒 三雲瑞 仝

原兵 十三世 振業 官名德明 南氏 子一人 長雲祥 仝

原兵 十三世 振有 官名德雲 趙氏 子四人 長雲龍 次雲鳳 三雲福 四雲長 仝

原兵 十三世 振海 官名德貴 于氏 子一人 長雲峯 仝

十三世 振清 官名德祿 関氏 子一人 長雲治 仝

十三世 振英 官名德英 関氏 子二人 長雲和 次雲江 仝

十三世 振東 官名德生 王氏 子三人 長雲路 次雲程 季雲功 仝

十三世 常太 郭氏 子一人 長雲盛 仝

十三世 常平 氏 子人 仝

十三世 振玉 官名盛德 吳氏 子二人 長雲海 次雲山 仝

十三世 振祥 官名盛泰 馬氏 子二人 長雲高 次雲龍 仝

十三世 振禮 官名盛復 郭氏 子五人 長雲青 次雲蘭 三雲步 四雲珍 五雲泰 仝

十三世 振和 官名盛春 吳氏 子二人 長保太 次保奎 仝

十三世 萬昌 佟氏 子一人 長文彩 侄海倫縣

十三世 萬財 趙氏 子三人 長文成 次文德 季文明 全

十三世 振鐸 趙氏 官名連德 子七人 長雲秀 次雲俊 三雲霖 四雲日 五雲漢 六雲步 七雲閣 佳口子庙屯 全

十三世 振綱 佟氏 官名來復 子二人 長雲膽 次雲昌 全

十四世 雲鴻 趙氏 子三人 長文江 次文海 季文波 全

十四世 雲鶴 閻氏 子一人 長文紳 全

十四世 雲鶚 吳氏 子一人 長文福 全

十四世 雲鵬 吳氏 子一人 長文祿 全

原領催五品頂戴候補驍騎校

十四世 雲陞 范氏 官名慶善 字連一 子五人 長爕全 二貴全 三福全 四庚全 五魁全 全

十四世 雲恒 王氏 官名增善 子四人 長文秀 二文山 三文英 四文閣 全

頂

十四世 雲瑞 傅氏 官名恩善 子三人 長文全 二文芳 三文元 全

頂

十四世 雲樸 扈氏 官名照善 子四人 長文煥 二文義 三文超 四文達 全

原兵六品頂戴

十四世 雲龍 石氏 官名積善 子一人 長洪全 佳望臺縣

歷兵六品頂戴 十四世 雲峰 官名誠善 刘氏 字子明 子二人 長文章 次文和 住[illegible]子南屯

十四世 雲鳳 官名鳳善 趙氏 子一人 長寶全 全

十四世 雲福 官名盛善 趙氏 子二人 長魁嵩 次魁嶽 全

十四世 雲長 官名昌善 陳氏 少亡 全

十四世 雲溶 官名寬善 臧官氏 子一人 長文成 全

十四世 雲和 官名志善 吳氏 子三人 長文林 二文長 三文周 全

十四世 雲江 官名玉善 吳氏 子一人 長文宣 全

十四世 雲路 官名忠善 閆氏 子三人 長文寶 次文珍 三文全 全

十四世 雲程 官名榮善 吳氏 子三人 長文昌 次文瑞 三文祥 全

歷 兵 十四世 雲功 官名慶善 高氏 子一人 長文瀾 全

十四世 雲盛 官名玉善 高氏 子一人 長文海 全

十四世 雲海 官名聖德 高氏 嗣子 長文陞 全

十四世 雲山 吳氏 官名雲貴 子二人 長文陞 次文斗 全

十四世 雲高 唐氏 子三人 長魁將 二魁帥 三魁印 全

十四世 雲龍 畢氏 子人 全

十四世 雲青 氏 子人 全

十四世 雲蘭 氏 子人 全

十四世 雲步 氏 子人 全

十四世 雲珍 氏 子人 全

十四世 雲泰 氏 子人 全

十四世 雲彩 氏 即文彩 子人 住廣儉縣

十四世 文成 張氏 子一人 長魁陞 全

十四世 文德 王氏 子一人 長魁一 全

十四世 文明 溫氏 子一人 長魁武 全

十四世 雲秀 官名寶山 閻氏 嗣子 長文貴 口子廟屯

十四世 雲俊 官名寶玉 羅氏 嗣子 長文超 仝

十四世 雲霖 官名寶復 高氏 子一人 長文明 仝

十四世 雲日 官名寶林 閻氏 子一人 長文清 仝

十四世 雲漢 官名寶長 趙氏 吳氏 子三人 長文貴 次文祥 季文璽 仝

十四世 雲步 官名寶全 吳氏 子一人 長文謙 仝

十四世 雲閣 官名寶鎮 于氏 子三人 長文超 次文義 叄文礼 仝

十四世 雲瞻 官名寶福 閻氏 子一人 長文信 仝

十四世 雲暠 官名寶琳 佟氏 子一人 長文忠 仝

十五世 魁江 即文江 氏 子一人 仝

十五世 魁海 即文海 氏 子一人 仝

十五世 魁波 即文波 氏 子一人 仝

十五世魁紳 氏 即文紳 子一人

十五世魁福 氏 即文福 子一人

十五世魁祿 氏 即文祿 子一人

十五世魁雙 閻氏 即双全 子三人 長海榮 次春榮 季耀榮

十五世魁貴 趙氏 即貴全 子二人 長長榮 次禎榮

十五世魁福 袁氏 即福全 子一人 長金榮

十五世魁庚 石氏 即庚全 子二人 長德榮 次恩榮

十五世魁全 吳氏 即文全 子一人 長連榮

十五世魁秀 邢氏 即文秀 子四人 長國榮 次景榮 三羣榮 四成榮

十五世魁山 郭氏 即文山 子一人 長本榮

十五世魁英 范氏 即文英 子三人 長喜榮 次寶榮 季鑽榮

十五世魁閣 胡氏 即文閣 子三人 長慶榮 次芳榮 季青榮

仝 仝 仝 仝 仝 仝 仝 仝 仝 仝 仝 仝

十五世 魁元 齐氏 即文元（係在三行抄丢的） 子一人 仝
十五世 魁純 洪氏 即純全 子二人 長 緒荣 次 顯荣 仝
十五世 魁芳 趙氏 即文芳 子一人 長 錦荣 仝
十五世 魁煥 李氏 即文煥 子二人 長 品荣 次 陞荣 仝
十五世 魁義 蒼氏 即文義 子一人 長 双荣 仝
十五世 魁超 周氏 即文超 子一人 長 長荣 仝
十五世 魁達 赫氏 即文達 子一人 仝
十五世 魁洪 氏 即洪全 子一人 住均王臺縣
十五世 魁宝 吴氏 即宝全 子一人 仝
十五世 魁嵩 氏 子一人 長 仝
十五世 魁嶽 氏 子一人 長 仝
十五世 魁章 閆氏 即文章 子二人 長 明吉 次 明祥 口子庙屯

十五世 魁和 氏 即文和 子 人 仝

十五世 魁成 吴氏 即文成 子 人 仝

十五世 魁林 趙氏 即文林 子 人 仝

十五世 魁長 石氏 即文長 子 人 仝

十五世 魁周 氏 即文周 子 人 仝

十五世 魁宝 吴氏 即文宝 子 人 仝

十五世 魁宣 范氏 即文宣 子一人 長明倫 仝

十五世 魁珍 李氏 即文珍 子 人 仝

十五世 魁全 氏 即文全 子 人 仝

十五世 魁昌 齊氏 即文昌 子 人 仝

十五世 魁瑞 氏 即文瑞 子 人 仝

十五世 魁祥 氏 即文祥 子 人 仝

十五世 魁禎 氏 即文禎 子一人 仝

十五世 魁海 趙氏 即文海 子二人 長明臣 次曙賓 仝

十五世 魁陞 高氏 即文陞 子一人 仝

十五世 魁斗 吳氏 即文斗 子一人 仝

十五世 魁發 氏 子一人 仝

十五世 魁帥 氏 子一人 仝

十五世 魁印 氏 子一人 仝

十五世 魁陞 氏 子一人 住海倫縣

十五世 魁一 氏 子一人 仝

十五世 魁武 氏 子一人 仝

十五世 魁民 吳氏 即文貴 字介民 子一人 長明舉 住口子庙

十五世 魁超 氏 即文超 子一人 仝

十五世 魁明 氏 即文明 子一人 仝

十五世 魁鄉 氏 即文鄉 子一人 仝

十五世 魁祥 氏 即文祥 子一人 仝

十五世 魁臣 氏 即文臣 子一人 仝

十五世 魁謙 氏 即文謙 子一人 仝

十五世 魁義 氏 即文義 子一人 仝

十五世 魁禮 氏 即文礼 子一人 仝

十五世 魁信 氏 即文信 子一人 仝

十五世 魁忠 氏 即文忠 子一人 仝

十六世 明海 錢氏 即海榮 子一人 仝

十六世 明春 趙氏 即春榮 子一人 仝

十六世 明耀 徐氏 即耀榮 子一人 仝

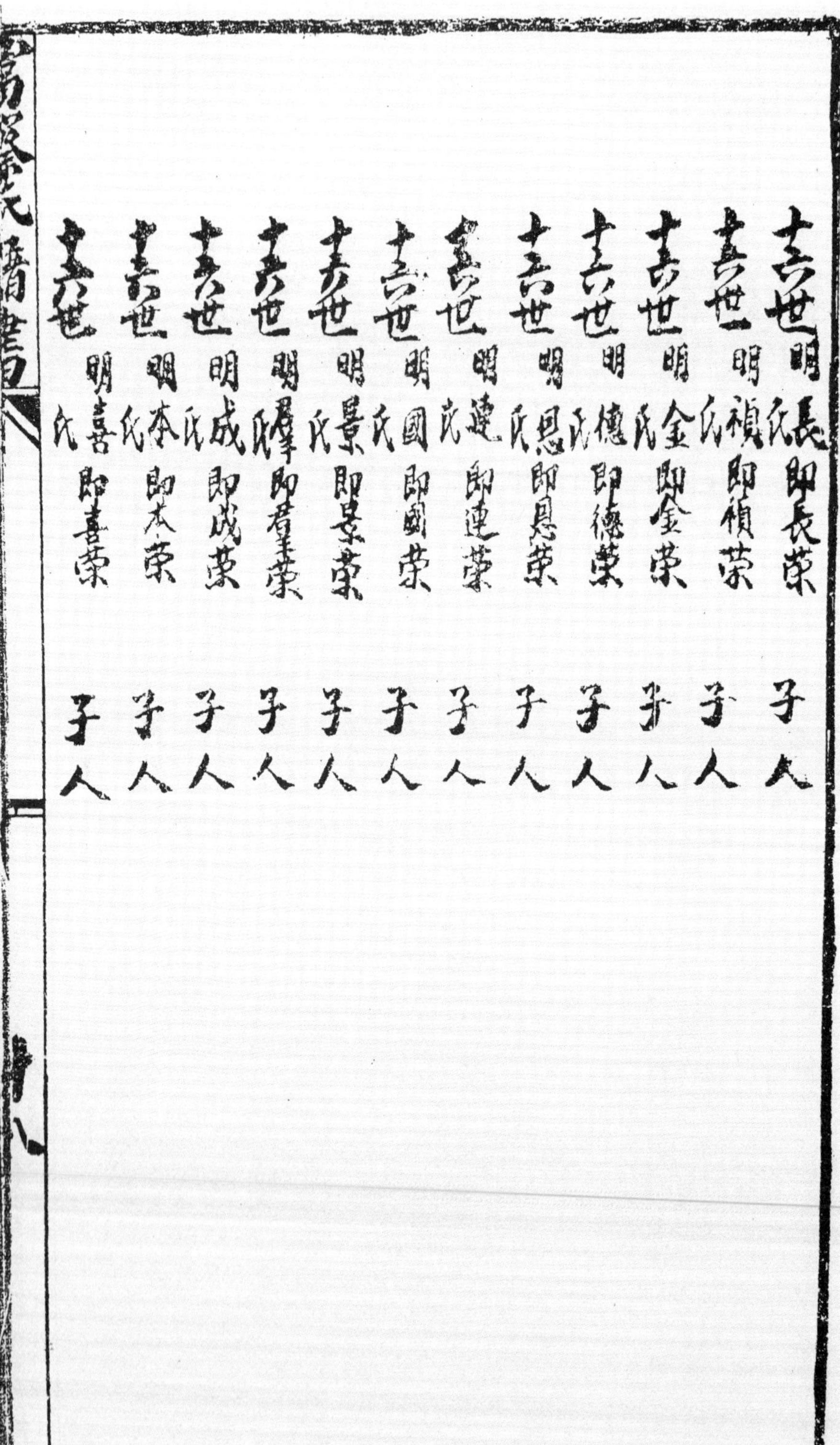

十六世 明長氏 即長榮 子一人 全

十六世 明禎氏 即禎榮 子一人 全

十六世 明金氏 即金榮 子一人 全

十六世 明德氏 即德榮 子一人 全

十六世 明恩氏 即恩榮 子一人 全

十六世 明連氏 即連榮 子一人 全

十六世 明國氏 即國榮 子一人 全

十六世 明景氏 即景榮 子一人 全

十六世 明擇氏 即擇榮 子一人 全

十六世 明成氏 即成榮 子一人 全

十六世 明本氏 即本榮 子一人 全

十六世 明喜氏 即喜榮 子一人 全

十六世 明寶 氏 即宝荣 子 人 全

十六世 明鑽 氏 即鑽荣 子 人 全

十六世 明慶 氏 即慶荣 子 人 全

十六世 明芳 氏 即芳荣 子 人 全

十六世 明青 氏 即青荣 子 人 全

十六世 明绪 氏 即緒荣 子 人 全

十六世 明顯 氏 即顯荣 子 人 全

十六世 明錦 氏 即錦荣 子 人 全

十六世 明品 氏 即品荣 子 人 全

十六世 明陞 氏 即陞荣 子 人 全

十六世 明雙 氏 即双荣 子 人 全

十六世 明常 氏 即常荣 子 人 全

十六世 明吉氏 子 人 仝

十六世 明祥氏 子 人 仝

十六世 明倫氏 子 人 仝

十六世 明臣氏 子 人 仝

十六世 明貴氏 子 人 仝

十六世 明舉氏 子 人 仝

十七世 經

十七世 經

十七世 經

十八世 錂

十八世 鋐

十八世 銼

原 兵 九世祖什格 刘氏 子二人 長倭合太 次林有太 仝

原 兵 九世祖青阿 馬氏 子一人 長拉金太 仝

原 兵 九世祖什五 恒氏 子一人 長合成太 仝

原 兵 九世祖什六 畢氏 子二人 長吉倫太 次扎坤太 仝

原 兵 九世祖崇危 包氏 子四人 長安心太 次三音太 三伐金太 四鐵什太 楊家屯 仝

原 兵 九世祖明危 張氏 子三人 長東合阿 次東方阿 季來成阿 仝

十世祖色力太 包氏 子一人 長金布 大富屯 仝

十世祖阿金太 郭關氏 子四人 長天巖 二佛刀布 三天爵 四天來 仝

十世祖倈太 趙氏 子三人 長天雲 次天平 季天墀 仝

十世祖西林太 吳唐氏 子無 仝

係原兵受欽賜五世同堂匾額 十世祖音太 字心齋 殷那氏 子三人 長天魁 次天元 季天星 仝

十世祖金太 吳唐氏 子三人 長天秩 次天序 季天牧 仝

十一世祖倭金太 唐氏 子四人 長 達哈布 次 花課布 季 巴哈布 四 錦布 山寶 全

十一世祖三太 王氏 子二人 長 得力布 次 多爾布 全

十一世祖扎倫太 羅氏 子一人 長 天有 全

十一世祖承安太 王氏 缺嗣 全

十一世祖常安太 氏 缺嗣 全

十一世祖烏林太 王伊氏 子三人 長 天崇 次 天明 季 天印 全

十一世祖倭合太 刘氏 子一人 長 倉仁布 全

十一世祖林有太 鄭氏 子一人 長 阿利得布 全

十一世祖福金太 閔氏 子一人 長 者仁布 全

十一世祖合成太 趙氏 子二人 長 青力布 次 青得布 全

十一世祖吉林太 即素倫太 包氏 子一人 長 吉布 全

十一世祖孔坤太 葛氏 子一人 長 金銀布 全

十世祖 安心太 氏　子一人 長 成喜　楊家屯

十世祖 三音太 氏　子一人 長 成祥　仝

十世祖 俄金太 氏　子一人 長 衣力布　仝

十世祖 俄什太 氏　子一人 長 衣林布　仝

十世祖 東合阿 氏　子一人 長 合芬布　仝

十世祖 東方阿 氏　子一人 長 合吉布　仝

十世祖 來成阿 氏　子一人 長 都林太　仝

十一世 金布 馬氏　子一人 長 扎力那　大富屯

十一世 天嚴 氏 官名阿撒布　子一人 長 殿全　仝

十一世 博力布 氏　子無　仝

十一世 天壽 馬氏　子一人 長 殿雲　仝

十一世 天來 陸氏 官名俄什布　子一人 長 殿令　仝

甲兵 十五世 天雲 吳氏 官名永德 子二人 長 殿忠 次 殿恒 全

十五世 天章 高氏 官名年德 子一人 長 殿財 全

會武郎 十五世 天擇 陳氏 官名景復 子四人 長 殿欽 二 殿喜 三 殿祥 四 殿卿 全

甲兵 十五世 天魁 關氏 官名景謀 子一人 長 殿邦 全

甲兵 十五世 天元 馬氏 官名德祥 子四人 長 定邦 二 振邦 三 安邦 四 維邦 全

甲員 十五世 天星 佟氏 官名喜伸 子二人 長 經邦 次 惠邦 全

十五世 天欽 封氏 官名喜德 子一人 長 殿齡 全

十五世 天序 ?氏 官名得武那 子二人 長 金玉 次 景玉 全

十五世 天敏 閆氏 官名天力那 子二人 長 殿玖 次 殿邦 全

十五世 達哈布 刘氏 子三人 長 盛復 次 貴俊 季 貴德 住城堡東南 廂白旗頭甲 全

甲兵 十五世 荒沙布 王氏 子一人 長 力那 全

十五世 色哈布 包氏 子二人 長 紫合 次 貴海 全

錦

十一世 馬氏

子一人 貴和

仝

十二世 得利布 趙氏

子二人 長 富景 次 富明

仝

十三世 魯彦布 韓氏

子一人 長 富祥

仝

十四世 天青 氏

子一 赴北城失踪

仝

十五世 天榮 官名依星布 吳氏

子二人 長 玉令 次 慶令

仝

十五世 天明 官名依青布 溫氏

子三人 長 貴邦 次 君邦 季 治邦

仝

十五世 天印 官名依克金布 伊氏

子二人 長 世邦 次 振邦

仝

十六世 僉仁布 氏

子一人 長 牙力布 即 牙力那

仝

十六世 隨利得布 王氏

子二人 長 貴有 次 貴餘

仝

十六世 眷仁布 氏

子一人 長 海玉那

仝

十六世 音力布 氏

子一人 長 瑞玉那

仝

十六世 音得布 即 夫氏 氏

子一人 長 該哈那

仝

十一世 言布 氏　子一人 長 佛力春　仝

十一世 金銀布 氏　子一人 長 慶云那　仝

十一世 成喜 氏　子二人 長 太平 次 太升　楊家屯　仝

十一世 成祥 氏　子三人 長 吉那 次 沙那 季 重云那　仝

十一世 衣林布 氏　子二人 長 得合那 次 特合那　仝

十一世 吴有布 氏　子三人 長 叅吉那 次 丢吉那 季 嘉任　仝

十一世 俞合布 氏　子二人 長 鶴禄　仝

十一世 合吉布 氏　子三人 長 魁慶 次 福順 季 福有　仝

十一世 都林布 氏　子一人 長 丁魁　仝

十二世 富全 趙氏 官名扎力那　子三人 長 慶峬 次 慶雲 季 慶升　大富屯　仝

十二世 殿金 氏 官名衣力那　缺嗣　仝

十二世 殿雲 氏　缺嗣　仝

十二世 殿令 吴氏 子一人 長 巒年

十二世 殿忠 王氏 行一 子無

十二世 殿財 郭氏 官名金令五 子二人 長 萬財 次 萬貴

十二世 殿恒 馬氏 官名法冲五 行二 子一人 長 春年 官名庆成

十二世 殿欽 張氏 官名各令五 子三人 長 德年 次 大年 季 有年

十二世 殿喜 趙氏 官名多金五 子三人 長 慶玉 次 慶敏 季 慶法

十二世 殿祥 那氏 官名復令五 子一人 長 慶生

十二世 殿卿 吴氏 官名生令五 子三人 長 生年 次 相年 季 清年

生員 十二世 殿邦 馬氏 官名金山 子三人 長 生麟 次 玉麟 季 貴麟

十二世 選報 劉氏 官名齊武春 子二人 長 萬年 次 新年

十二世 振邦 周曹氏 官名文山 子二人 長 大年 次 有年

十二世 發邦 閻氏 官名色勇春 子一人 長 丁年

全 全 全 全 全 全 全 全 全 全 全 全 全

貢生

十二世 張氏 那 官名殿新春 子三人 長 永年 次 盛年 三 有年

十二世 盤 那 官名恩慶 許氏 子二人 長 椿年

十二世 惠 那 官名蔭新春 南关氏 子一人 長 萬年

十二世 殿珍 官名 鳴 刘氏 子三人 長 豐年 次 喜年 三 廣年

十二世 合玉 趙氏 子一人 長 慶恒

十二世 [illegible] 子

十三世 殿玖 穆氏 官名衣力那 子二人 長 金年

十三世 殿 那氏 [illegible]

十三世 [illegible] 何氏 [illegible] 萬山

十三世 [illegible] 羅氏 [illegible] 壽

十三世 [illegible] 何氏 [illegible]

原兵

十三世 力 那 子一人 長 色力[illegible]

全 全 全 全 全 全 全 全 全 全 全 全

十二世 岳合 趙氏 官名復發 子二人 長 德祥

十二世 貴海 石氏 官名復旦 子一人 長 萬孝

十二世 貴和 李氏 子二人 長 萬春 次 萬發

十二世 富景 馬氏 行五 官名色力春 子二人 長 永慶 次 永平

十二世 富明 馬氏 行一 官名佛宗春 子二人 長 永泰 次 永成

十二世 富祥 郭氏 行三 官名復力春 子二人 長 永安 次 永盛

十二世 寶邦 徐氏 官名慶升 子二人 長 永仁 次 永信

十二世 嘉邦 唐王氏 官名慶復 嗣子 長 永智

十二世 滋邦 劉氏 官名慶禄 子三人 長 永義 次 永智 季 永禮

十二世 世邦 花氏 官名慶喜 子二人 長 永謙 次 永順

十二世 積序 何氏 官名慶合 子二人 長 永春 次 永清

十二世 烏力布 即布力那 氏 子一人 長 得喜

仝 仝 仝 永富 仝 仝 仝 仝 仝 仝 仝 仝

十二世　費春　趙氏　子一人　長萬聰　全

十二世　費餘　趙石氏　子一人　長萬明　全

十二世　海雲那　氏　子三人　長泰升　次太平　季太多　全

十二世　塔雲那　氏　子一人　全

十二世　該哈那即雅那　何氏　子一人　長得慶　全

十二世　佛力春　子一人　全

十二世　慶雲那　馬氏　子二人　長萬升　次萬年　全

十二世　太平即看齊　楊氏　子一人　楊家屯

十二世　太升即領子　氏　子一人　全

十二世　吉那　氏　子二人　長太玉　次成玉　全

十二世　沙那　高氏　子一人　長太復　全

十二世　雲那　李氏　子三人　長太祥　次太明　季太升　全

十二世 得合那氏 子一人 長 德九 仝

十二世 特合那 閔氏 子三人 長 得元 次 得潤 季 得法 仝

十二世 衣吉那氏 子一人 仝

十二世 五吉那氏 子一人 仝

十二世 石柱氏 子二人 長 景文 次 景順 仝

十二世 鶴祿 胡氏 即富堂 子二人 長 景隆 次 景昌 仝

十二世 金慶 佟氏 即富俊 子一人 長 德祥 仝

十二世 福有氏 子一人 仝

十二世 福順氏 子一人 仝

十三世 丁奎 刘氏 子二人 長 文蔚 次 文德 仝

十三世 慶峒 陸氏 即霖云峒 子一人 長 文憲 呼蘭縣 元宝崗

十三世 慶雲 畢氏 即峒雲 子三人 長 尚壤 次 文甫 季 文彬 仝

十三世 慶生 即峪林 馬氏 子三人 長 肯成 次 肯夏 季 肯育 大富屯

十三世 豐年 包氏 子六人 長 肯剛 次 通安 全

十三世 春年 官名庆成 包傳氏 子二人 長 肯禾 赴兆城

十三世 萬財 官名庆吉 氏 子一人 全

十三世 萬貴 官名庆貴 氏 子一人 全

十三世 德年 官名慶復 吳趙氏 嗣子 長 肯榮 大富家屯

十三世 大年 官名慶祿 馬氏 子三人 長 連吉 次 肯忠 季 肯榮 全

十三世 有年 官名慶壽 趙南氏 子二人 長 肯雲 全

十三世 年 官名慶玉 氏 子一人 赴兆城

十三世 年 官名慶斌 氏 子一人 全

十三世 年 官名慶法 氏 子一人 全

十三世 年 官名慶升 氏 子一人 全

十三世 生 年 官名廣令 氏 子 人 仝

十三世 楣 年 官名廣玉 氏 子 人 仝

十三世 靖 年 官名廣奎 陳氏 子 人 仝

十三世 生麟 趙氏 郭氏 子四人 長肖坤 二肖霖 三肖臣 四肖川 赴北域

監生 十三世 聖麟 即凌年 趙氏 趙氏 子四人 長肖岩 二肖孟 三肖鵬 四肖玉 仝

十三世 貴麟 吳氏 趙氏 子二人 長肖璧 次肖成 仝

十三世 大年 氏 嗣子 長文福 仝

十三世 有年 張氏 嗣子 七文海 仝

十三世 萬年 王氏 子二人 長文海 次文江 仝

十三世 新年 氏 缺嗣 仝

十三世 丁年 趙氏 子三人 長安達 次文福 季文祿 仝

生員 十三世 永年 字子齡 趙氏 子三人 長韻川 次雲川 季玉川 雙城東北隅 延壽縣五站

十三世 盛年 那氏 子二人 長 德川 次 義川 大富家屯

十三世 有年 王氏 子四人 長 百川 二 振川 三 萬川 四 前川 双城堡

十三世 棟年 祖郭氏 子四人 長 肖興 二 肖凱 三 肖恒 四 肖升 大富家屯

十三世 萬年 官名盛林 刘氏 子一人 長 肖筠 仝

原兵 十三世 豐年 官名慶成 吳那氏 子二人 長 長平 次 長慶 赴北城

十三世 寿年 官名慶隆 刘氏 子二人 長 肖英 次 肖賢 大富家屯

原兵 十三世 庚年 官名慶昌 趙氏 子一人 長 肖峯 仝

十三世 年 官名長恒 王氏 子一人 長 伏子 仝

十三世 金年 官名慶合 曹氏 子一人 長 肖相 仝

十三世 萬昌 官名慶廣 劉氏 子一人 長 文祥 双城堡東南廂白旗頭甫

十三世 萬山 夏氏 子三人 長 文祿 次 文會 季 文德 仝

十三世 萬義 吳何氏 子四人 長 文舉 次 文廣 三 文成 四 文寶 仝

原

兵

十二世 萬壽 白氏　子二人 長文俊 次文信　仝

十二世 萬海 繼李吳氏 德祥　子二人 長文喜 次文選　仝

十二世 白卓　子一人 長文魁　仝

十三世 萬壽 吳氏　子一人 長文會　仝

十三世 萬春 陳氏　子一人 長文貴　仝

十三世 萬發 趙氏　子一人 長文福　仝

十三世 永慶 官名德潤 吳氏　子二人 長文恭 次文信　小富家屯

十三世 永平 官名德順 刘氏　子二人 長文令 次文龍　仝

十三世 永太 官名德安 邪氏　子一人 長文敏　仝

十三世 永成 官名德山 趙氏　子二人 長文寬 次文會　仝

十三世 永安 官名德明 信氏　子無　仝

十三世 永藏 官名德海 萬氏　子一人 長文有　仝

十三世 永仁 官名德昌 趙氏 子三人 長文清 次文蘊 三文瀛 仝

十三世 永館 官名金昌 傅氏 子二人 長文滙 仝

十三世 永智 官名福昌 趙氏 子一人 長文昌 仝

十三世 永義 官名福昌 吳氏 子二人 長文超 次文華 仝

十三世 永礼 官名壽昌 郭氏 缺嗣 仝

十三世 永謙 官名德惠 閆氏 子一人 仝

十三世 永順 官名德有 馬氏 子二人 長文成 次文君 仝

十三世 永春 官名德春 趙氏 子三人 長文剛 次文強 三文顯 仝

十三世 永清 官名德保 張氏 子三人 長文國 次文德 三文正 仝

十三世 得喜 氏 子一人 仝

十三世 萬聰 于氏 子二人 長文炳 次文煊 琨城[illegible]界南 鑲白旗頭甲

十三世 萬明 裴氏 子二人 長文全 次文芳 仝

十三世 太斗氏 子一人 赵北城

十三世 太平氏 子一人 全

十三世 太多氏 子一人 全

十三世 得慶氏 少亡 全

十三世 萬井 馬氏 子四人 長成順 全

十三世 萬年 穆氏 子二人 長成文 全

十三世 太玉 關氏 子二人 長福太 四祭亮

十三世 成貴 高氏 子二人 長壽太 全

十四世 太復 李氏 生 子三人 長丟太 次倉太 全

十三世 太祥 趙氏 子一人 全

十三世 太明 氏 子一人 全

十三世 太斗氏 子一人 全

原兵

十三世 德原 氏 子 人 仝

十三世 得元 氏 子 人 仝

十三世 得潤 氏 子 人 仝

十三世 得法 氏 子 人 仝

十三世 景文 鄭氏 子一人 長 永慶 仝

十三世 景順 石氏 子二人 長 肖礼 次 文海 仝

十三世 景隆 氏 子二人 長 德貴 次 如貴 仝

十三世 景昌 氏 子一人 長 金貴 仝

十三世 得祥 子一人 長 玉貴 仝

十四世 文有 氏 子一人 長 成貴 仝

十四世 文德 氏 子 人 仝

十四世 文惠 長氏 嗣子 長 明堂 海倫縣

二十九

十四世 肖夔 吴氏 子人少亡 大富屯

十四世 文有 趙氏 官名永寿 子二人 長明堂 次明寶 海倫縣

十四世 文彬 張氏 子一人 長明山 仝

十四世 肖成 吴氏 官名常太 子二人 長明梁 次明玉 赴北城

十四世 肖貞 趙氏 官名隆太 缺嗣 大富屯

十四世 肖育 氏 子人少亡 仝

十四世 肖剛 吴氏 官名成玉 子三人 長世安 次世榮 季世和 仝

十四世 通安 是和尚住復州城東南雅化屯庙住持僧作故 仝

十四世 肖永 氏 即永德 子人 赴北城

十四世 肖榮 吴氏 字海亭 官名煥明 子二人 長魁明 次魁選 太富屯

十四世 連吉 氏 乳名押住 是痴傻人作故 仝

係帖寫原兵
民國師範修業

十四世 肖忠 閻南氏 字心一 官名升吉 子五人 長魁德 二魁金 三魁禄 四魁文 五魁元 仝

十四世 肖雲 官名升会 譚南氏 子二人 長 魁隆 次 魁祥 仝

十四世 肖坤 官名成春 趙氏 子一人 長 魁有 赴北城

十四世 肖霖 官名成喜 王氏 子四人 長 毓秀 二 毓岐 三 毓庫 四 毓財 雙城堡

十四世 肖臣 官名成德 傅氏 子一人 長 魁璧 仝

十四世 肖川 官名成顺 李氏 子一人 仝

十四世 肖岩 官名成喜 吴氏 子四人 長 毓明 二 毓新 三 毓經 四 毓貴 大富屯

十四世 肖孟 官名成柱 南氏 子二人 長 毓春 次 毓俊 仝

十四世 肖鵬 官名成会 趙氏 子一人 長 仝

十四世 肖玉 官名成玉 于氏 子亡 仝

[illegible]十一 肖[illegible] 一北城

仝

仝

十四世 馬氏

十四世 文祿 氏 子一人

十四世 顯川 車氏 子二人 長洪

十四世 西川字耀山 趙那氏 子一人 長英運

十四世 墨川 吳氏 子一人 長豐運

十四世 德川 吳氏 子一人 長廣運

十四世 義川 楊氏 子二人 長昌運 次鴻運

十四世 晉川 高氏 子一人 長得運

十四世 鎮川 高氏 子一人

十四世 萬川 閻氏 子一人 長來運

全 全 全 全 定壽縣 全 全 大富屯 全 撫文城堡 全 全

十四世肖川 富氏 子一人 全

十五世肖興 趙溫氏 子無 大富屯

十五世肖凱 那氏 子一人 長 世昌 全

十五世肖恒 佟氏 子二人 長 世宏 次 世昌（出繼） 全

十五世肖升 吳氏 子一人 長 世寬 全

十五世肖篤 字觀重 閻高氏 子四人 長 魁武 二 魁陞 三 魁東 四 魁全 全

十五世常平 即富榮 氏 子四人 長 變喜 二 變全 三 變伏 四 變有 [illegible]

十五世常慶 即富[illegible] 氏 子一人 長 變成 全屯

十五世肖[illegible]氏

十四世 李氏

十四世 文德 鞠氏 子二人 長魁方 次魁正

十四世 文馨 閻氏 子二人 長魁元 次魁彬

十四世 文廣 夏氏 張氏 子二人 長魁讓 次魁煥

十四世 文成 楊氏 子五人 長魁陞 二魁一 三魁武 四魁先 五魁泰

十四世 文昆 楊氏 子五人 長魁春 二魁章 三魁芳 四魁林 五魁忠

十四世 文俊 趙氏 子二人 長魁建 次魁峯

十四世 文信 郭氏 子一人

十四世 文喜 傅氏 子五人 長魁榮 二魁深 三魁俊 四魁順 五魁珍

綏化縣西

又搬住東南 鑲白旗頭屯

全 全 全 全

十四世 文選 于氏 子三人 長魁德 次魁勤 季魁儉 仝

十四世 文魁 馬氏 子二人 長魁双 次魁全 仝

十四世 文會 張氏 子四人 長魁德 二魁善 三魁運 四魁陞 仝

十四世 文賢 蔡氏 子二人 長魁英 次魁武（出繼） 仝

十四世 文福 吳氏 子一人 長魁武 仝

十四世 文泰 馬氏 子一人 長魁新 小富屯

十四世 文祿 吳氏 子三人 長魁己 次魁文 季魁仁 仝

十四世 文令 吳氏 子三人 長魁山 次魁林 季魁[illegible] 仝

十四世 文龍 吳氏 子一人 長魁和 仝

十四世 文敏 閆氏 子一人 仝

十四世 文覺 劉氏 子四人 長魁東 二魁學 三魁業 四魁明 仝

十四世 文會 趙氏 子三人 長魁志 次魁總 季魁俊 仝

十四世 文有 趙氏 子一人 全

十四世 文濱 傅氏 子人 全

十四世 文權 郭氏 子人 全

十四世 文洛 吳氏 子三人 長魁純 次魁榮 三魁俊 全

十四世 文旭 傅氏 子人 全

十四世 文昌 沈氏 子人 全

十四世 文超 吳氏 子一人 長魁林 全

十四世 文祥 氏 子人 全

十四世 文成 氏 子人 全

十四世 文君 氏 子人 全

十四世 文剛 趙氏 子二人 長魁玉 次魁香 全

十四世 文盛 吳氏 子人 長魁成 全

十四世 文顯 憲氏 子二人 長魁茂 次魁盛

十四世 文國 閻氏 子一人 長魁貴

十四世 文德 卜氏 子 人

十四世 文正 氏 子 人

十四世 文聲 白氏 子 人 長魁發

十四世 文清 刘氏 子二人 長魁林 次魁有

十四世 文全 郭氏 子六人 長魁一 二魁九 三魁武 四魁 五魁 六魁

十四世 文善 刘氏 子 人

十四世 麟 順氏 子 人

十四世 誠 文氏 子 人

十四世 福 太氏 子 人

十四世 喜 太氏 子 人

十四世 玉太 氏 子一人 仝

十四世 合太 氏 子一人 仝

十四世 鳳來 唐氏 子一人 仝

十四世 肖礼 康氏 附文礼 子五人 長明秀 二明方 三明山 四明德 五明君（己未[illegible]庚子） 仝

十四世 文淵 刘氏 子一人 仝

十四世 得貴 氏 無嗣 仝

十四世 如貴 氏 附壽明 無嗣 仝

十四世 金貴 氏 子一人 仝

十四世 玉貴 氏 子一人 仝

十四世 成貴 氏 子一人 仝

[illegible]世 [illegible]塑 [illegible]氏 [illegible] 子二人 長振[illegible] 振鐸 [illegible]

[illegible]世 [illegible]寶 吳氏 [illegible] 子七人 長振東 二振陞 三振[illegible] 四振[illegible] 五振[illegible] 六振[illegible] 七振藻 九井子住 歸錦縣乾[illegible] 仝

十五世 魁山 即明山 刘氏 子一人 長 振國 仝

十五世 魁梁 即金梁 氏 子人 赴北城

十五世 魁玉 即金玉 氏 子人 仝

十五世 魁安 即世安 謝氏 子二人 長 明山 次 明寬 大富屯

十五世 魁榮 即世榮 趙氏 子一人 長 明志 仝

十五世 魁和 即世和 趙氏 子人 長 明岐 仝

十五世 魁明 字鑑清 吴氏 子人 長 明潤 次 明濤 仝

十五世 魁選 字茂廷 范姜氏 子人 長 明澤 仝

十五世 魁德 吴氏 子人 仝

十五世 魁全 吴氏 子人 長 明謙 次 明鎡 仝

十五世 魁祿 吴氏 子人 仝

十五世 魁文 石氏 子人 仝

十五世 魁元 氏 子一人 仝

十五世 魁隆 吴氏 子一人 長明全 仝

十五世 魁祥 楊氏 子一人 仝

十五世 魁有 氏 即毓有 子一人 繼文斌 傑立

十五世 魁秀 氏 即毓秀 缺嗣 仝

十五世 魁岐 氏 即毓岐 缺嗣 仝

十五世 魁康 郭氏 即毓康 子六人 長國良 二國學 三國全 四國民 五國祥 六國章 仝

十五世 魁財 戴氏 即毓財 子一人 長達陞 仝

十五世 魁宦 閔氏 即世宦 子五人 長國仁 二國義 三國良 四國信 長女壽屯

十五世 魁自 氏 即自明 子四人 長明 二明 三明 四明 仝

十五世 魁新 趙氏 即毓新 子一人 長國恩 仝

十五世 魁經 趙氏 即自經 子一人 仝

十五世魁貴 高氏 即毓貴 子一人 長明海 仝
十五世魁春 舒氏 即毓春 子一人 長國玉 仝
十五世魁發 吳氏 即毓發 字長青 子一人 仝
十五世魁田 趙氏 即毓田 字葑九 子三人 長國悅 次明景 三明善 仝
十五世魁象 舒氏 即毓象 字守魁 子二人 長明賢 次明德 仝
十五世魁芝 于氏 即毓芝 字秉山 子一人 仝
十五世魁清 范氏 即毓清 字堂魁 子一人 仝
十五世魁璠 范氏 即明大 子二人 長國江 次國興 赴北城
十五世魁永 氏 即明永 子一人 仝
十五世魁金 石氏 即明金 子三人 長明良 次明久 仝
十五世魁洪 辛氏 即洪運 子一人 長國良 延壽縣
十五世魁英 辛氏 即英運 字履亨 子二人 長國君 次國榛 仝

十五世 魁豐 瞿氏 即豐運 子三人 長 國卿 次 國臣 季 國相 全

十五世 魁廣 [illegible]氏 即廣運 子一人 長 明仁 大富屯

十五世 魁昌 馬氏 即昌運 子一人 全

十五世 魁璟 馬氏 即璟運 子一人 全

十五世 魁得 [illegible]氏 即得運 子一人 [illegible] 全

十六世 [illegible] 氏 子一人 全

十五世 魁[illegible] [illegible]氏 即世[illegible] 子二人 長 明俊 大富屯

十五世 魁昌 [illegible]氏 即世昌 子二人 長 明聲 全

十五世 魁寬 楊氏 即世寬 子三人 長 國謙 次 明家 季 明邦 全

十五世 魁武 [illegible]氏 子一人 長 明哲 全

十五世 魁璧 [illegible]氏 子一人 全

十五世 魁[illegible] [illegible]氏 子一人 全

十五世魁全氏　子一人　全

十五世魁喜閻氏　即双喜　子一人　赴北城全

十五世魁全氏　即双全　子一人　全

十五世魁伏氏　即伏子　子一人　全

十五世魁有氏　即双有　子一人　全

十五世魁成氏　即双成　子一人　全

十五世魁玉于氏　即世玉　子一人　長明強　大富屯全

十五世魁朋馬氏　即玉朋　子二人　長明武　次明成　全

十五世魁秀氏　即玉秀　少亡　全

十五世魁坤趙氏　即玉坤　子三人　長明謙　次明雲　季明吉　全

十五世魁彬吴氏　即玉彬　子一人　長明祥　全

十五世魁喜趙氏　即玉喜　子二人　長國章　次國春　全

十五世 魁林 郭氏 即玉林 子四人 長 治田 二 治安 三 治榮 四 治升 仝

十五世 魁升 楊氏 即玉升 子一人 長 治安 仝

十五世 魁海 馬氏 即玉海 子二人 長 明遠 次 明選 仝

十五世 魁珍 石氏 即玉珍 子一人 仝

十五世 魁麟 李氏 子二人 長 明倫 次 明哲

十五世 魁山 趙氏 子一人 仝

十五世 魁武 郭氏 子一人 仝

十五世 魁英 夏氏 子一人 仝

十五世 魁傑 石氏 子一人 長 明哥 仝

十五世 魁喜 張氏 子一人 仝

十五世 魁方 氏 子一人 仝

十五世 魁正 氏 子一人 仝

[illegible]城堡東 鑲白旗[illegible]

十五世　魁元　氏　子人　全

十五世　魁彬　氏　子人　全

十五世　魁讓　于氏　子人　長明久　次明春　全

十五世　魁焕　王氏　子人　全

十五世　魁陞　罗氏　子人　長明金　次明玉　季明山　綏化縣

十五世　魁一　展氏　子人　長明新　長明春　全

十五世　魁武　高氏　子人　長明德　全

十五世　魁先　白氏　子人　長明有　次明才　季明貴　全

十五世　魁太　唐氏　子人　長明來　全

十五世　魁君　何氏　子人　長明慶　全

十五世　魁章　赵氏　子人　全

十五世　魁芳　氏　子人　全

十五世 魁林 氏 子人 仝

十五世 魁忠 氏 子人 仝

十五世 魁廷 刘氏 子人 長明玉 次明君 仝

十五世 魁峯 氏 子人 仝

十五世 魁荣 佟氏 子二人 長明仁 次明義 仝

十五世 魁凚 于氏 子二人 長明良 次明年 仝

十五世 魁俊 范氏 子二人 長明文 次明章 仝

十五世 魁順 李氏 子人 仝

十五世 魁珍 張氏 子人 仝

十五世 魁德 氏 子人 仝

十五世 魁勤 氏 子人 仝

十五世 魁倹 氏 子人 仝

双城堡東南
鑲白旗頭屯

富察氏譜書

十五世 魁双 于氏 子五人 長明水 明乾 明德 四明武 五明隆 仝

十五世 魁全 于氏 子三人 長明仁 次明倫 季明常 仝

十五世 魁德 刘氏 子二人 長明海 次明滙 仝

十五世 魁善 徐氏 子人 長明江 仝

十五世 魁連 氏 子人 仝

十五世 魁陞 氏 子人 仝

十五世 魁英 吴氏 子人 仝

十五世 魁武 刘氏 子二人 長明昌 長明治 仝

十五世 魁新 氏 子人 小富屯

十五世 魁乙 氏 子人 仝

十五世 魁文 氏 子人 仝

十五世 魁仁 氏 子人 仝

三十八

十五世 魁山 李氏 子一人 仝

十五世 魁林 付氏 子一人 長明章 仝

十五世 魁玉 恒氏 子一人 仝

十五世 魁和 陳氏 子一人 長明達 仝

十五世 魁東 氏 子一人 仝

十五世 魁學 氏 子一人 仝

十五世 魁業 氏 子一人 仝

十五世 魁明 氏 子一人 仝

十五世 魁志 氏 子一人 仝

十五世 魁德 氏 子一人 仝

十五世 魁俊 氏 子一人 仝

十五世 魁喜 氏 子一人 仝

十五世 魁純 氏 子 人 仝

十五世 魁榮 氏 子 人 仝

十五世 魁俊 氏 子 人 仝

十五世 魁林 氏 子 人 仝

十五世 魁玉 氏 子 人 仝

十五世 魁香 氏 子 人 仝

十五世 魁成 氏 子 人 仝

十五世 魁茂 氏 子 人 仝

十五世 魁藏 氏 子 人 仝

十五世 魁貴 氏 子 人 仝

十五世 魁發 氏 子 人 歿城保東南 鑲向嶺頭上田

十五世 魁林 氏 子 人 仝

十五世 魁有 氏 子一人 仝

十五世 魁一 氏 子一人 仝

十五世 魁九 氏 子一人 仝

十五世 魁武 氏 子一人 仝

十五世 魁仁 氏 子一人 仝

十五世 魁芳 氏 子一人 仝

十五世 魁星 氏 子一人 仝

十五世 魁秀 景氏 即明秀 子四人 長振奎 二振興 三振隆 四振泰 巴彦縣北青廟子屯

十五世 魁才 周氏 即明才 子一人 仝

十五世 魁山 周氏 即明山 子一人 長振英 仝

十五世 魁德 利氏 即明德 子一人 仝

十五世 魁君 刘氏 即明君 子一人 仝

海倫縣乾九井

十六世　明鐸　周王氏字化南　即振鐸　子一人　長經友　仝

十六世　明東　張藍孫字兆生　即振東　子一人　長經緯　仝

十六世　明陞　卯李單字品一　即振陞　子五人　長經都　二經尊　三經選　四經祥　五經瑞　仝

十六世　明廷　李氏　即振廷　子二人　長經達　次經神　仝

十六世　明綱　田崔氏　即振綱　子五人　長經益　二經福　三經壽　四經教　五經竹　仝

十六世　明魁　邢氏　即振魁　嗣子　長經尊　仝

十六世　明邦　氏　即振邦　嗣子　長經遷　仝

十六世　明藩　趙曾氏　即振藩　子二人　長經倫　次經常　仝

十六世　明國　薛林氏　即振國　子一人　長經英　仝

大富屯

十六世　明山　彭氏　子人　仝

十六世　明寬　氏　子人　仝

十六世　明志　曹氏　少亡　仝

十六世 明岐 氏 子一人 仝

十六世 明瀾 氏 子一人 仝

十六世 明濤 氏 子一人 仝

十六世 明津 氏 子一人 仝

十六世 明義 氏 子一人 仝

十六世 明謙 氏 子一人 仝

十六世 明議 氏 子一人 仝

十六世 明全 氏 子一人 仝

十六世 明國 即國良 潘氏 少亡 双城傳東

十六世 明學 即國學 刘氏 子一人 長經璽 仝

十六世 明全 即國奎 汪氏 子三人 長經芳 次經球 季經昌 仝

十六世 明民 即國民 高氏 子一人 長經海 仝

十六世 明祥 刘氏 即國祥 子人 長經成

十六世 明章 張氏 即國章 子人 長經寶

十六世 明仁 李氏 即國仁 子二人 長經治 次經國

十六世 明義 刘氏 即國義 子三人 長經安 二經邦 三經長

十六世 明良 趙氏 即國民 子人 長經久 次經泰

十六世 明信 王氏 即國信 子人

十六世 明恩 吳氏 即國恩 子人

十六世 明海 趙氏 子人 長經倫

十六世 明玉 閻氏 即國玉 子人 長經相

十六世 明璽 周蔡氏 即國璽 子人 [illegible] 經緯 二經 三經

十六世 明泰 封氏 子人

十六世 明善 [illegible]氏 子人

十五世 明魁 趙氏 子一人 長 経隆 全

十五世 明德 [illegible]氏 子一人 全

十六世 明拯 刘氏 即國拯 子一人 長 経業 遷 [illegible]縣 全

十六世 明英 [illegible]氏 即國英 子一人 全

十六世 明長 [illegible]氏 子一人 全

十六世 明文 [illegible]氏 子一人 全

十六世 明良 孙氏 即國良 子一人 [illegible]盛京[illegible]縣[illegible]堡 全

十六世 明君 魏氏 即國君 子一人 長 経文 次 経武 全

十六世 明棟 刘氏 即國棟 子一人 長 経奇 全

十六世 明卿 崔氏 即國卿 子一人 全

十六世 明臣 [illegible]氏 即國臣 子一人 全

十六世 明相 [illegible]氏 即國相 子一人 全

十五世 明仁 氏 少亡 大富屯

十五世 明俊 張氏 子人 仝

十五世 明聲 氏 子人 仝

十五世 明國 氏 子人 仝

十五世 明家 氏 子人 仝

十五世 明邦 氏 子人 仝

十五世 明哲 氏 子人 仝

十五世 明繼 于氏 子人 仝

十五世 明武 石氏 子人 仝

十五世 明鐵 氏 子人 仝

十五世 明青 吳氏 子人 仝

十五世 明雲 氏 子人 仝

十六世 明吉 氏 子 人 仝

十六世 明祥 氏 子 人 仝

十六世 明章 趙氏 即國章 子一人 長 經德 仝

十六世 明春 羅氏 即爾春 子三人 長 經會 二 經相 三 經臣 仝

十六世 明田 那氏 即洽田 子二人 長 經海 仝

十六世 明安 鈕氏 即洛安 嗣子 長 經武 仝

十六世 明業 劉氏 即洛業 子 人 長 經武 次 經春 三 經文 四 經久 仝

十六世 明升 王氏 即洛升 子 人 仝

十六世 明遠 馬氏 即洛廷 子 人 長 經奇 仝

十六世 明選 郭氏 即洛清 子 人 仝

十六世 明倫 氏 子 人

十六世 明哲 氏 子 人 仝

□城佐三東南
鑲白旗吳屯

十六世　明奇　氏　子　人　仝

十六世　明久　氏　子　人　仝

十六世　明春　氏　子　人　仝

十六世　明金　氏　子　人　綏化縣

十六世　明玉　氏　子　人　仝

十六世　明山　氏　子　人　仝

十六世　明新　氏　子　人　仝

十六世　明春　氏　子　人　仝

十六世　明德　氏　子　人　仝

十六世　明有　氏　子　人　仝

十六世　明才　氏　子　人　仝

十六世　明貴　氏　子　人　仝

十六世明來氏 子 人 仝

十七世明慶氏 子 人 仝

十六世明玉氏 子 人 仝

十六世明石氏 子 人 仝

十六世明仁氏 子 人 仝

十六世明義氏 子 人 仝

[illegible]堡東南 鑲白旗[illegible]

十六世明良氏 子 人 仝

十六世明年氏 子 人 仝

十六世明文氏 子 人 仝

十六世明章氏 子 人 仝

十六世明水氏 子 人 仝

十六世明乾氏 子 人 仝

十七世 明倫氏 （此處原五行抄錄） 子 人 全

十七世 明德氏 子 人 全

十七世 明武氏 子 人 全

十七世 明隆氏 子 人 全

十七世 明仁氏 子 人 全

十七世 明常氏 子 人 全

十六世 明海氏 子 人 全

十六世 明滙氏 子 人 全

十六世 明江氏 子 人 全

十六世 明昌氏 子 人 全

十六世 明諮氏 子 人 全

十六世 明章氏 子 人 全

山富屯

十七世 經芳氏 子一人 仝
十七世 經珠氏 子一人 仝
十七世 經昌氏 子一人 仝
十七世 經海氏 子一人 仝
十七世 經成氏 子一人 仝
十七世 經寶氏 子一人 仝
十七世 經治氏 子一人 大富屯
十七世 經國氏 子一人 仝
十七世 經安氏 子一人 仝
十七世 經邦氏 子一人 仝
十七世 經長氏 子一人 仝
十七世 經久氏 子一人 仝

十七世經太氏 子人 仝

十七世經相氏 子人 仝

十七世經緯氏 子人 仝

十七世經隆氏 子人 仝

十七世經業氏 子人 赴兆城

十七世經文氏 子人 默堸堡

十七世經武氏 子人 仝

十七世經奇氏 子人 仝

十七世經元氏 子人 大寬布

十七世經德氏 子人 仝

十七世經會氏 子人 仝

十七世經楫氏 子人 仝

十七世 陞臣 子一人 全

十七世 緯海氏 子一人 全

十七世 纆武氏 子一人 全

十七世 經春氏 子一人 全

十七世 經文氏 子一人 全

十七世 陞久氏 子一人 全

十七世 綬龍氏 子一人 全

十八世 銓惠氏 子一人 全

海倫縣

十八世 依純氏 子一人 全

十八世 佛麟氏 子一人 全

十八世 佺舜氏 子一人 全

十八世 佺全氏 子一人 全

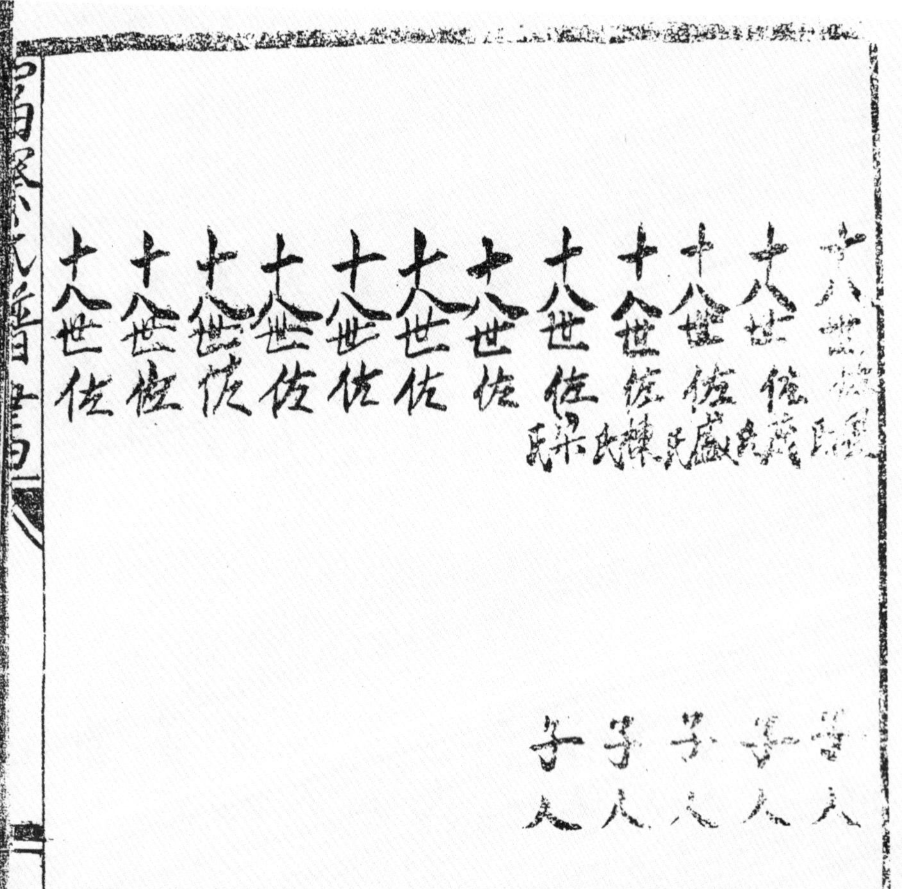

十九世家

二十世長

二十一德

二十二隆

二十三恩

二十四兆

二十五廣

二十六君

二十七治

二十八顯

二十九鴻

三十世昌

復州城南趙家屯三支

副總領兵六世大祖 驍保達 李太君　子三人 長孫札色 次二麻色 季三格　下註明

清吏司七世三祖 三格 吳氏　子一人 長傳興　趙家屯　仝

八世祖 傳興 佟氏　子三人 長烏可青阿 次佳色 季富來　仝

九世祖 烏可青阿 張氏　子一人 長多倫太　仝

九世祖 佳色 那金氏　子一人 長繞太　仝

九世祖 富來 李氏　子二人 長生太 次倫太　仝

十世祖 多倫太 趙氏　子三人 長天祥 次天信 季天忠　仝

原兵 十世祖 繞太 韓氏　子三人 長衣扯布 次可金布 季烏林布　仝

原領催 十世祖 生太 張那氏　子三人 長阿尔金布 次儀仲布 季傳金布　仝

十世祖 倫太 氏　子一人 長艾辛布　仝

十一世 天祥 閻氏　子三人 長殿臣 次殿文 季殿陞　仝

富察氏譜書

十一世 天信 伊氏 子一人 長 殿升 仝

十二世 天忠 夏氏 子二人 長 殿舉 次 殿君 仝

廩兵 十二世 依柱布 韓氏 子一人 長 柏齡 仝

十二世 可金布 趙氏 子二人 長 松齡 次 桐齡 仝

廩領催 十二世 烏林布 那氏 子二人 長 椿齡 次 桂齡 仝

十二世 阿尔金布 那氏 子三人 長 吉春 次 奉春 季 鴻春 仝

十二世 錢伸布 郭氏 子二人 長 慶春 次 玉春 仝

廩兵 十三世 紹金布 楊氏 子二人 長 桂春 次 金春 仝

十三世 文華布 即天發 王氏 子一人 長 德春 雙城縣

十三世 殿[illegible] 那氏 子一人 長 萬福 鏵花北林

十四世 殿文 趙氏 子二人 長 萬邦 次 萬順 仝

十四世 殿陞 盧氏 缺嗣 仝

十二世 殿升 張氏 子三人 長萬慶 次萬祿 季萬寶 巴彥新[illegible] [illegible]

十二世 殿舉 韓氏 子三人 長萬金 次萬昌 季萬庫 仝

十二世 殿擢 氏 子二人 長萬全 次萬順 仝

十二世 柏齡 王氏 官名松秀 子三人 長景安 次景奎 季景玉 趙家屯

原領催 十二世 松齡 孫氏 官名桂慶 子一人 長恩九 仝

原兵 十二世 桐齡 唐氏 官名松林 子一人 長舉九 仝

原兵 十二世 椿齡 南氏 官名桂合 缺嗣 仝

十二世 桂齡 李氏 官名松合 缺嗣 仝

原兵 十二世 吉春 張氏 官名永慶 子三人 長景雲 次景山 季景壽 仝

十二世 奉春 周氏 官名風雲 子二人 長和玉 次明玉 仝

十二世 鴻春 吳氏 子一人 長景林 仝

原兵 十二世 慶春 于李氏 子四人 長成九 二德九 三恩九 四維九 仝

富察氏譜書　四十九

十五世　玉春　郭氏　子二人　長　濬□　二　景蘭　仝

十五世　桂春　周氏　子四人　長　景和　二　景福　三　景興　四　景海　仝

十五世　奎春　徐氏　子二人　長　景祥　次　景瑞　[illegible]　仝

十五世　得春　周氏　卯年正月三日　子一人　長　景福　仝

十六世　萬福　劉氏　子五人　長　文照　二　文海　三　文山　四　文武　五　文俊　繼化顯

十六世　萬□　郭氏　子二人　長　文魁　次　文開　仝

十六世　萬順　□氏　缺嗣　仝

十六世　萬慶　趙氏　子一人　長　文暖　仝

十六世　萬祿　王氏　缺嗣　仝

十六世　萬富　□氏　缺嗣　仝

十六世　萬金　王氏　子一人　長　文彩　仝

十六世　萬昌　何氏　子二人　長　文祥　次　文豐　仝

十二世 薩[illegible]蔭[illegible]氏 子三人 長文[illegible] 二文法 三文[illegible] 全

十二世 萬全 刁氏 子一人 長文山 全

十二世 萬福 賈氏 缺嗣 全

十二世 景[illegible] 氏 [illegible]繼侄一人 趙家屯

兵 十二世 景[illegible] 閻氏 子四人 長和林 次和春 三合林 四合祿 全

十二世 景玉 趙氏 子四人 長文和 二文貴 三文[illegible] 四文[illegible] 全

兵 十二世 恩九 趙氏 官名連各 子三人 長文明 次文[illegible] 全

兵 十二世 [illegible]九 趙氏 官名[illegible]忠 子四人 長文[illegible] 二文[illegible] 三文良 四文[illegible] 全

十二世 景雲 孫氏 缺嗣 全

十二世 景山 [illegible]氏 缺嗣 全

十二世 景壽 [illegible]氏 子五人 長文田 二文[illegible] 三文秀 四文山 五文進 全

十二世 和玉 [illegible]氏 缺嗣 全

十一世 明 王氏 缺嗣 仝

十二世 景林 吳氏 子二人 長 文有 次 文清 仝

原兵 十二世 成九 高氏 官名景安 子三人 長 文忠 次 文章 季 文韓 仝

原領催五品頂戴 十二世 德九 閻氏 官名景岐 字子山 子二人 長 文祥 次 煥章 仝

原兵 十二世 恩九 苦魯氏 官名景昆 子一人 長 文純 仝

原員 十二世 雙九 鄧氏 官名景榮 字松橋 子二人 長 文海 次 文緒 仝

原員 十二世 景升 刘氏 即海峯 子一人 長 文魁 仝

十二世 景剛 趙高氏 子一人 長 文仲 仝

十二世 景和 王氏 子一人 長 文範 仝

原兵 十二世 景福 羅氏 子三人 長 文鴻 次 文鐘 仝

十二世 景興 于氏 子二人 長 文峯 次 文常 仝

十二世 景海 羅氏 子一人 長 文聰 仝

十三世 景祥 趙氏 子一人 長文成 開城縣東南 鑲白旗炎屯

十三世 景瑞 何氏 缺嗣 仝

十三世 景順 何氏 即萬全 子二人 長文海 仝

十四世 文治 氏 子 人 綏化縣北

十四世 文海 氏 子 人 仝

十四世 文山 氏 子 人 仝

十四世 文全 氏 子 人 仝

十四世 文彬 氏 子 人 仝

十四世 文魁 龔氏 子 人 仝

十四世 文閣 氏 子 人 仝

十四世 文明 于氏 子 人 四房縣北 吉廟子屯

十四世 文彬 宋氏 子 人 仝

十四世 文祥 王氏 子三人 長魁元 次魁國 季魁宗 仝

十四世 文豐 湯氏 子一人 仝

十四世 文耀 趙氏 子四人 長魁英 次魁山 三魁增 四魁龍 仝

十四世 文江 王氏 子三人 長魁閣 次魁武 季魁相 仝

十四世 文章 張氏 子二人 長魁珍 次魁寶 仝

十四世 文山 氏 子一人 仝

十四世 吉林 氏 子一人 赴北城

十四世 合春 氏 子一人 仝

十四世 合林 閻氏 子一人 仝

十四世 合祿 氏 子一人 仝

十四世 文和 吳氏 官名成祥 子四人 長東林 二玉金 三春林 四全林 趙家屯

十四世 文貴 趙氏 官名成林 子二人 長英林 次玉林 趙家屯

十四世 文升 惠氏 官名成瑞 子四人 長兆林 二奎林 三青林 四瑞林 全

十四世 文榮 閆氏 官名成德 子二人 長魁武 魁林 全

十四世 文明 楊氏 官名成明 子四人 長印桂 二得勝 三金桂 四玉桂 全

十四世 文瑞 氏 官名成立 子一人 全

十四世 文元 趙氏 官名成[illegible] 子二人 長魁隴 次魁雙 全

十四世 文恒 賈氏 官名成和 子二人 長魁福 次魁長 全

十四世 文良 韓氏 官名成會 子四人 長魁治 二魁芳 三魁山 四魁喜 全

十四世 文礼 單氏 官名成文 子一人 全

十四世 文國 趙氏 子二人 長寶林 次明林 全

十四世 文蔚 張氏 子四人 長鳳林 二魁顯 三魁佳 四魁興 全

十四世 文齊 高氏 子二人 長生林 次萬林 全

十四世 文山 吳氏 子三人 長金林 次魁林 季德林 全

十四世 文選 趙氏 子人 長 魁舉 仝

十四世 文有 吏氏 少亡 仝

十四世 文清 唐氏 少亡 仝

十四世 文忠 吳氏 官名成榮 子三人 長 祥林 次 仁林 仝

十四世 文章 温氏 字煥章 官名成雲 子一人 長 德林 仝

十四世 文紳 齊氏 官名成立 子一人 長 益林 仝

十四世 文祥 鱗爾吳氏 官名成玉 子二人 長 茂林 次 壽林 仝

兵

十四世 煥章 范氏 字明軒 子人 仝

十四世 文純 蕎甘氏 官名成俊 子六人 長 治林 次 雲林 仝

十四世 文璐 范氏 官名成和 子三人 長 森林 次 墨林 季 芳林 仝

十四世 文鑄 王郭氏 官名成德 子四人 長 聖林 三 長林 三 賢林 四 栢林 海倫縣

十四世 文魁 鄧氏 官名成順 子二人 長 華林 次 振林 趙家屯

十三世 文仲 刘氏 子三人 長義林 次榮林 三喜林 仝

十三世 文範 吴氏 子一人 長海林 仝

十四世 文鴻 郭氏 子一人 長魁林 仝

十四世 文錚 聶氏 子一人 長魁鐸 仝

十四世 文峯 高氏 子一人 長魁尚 仝

十四世 文常 步氏 子 人 仝

十四世 文忠 羅氏 子二人 長魁武 次魁斗 仝

十四世 文成 氏 子一人 長魁高 遷文城堡

十四世 文海 費氏 子一人 長魁喜 仝

十五世 魁元 袁氏 子 人 遷居縣北古廟子屯

十五世 魁國 氏 子 人 仝

十五世 魁家 氏 子 人 仝

十五世 魁英 氏 子一人 全

十五世 魁山 氏 子一人 全

十五世 魁海 氏 子一人 全

十五世 魁龍 氏 子一人 全

十五世 魁閣 氏 子一人 全

十五世 魁武 氏 子一人 全

十五世 魁相 氏 子一人 全

十五世 魁珍 氏 子一人 全

十五世 魁宝 氏 子一人 全

十五世 魁東 即東林 赫氏 子四人 長國治 二國君 三國亮 四國超 趙家屯

十五世 魁金 即玉金 氏 子一人 全

十五世 魁春 即春林 花氏 子二人 長明常 次明倫 全

十五世魁金 即金林 金氏 子三人 長明文 次明武 季明全 仝

十五世魁英 即英林 李氏 子一人 長明勳 仝

十五世魁玉 即玉林 趙氏 子三人 長明安 次明慶 季明山 仝

十五世魁兆 即兆林 氏 子一人 仝

十五世魁林 即魁林 金氏 子一人 長明忠 仝

十五世魁清 即清林 氏 子一人 仝

十五世魁瑞 即瑞林 氏 子一人 仝

十五世魁成 即成林 吴氏 子二人 長明正 次明順 仝

十五世魁印 即印桂 氏 子一人 居北城

十五世魁勝 即得勝 子一人 仝

十五世魁金 即金桂 子一人 仝

十五世魁玉 即玉桂 子一人 仝

十五世魁茂 氏 子一人 趙家窩

十五世 魁變 氏 子一人 仝

十五世 魁福 氏 子一人 仝

十五世 魁長 氏 子一人 仝

十五世 魁治 氏 子一人 仝

十五世 魁芳 氏 即高… 子一人 仝

十五世 魁山 氏 即金… 子一人 仝

十五世 魁喜 氏 子一人 仝

十五世 魁宝 氏 即宝林 少亡 仝

十五世 魁明 氏 即明林 子一人 仝

十五世 魁鳳 氏 子一人 長明義 仝

十五世 魁顯 氏 子一人 仝

十五世 魁佳 氏 子一人 仝

十五世　魁星　氏
子人
全

十五世　魁生　吳氏　即生林
子人
全

十五世　魁萬　氏　即萬林
子人
全

十五世　魁全　石氏　即全林
子人
全

十五世　魁趾　氏　即趾林
子人
全

十五世　魁德　氏　即德林
子人
全

十五世　魁羣　氏　即羣林
子人
全

十五世　魁祥　吳氏　即祥林
子三人　長明太　次明昌　季明民
全

十五世　魁仁　趙氏　即仁林
子人　長明新　次明善
全

十五世　魁祿　氏　即德林
子人
全

十五世　魁孟　蒼氏　字瑞生　即孟林
子三人　長明柱　次明梁　季明金
全

十五世　魁友　張氏　即友林
子人　長明益　次明寬
全

宮家氏譜書

十五世魁書 那氏 即書林 子人 長明剛 次明紳 仝

十五世魁洛 楊氏 即洛林 子人 長明啟 仝

十五世魁雲 韓氏 即雲林 子人 長明述 次明宏 仝

十五世魁森 吳氏 即森林 子人 長明章 仝

十五世魁墨 關氏 即墨林 子人 仝

十五世魁芳 氏 即芳林 子人 仝

十五世魁聖 氏 即聖林 子人 海倫縣

十五世魁長 氏 即長林 子人 仝

十五世魁賢 氏 即賢林 子人 仝

十五世魁柏 氏 即柏林 子人 仝

十五世魁華 傅氏 即華林 子人 長明良 趙家市

十五世魁振 包氏 即振林 子人 長明昌 仝

十五世 魁義 訥氏 即義林 子一人 長明才 仝

十五世 魁榮 于氏 即榮林 子一人 長明久 次明發 仝

十五世 魁喜 那氏 即喜林 子一人 仝

十五世 魁海 氏 即海林 子一人 仝

十五世 魁林 張氏 子一人 長明凱 仝

十五世 魁鐸 氏 子一人 仝

十五世 魁尚 吳氏 子一人 長明清 仝

十五世 魁武 氏 子一人 仝

十五世 魁斗 氏 子一人 仝

十五世 魁高 氏 子一人 傲文城堡

十五世 魁書 氏 子一人 仝

十六世 明治 胡氏 即國治 子一人 長經才 趙家屯

十六世 明君 氏 即國君 子一人 仝

十六世 明亮 氏 即國亮 子一人 仝

十六世 明超 氏 即國超 子一人 仝

十六世 明常 趙氏 子一人 仝

十六世 明倫 氏 子一人 仝

十六世 明文 氏 子一人 仝

十六世 明武 氏 子一人 仝

十六世 明全 氏 子一人 仝

十六世 明勲 刘氏 子一人 仝

十六世 明安 氏 子一人 仝

十六世 明慶 氏 子一人 仝

十六世 明山 氏 子一人 仝

十六世 明忠 氏 子 人 仝

十六世 明盛 氏 子 人 仝

十六世 明順 氏 子 人 仝

十六世 明義 氏 子 人 仝

十六世 明太 氏 即國太 子 人 仝

十六世 明昌 氏 即國昌 子 人 仝

十六世 明國 氏 即國民 子 人 仝

十六世 明新 氏 即國新 子 人 仝

十六世 明善 氏 即國善 子 人 仝

十六世 明桂 氏 子 人 仝

十六世 明梁 氏 子 人 仝

十六世 明金 氏 子 人 仝

十六世　明益氏　子　人　仝
十六世　明寬氏　子　人　仝
十六世　明綱氏　子　人　仝
十六世　明紳氏　子　人　仝
十六世　明啟氏　子　人　仝
十六世　明述氏　子　人　仝
十六世　明鋐氏　子　人　仝
十六世　明章氏　子　人　仝
十六世　明良氏　子　人　仝
十六世　明昌氏　子　人　仝
十六世　明才氏　子　人　仝
十六世　明久氏　子　人　仝

十六世　明發氏　子 人

十七世　經才氏　子 人

十七世　經　子 人

十七世　經　子 人

十七世　經　子 人

十七世　經　子 人

十八世　佐　子 人

十八世　佐　子 人

十八世　佐　子 人

十八世　佐　子 人

十八世　佐　子 人

末

十九世　家　子　人
二十世　長　子　人
二十一世　德　子　人
二十二世　隆　子　人
二十三世　恩　子　人
二十四世　兆　子　人
二十五世　廣　子　人
二十六世　君　子　人
二十七世　治　子　人
二十八世　顯　子　人
二十九世　鴻　子　人
三十世　昌　子　人

富察氏譜書終

后记

经过几年的努力，《佛满洲家谱精选》一书终于编辑完稿。本书是我们多年跟踪调查佛满洲家族后人，挖掘抢救而得成果之一。

关于本书的定名，编者思考再三，因其涉及本书如何收录满族家谱，即收录满族家谱的取向是什么。编者借鉴以往所出版的各种满族家谱选辑，从收藏地域上看，或是以市、省为界，或是全国范围，谱主包括满蒙汉八旗，亦即『满族』。实际上，满族是当代的民族学概念，而在清代则称为『满洲』，满蒙汉八旗统称之为『旗人』。『满洲』在清代分为『佛满洲』和『新满洲』，『佛满洲』是满族共同体形成的核心，在清代占有统治地位。因此，本书编者认为，专门收录整理佛满洲家谱出版，更有益于研究满族共同体发展变迁。从这一理念出发，以『佛满洲』定名，经过精挑细选，编辑出版这部《佛满洲家谱精选》。

由于满族发源于长白山，明代晚期时分为建州女真、海西女真和东海女真三大部分，清初入关，因八旗驻防而分布全国，但其先祖源流仍然在东北的辽吉黑三省。所以，本书以收藏人所在地为准，仅设置辽、吉、黑三卷，谱主源流包括建州女真、海西女真和东海女真三大部分，收录的家谱基本体现佛满洲代表性。

为了给研究者提供有价值的研究参考资料，本书完整地汇编影印了精选的佛满洲家谱，这里不乏鲜为人知初次面世的家谱，对于了解佛满洲文化乃至整个的满族文化，抢救非物质文化遗产具有一定的现实意义。

在这里，我们真诚地感谢佛满洲家族后人无私奉献积极配合，为我们传承保留下来如此完整的原本家谱，感谢满学专家们特别是家谱研究专家给于的指导和帮助。感谢辽、吉、黑三省及相关市县民委给予的支持和关照，感谢三省图书馆给予的帮助和支撑。

感谢张林、王出航、孙利、芦洋、曹昊哲、马贝贝等好友给予的支持和协助。感谢长春师范大学将此研究立项并给以资金支持，使得成果及时出版。同时，更要感谢人民出版社为出版此书所付出的辛苦。

由于我们水平有限，书中难免有一些疏漏和遗憾之处，恳请诸位专家学者给予斧正。

吕　萍

2016 年 12 月